改訂新版

まるごと授業 理科 6年

喜楽研の
QRコードつき授業シリーズ

板書と授業展開がよくわかる

著者：谷 哲弥・中村 幸成・平田 庄三郎・横山 慶一郎
企画・編集：原田 善造

わかる喜び学ぶ楽しさを創造する教育研究所　略称 喜 楽 研

はじめに

このたび,「まるごと授業　理科」全４巻(3年～６年)を新しい形で刊行することになりました。また，現行の「まるごと授業シリーズ」も多くの先生方に手にとって頂き，日々の実践に役立てて頂いていることをうれしく思っております。

この「まるごと授業　理科」は，理科の１時間１時間の授業で「何を」学ばせ，それを「どう」教えるのかをできるだけ具体的な形で提示し，参考にして頂こうとしたものです。理科の授業にも，いくつかパターン(型)があります。「問題→予想→実験→結果→考察」という流れもその一つです。また，子どもから出される考えも，多様でありながら共通するところもあります。これらを具体的に示すため，先生がどのような発問や指示，説明をし，それに対して子どもたちはどう考え話し合うのか，両者の言葉を柱にして記述しています。この言葉の交流から，授業のイメージとともに，思考を促す発問のあり方や，子どもの考えの傾向も読みとって頂けるかと思います。

それから，１時間の授業を，板書の形で視覚的にも表すようにしています。板書は計画的になされるものですが，その一方で，授業の流れに沿って先生と子どもと共に作っていくものです。目の前の事物や現象と言葉とをつなぎ，児童の思考を助けるのが板書です。板書を見れば，その１時間何をどう学んだのか，学びの全体像とその道筋がわかるといわれます。板書は授業の足跡であるのです。

今回の改訂では，このようなこれまでの「まるごと授業　理科」の特長を引き継ぐとともに，その記述を再検討し修正を加えました。また，板書も見直し，より授業に沿った形に書き改めたところもあります。また，理科は環境や防災をはじめ，現代的な課題とも関わる教科です。

ＩＣＴ教育への対応として，ＱＲコードを読み込めるよう配慮しました。各授業時間のページにあるＱＲコードには，様々な植物や昆虫などの画像，実験などの動画，観察カードなどが入っており，児童のタブレットに配信したり，テレビや電子黒板などに映し出して利用することができます。台風時の雲の動きなど，子どもが直接体験できないような事実・現象などを知る上で活用できます。

小学校においても,理科教育の核(中心)に当たるのは,やはり「自然科学の基礎的な事実や法則(きまり)を学ぶ」ことだといえます。いわゆる「知識・技能」とされているところです。本書でも，この理科の確かな学力をつけることを授業の要と考えています。そして，自然界の現象にはきまりがあることを知り，それらの自然科学の知識を使って考えを進めたり，話し合ったりすることが,「科学的な思考・態度」だといえるでしょう。また「理科は実験や観察があるから好き…」という子どもの声があるように，実物に触れ「手を使い，体を通して…」考える，というのが小学生の学び方の基本です。理科を学ぶ楽しさ，わかる喜びにもつながります。本書がそのような授業実践の一助となり，さらにわかる授業の追究に役立てて頂けることを願っています。

2024年　3月　　　　著者一同

本書で楽しく・わかる授業を！

全ての単元・全ての授業の指導の流れがわかる

学習する全ての単元・全ての授業の進め方を掲載しています。学級での日々の授業や参観日の授業，研究授業や指導計画作成等の参考にしていただけます。

1時間の展開例や板書例を見開き２ページで説明

実際の板書がイメージできるように，板書例を２色刷りで大きく掲載しています。また，細かい指導の流れについては，３～４の展開に分けて詳しく説明しています。

どのような発問や指示をすればよいかが具体的にわかります。先生方の発問や指示の参考にしてください。

ＱＲコードから児童のタブレット・テレビ・黒板に，動画・画像・ワークシートを映し出す！「わかりやすく，楽しい学び」，「深い学び」ができる

各授業展開のページのＱＲコードに，それぞれの授業で活用できる動画・画像やイラストなどのＱＲコンテンツを収録しています。児童のタブレットやテレビ，黒板に映し出すことで，よりわかりやすい楽しい授業づくりをサポートします。画像やイラストを大きく掲示すれば，きれいな板書づくりにも役立ちます。

学びを深めたり，学びを広げたりするために発展学習も掲載

教科書のコラム欄に掲載されている内容や，教科書に掲載されていない内容でも，学びを深めたり，学びを広げたりするための大切な学習は，『深めよう』や『広げよう』として掲載しています。

ＩＣＴ活用のアイデアも掲載

それぞれの授業展開に応じて，ＩＣＴで表現したり，発展させたりする場合の活用例を掲載しています。学校やクラスの実態にあわせて，ＩＣＴ活用実践の参考にしてください。

6年（目次）

ものの燃え方と空気

人や動物のからだ

QR コンテンツについて

授業内容を充実させるコンテンツを多数ご用意しました。右の QR コードを読み取るか下記 URL よりご利用ください。

URL : https://d-kiraku.com/4507/4507index.html
ユーザー名 : kirakuken
パスワード : v4bsUg

※各授業ページの QR コードからも，それぞれの時間で活用できる QR コンテンツを読み取ることができます。
※上記 URL は，学習指導要領の次回改訂が実施されるまで有効です。

植物のつくりとはたらき

生き物どうしのかかわり

月の形と太陽

本書の特色と使い方

◆実験や観察を安全に行うために

理科授業にともなう事故防止のため，どの実験や観察においても，事前に指導者が予備実験や観察をすることは大切です。本書にも多くの実験・観察が出てきますが，どれも予備実験が必要であることはいうまでもありません。本書では，特に危険がともなう実験や観察については，注意書きを本文中に記載しています。安全で楽しい理科実験を行いましょう。

◆めあてについて

1時間の授業の中で何を学習するか，子どもたちにわかる目標を示しています。

◆本時の目標について

1時間の学習を通して，子どもたちにわからせたい具体的目標。

◆POINTについて

子どもが理科の見方・考え方をはたらかせたり，資質や能力を養ったりできるためのポイント等が書かれています。こうした授業につながる学習活動の意図や，子どもの理解を深めるための工夫など，授業づくりにおいて指導者が留意しておくべき事項について示しています。

◆授業の展開（過程）について

① 1時間の授業の中身を基本4コマの場面に分け，標題におよその授業内容を表示しています。

② 本文中の「T」は，教師の発問です。

③ 本文中の「C」は，教師の発問に対する子どもの反応や話し合い，発表です。

④ 本文中の下部【　】表示は教師が留意しておきたいことが書かれています。

第４時 めあて
夕方に見える三日月の頃を観察しよう

本時の目標：夕方に見える三日月は，南西の空に見え，太陽のある側が光っていることに気づく。

板書例

Ⓜ 夕方に見える三日月のころを観察しよう

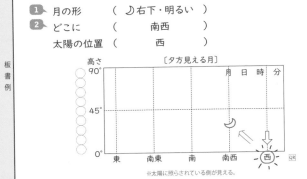

1 月の形　（ ☽右下・明るい ）
2 どこに　（ 南西 ）
太陽の位置（ 西 ）

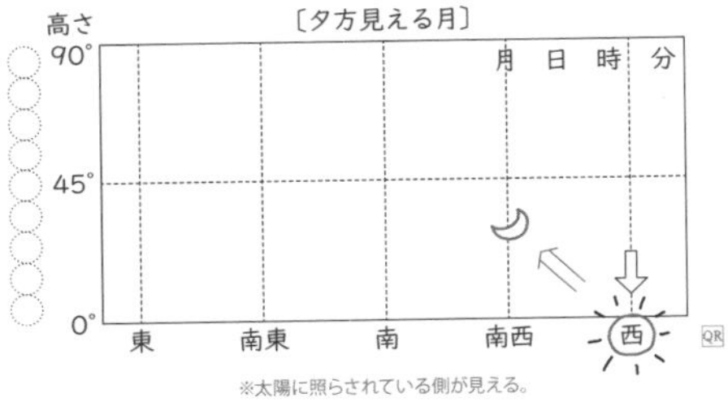

※太陽に照らされている側が見える。

POINT 地球と太陽の位置を固定し，三日月に見える月の位置関係を見つけたら，地球役の人にボール・ライトが入るよう

1 （参考）月の形の変化と観察の仕方

【月の形の変化について】

朝に観察した月（半月）は，その後少しずつ細くなり，５，６日後には新月（見えない月）となります。このとき，月は太陽と重なっています。

新月から後は，また右側から膨らみはじめ，３日目頃の月が「三日月」で，日没頃南西に見えます。新月から７，８日目には上弦の月となり，日没時には南に見えます。１５日目には十五夜といい，満月となり，その後は細くなります。

【月の観察について】

月の形が変わる様子やきまりをとらえるには，毎日でなくとも，いくつかの月の形と太陽の位置を観察する必要がある。三日月や上弦の半月は月が膨らみ始めるときであり，午後から夕方にかけて観察しやすい。家庭での観察は負担にならないように考慮し，観察できた児童の記録を学習の材料とする。

2 観察した月の形や位置を交流して確かめる

T　みんなで夕方の月の形を確かめましょう。観察できた人はどんな形の月が見えたのか黒板に描いてください。

C　三日月の形で右側が輝いていました。
C　右側より右下が光っていました。
T　月が見えた位置はどのあたりでしたか。
C　南と西の間でした。高さは３０度位でした。
T　月を照らしている太陽の方角はどちらでしたか。
C　太陽は西の方でした。沈んでいました。
T　月の光っている側に太陽がありましたね。
C　太陽に照らされて月が光っていました。
T　では，みんなで確かめたこの月の形と位置を新しい記録用紙に書き入れましょう。太陽の位置は「☼」と「↓」で描きましょう。

104

◆準備物について

1時間の授業で使用する準備物が書かれています。授業で使用する道具，準備物については，教科書に掲載されている物や教材備品，ＱＲコードの中のものを載せています。授業中の事故を未然に防ぐためにも，入念な準備が大切です。

◆ ICT について

指導者が１時間の中でどのように端末を活用するのか，子どもにどのように活用させるのかについて具体的な例を示しています。資料の配布・提示や，実験の様子の撮影・記録など様々な用途で活用することを想定しています。

ただし，端末利用に捉われず，直接，動物・植物や自然を子ども自身が観察したり実験したりすることがとても重要です。

◆板書例について

Ｐ８，Ｐ９に板書の役割と書き方を詳しく解説しています。

◆ QR コードについて

本文中のＱＲコードを読み取っていただくと，板書に使われているイラストや，授業で使えそうな関連画像・動画，資料等を見ることができます。色々な生き物を比較させたり，実験結果の確認をしたり，手順を説明する際に配れたりと，色々な使い方ができます。

また，資料をプリントではなく，画像データで配信することができるので，授業準備にかかる負担を軽減することができます。

※ QR コンテンツを読み取る際には，パスワードが必要です。パスワードは本書 P4 に記載されています。

準備物
- ・観察した記録用紙と新しい用紙 QR
- ・ライト　・白いボール
- ・月齢や月の形を記した資料（新聞の暦欄の月の形の図など）

ICT
三日月に見える月の位置関係を見つけたら，その様子を写真に撮らせましょう。

3 月，太陽，地球の位置と見え方
ボールとライトを使って

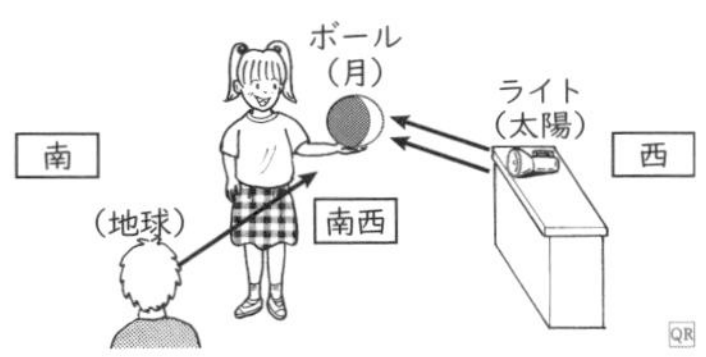

4〔まとめ〕
・夕方見える三日月は太陽のある（右下）が光って見えている
・月は太陽の光に照らされたところが☽に見えている

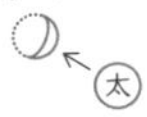

QR
・画像

その他多数

写真を撮らせましょう。（ライトを右端に入れた写真）

3 ボール（月）とライト（太陽）で三日月を再現する。

T　三日月の光っている側に太陽がありましたね。月は太陽の光を受けて輝いて見えます。では，次にこのライト（太陽）と白いボール（月）を使って，三日月の形を作ってみましょう。

T　みんなは地球にいて，ボールの三日月を見ています。月が南西の空に見えたとき，太陽はうんと遠くの西の方にありました。（ライトを置く）ここからボールの月を照らします。地球の場所はここです。地球から見るとボールの月はどのように見えるでしょうか。
C　太陽のある右側が光って見えます。三日月と同じ形に見えます。

4 三日月のあと，月の形はどのようになるのか予想する

T　この実験の様子の絵を描いてみましょう。
　ライト（太陽），ボール（月）私たちの見た位置（地球）はどこなのかを描き表しましょう。
T　このようにボールとライトでも三日月の形をつくれました。わかったこと，気づいたことを発表しましょう。
C　太陽のライトを斜め横から照らすと，ボールが三日月の形に見えることが初めてわかりました。
T　では，この三日月のあと，月の形はどのようになっていくと思いますか。
C　照らされているところが，多くなる。形は太くふくらんでいくと思います。

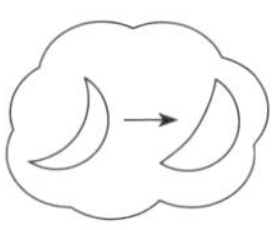

T　これから，月の形や見える位置がどうなっていくのか，日が沈むときの月の観察を続けましょう。

月の形と太陽　105

◆ QR コンテンツについて

本時の QR コードに入っている画像などを一部載せています。

P10，P11 に QR コンテンツについての内容を詳しく解説しています。

◆赤のアンダーライン，赤字について

本時の展開で特に大切な発問や授業のポイントにアンダーラインを引いたり，赤字表示をしています。

板書の役割と書き方

板書の役割は，学習内容の大切なところを示し，子どもに1時間の授業の流れを掲示するものです。同時に，指導者の授業のねらいの実現過程が見えるものです。

学習の流れとして，「問題」や「予想」,「実験」,「結果」,「まとめ」を書き，1時間の授業の流れがわかるようにします。

また，子どもの意見等をわかりやすく，簡潔に板書に書き示します。

授業の流れに沿った板書の役割と書く内容

① めあて・問題…何を学ぶのかや授業の課題を知らせる

本時のめあてに迫るために，授業の中で，発問や指示の形で「問題」や「課題」を子どもたちに掲示します。板書では，めあてに沿った内容を文字や図で示し，子どもたちにここで「何を考えるのか」「何を学ぶのか」等の思考や行動を促します。

② 予想…問題について予想をたて，その予想を知り合い交流する

掲示された問題に対して，いきなり実験や観察をするのではなく，まず予想や仮説をたてさせます。その根拠も併せて考えさせます。予想や仮説をたてるにあたっては，既習の知識や経験が子どもたちの思考や発言として反映されます。子どもの意見を単語や短い文で簡潔に板書に示し，他の子どもたちにも広げます。

③ 実験と結果…予想を実験で検証し，その結果をみんなで確認する

どの予想が正しかったのかを教えてくれるのが「実験」です。同時に，正しかった予想を導きだした根拠もその時に検証されます。

④ まとめ…わかったことを確認する

みんなで確認した結果やわかったことを短い文で簡潔にまとめて板書します。

※結果からわかったことについて，自然のきまり（法則）は，何だったのか。みんなで話し合い，見つけた事実や法則を確かめます。

⑤ QRマーク…QRコードの中に動画，画像，資料などがあります。

電子黒板，テレビ，児童のタブレットに配信しましょう。

板書の書き方…板書例「ものの燃え方と空気」

◇ 板書の構成

黒板は横長です。子どもたちに見やすい構成とするなら，展開に合わせておよそ4つに分け，どこに何を書くのか，その構成を考えながら書きすすめます。また，子どもたちが授業の終わりにノートやプリントに書ききれる分量も考慮します。

① 問題
この１時間で「何を考えるのか」，「何を学ぶのか」，それを問う形で問題として板書する。

② 予想
子どもたちが既習や体験をもとにして考える場面となる。空気中での燃え方から酸素の中での燃え方を予想させたい。また，なぜその予想になったのか理由も発表させたい。

①
〔問題〕 ものは，酸素の中で
どのように燃えるのだろうか

②
1 予想　線香　木　スチールウール
※児童の発言を板書する。

2 実験　燃える様子をみる
3 ③

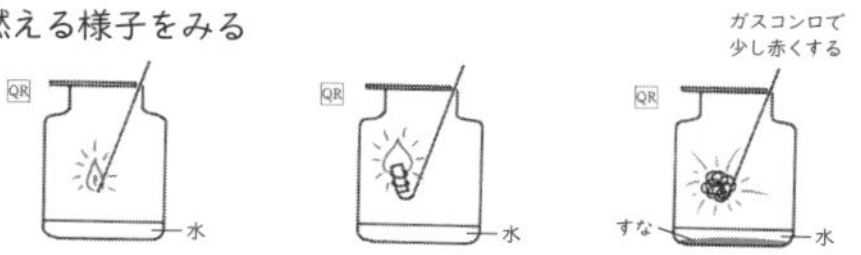

結果
④

線香	木	スチールウール
ぱっと燃えた 明るく光った はげしく燃えた	ほのおが出た 明るく光った はげしく燃えた	火花をはなった 明るく光った 黒いかたまりになった

4 〔まとめ〕
⑤
QR

燃やしたもの	結果	燃えるようす
線香	ぱっと燃えた 明るく光った はげしく燃えた	まぶしい ほのおをあげて 燃えた
木	ほのおが出た 明るく光った はげしく燃えた	まぶしい光を 出しながら 燃えた
スチール ウール	火花をはなつ 明るく光った 黒いかたまりに なった	火花を 出しながら燃え， 黒色のものに 変わった

酸素の中では，木やスチールウール（鉄）は
明るく光を出して燃える

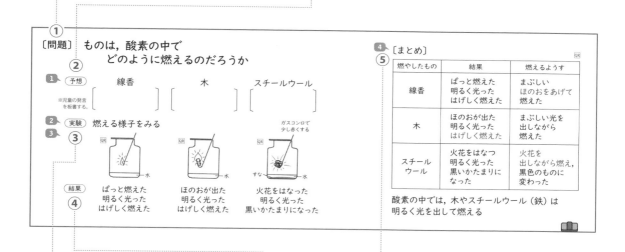

③ 実験
問題や予想に沿った実験をする。酸素の中での，線香・木とスチールウールの燃え方を調べる。

④ 結果
どの予想が正しかったのかは，実験が教えてくれる。結果は，簡潔な言葉や文，簡単な表等でわかりやすく示す。

⑤ まとめ
実験から燃えるようすを表にしてかく。線香・木とスチールウールの燃え方の違いも書いておく。

ＱＲコンテンツで楽しい授業・わかる授業ができます 児童のタブレットに配信できます

見てわかる・理解が深まる動画や画像

授業で行う実験等の内容や，授業では扱えない実験や映像など多数収録されています。動画や画像を見せることでわかりやすく説明でき，児童の理解を深めると同時に，児童が興味を持って取り組めます。児童のタブレットに配信し，拡大して見ることができます。

◇ 動画

くきの中のとおり道

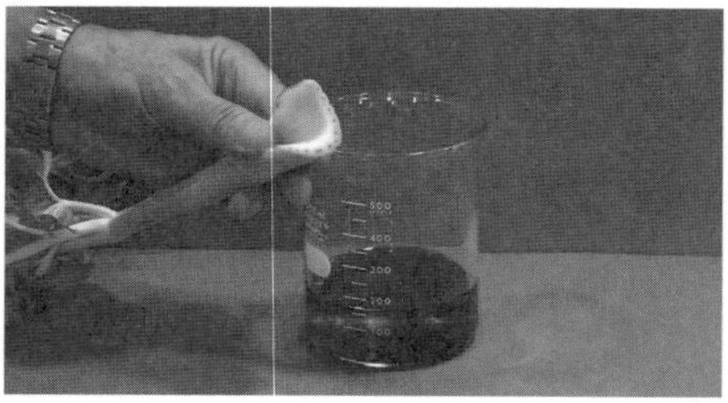

化石の観察

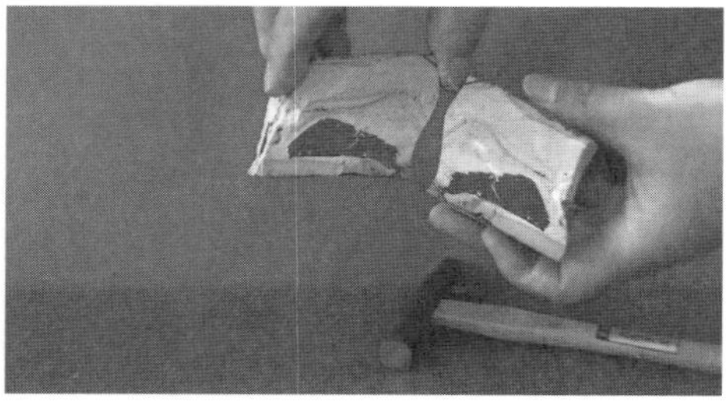

コンデンサーに電気をためる

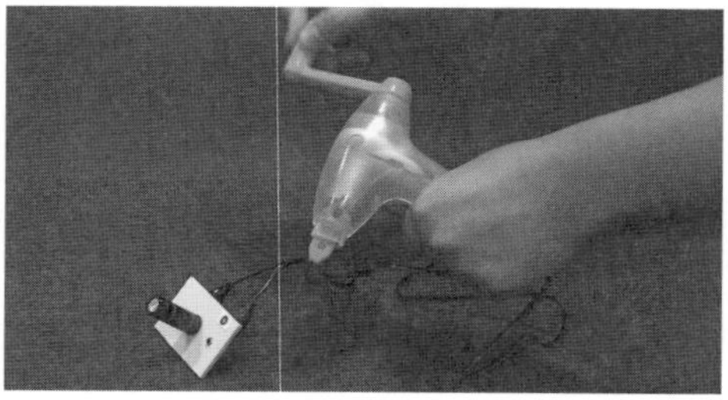

溶けたスチールウールのゆくえ

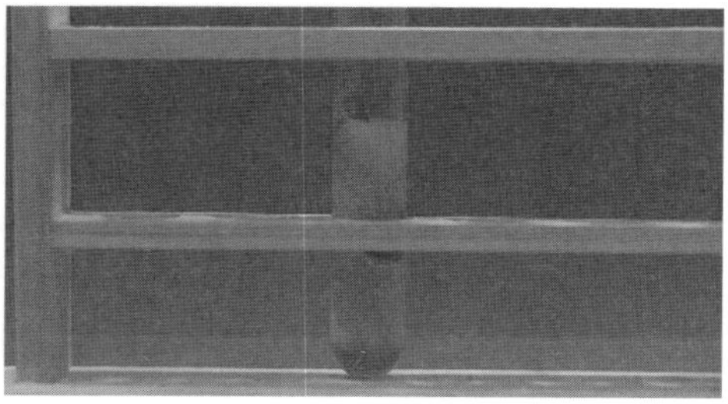

※ QR コードに収録されている動画には，音声が含まれておりません。

◇ 画像

燃焼の実験
（大・小の密閉した容器）

月齢 13 の月

重ねた本を横からおすと…

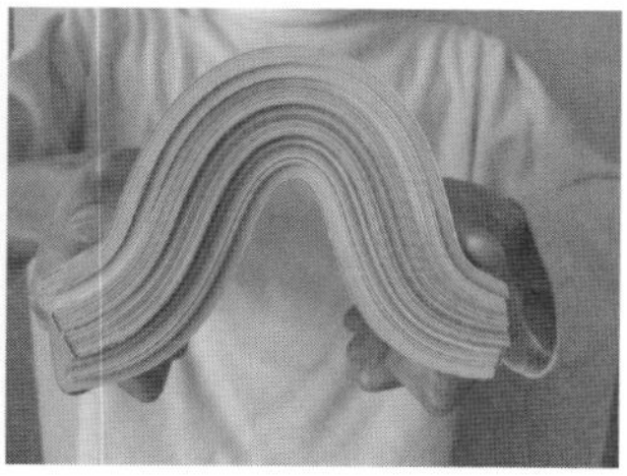

授業で使える「観察カード」「ワークシート」など

水溶液調べ記録表図

水溶液	見た目	におい	蒸発させたにおい	蒸発させたとき残るもの
食塩水				
石灰水				
アンモニア水				
塩酸				
炭酸水				

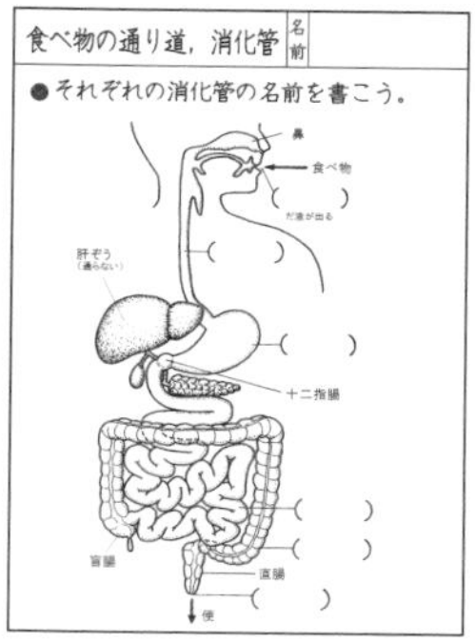

授業の展開で使える「ワークシート」や「観察カード」などを収録しています。印刷して配布したり，児童のタブレット等に配信してご利用ください。

板書づくりにも役立つ「イラストや図」など

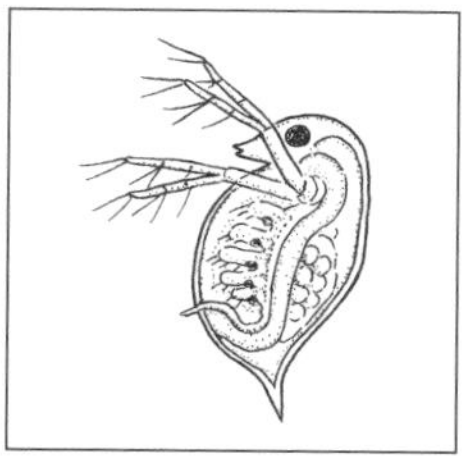

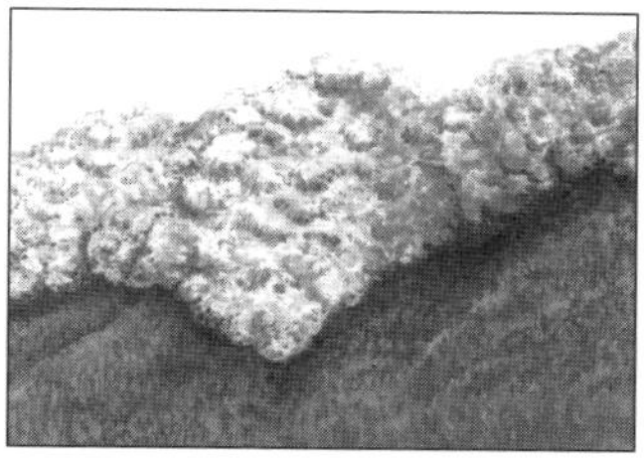

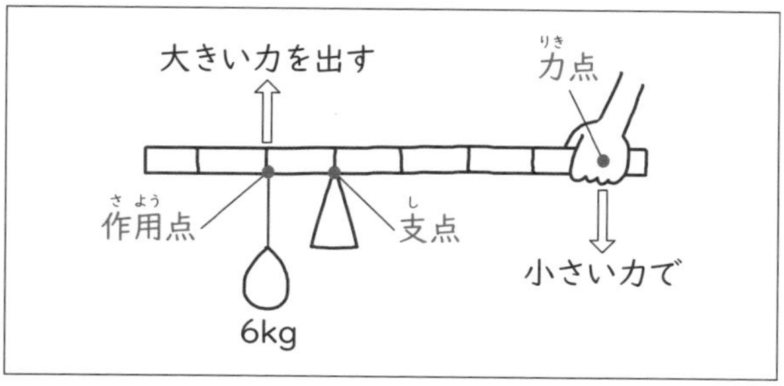

わかりやすくきれいな板書に役立つイラストや図がたくさん収録されています。黒板に投影したり，児童のタブレット等に配信してご利用ください。

※ QR コンテンツを読み取る際には，パスワードが必要です。パスワードは本書 P4 に記載されています。

もののの燃え方と空気

全授業時数　７時間＋深めよう３時間

◎ 学習にあたって ◎

◉ 何を学ぶのか

これまで児童にとって，気体とは空気のことでした。この単元の学習で初めて空気とは，酸素や窒素などの気体が混じった物（混合気体）であることを知り，それぞれの気体には性質の違いがあることを学習します。取り上げる気体は，空気の主成分である窒素と酸素，それに二酸化炭素です。そして，物を燃やす性質を持つのは酸素だけであり，空気中で物が燃えるのも酸素があるからだと気づかせます。さらに，集気ビンの中でろうそくを燃やすとやがて消えることから，物が燃えると酸素が使われ二酸化炭素ができることを確かめます。これは児童たちが初めて出会う化学変化の学習ともいえます。このように，本単元では気体の多様性と燃焼のしくみの初歩を学習します。

◉ どのように学ぶのか

まず，燃えるという現象と空気の関わりを取り上げます。そこで，空気の入れ替わりのないところでは物は燃えないことから，燃焼には空気が必要なことに気づかせます。そのうえで空気とは何かを調べることにより，空気は酸素や窒素などの混合物であることを確かめます。その際，教科書の成分表やグラフを活用するとともに，気体検知管などを使います。また，目には見えない気体の性質を調べる手法として，火のついたろうそくや石灰水を使うといった気体の「調べ方」にも慣れさせます。この方法は，燃焼による気体の成分の変化を調べる際にも生かされます。また，教科書にあるような「粒子」モデルを使って，目に見えない気体の変化を表現するのも，理解を助けるうえで有効でしょう。

◉ 留意点・他

６年生の初めに設定されている単元です。なぜなら酸素や二酸化炭素などの気体に関わる知識は，その後の学習に欠かせないからです。「呼吸」や「光合成」，また「生き物と環境」や「生き物どうしのつながり」を学んでいくうえでも基礎となる学びといえます。ただ，火を扱う実験も多く，安全面での十分な準備と配慮が必要です。なお，燃焼や酸素を作る（発生させる）実験も，児童にとって気体についての興味や関心を高めるものとなるでしょう。

日常の生活で，物を燃やすという体験は少なくなっています。それだけに，実験や観察を通して個々の気体の性質を調べたり，燃焼に伴う気体の変化をグループで話し合ったりする活動を大切にします。児童は物が燃えるのは当然だと思っていますが，学習を通して酸素や二酸化炭素という気体の存在に気づかせ，燃焼の概念を深めます。

◎ 評　価 ◎

知識および技能	・物の燃焼には空気が関係し，物が燃え続けるためには空気が入れ替わることが必要なことがわかる。 ・空気は，酸素や窒素，二酸化炭素などの気体が混じりあったもの（混合気体）であることがわかる。 ・酸素には物を燃やす性質（助燃性）があり，窒素や二酸化炭素には物を燃やす性質はないことがわかる。 ・二酸化炭素は石灰水を白く濁らせる性質があり，石灰水を使うとその有無を見分けられることがわかる。 ・空気中や酸素の中でろうそくや木など（有機物）が燃えると，酸素が使われ二酸化炭素ができることがわかる。 ・集気ビンに気体を捕集したり，気体検知管を使ったりすることなど，気体を調べる実験の技能を培う。

思考力，判断力，表現力等	・気体の性質や燃焼のしくみについて学習する過程で，より妥当な考えを作り出し表現している。
主体的に学習に取り組む態度	・気体の性質や燃焼のしくみに関わる実験や観察を通して，主体的に問題解決しようとしている。 ・物の燃えるしくみと日常生活での物を燃やす活動をつないで考え，学んだことを活用しようとしている。

◎ 指導計画　7時間＋深めよう3時間 ◎

次	時	題	目標	主な学習活動
ものの燃え方と空気	1	穴のない缶と 下に穴があいている缶では， どちらがよく燃え続けるのか 調べよう	穴のあいていない缶より，穴の多くあいた缶の方が木はよく燃えることに気づく。	・穴のあけ方が異なる2種類の缶の中で割りばしを燃やし，どれが最もよく燃えるかを観察する。
	2	フタをしたビンの中で， ろうそくは燃え続けるのか 調べよう	密閉したビンの中では，ろうそくは燃え続けることができないことがわかる。	・フタを閉めた集気ビンの中でろうそくを燃やすと，火が消えてしまうことを確かめる。
	3	ろうそくが燃え続けるために 必要な条件を調べよう	ものが燃えるためには，容器の上と下にすき間が必要であることがわかる。	・燃えているろうそくに底のない集気ビンをかぶせ，フタやすき間の有無によって燃え方が変わるかを予想させ，実験する。
	4	ろうそくが燃え続けるときは， 空気はどのように 動いているのか調べよう	線香を用いて空気の通り道を確かめ，ものが燃え続けるためには空気の出入りが必要であることがわかる。	・ものが燃えているときにおこる空気の流れを線香の煙によって調べる。
空気の性質	5	空気は，どんな気体なのか 調べよう	空気は窒素，酸素，二酸化炭素やその他の様々な気体が混ざっていることを知る。	・気体検知管で空気の成分を調べる。
	6	酸素，二酸化炭素， ちっ素の中での ろうそくの火のようすを 調べよう	酸素はものを燃やすはたらき（助燃性）があり，二酸化炭素や窒素はものを燃やすはたらきがないことがわかる。	・窒素，二酸化炭素，酸素の3種類の気体を水上置換法で集気ビンに集め，火のついたろうそくを燃焼さじを用いて集気ビンの中に入れ，燃える様子を観察する。
空気の変化	7	ものが燃えた後の 空気の成分はどうなるのか 調べよう	気体検知管を用いて，ものが燃える前と燃えた後の空気の成分の変化を調べることができる。	・集気ビンの中でろうそくを燃やす前と後で，空気の成分に変化があるか気体検知管で調べ，考察する。
発展学習	深めよう1	ものが燃える前と 燃えた後の空気の変化を 図に表してみよう	粒子モデル図を使って、ものが燃える前と燃えた後の空気の変化を図に表すことができる。	・実験の結果からわかった空気の変化を，粒子のモデル図を使って表す。
	深めよう2	ものは，酸素の中で， どのように燃えるのか 調べよう	ものの燃え方には違いがあることがわかる。炭素を含むものが燃えると，二酸化炭素ができることがわかる。	・色々なもの（木，線香，紙）を酸素中で燃やす。
	深めよう3	酸素をつくり， 酸素の性質を調べよう	酸素の発生方法を知り，酸素であることを確かめる方法についてわかる。	・二酸化マンガンに過酸化水素水を加えて酸素を発生させる。 ・水上置換法を用いて酸素を集気ビンに集め，ろうそくの燃え方を観察する。

【参考】

☆「ものの燃え方〈解説〉」についての資料が右のQRコードに入っています。

第１時 めあて
穴のない缶と下に穴があいている缶では，どちらがよく燃え続けるのか調べよう

本時の目標 穴のあいていない缶より，穴の多くあいた缶の方が木はよく燃えることに気づく。

板書例

〔問題〕 穴のない缶と下に穴があいている缶では，どちらのわりばしがよく燃え続けるのだろうか

2 予想

ア．①がよく燃える
（　　）人

イ．②がよく燃える
（　　）人

ウ．①も②も
同じくらいに
燃える
（　　）人

※児童の意見を板書する。

3 実験

①穴のない缶

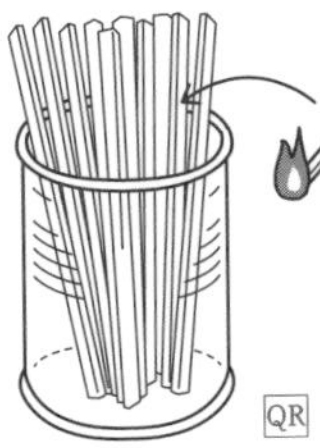

②下の方に穴が
あいている缶

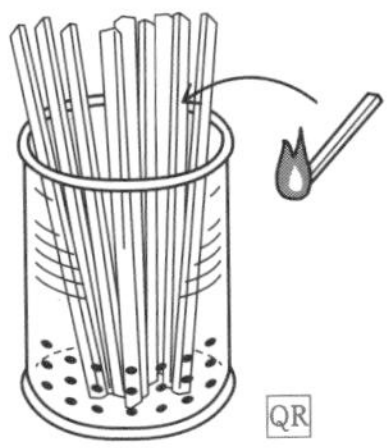

結果

・一部が燃えてこげた
・こげた木は
黒くなっていた

・ほのおが上がり
勢いよく燃えて
白い灰になった

POINT 煙が出るので屋外で実験をします。点火したら，中をのぞき込んだり，直接手で触ったりしないことを確かめましょう。

1 実験準備

①空き缶２個
（１個は側面の下 $\frac{1}{3}$ ぐらいのところに，たくさんの穴をあけておく）

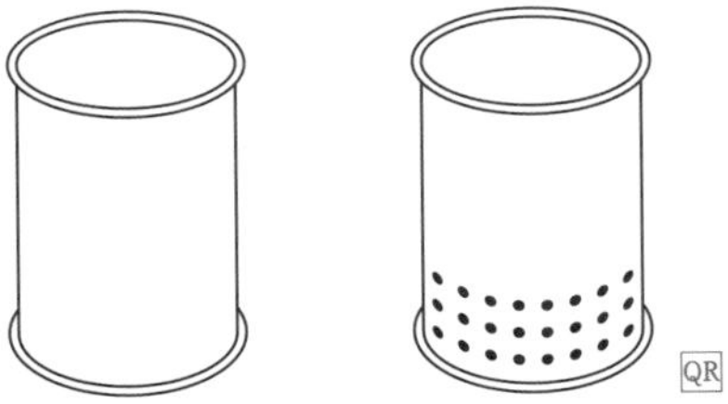

②割り箸２０本
（割り箸を全て２本に切り離して，４０本にしておく）

③少量の新聞紙
（割り箸に火をつけるためのもの）

④２Ｌのペットボトル
（万が一のための火を消す水。水をいっぱい入れておく）

⑤チャッカマンなど火をつける道具

2 穴ありの缶と穴なしの缶では，割り箸が燃えやすい缶はどちらかを予想する

（正しいと思う方を選んで，なぜそれがよく燃えると考えたのか理由を書かせる）

T　２つの缶があります。穴があいていない缶と，下の方に穴があいている缶です。それぞれに同じ数の割り箸を入れて火をつけるとどちらの缶の割り箸の方がよく燃えるでしょうか。予想しましょう。

C　①の缶の方があたたまりやすいからよく燃えると思う。

C　②の缶の方が空気がよく入るので燃えやすい。

C　穴があいていると空気が入って火が消えてしまうと思います。だから①の方がよく燃えると思います。

※科学的な根拠を持って理由を考え，「〜だから〜」「それは〜」という表現を使うように助言する。

準備物	・空き缶（穴あり・穴なし） ・割り箸　　　・軍手 ・燃焼さじ　　・着火装置 ・消火のための水を入れたペットボトル

ICT	実験の動画を撮影し，見直すことで穴のあいているときとあいていないときの違いを話し合わせるとよいでしょう。

4 話し合ったこと

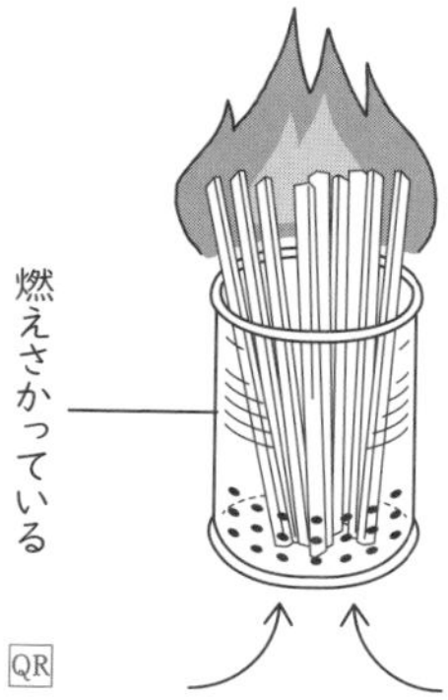

・穴があいている方が
　よく燃えた

・穴があいていると
　下から空気が入る

・空気が関係している
　のだろうか

〔まとめ〕
下に穴があいている缶に入れた木の方が，
よく燃えた

QR

・動画
「ものの燃え方
（缶 穴あり・穴なし）」

・画像

その他多数

3 実際に割り箸を燃やして違いを確かめる

　２つの缶の底には石を入れて，倒れないようにする。安全を考慮して，点火しやすいようにする。（例：新聞紙を入れる・少量の着火剤を入れるなど）割り箸は１０本ずつそれぞれの缶に入れる。

T　これから１本の割り箸に火をつけて，新聞紙に点火しましょう。消火のために用意した水の入ったペットボトルを近くにおきます。観察して気づいたことを友達と話し合いましょう。（燃え方に着目させる）
C　①の缶はすぐに火が消えてしまうよ。
C　①の缶は上の方だけ燃えて下の方へは火が広がらない。
C　②の缶は割り箸から炎が上がっている。
C　穴が多いとなぜよく燃えるのかな。

4 ものが燃え続けるために何が必要なのか話し合う

T　この実験から，ものが燃え続けるためにはどのようなことが必要だと考えられますか。
C　缶に穴をたくさんあけるといいです。
T　穴は何のために必要なのでしょう。
C　空気を入れるため。
C　缶の中の空気を入れ換えるため。
C　新しい空気を入れるために穴が必要です。
T　実験をしてみて気付いたことや不思議に思ったことはありませんか。
C　缶には本当に空気が入っていったのかな。
C　缶の空気はどこから出て行くのか。
C　なぜ空気があると燃えるのかな。

第２時 めあて
フタをしたビンの中で，ろうそくは燃え続けるのか調べよう

本時の目標　密閉したビンの中では，ろうそくは燃え続けることができないことがわかる。

板書例

〔問題〕　フタをしたビンの中で，
ろうそくの火は燃え続けるのだろうか

2
ア．燃え続ける　　　（　　）人
イ．やがて火は消える　（　　）人

3
フタなし　　　フタあり　　　フタあり

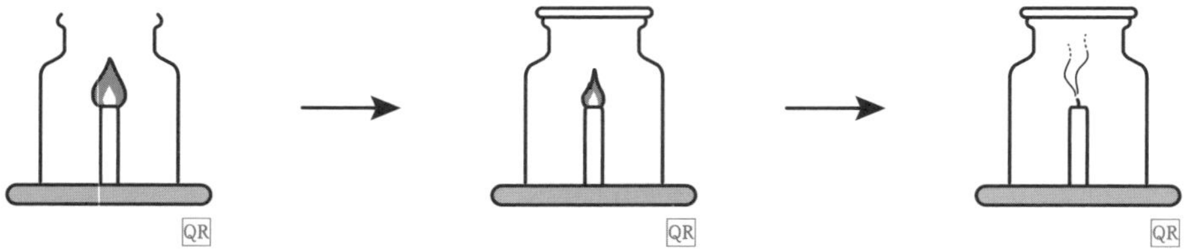

燃え続ける　　　だんだん火が小さくなった　　　15秒たつと消えた

POINT　かぶせるビンの大きさの違いによって，ビンの中にある空気の量が違うことと，燃え続ける時間の長さが違うことを

1　ろうそくの燃える様子をじっくり観察する

（実験でろうそくに火をつけて，燃える様子をじっくり観察させる。観察しながら，気づいたことや不思議に思うことなどを近くの友だちと交流してもよい。）

T　ろうそくに火をつけます。燃えている様子をじっくりと観察しましょう。
C　下の方が青く，上の方が黄色く燃えています。
C　ろうそくのしんの下の方が溶けています。
C　溶けたろうがしんを伝って上に行って，燃えているというのを図鑑で読みました。
C　炎は上の方に上がっています。

2　フタをした集気ビンで，ろうそくが燃え続けるか予想する

T　前の授業では，下の方に穴の開いた缶の方が割り箸がよく燃えました。では，火の付いたろうそくに底のない集気ビンをかぶせてフタをすると，ろうそくの火はどうなるでしょうか。予想しましょう。
C　空気が入らないから火が消える。
C　中に空気があるから燃え続けると思う。
C　ちょっとは燃えると思います。

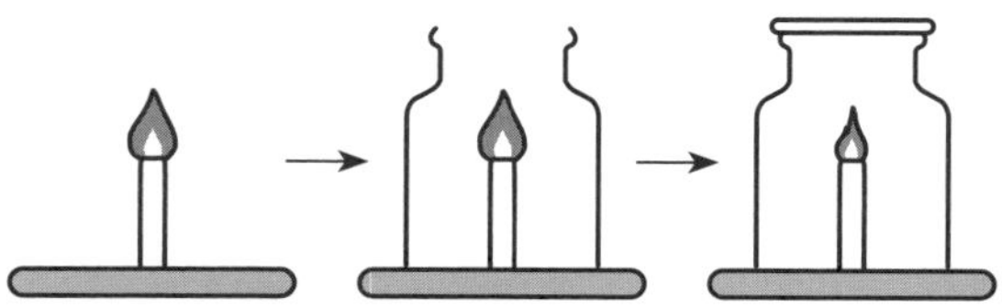

燃えているろうそくに集気ビンでフタをして，すき間のない状態で燃やすことを実際に示し，児童に予想と理由を考えさせる。

準備物			
・底のない集気ビン（大・小）			
・フタ	・ろうそく	・燃焼さじ	
・油粘土	・ライター	・濡れた雑巾	
・軍手	・ストップウォッチ		

ICT　実験を行うことが難しい場合は，QR内の実験動画を使い，燃え続ける時間の長さを計測させるとよいでしょう。

4　問題　大きな集気ビンの中では火はどうなるだろうか

ア．燃え続ける　（　　）人
イ．火は消える　（　　）人

フタあり　　フタあり　　フタあり

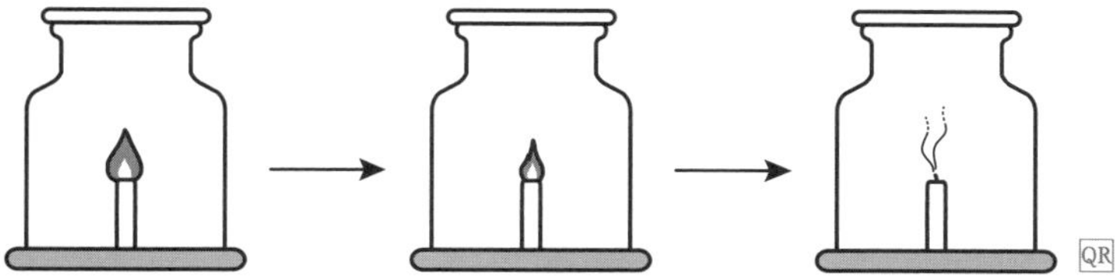

燃え続ける　　だんだん火が小さくなった　　25秒たつと消えた

〔まとめ〕
・大きなビンでも，小さなビンでも，フタをしたビンの中ではろうそくの火はやがて消える
・大きなビンの中のろうそくは長く燃えた

QR

・動画
「密閉した容器の中でろうそくを燃焼させる」

「大・小の密閉した容器の中でのろうそくの燃焼の違い」

・画像

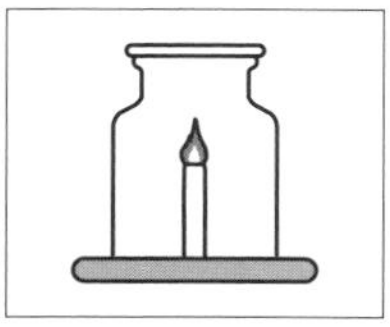

その他

関係づけて考えさせるとよいでしょう。

3 フタをした集気ビンの中でろうそくを燃やして観察する

（火のついたろうそくに底のない集気ビンをかぶせて説明する。フタをした瞬間からストップウォッチで火が消えるまでの時間を測定する）

T　実験をします。ろうそくに火をつけてフタをします。消えるまでの時間をストップウォッチで測りましょう。フタとビンが熱くなるので軍手をはめた手で触るようにしましょう。
C　フタをしないと，燃えている。
C　ろうそくの火が小さくなってきた。
C　１５秒で消えた。
C　やっぱり消えた。

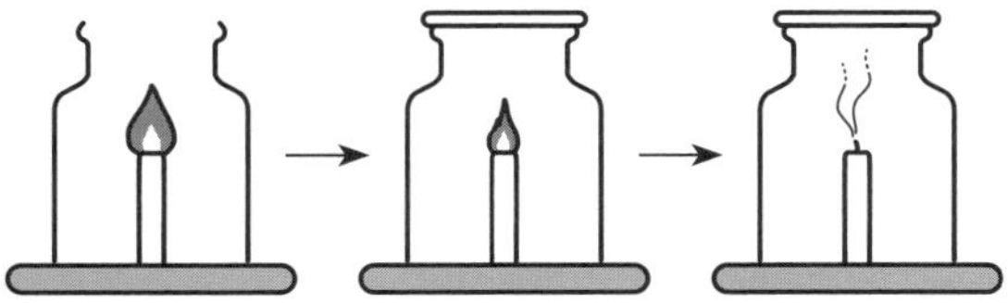

4 大きな集気ビンで同じ実験をして観察する

T　もっと大きな集気ビンでろうそくを燃やすとどうなると思いますか。予想しましょう。
C　大きな集気ビンの中にはたくさんの空気が入っているので，燃え続けると思います。
C　フタをするから，やがて消えると思います。

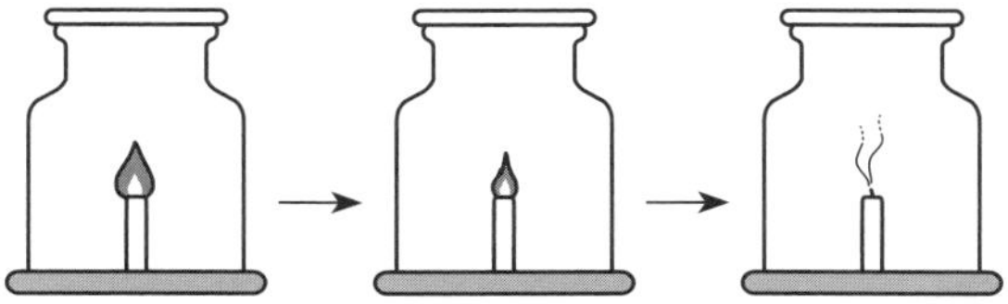

T　実験を始めましょう。フタをしたら時計係は測定してください。
C　だんだん火が小さくなる。
C　あー，消える。
C　やっぱり消えた。
C　２５秒で消えました。
C　大きな集気ビンの方が，長く燃えたね。

第３時 めあて
ろうそくが燃え続けるために必要な条件を調べよう

本時の目標　ものが燃えるためには，容器の上と下にすき間が必要であることがわかる。

板書例

㋱ ろうそくが燃え続けるために必要な条件を調べよう

	①上があいている	②上下にすきまがある	③下にすきまがある
	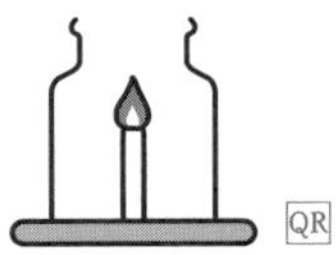	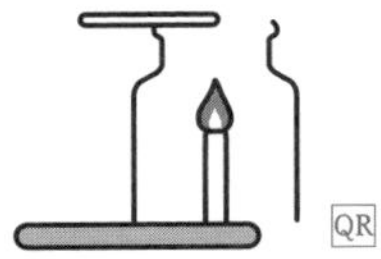	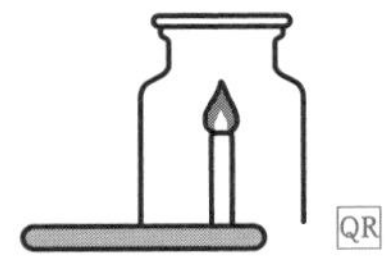
1 予想	ア．燃え続ける　(　　)人 イ．火は消える　(　　)人	ア．燃え続ける　(　　)人 イ．火は消える　(　　)人	ア．燃え続ける　(　　)人 イ．火は消える　(　　)人
2 3 観察と実験結果	燃え続けていた	燃え続けていた	だんだん火が小さくなり，やがて消えた
考察	空気の出入りがある	空気の出入りがある	空気の出入りがない

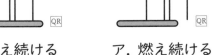

POINT ①，②，③が燃え続けるか予想させる際に，空気の動きや様子に着目できるよう話をすすめていきましょう。

1 ものが燃え続ける条件を予想する

T　実験①②③の３つの場合について，それぞれろうそくの火はどのようになりますか。予想を書きましょう。考えた理由も書いてみましょう。

C　すき間があいているので，①②③どれもすべて燃え続けることができます。

C　①と③はすき間が１つで空気が出入りしないので，すぐに消えると思います。

C　②は空気が外から入るので燃え続けることができます。

C　②のビンが一番よく空気が出たり入ったりするので長く燃え続けると思います。

C　缶の実験でも下に穴が開いているときによく燃えたから，②がよく燃えると思います。

まず児童に一人一人に予想と理由を考えさせ，ノートに書かせる。その後発表させる。

2 ①→②→③の順番にろうそくの燃え方の実験をして観察する

集気ビン１つで３つの実験ができることを説明する。

T　実験をします。ろうそくが消えるまでの時間をストップウォッチで測ります。フタとビンが熱くなるので，軍手をはめた手で触るようにしましょう。

T　ろうそくに火をつけ，ビンをかぶせます。

C　燃え続けている。(①の実験)

T　下の粘土を一部外し，下にすき間を作ります。上にもすき間を空けてフタをします。

C　燃え続けている。(②の実験)

T　下にすき間があるビンにフタをしめます。

C　だんだんとろうそくの火が小さくなった。

C　消えました。(③の実験)

実験では，ろうそくの火が消えるまでの時間をストップウォッチで測り，比較する。

準備物	・底のない集気ビン ・フタ　　　　・ろうそく　　　・燃焼さじ ・ライター　　・油粘土　　　　・軍手 ・ストップウォッチ　　　　　　・濡れた雑巾

ICT	実験の様子を撮影しておき，次時以降に見直せるようにしておくとよいでしょう。

4 〔わかったこと〕
ものが燃え続けるためには，
空気の出入りができる
すきまが必要である
［下にすきまがあるだけでは
燃え続けることができない］

〔確かめたいこと〕
・下にすきまがあっても，
燃え続けることができないのはどうしてか？
・ものが燃えているとき，
空気はどのように動いているか？

QR

・画像

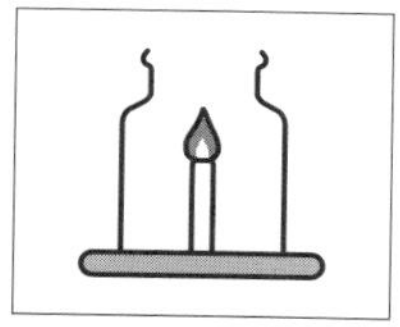

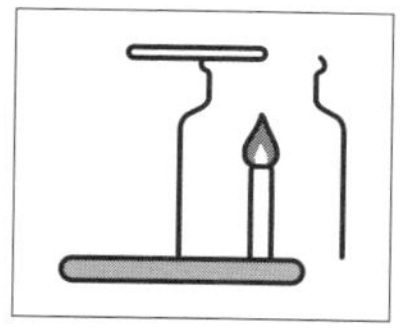

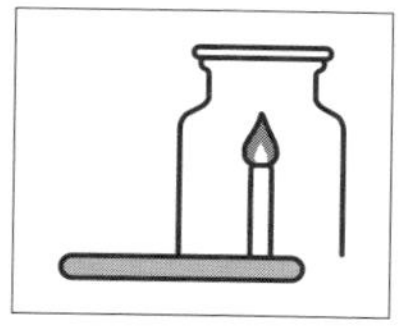

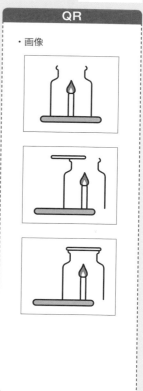

3 自分の予想と結果を照らし合わせて，自分の考えを発表する

児童にろうそくの様子や，消えるまでの時間について発表させる。

T　実験結果はどうなりましたか。
C　実験①は消えずに燃え続けました。
C　実験②も消えずに燃え続けました。
C　実験③は炎が小さくなり，１７秒くらいで消えました。
T　実験①と②は燃え続けて，実験③は消えましたね。このことから，どんなことがわかりましたか。
C　上にすき間があいているか，上下にすき間があいているときに燃え続けることがわかりました。

4 ３つの実験結果から考えたことを話し合い，学びを深める

T　実験①と②はなぜ燃え続けたのでしょうか。
C　①は空気が上から入るから。
C　②は空気が上からも下からも入るから。
C　ものが燃え続けるためには，古い空気が出て，新しい空気が入るためのすき間が必要なのだと思います。
T　では，実験③はなぜ消えたのでしょうか。
C　上にもすき間が必要だったから。
C　あたたまった空気が上にいっても，フタがあり，外に出ることができないから。
C　新しい空気が入ってこないからかな。
T　では，次の時間に空気の動きを調べてみましょう。

第４時 めあて
ろうそくが燃え続けるときは，空気はどのように動いているのか調べよう

本時の目標　線香を用いて空気の通り道を確かめ，ものが燃え続けるためには空気の出入りが必要であることがわかる。

板書例

〔問題〕　ろうそくが燃え続けているときは，
空気はどのように動いているのだろうか

1　実験

①フタのないビン

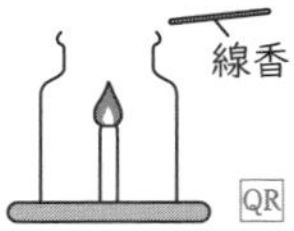

②上下にすき間があるビン

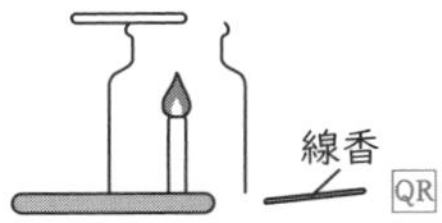

③下だけにすき間があるビン

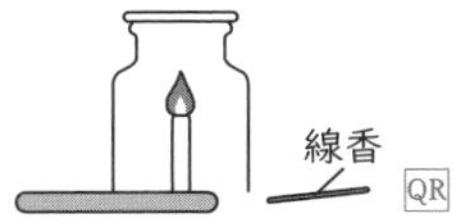

2　結果

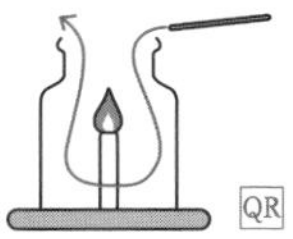

けむりは
上から入って
上へ出ていった

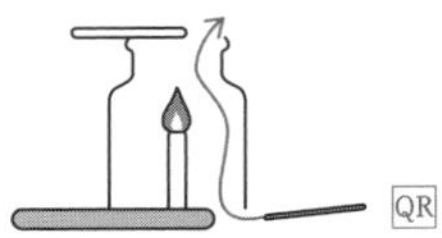

けむりは
下から入って
上へ出ていった

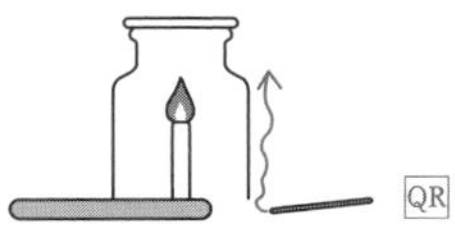

けむりは入らない

POINT　実験で空気の流れをうまく観察できなかった場合は，実験後に QR 内の動画を見せ，煙のどのような動きを観察すれば

1　集気ビンの中の空気がどのように動くかを予想する

T　前時間の実験結果から，実験①と②ではろうそくが燃え続け，③ではろうそくが消えてしまいました。どんなちがいがあるのでしょうか。

C　空気が関係しているみたいです。

T　実験①～③の集気ビンの中の空気の流れを，線香の煙がどのように動くかで調べてみましょう。

T　実験①では，フタのないビンの口に線香を近づけて煙の流れを観察しましょう。

T　実験②では，上のフタにすき間を空けて，下のすき間から線香を近づけましょう。

T　実験③では，下のすき間から，線香を近づけます。

①②③の順に実験を行い，違いを比べる。
③②①の逆順に実験をすると，線香の煙がビンの中に入っていく様子がわかる。

2　観察した線香の煙のようす（動き）を図に書き込む

T　線香の煙の動きを図に矢印で書いて，説明しましょう。

C　①では，煙は上から入り，上から出ていきました。

C　②では，煙は下から入り，上に出ていきました。

C　③では，煙は中に入りませんでした。

集気ビンの向こう側に黒い画用紙をたてると，白い煙の流れが見やすくなる。
QR コード内の映像で煙の動きを確認しながら，図示してもよい。

※③の実験では，ろうそくが燃え始めてすぐと，ろうそくが消えた直後は，煙が集気ビンの中に吸い込まれるので，上のフタをして２秒くらいたってから，煙を下のすき間に近づける。

準備物			
・底のない集気ビン			
・フタ	・ろうそく	・燃焼さじ	
・ライター	・油粘土	・線香	
・軍手	・濡れた雑巾		

ICT　実験で見せたい煙の動きをQR内の動画を見せて確認することで，観察に見通しを持たせるとよいでしょう。

3〔まとめ〕

ろうそくが燃え続けるには，
空気が入れかわる必要がある

4〈生活の中での燃焼のしくみの利用〉

燃え続けるとき
→ 空気の出入りをよくする
（例）キャンプファイヤーの木組み

火を消すとき
→ 空気が入らないようフタをする
（例）アルコールランプ，消火器

QR

・学習の手引き

・動画
「ろうそくの燃焼時の空気の流れ」など

・画像

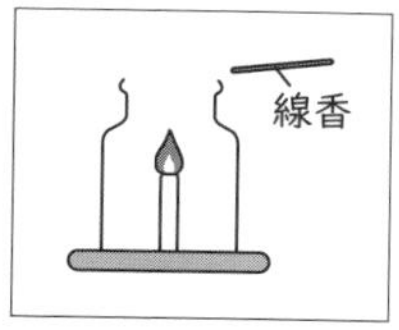

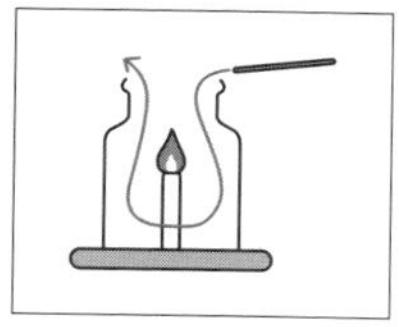

その他

よいのか確認してからもう一度観察させるとよいでしょう。

3 ものが燃え続けるための条件は何かについて考え，話し合う

T　ろうそくが燃え続けるために必要な条件とは何でしょうか。実験結果からわかったことを文章にまとめましょう。

C　ろうそくが燃え続けるには，すき間が必要です。

C　空気が出たり入ったりすることが必要だと思いました。

C　ろうそくが燃え続けるには，実験②のように古い空気が出て，新しい空気が入ることが必要です。

C　ろうそくがないと燃え続けることはできないので燃えるものも必要です。

※単純な実験結果であっても，自分自身でことばをつむいで文章をつくることは難しいものである。ここでは，実験結果からわかったことを自らの知識とするために，正しい文章を提示する前に，できるだけ一人ひとりが考えて文章を作成する時間をとるようにする。その中で，グループやクラスで意見を交流し，お互いの良いところを見つけて自分自身の文章に取り入れるように支援する。

4 生活の中に燃焼のしくみを見つけ，知識を生活に役立てる

T　生活の中で，空気の出入りを利用してものが燃え続けている例はありますか？

C　キャンプファイヤーのとき，すき間ができるようにして木を組みました。

T　では，空気の出入りをなくして火を消す例はありますか。

C　アルコールランプを消すとき，ふたをして空気が入らないようにして消しています。

T　消火器はどんなしくみですか。

C　消火器は泡で空気を遮断すること，冷やすこと，燃え広がることを防ぐ薬品のはたらきで火を消しています。

いくつかの例によって，理科学習と生活体験を結びつけることのおもしろさに気づけるようにする。

空気は，どんな気体なのか調べよう

本時の目標　空気は窒素，酸素，二酸化炭素やその他の様々な気体が混ざっていることを知る。

板書例

㋱ 空気は，どんな気体なのか調べよう

1 気体検知管（きたいけんちかん）

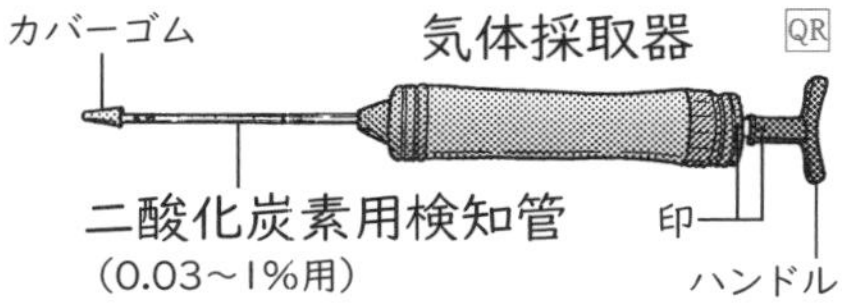

目もりの読み方

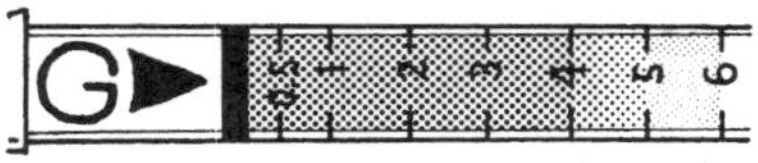

（5%）

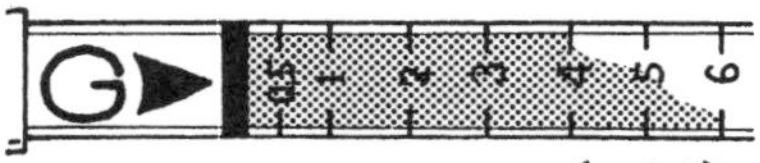

（5%）

2 空気の成分

ちっ素　78%（約 $\frac{4}{5}$）

酸素　21%（約 $\frac{1}{5}$）

二酸化炭素　0.04%

その他の気体（アルゴン）など

⬇

混じり合っている

＝

空気

（POINT）児童に正しく実験させるために，使用済みの検知管を残しておき，何度も吸い込む練習させるのもよいでしょう。また，

1 気体検知管の使い方を知る

T　空気は窒素，酸素，二酸化炭素などの成分が混じり合ってできています。この空気の中に，酸素や二酸化炭素はどれくらい含まれるのでしょうか。

T　空気の成分を調べるために気体検知管という器具を使って，空気中の酸素や二酸化炭素の気体の割合を調べてみましょう。

気体検知管の各部の名称をイラスト図などで確かめる。

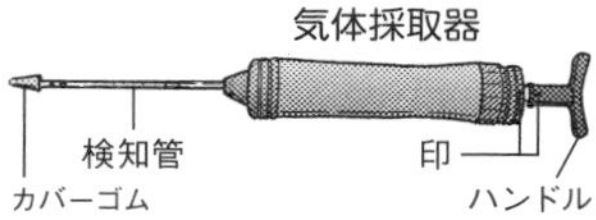

2 気体検知管を用いて，空気中の酸素と二酸化炭素の割合を測定する

T　気体検知管からわかったそれぞれの割合はいくらでしょうか。

C　酸素は21％でした

C　二酸化炭素は，0.04％でした。少しです。

T　空気中には，他にアルゴンという気体が１％含まれています。それ以外は窒素です。

C　100％から酸素と二酸化炭素，アルゴンの割合を計算（引き算）すると，窒素の割合は78％です。

気体検知管の使い方 QR

① 差し込む。

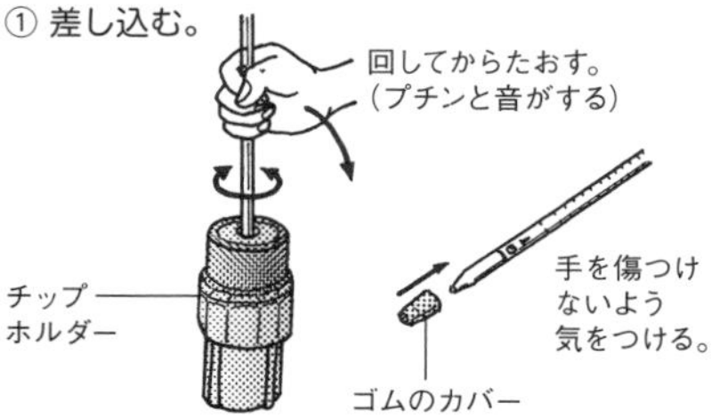

② Ｇマークを合わせてハンドルをいっきに引いて固定し，決められた時間待つ。

③ 検知管をとりはずし，色が変わったところの目盛りを読む。

※ 調べた後は，検知管が熱くなっているので注意して扱う。

２種類ある CO_2 の検知管

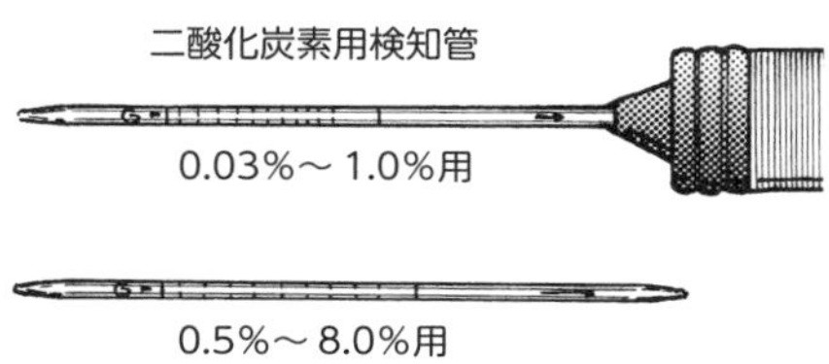

準備物
・気体検知管（酸素用・二酸化炭素用）
・使用済みの検知管を入れる空き缶
・軍手（酸素用気体検知管は高温になるため注意）

ICT
気体検知管の説明については，動画教材等を使用し，児童が個人で見直せるようにしておくとよいでしょう。

3 空気の成分の割合（わりあい）
4

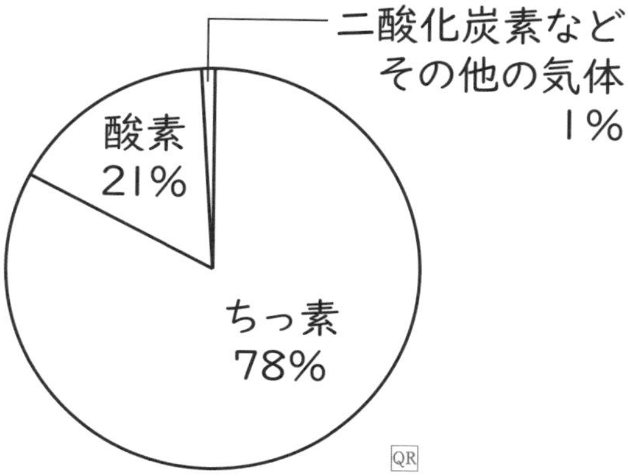

〔まとめ〕
空気は，ちっ素や酸素，二酸化炭素が混じり合っている気体

QR
・学習の手引き
・画像

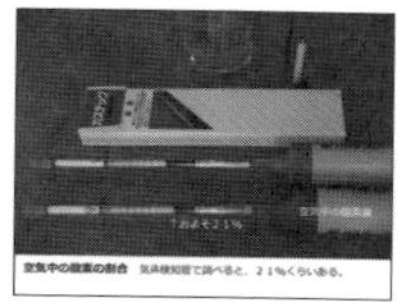

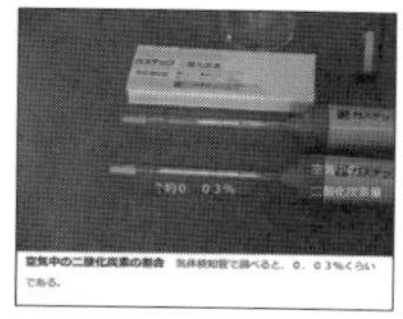

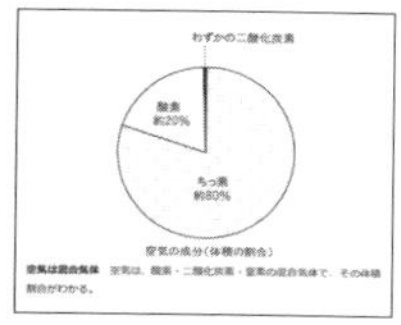

その他

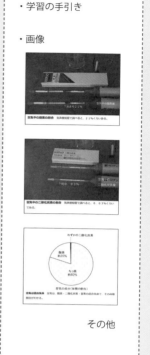

気体検知管の数が足りない場合は教師の演示でもよいでしょう。

3 空気の成分の割合について気体検知管で測定した結果をグラフで表す

T　測定した結果を円グラフに表したものを見てみましょう。
C　酸素は21%だから，約5分の1の割合です。
C　窒素は78%だから，約5分の4の割合です。
C　二酸化炭素やアルゴンなどその他の気体は1%になります。

検知管の目盛りの読み方 QR

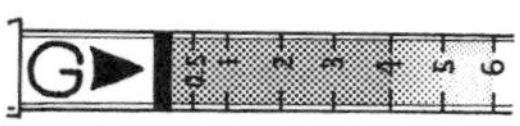

※いずれも5%である。

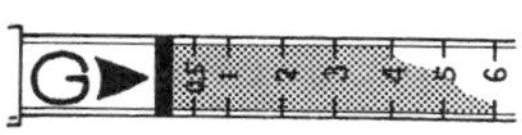

色の境目がはっきりしないときや，ななめになっているときは，中間を読み取る。

・空気中の酸素および二酸化炭素を気体検知管で測定する。
酸素（6～24%用）　：　21%
二酸化炭素（0.03～1%用）：　0.04%

4 測定の結果からわかったことを文章で表す

空気の成分の割合を示した円グラフを黒板に貼る。

T　空気には約78%の窒素，約21%の酸素が混ざっています。二酸化炭素（約0.04%）はわずかです。空気はこれらの気体が混じり合った気体なのです。
C　気体は混じりやすいのかもしれない。
C　目に見えない空気の気体が気体検知管でわかるようになったら，燃える前と燃えた後の様子も比べられると思う。

学習したことをノートにまとめるようにする。

第６時 めあて

酸素，二酸化炭素，ちっ素の中でのろうそくの火のようすを調べよう

本時の目標

酸素はものを燃やすはたらき（助燃性）があり，二酸化炭素や窒素はものを燃やすはたらきがないことがわかる。

板書例

㋱ 酸素，二酸化炭素，ちっ素の中での
ろうそくの火のようすを調べよう

1 集気ビンに気体を集める

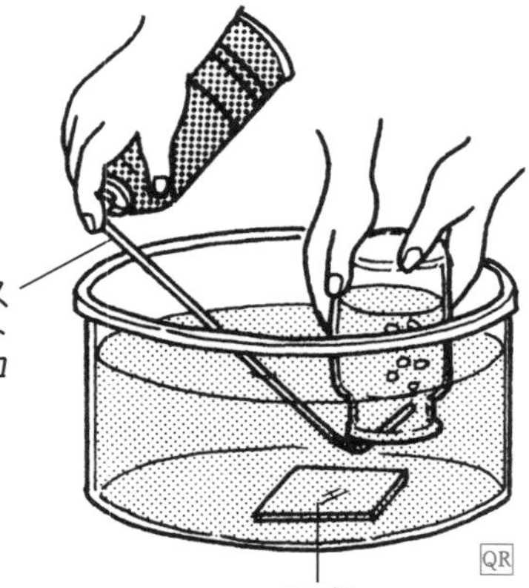

2 酸素の入ったビンに
ろうそくの火を入れる

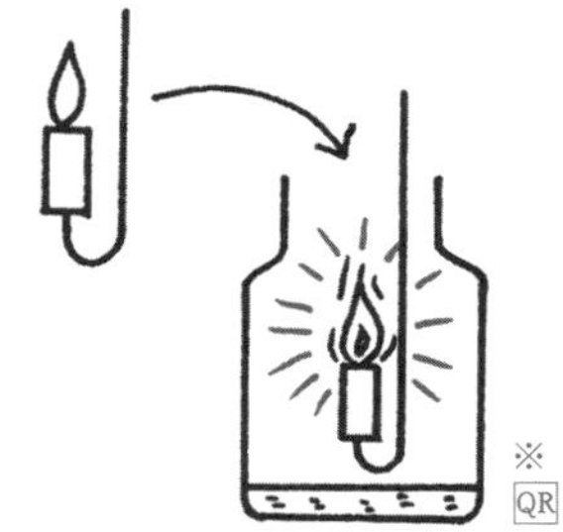

・はげしく燃えた
・明るく光る

※実験後に図をかく

POINT 児童に実験させる場合は，酸素のときには激しく燃えることを先に伝え，安全に配慮して実験させるのもよいでしょう。

1 集気ビンに気体を集める方法を知る

空気と混ざらないようにするため水上置換法によって，空気の混ざっていない酸素，二酸化炭素，ちっ素の入った集気ビンを作ります。

T 集気ビンに気体を入れる方法を紹介します。水槽に水を入れて，水で満たした集気ビンを水槽の水の中で逆さにします。

T ボンベにストローをつけて，集気ビンの中に差し入れます。ボンベの栓を押して，気体を集気ビンの７から８分目まで入れます。ストローを抜いて，水中でフタをして，集気ビンを取り出します。この方法をこれからも使います。

集気びんに気体を取り出す

① ボンベの先に曲がるストローをつける。
② 水槽に水を入れ，水で満たしたビンを水中で逆さにする。
③ 栓を押し，集気ビンに集める。
④ 気体が集められたら，水中でビンの口にフタをして取り出す。

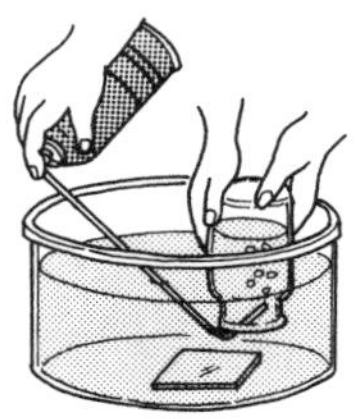

この水上置換法によって，窒素，酸素，二酸化炭素を満たした集気ビンを用意し，その中に火をつけたろうそくを入れたら燃え方はどうなるか予想させる。

2 酸素の中でのろうそくの燃え方を観察する

T 酸素を集めた集気ビンの中に，ろうそくの火を入れて，空気中と比べて，その燃え方を観察しましょう。

T ろうそくの火はどのようになりましたか。

C ろうそくが明るく光り，燃えました。

C 空気中より，ろうそくの炎が大きくなった。

C 酸素の中では，ろうそくがはげしく燃える。

T 酸素はろうそくを燃やす性質がある気体です。酸素自体が燃えるわけではありません。

酸素の中でろうそくを燃やすと，フタやビンが非常に熱くなるので軍手をはめて触れるようにする。炎の色や大きさ，ろうそくの減り方に注目すること。

準備物	・気体ボンベ（窒素，二酸化炭素，酸素） ・集気ビン　　・燃焼さじ ・ろうそく　　・水槽 ・軍手　　　　・濡れた雑巾

ICT	実験を行うことが難しい場合は，QR内の実験動画を使い，気体の種類とその性質を見つけさせるとよいでしょう。

3 二酸化炭素の入ったビンにろうそくの火を入れる

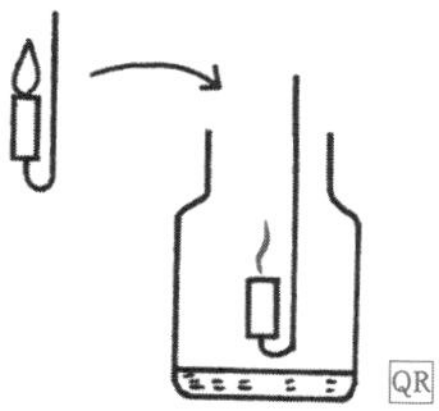

・すぐに消えた
・燃えない

ちっ素の入ったビンにろうそくの火を入れる

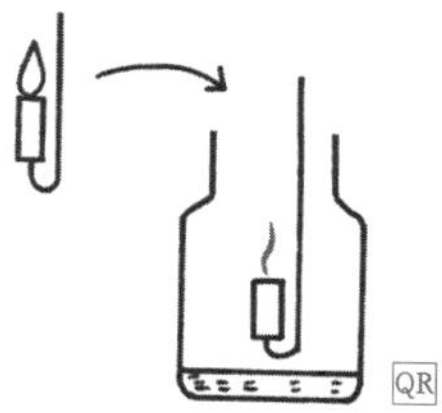

・すぐに消えた
・燃えない

4 〔まとめ〕
・酸素は，ものを燃やすはたらきがある
・ちっ素と二酸化炭素は，ものを燃やすはたらきがない
・酸素自体は，燃えない気体

QR

・動画
「混合気体での燃焼」など

・画像

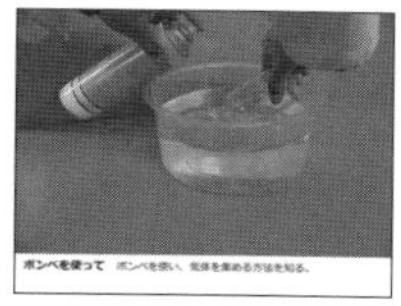

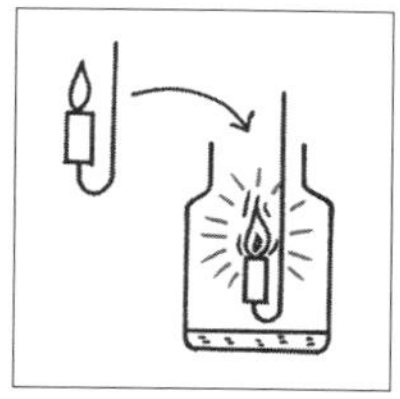

その他

3 二酸化炭素・窒素の中でのろうそくの燃え方を観察する

T　次に二酸化炭素の中に，火のついたろうそくを入れます。ろうそくの火の様子を観察しましょう。
T　ろうそくの燃え方はどのようになりましたか。
C　ろうそくの火が一瞬で消えました。
C　二酸化炭素の中では，ろうそくは燃えませんでした。
C　酸素とちがって，二酸化炭素はものを燃やすはたらきがありません。
T　二酸化炭素には，ものを燃やすはたらきがありません。次に空気中に５分の４ふくまれる窒素を集気ビンに入れ，火のついたろうそくを入れて，火がどうなるか観察しましょう。
C　すぐに消えた。
C　二酸化炭素のときと同じだ。

4 酸素，二酸化炭素，窒素の中でのろうそくの燃え方をまとめる

T　今日の実験のふり返りをします。酸素についてわかったことは何ですか。
C　酸素は燃えません。
C　酸素はものを燃やすはたらきがあります。
T　二酸化炭素について，発表しましょう。
C　ものを燃やすはたらきはありません。火が消えました。
C　酸素とはちがいました。
T　窒素について発表しましょう。
C　二酸化炭素と同じでした。
C　ものを燃やすはたらきはありません。
T　酸素がないと，ものは燃えません。空気中には５分の１の割合で酸素があるので，ものが燃えるのです。

第７時 めあて

ものが燃えた後の空気の成分はどうなるのか調べよう

本時の目標

気体検知管を用いて，ものが燃える前と燃えた後の空気の成分の変化を調べることができる。

板書例

〔問題〕 ものが燃えた後の空気の成分は，変化しているのだろうか

1

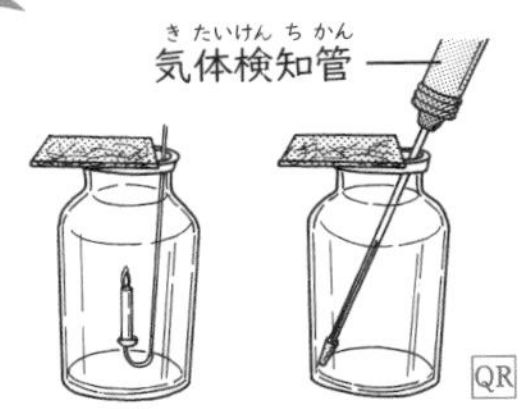

ア．変化している
（　　）人

イ．変化していない
（　　）人

2 気体検知管で調べる

3

	酸素	二酸化炭素	ちっ素
燃やす前	21%	0.04%	78%
燃やした後	17%	4%	78%
変化した量	約４％減った	約４％増えた	変わらない

QR

〔まとめ〕
ろうそくなどのものが燃えると，空気中の酸素が減り，二酸化炭素が増える

POINT 石灰水の実験の際には，①燃やす前のように身の回りの空気が入っているものも用意することで，対照実験の感覚を

1 燃やす前と燃やした後の空気の成分の違いを予想しよう

T 空気の成分の割合をふり返りましょう。（表に記入）

T 酸素 21％，二酸化炭素 0.04％，窒素 78％でしたね。

T 燃やす前と後では，空気の成分に変化があると思いますか。予想しましょう。

C 空気は変化しないと思います。

C 空気の中の窒素や酸素が減っているのかなと思います。

C ものが燃えた後，煙が出たり，燃えかすが出るので，空気の何かが変化しているのかなと思います。

T 実際に燃やして，空気の成分の変化を調べましょう。

2 ものが燃えた後の空気の成分の割合を調べよう

T 気体検知管を使って，ろうそくが燃えた後の空気中の酸素と二酸化炭素の気体の割合を調べてみましょう。

T はじめに酸素の割合を調べましょう。

T 集気ビンに燃えたろうそくを入れます。そしてフタをして，火が消えたらフタのすき間から酸素用の気体検知管を入れます。

T レバーを引いて６０秒待ちましょう。

（このとき，検知管がたいへん熱くなるのでさわらないようにする）

T 次に新しい集気ビンを使って，燃えた後の二酸化炭素の割合を調べます。二酸化炭素用（0.5 から８％測定用）の検知管を使って，酸素のときと同じように測定します。

T 窒素の量は，燃やす前と後で変わりません。（表に記入）

準備物
- 気体検知管（酸素用，二酸化炭素用２種類）
- 集気ビン　・フタ　・石灰水　・ライター
- ろうそく　・軍手　・濡れた雑巾
- 使用済みの検知管を入れる空き缶

ICT
気体検知管の説明については，動画教材等を使用し，児童が個人で見直せるようにしておくとよいでしょう。

深めよう

4 石灰水を使って調べる

① 燃やす前

② 燃やした後

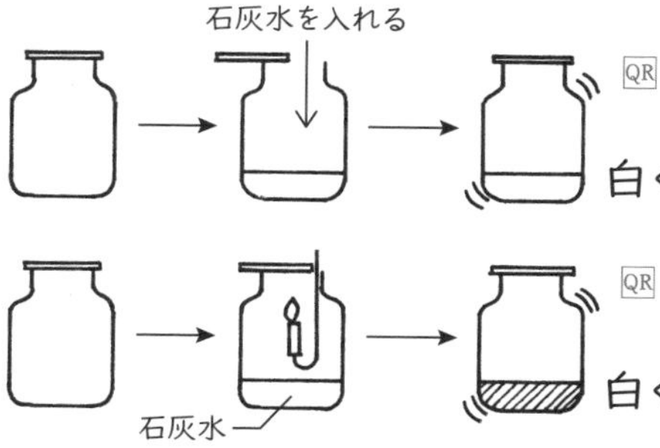

白くにごらない

白くにごる
↓
二酸化炭素ができたことがわかる

二酸化炭素は，石灰水を白くにごらせる

ろうそくが燃えると，ろうの中の炭素と
空気中の酸素が結びついて，
二酸化炭素ができる

QR
- 学習の手引き
- ワークシート
- 動画
「ろうそくが燃焼した後の気体を石灰水で調べる」
- 画像

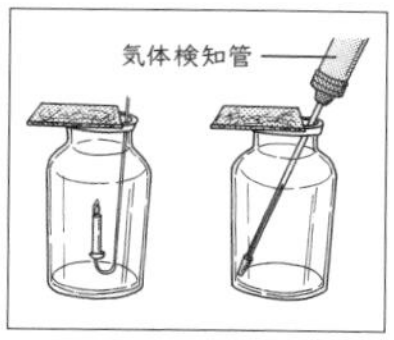

その他

掴ませるとよいでしょう。

3 ものが燃えるときには酸素が使われて，二酸化炭素が発生する

（ろうそくが燃える前と後の空気の成分を測定した結果を比較して，どのようなことがいえるか対話しながら考える）

T　実験の結果，燃える前と後では空気の成分はどのように変化していましたか。

C　酸素が減って，二酸化炭素が増えた。

C　酸素が約４％減って，二酸化炭素が約４％増えた。

T　なぜ酸素が減って，二酸化炭素が増えたのでしょうか。

C　ものが燃えるとき，酸素が使われたから。

C　はじめは，ほとんどなかった二酸化炭素も，ものが燃えた後で増えたので，ものが燃えると二酸化炭素が発生するようです。

T　ろうそくや他のものを燃やしても二酸化炭素が増えるのでしょうか。実験して調べてみましょう。

4 【深めよう】石灰水を使って学びを深める

石灰水を入れると白くにごるという二酸化炭素の性質を使って実験する。

T　ろうそくや線香，木や紙を集気ビンの中で燃やしてみましょう。フタをして燃やして火が消えたら，木や紙を取り出し，集気ビンに再びフタをします。（教師実験で見せる）

T　ろうそくが燃えた後の集気ビンに石灰水を入れたあと，フタをしたまま，少しふると，どうなるでしょうか。

C　白く濁りました。

T　このように植物でできたもの（炭素がある）が燃えると，二酸化炭素が発生します。ろうそくなら，ロウの中の炭素と酸素が結びついて，二酸化炭素ができます。

ろうそくにも紙や木にも炭素（C）が含まれます。その炭素（C）が燃えるときに酸素（O_2）と結びついて二酸化炭素（CO_2）ができるのです。

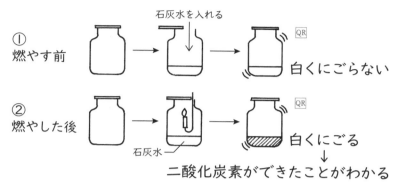

深めよう１ めあて

ものが燃える前と燃えた後の空気の変化を図に表してみよう

本時の目標　粒子モデル図を使って，ものが燃える前と燃えた後の空気の変化を図に表すことができる。

板書例

㋱ ものが燃える前と燃えた後の空気の変化を図に表してみよう

1 ちっ素を□，酸素を●，二酸化炭素を●
（□，●，●　合計すると２０個）

2 燃える前の空気の成分
ちっ素 ： 酸素
１６ ： ４

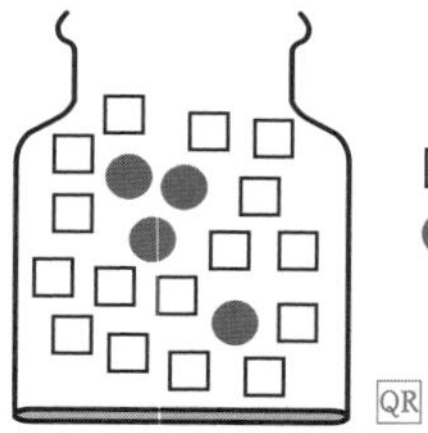

□ １６個
● ４個

3 燃えた後の空気の成分
ちっ素 ： 酸素 ： 二酸化炭素
１６ ： ３ ： １

□ １６個
● ３個
● １個

POINT 気体の粒の数を数え，どの気体がどれだけ変化したのか，実験結果と照らし合わせてイメージさせるとよいでしょう。

1 空気の変化を図に表すために前時の内容をふり返る

（前時で，ものが燃える前と後で空気の成分が変化したことをふり返らせる。ものが燃える様子の画像や映像をみせてもよい）

T　ろうそくを燃やす前の空気と後の空気には，どのような違いがありましたか。
C　燃えたあとは，酸素が減って二酸化炭素が増えていました。
T　空気の成分の変化を図にしてみましょう。
T　窒素を青□，酸素を赤●，二酸化炭素を黒●と表して，集気ビンの図に描き入れましょう。全部あわせたとき，必ず 20 個になるようにしてください。
C　空気は窒素約 78％，酸素約 21％，二酸化炭素約 0.04％だから，それぞれを何個ずつにするといいかな。
C　割合を比で表すと，窒素：酸素：二酸化炭素は，78：21：0.04 になるね。

2 ものが燃える前の空気を図に表す

T　全部で 20 個のうち，□と●と●を何個ずつにするかグループで話し合って書き入れましょう。
C　二酸化炭素は 0.04％だから，● 1 個分にもならないね。
C　窒素と酸素は 78％と 21％だから，簡単な比で表すと約 4 ： 1 です。
C　印は 20 個だから，窒素（青□）16 個，酸素（赤●）4 個でいいかな。
T　ものが燃える前の空気の成分を，形と色を分ける工夫をして図に表しました。
T　このような図にすると，空気の成分の様子がよくわかりますね。

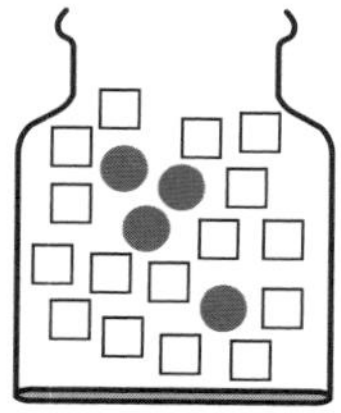

酸素 ● 赤
窒素 □ 青

準備物
・フタ
・ものが燃える様子の画像
（木炭，スチールウール）

ICT
児童のイメージ図をアプリ等でクラス内で共有し，どの図が妥当であるか話し合わせるのもよいでしょう。

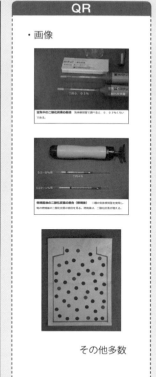

4 〔まとめ〕
２つの図を比べると
酸素が１個（４％）減って，
二酸化炭素が１個（４％）増えた
ことがわかります。

モデル図で表すと，見えない空気の
成分の割合（わりあい）が見えるようにすることができる

QR
・画像

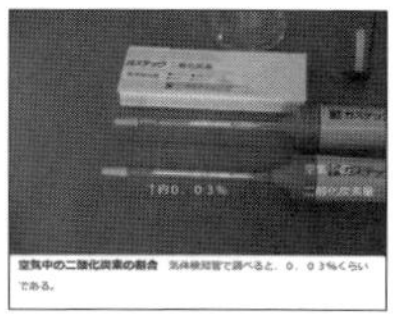

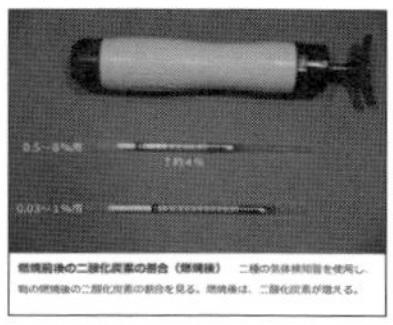

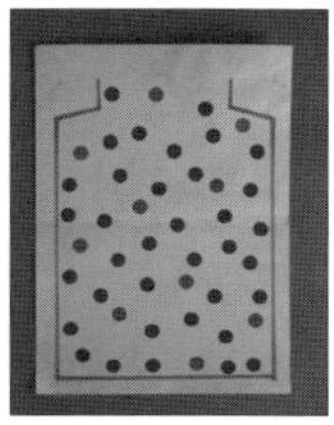

その他多数

3 ものが燃えた後の空気を図に表す

T　次に燃えた後の空気の成分を図に表しましょう。
C　窒素は 78％で，変わりません。酸素は減って約 16％。二酸化炭素は約４％だったから，簡単な比にすると約 16：３：１です。
C　全部で 20 個だから，窒素は 16 個，酸素は３個，二酸化炭素は１個です。
C　燃える前と比べると，酸素が１個減って，二酸化炭素が１個増えることになりました。
T　全体の粒の数はどうですか。
C　全体の数は 20 個で変わりません。

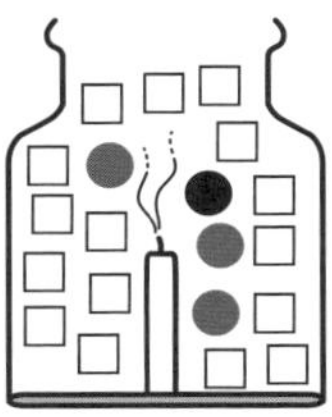

4 モデル図にする良さを話し合い，考えをまとめる

T　空気の成分を，□●●などで表すことを『モデル図に表す』といいます。モデル図にしてみて気づいたことを発表しましょう。
C　燃える前になかった二酸化炭素が，燃えた後にできたことが，●が１つ増えてわかりやすいと思いました。
C　酸素の●が４つから３つになり，１つ減ったことがわかります。
C　見えない空気が記号で表せて，楽しかったし，変化がわかりやすいと思います。
C　酸素，窒素，二酸化炭素が混じり合っている様子がよくわかります。
T　モデル図であらわすと，見えない空気の成分が目でわかるようになります。これを『可視化する』といいます。

深めよう２ めあて
ものは，酸素の中で，どのように燃えるのか調べよう

本時の目標
ものの燃え方には違いがあることがわかる。炭素を含むものが燃えると，二酸化炭素ができることがわかる。

板書例

〔問題〕 ものは，酸素の中で どのように燃えるのだろうか

1 予想

線香	木	スチールウール
〔　　〕	〔　　〕	〔　　〕

※児童の発言を板書する。

2 3 実験 燃える様子をみる

結果

線香	木	スチールウール
ぱっと燃えた 明るく光った はげしく燃えた	ほのおが出た 明るく光った はげしく燃えた	火花をはなった 明るく光った 黒いかたまりになった

POINT スチールウールを使用する場合は，激しく燃えた後も高温で，それが集気ビンを割ってしまうこともあるので，必ず

1 酸素の中で，線香，木，スチールウールはどのように燃えるのか予想する

T　集気ビンに酸素を集めて，その中でいろいろなものを燃やしてみましょう。線香，木，スチールウールです。

T　スチールウールは鉄を糸のように細くしたものです。それぞれどのような燃え方をするでしょうか。

C　木はすぐに燃えてしまうと思う。

C　スチールウールは鉄なので燃えないと思う。

C　線香はろうそくと同じで燃えると思います。

集気ビンでものを燃やすときは，集気ビンに少し水を残した状態で燃やし，集気ビンが熱くなりすぎて割れるのを防ぐ。スチールウールを燃やすときは，集気ビンの底に水と砂を入れておくとよい。（これは教師実験で見せる）

2 酸素の中での線香や木の燃え方を観察する

T　はじめに火のついた線香を酸素の入った集気ビンに入れて燃え方を観察しましょう。

（ろうそくで線香に火をつけ，先から煙が出た状況で集気ビンの中に入れさせる）

T　線香の燃え方はどのようになりましたか。

C　明るく光って燃えました。

C　線香の先からパッと炎が出て燃えました。

T　次に木をろうそくの火で燃やして，先が赤く炭のようになったところで，酸素の中に入れるとどのような燃え方をするでしょうか。

C　パッと火がつき，炎を出して燃えました。

C　明るく光り，続いて燃え出しました。

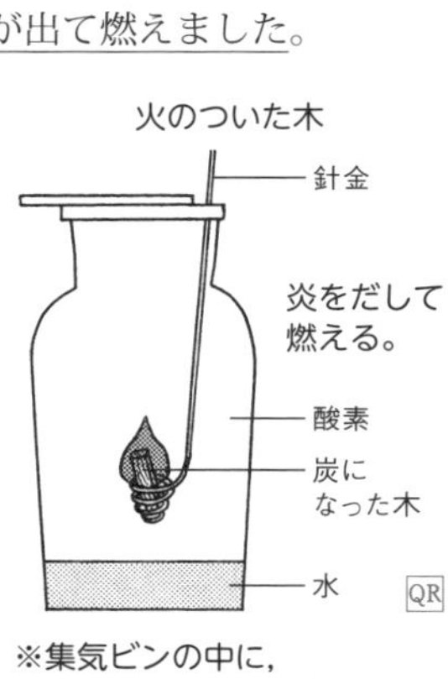

※集気ビンの中に，少量の水を入れておく。

準備物	・集気ビン　・フタ　・水槽　・酸素ボンベ ・ガスコンロ　・砂　・燃焼さじ（針金） ・線香　・紙　・木　・スチールウール ・保護メガネ　・軍手　・濡れた雑巾

ICT	実験を行うことが難しい場合は，QR内の実験動画を使い，激しく燃える様子を確認するとよいでしょう。

4〔まとめ〕

QR

燃やしたもの	結果	燃えるようす
線香	ぱっと燃えた 明るく光った はげしく燃えた	まぶしい ほのおをあげて 燃えた
木	ほのおが出た 明るく光った はげしく燃えた	まぶしい光を 出しながら 燃えた
スチール ウール	火花をはなつ 明るく光った 黒いかたまりに なった	火花を 出しながら燃え， 黒色のものに 変わった

酸素の中では，木やスチールウール（鉄）は
明るく光を出して燃える

QR

・動画
「酸素中の線香の燃焼」
など

・画像

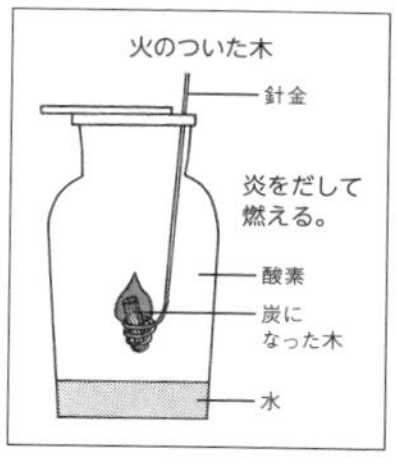

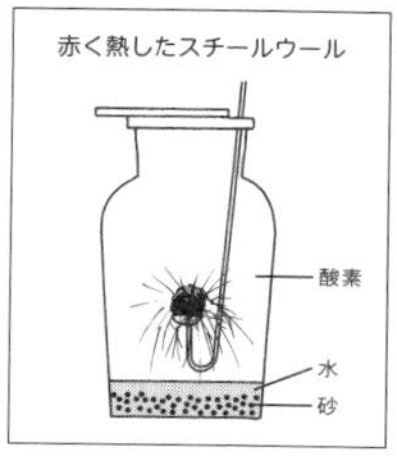

その他

水と砂を底に敷き，実験を行いましょう。

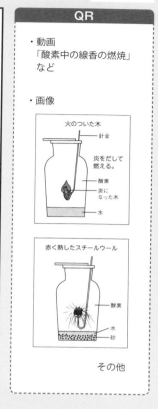

3 酸素の中での スチールウールの燃え方を観察する

スチールウールは，ガスコンロで火をつけて，軽く息を吹きかけ，すばやく酸素の入っている集気ビンの中に入れる。集気ビンの中では，火花が散るのでこの実験は教師が行う。

T　最後に，鉄でできたスチールウールを燃やしてみましょう。線香や木の燃え方と同じか比べてみましょう。

C　火花を出しながら，明るくなった。

C　ろうそくや線香，木とはちがう燃え方だった。

C　火のついたスチールウールは酸素の中ではげしく燃えた。燃えた後は黒いかたまりになっていた。

T　スチールウールも酸素の中でははげしく燃えました。

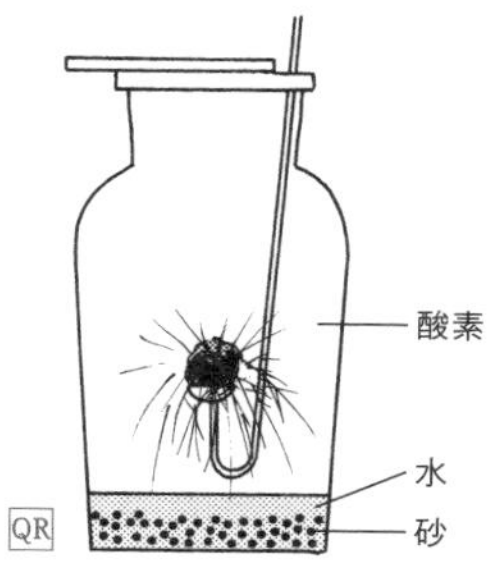

※集気ビンの中に，
少量の水と砂を入れておく。

4 実験結果を表にまとめ， 気づいたことを発表する

（児童が観察したときの驚きや発見を大切にして，結果を記入させる。酸素の中で，ものがはげしく燃えている様子が伝わる書き方を勧める）

T　それぞれのものの燃え方の様子と，わかったことを書いて，発表しましょう。

C　酸素中ではどれもはげしく燃えました。

C　スチールウール（鉄）がはげしく燃えるとは思いませんでした。びっくりしました。

T　線香や木は炭素という成分からできています。炭素と酸素が結びつくと，二酸化炭素ができます。鉄には炭素が含まれていないので，二酸化炭素はできません。

酸素をつくり，酸素の性質を調べよう

本時の目標　酸素の発生方法を知り，酸素であることを確かめる方法についてわかる。

板書例

㋱ 酸素をつくり，酸素の性質を調べよう

1 実験

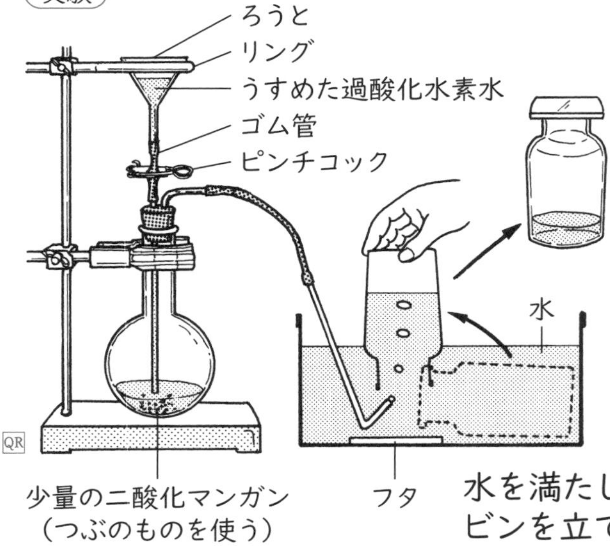

はじめに出てくる気体は、フラスコ内の空気をふくんでいるので捨(す)てる

水を満たしてから，ビンを立てる

1 酸素の発生方法を，教師が実験しながら解説する

T　はじめに二酸化マンガンの粒をフラスコに少量いれます。

T　コックが閉まっていることを確かめて，５％に薄めた過酸化水素水を漏斗に入れます。

T　コックを開き過酸化水素水がすべて下に落ちたらコックを閉めましょう。

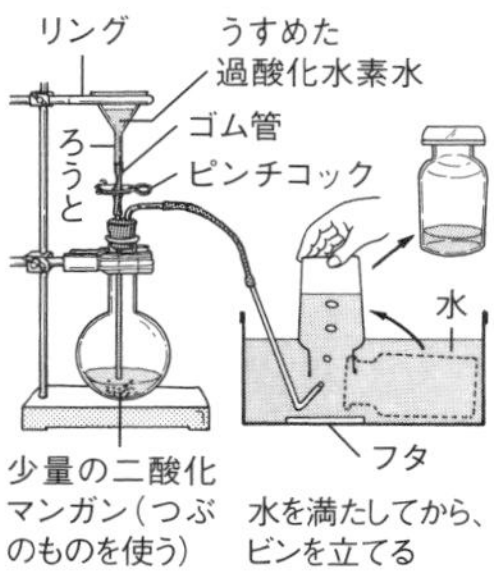

T　はじめに出てくる気体はフラスコ内にもともとあった空気なので，捨ててから酸素だけを集気ビンに集めます。

T　二酸化マンガンに過酸化水素水を加えると酸素が発生します。

C　すごい勢いで反応している。

C　集気ビンの中の水が押し出されて，酸素でいっぱいになった。

※酸素がたまった集気ビンにフタをして水槽から出し，石灰水を入れても白くにごらないことを確認してもよい。

2 発生した気体が酸素であることを確かめる

T　水中で集気ビンにフタをして取り出します。発生した気体が酸素かどうか，確かめるためにはどうすればよいのでしょうか。

C　火をつけたものを入れます。

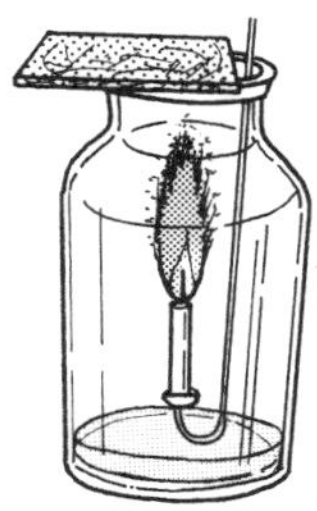

T　火をつけたろうそくを集めた気体の中に入れてみましょう。

C　炎が出た。はげしく燃えていました。

C　酸素には燃やすはたらきがあるので，ろうそくの火が大きくなり激しく燃えました。

T　他に確かめる方法はあるでしょうか。

C　集めた気体に石灰水を入れてみる。

T　集めた気体に石灰水を入れるとどうなると思いますか。

C　二酸化炭素ではないので，白く濁らない。

T　石灰水を入れて確かめましょう。

C　やはり石灰水は，白く濁りませんでした。

準備物

- 酸素発生装置
- フタ
- 燃焼さじ
- 石灰水
- 集気ビン
- 水槽
- ろうそく
- 保護メガネ

3 〔まとめ〕

4 ① 酸素の発生方法

・二酸化マンガンに過酸化水素水５%を入れ，発生した気体を集める

② 酸素の性質

・ものが燃えるのを助けるはたらき

・酸素そのものは燃えない

・空気中に約20%の酸素がある

・生き物は酸素をからだの中に取り入れている（今後の学習）

QR

・画像

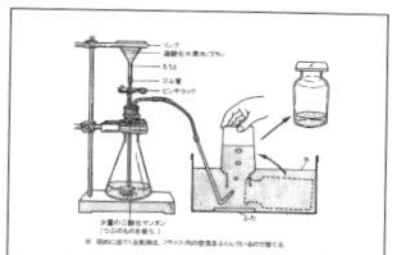

酸素の発生方法　二酸化マンガンに薄めた過酸化水素水を入れると酸素が発生する。

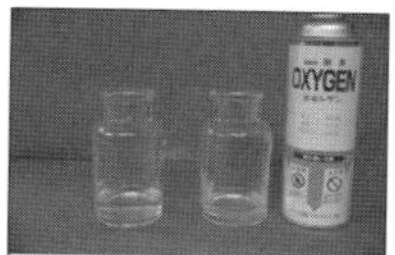

酸素と石灰水　石灰水に酸素を入れても，白濁しない。

3 酸素の性質について知っていることを話し合う

（児童の生活体験などから，酸素について知っていることを発表させても良い）

T　それでは酸素の性質をまとめましょう。

C　酸素の中ではろうそくが激しく燃える。

C　酸素が燃えているのではなく，ものが燃えるときに酸素が使われるということです。

T　ものが燃えるのを助けること以外に，酸素の大切な役割について知っていることを発表しましょう。

C　生き物は酸素を吸って生きています。

C　魚は水に溶けた酸素をエラから取り込んでいるのかな。

C　植物は二酸化炭素を葉から取り入れて，酸素を出しているので，緑の木は大切です。本で読んだことがあります。

C　私たち人間も空気中の酸素を吸って二酸化炭素を出しています。

4 酸素の性質についてまとめる

T　今まで学習してきたことや調べたことで，酸素にどんな性質があるかまとめましょう。

C　酸素はものが燃えるのを助けてくれるはたらきがあります。

C　酸素そのものは燃えません。

C　空気中に約２０%の酸素があります。

C　生き物は酸素を吸って生きています。

T　人の呼吸するときに酸素を使うことは，これから『人や動物のからだ』の単元で詳しく学びます。

C　植物は酸素をどうやって作っているのですか。

T　植物と酸素の関係も『生き物どうしのかかわり』の単元でこれから学習します。

気体検知管の使い方

（きたいけんちかん）

気体検知管は　両方とじられたガラス管の中に　特別な薬品をしみこませた物が入っています。ガラス管には　目もりがついて　調べたい気体がどれだけあるのか　こさがわかります。また、調べたい気体によって　検知管がちがいます。

① 調べたい気体にあった検知管か たしかめます。（今日は、酸素用と二酸化炭素用の二種類です。まちがわないように。）

② 検知管の両はしを、チップホルダーを使って、折り取ります。

③ 検知管の G▶ マーク側に 安全のためゴムのカバーをつけます。

④ 採取器→ と書いてある側を 採取器（ポンプ）にさしこみます。

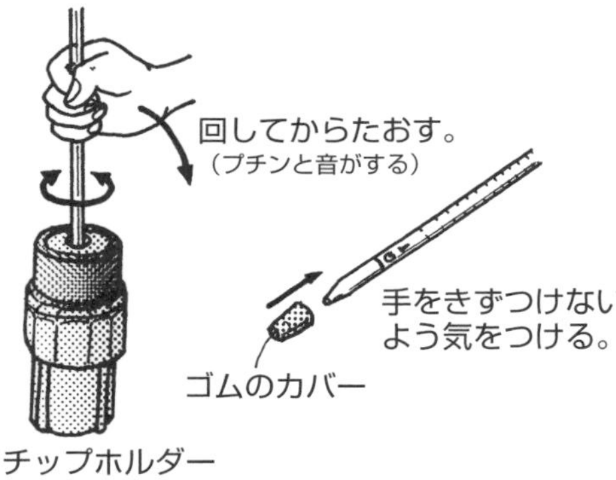

⑤ 検知管の先を　調べる気体の中に入れます。

⑥ 赤い印を合わせて　カチッと音がするまでハンドルをいっきに引いて固定します。（そのまま約1分間待ちます。）

⑦ ハンドルを90°回して　元にもどらなければ 検知管をはずして目もりを読みます。

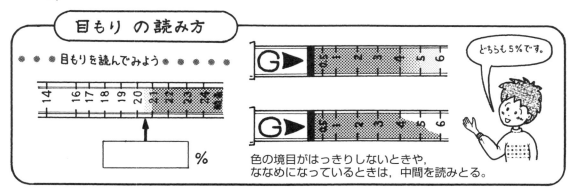

目もり の読み方

●●● 目もりを読んでみよう ●●●●

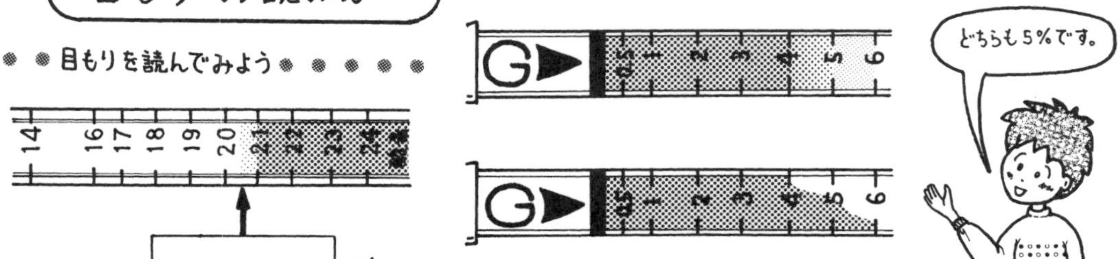

色の境目がはっきりしないときや，
ななめになっているときは，中間を読みとる。

ものの燃え方と空気
（酸素の性質）

名前		月　日

実験

集めた酸素の中で，いろいろなものを燃やしてみましょう。
燃えるようすを図と言葉で書きましょう。
（燃え方は空気中でふつうに燃やしたときと比べて書きましょう。）

燃やすもの	せんこう	ろうそく	木	スチールウール
図（火のようす）	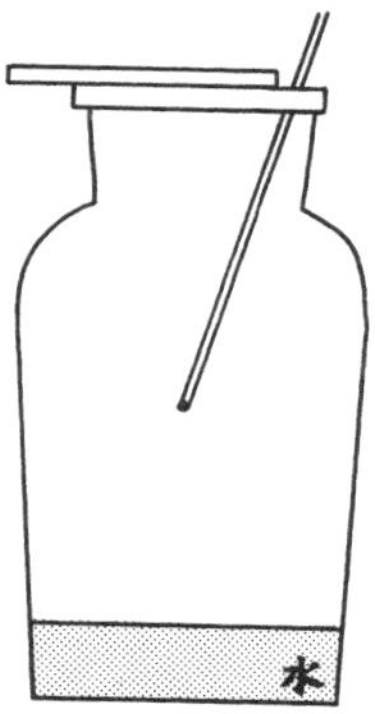	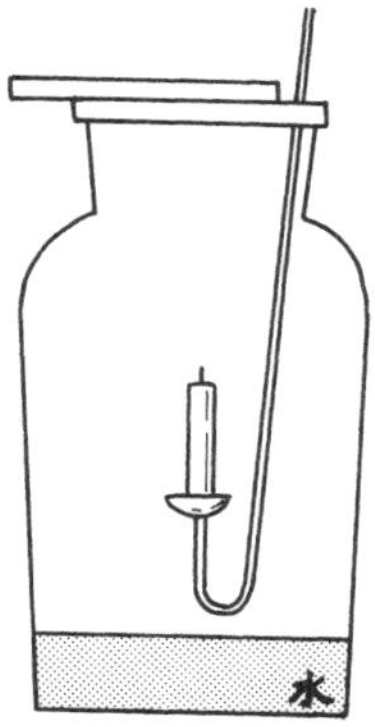	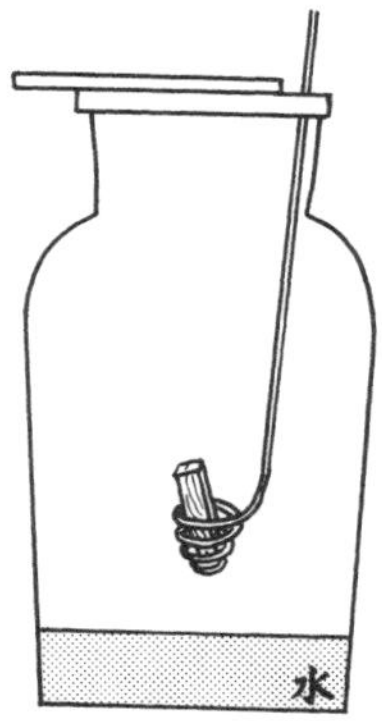	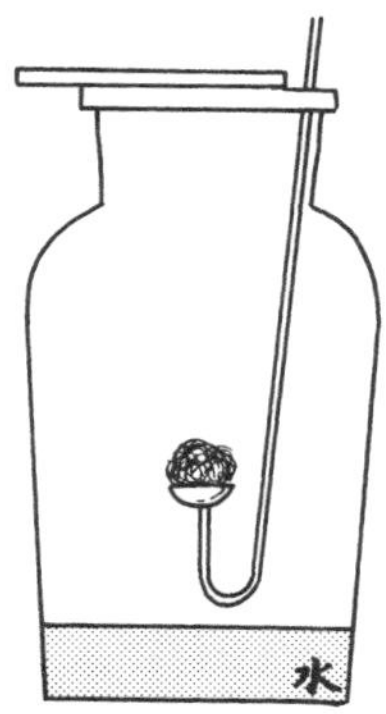
燃え方				

まとめ

（　　　　　　　　　　　　　　　　　　　　　　　　　　　　）

二酸化炭素とかんきょうの話	名前		月　日

　ものが燃えたあとの空気には　二酸化炭素が多くふくまれていましたね。何を燃やしたかというと、ろうそく、せんこう、木炭でしたね。これらに共通することがあります。何でしょう。ヒント、ろうそくの原料は　昔はハゼという木の実からとりました。現在では石油を原料にしています。せんこうは杉(すぎ)の葉を粉にしたものが入っているそうです。木炭の原料は木ですね。さあ、わかりましたか？

　ではもう一つヒント。石油や石炭、天然ガスは　地下深くうまった　大昔の生物が長い間に変化したものです。（化石燃料と呼ばれています。）

　そうです。みんな元は「生物」だったのです。「生物」が燃えると、あとに二酸化炭素ができるのです。生物が元でない物は　燃えても二酸化炭素が出ません。たとえば　鉄を細くけずったスチールウールを酸素の中で燃やすと、よく燃えますが　後には二酸化炭素は出てきません。

　火力発電や自動車を走らせるため、大量の石油や天然ガスを燃料にしていることを知っていますね。このとき大量の二酸化炭素が空気中に出されます。年々化石燃料の使用量が増えています。空気中の二酸化炭素も増えています。

　地球全体の気温が上がっていること（地球温暖化(おんだんか)）が問題に　なっています。二酸化炭素の増加が　その大きな原因だといわれています。温暖化がすすむと北極や南極の氷がとけて、海水面が上昇して、海に沈む国や都市が出てきます。また、暖かい地域の病気を運ぶ生物（蚊(カ)など）が生活の場所を広げ、今までそこにない病気が広がることも考えられます。

空気中にふくまれる二酸化炭素の割合(わりあい)の変化

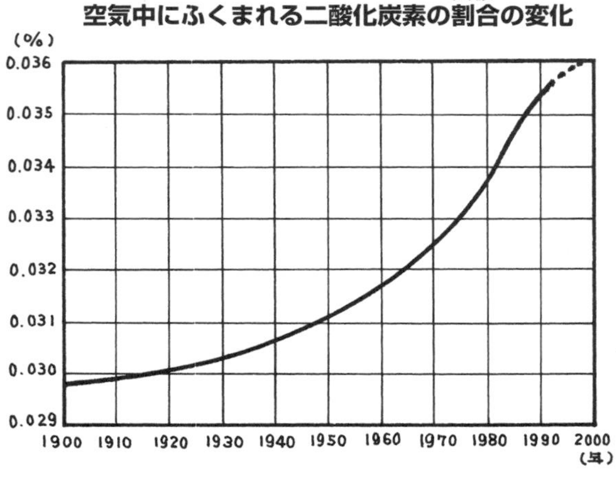

ものの燃え方と空気
〔空気の成分（ちっ素）〕

名前　　　　月　日

ちっ素という気体は，下のグラフのように空気の中に約78%ふくまれる気体です。酸素は約21%ふくまれています。

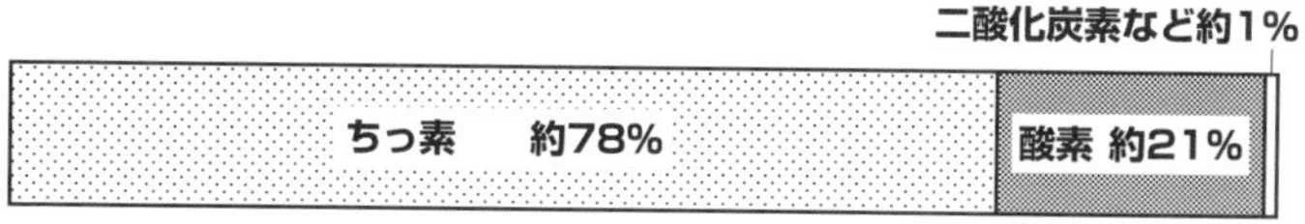

① ちっ素の入った集気びんに火のついたろうそくを入れてみましょう。どうなりましたか？

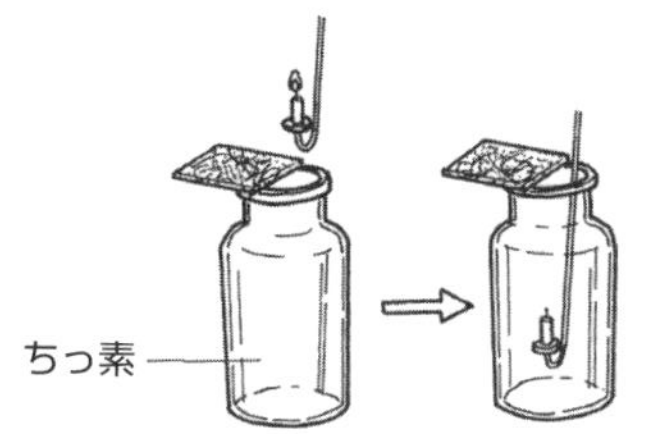

（　　　　　　）

② 石灰水を入れて，ふってみましょう。白くにごりましたか？

（　　　　　　）

〈ちっ素の性質をまとめましょう。〉

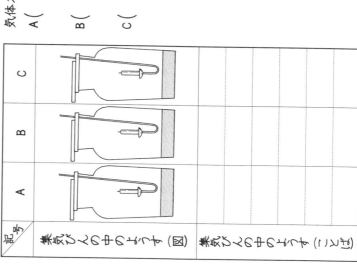

ものの燃え方と空気（発展）
（いろいろな気体）

名前　　　　月　日

実験

酸素・ちっ素・二酸化炭素の入った集気びんがあります。どれに何が入っているのか，わかりません。この集気びんの中に，石灰水を入れてふり，次に火のついたろうそくを入れます。どのようになったか下の表に，集気びんの中のようすを図やことばでかき何の気体か考えましょう。

記号	A	B	C
集気びんの中のようす（図）	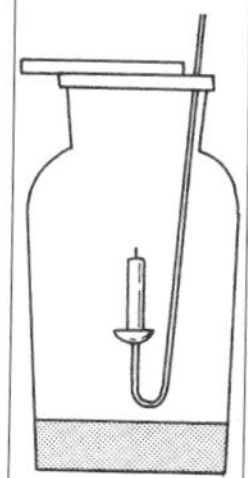	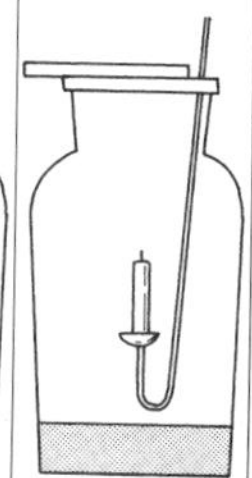	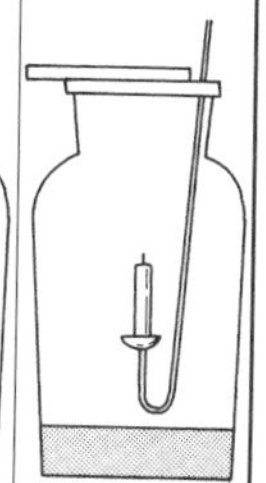
集気びんの中のようす（ことば）			

気体名を書きましょう。

A（　　　　　　）

B（　　　　　　）

C（　　　　　　）

人や動物のからだ

学習準備１時間＋全授業９時間＋広げよう４時間

◎ 学習にあたって ◎

◉ 何を学ぶのか

動物とは，生きていくための栄養分，つまりエネルギーのもとを外界から取り入れている生き物です。人も他の動物と同様，消化吸収と呼吸とによって栄養分と酸素を取り入れ，それらを全身に運ぶために血液を循環させて生きています。本単元では，それらの機能を担っている消化器官や呼吸器官，循環器官などのはたらきとつくりを学習します。成長期の児童にとって，呼吸や食べることの意味，また体の内部で何がおこなわれているのかを知ることは，自分の体と健康に関わる科学的な基礎知識を豊かにする学習となります。

◉ どのように学ぶのか

心臓や肺，胃などは日常よく使っている言葉です。だからといって，児童はそれらの位置やはたらきを知っているわけではありません。ここで人体を学ぶことによって，『内臓』がそれぞれの機能を持った個々の器官(臓器)，器官系として見えてくるようになります。「体の中はどうなっているの」という児童の興味や関心，探求心に沿いながら，呼吸系や小腸などの消化系，循環系を中心に見ていきます。なお，腎臓や肝臓も重要な臓器ですが，そのしくみは児童にとっては難しいでしょう。体のどこにあり，どんなはたらきをしているのかという程度に留めます。消化や呼吸に関わっては，呼気の気体の成分を調べるなど，簡単な実験も取り入れます。ただ，対象が人体の内部であるだけに実験や観察は難しく，どうしても説明や調べ学習が多くなります。その点，人体模型や図，映像の活用は理解の助けとなり，より具体的なイメージを持たせることができるでしょう。

◉ 留意点・他

人以外の動物も，生きる基本として消化や呼吸のための器官をもっています。同時に，それらはそれぞれの動物の食性やくらしに合った形になっていることにも簡単に触れます。対比を通して，生き物の多様性や環境に目を向けていくきっかけにもなります。なお，できれば魚類などの解剖も取り入れると，見えてくるものはより多くなるでしょう。

自分自身や友だちの体に目を向ける学習です。臓器を知るとともに，拍動とは何のためにどのようなことが行われているのかなど，その意味とをつないで理解を進めていくところに主体性が生まれ，深い学びにつながります。

◎ 評　価 ◎

知識および技能	・人が食べたものは，口，食道，胃，小腸，大腸など，ひと続きの消化管を通る間に消化され，その養分は小腸から吸収されていることがわかる。 ・人は，肺から酸素を取り入れ，二酸化炭素などの気体を出していることがわかる。 ・血液は心臓のはたらきにより全身を循環し，酸素や養分，また不要な物や二酸化炭素を運んでいることがわかる。 ・人の体には，養分を蓄えている肝臓や，血液から不要なものを取り出す（排出する）腎臓があることがわかる。 ・魚など，人以外の動物も，くらしに応じた消化や呼吸のための器官をもっていることに気づく。
思考力，判断力，表現力等	・人や動物の体のつくりとはたらきやそれらの関係について，より深く知り，それらをことばや図で表すことができる。
主体的に学習に取り組む態度	・生命を尊重し，人や動物の体について，主体的に問題解決しようとしている。

◎ 指導計画　学習準備１時間＋全授業９時間＋広げよう４時間 ◎

◇ ていねいに進める場合は，１時間扱いのところでも２時間扱いにしてください。
◇ ここでは消化→呼吸の順に進めていますが，教科書に応じた順序の入れ替えもできます。

次	時	題	目標	主な学習活動
人や動物が生きていくために	学習準備	人や動物が生きていくためにからだにとり入れているものは何だろう	人や動物は生きていくために，体の外から食べ物や空気を取り入れていることに気づく。	・人や動物は，食事と呼吸を通して，外界とつながって生きていることを話し合う。 ・これからの学習課題を話し合う。
消化と吸収	1	ご飯は，だ液によって別のものに変化するのか調べよう	ご飯などにふくまれるでんぷんはだ液によって消化され，でんぷんでない物質（糖）に変化することがわかる。	・だ液のはたらきを調べる。ご飯つぶの代わりのでんぷん糊に，だ液を入れたものと入れないものをつくり，その変化を比べる実験をする。
	2	食べたものは，口からどんな通り道を通って，消化されるのか調べよう	口から入った食べ物はその後，食道，胃，小腸，大腸の順に，１本の消化管を通り，肛門から大便として出されていることがわかる。	・食べ物の通り道を教科書で調べ，人体模型で形や長さ，大きさを観察する。
	3	胃や小腸はどのようなはたらきをしているのか調べよう	胃や小腸では消化液のはたらきによって消化が行われ，消化された栄養分は小腸の壁から吸収されることがわかる。	・たん白質など，でんぷん以外の食物はどこで消化され，その養分はどこで取り入れられているのかを教科書などで調べる。
呼吸	4・5	人は，空気を吸ったりはいたりするとき，何をとり入れ，何を出しているのか調べよう	人は呼吸によって，空気中の酸素を体内に取り入れ，二酸化炭素を出していることがわかる。	・吐く息と吸う息には違いがあることを予想し，気体検知管で，呼気と吸気の酸素量などを調べる。
	6	人は，からだの中のどこで，どのように，酸素と二酸化炭素を出し入れするのか調べよう	呼吸により，吸った空気は肺の中の小さな袋（肺胞）に入り，酸素の一部が血液に取り込まれ，二酸化炭素も肺から出されることがわかる。	・人体模型で肺の形や大きさを観察し，そのはたらきとしくみを教科書などで調べる。 ・動物の呼吸器官についても調べる。
血液の循環	7	血液は，からだの中を，どのように流れて，養分や酸素などを運んでいるのか調べよう	肺や小腸で取り入れられた酸素や養分などは，心臓から送り出される血液によって全身に運ばれていることがわかる。	・肺や小腸で取り入れられた酸素や養分の運ばれ方を調べる。人体模型で心臓の位置や形を調べ，自分の体でも拍動（脈拍）を確かめる。
	広げよう1	メダカのおびれの血液の流れを観察しよう	メダカの尾びれを顕微鏡で観察し，メダカにも心臓があり，血液が流れていることがわかる。	・血流の観察の仕方（何をどのように）を調べる。 ・メダカの尾びれを顕微鏡で観察し，血液の姿，形と，血液の流れを見る。映像でも見る。
肝臓と腎臓	8・9	肝臓と腎臓のはたらきを調べよう	人体には小腸で吸収した養分を蓄える肝臓や，体内にできた不要なものを血液から取り出して尿を作っている腎臓などの臓器があることがわかる。	・教科書の説明や，人体模型を使って，肝臓や腎臓の位置とはたらきを調べる。 ・血液の流れによって，人体の臓器が互いにつながり合っていることを調べる。
魚の解剖	広げよう2	魚のからだのつくりを調べよう －フナの解剖－ ※３時間扱い	魚（フナ）の体には，生きるための器官として，呼吸器官のえらや，食物の消化と吸収のための消化管，心臓などがあることがわかる。	・フナの外形を観察する。 ・フナの腹部を解剖して，生きるためのどのような臓器があるのかを調べる。

※『広げよう２』の解剖に使う魚は，フナの他にコイなど，またよほど新鮮ならアジなども使えます。

学習準備 めあて
人や動物が生きていくためにからだにとり入れているものは何だろう

本時の目標 人や動物は生きていくために，体の外から食べ物や空気を取り入れていることに気づく。

板書例

㋱ 人や動物が生きていくために
からだにとり入れているものは何だろう

1

食べる，水を飲む
息＝呼吸
出す（便，尿）
心臓
からだを動かす
身を守る

2

とり入れているもの
食べ物を食べる（栄養分）
空気をとり入れる（呼吸）

からだの外に出しているもの
息，便，尿，あせ…

QR

POINT 子どもたちの話から，呼吸・消化・血液循環に関わる話を膨らませ，課題発見を手助けすることで本時の学習への

1 人や動物が生きていくためにしていることは何か考える

T　これから人の体のことを勉強していきます。人は本を読んだり，仕事をしたりするなど自分の知識を増やしたり，自分や人のために働いたりしますが，自分の命を保つために，生きていく上でしなければならないことにはどんなことがありますか。
C　息をしないと生きていけません。
C　食べ物を食べないとお腹がすいて最後には死にます。
C　水を飲まないと，のどがかれて苦しくなります。
C　心臓がとまったら，死にます。
C　食べたら，便や尿が出ます。汗もかきます。
C　睡眠も大切。寝ないと疲れが溜まります。
C　運動して身体を強くします。

（この他にもいろんな意見が出される。時間をとりすぎないよう，深入りせずに整理する。（板書））

2 体に取り入れているものや，体から出しているものを話し合う

T　人だけでなく動物も，体に取り入れているものと，出しているものがあります。どんなものが考えられますか。
C　食べ物を口から食べています。
C　動物だったら，草を食べたり，他の動物を食べたりします。
C　息をしています。空気を吸って，体の中に取り入れています。そして息を吐いています。
T　息をすることを「呼吸」といって「空気」を取り入れています。
T　空気以外に取り入れているものは，「食べ物」と「水」ですね。
T　出しているものは，息を吐いたり，便やおしっこ（尿）ですね。

※人も動物も，外界，環境とのつながりの中で生きているといえる。

準備物

・あれば，動物がものを食べているところの動画

3

ものを食べて生きている生き物 ＝ 動物
［カマキリ，チョウ，カエル，メダカ，イヌ，ライオン，ツバメ，ヒト］
※

ものを食べない ＝ 植物
［アサガオ，タンポポ，サクラ］
※児童の意見を板書する。

4

〈これからの学習〉
・空気は息を吸ったあと，どこに入っていくのだろうか（吸った空気のゆくえは？）
・食べたものは，口から入ったあと，どこを通って出ていくのか（食べ物の通るところは？）

QR

・画像

その他多数

意欲を高めましょう。

3 人も動物も「食べて，呼吸をして」生きているということについて話し合う

T　他の生き物はどうでしょうか。人と同じように食べて呼吸をしていますか。
見たことや知っていることを話しましょう。

（教科書の写真やイラストの動物を話題にするのもよい）

C　成虫のチョウが花の蜜を吸っています。細い口を伸ばしていました。

C　チョウの幼虫は，植物の葉を食べます。そしてフン（便）をします。

蜜を吸うチョウ　QR

C　家の犬は毎日えさを食べます。

C　メダカや金魚は，えさをやらないと死にます。水槽にはエアポンプで空気を送っています。

T　そうですね。人も生き物も「食べる」ことと「呼吸する」ことをしないと生きていけません。他のものを食べて生きている生き物を『動物』といいます。犬やネコ，昆虫も鳥も魚も，人間も『動物』のなかまです。

4 これから学習したいことを話し合う

T　人や動物にとって大切な，食べることと呼吸することについて学習をしていきます。調べてみたいことをノートに書いてみましょう。

T　呼吸についてはどんなことを調べたいですか。

C　吸った空気はどこへ入っていくのか。

C　吸う空気と吐く息のちがいはあるのか。

T　食べることについてはどうですか。

C　食べたものは口でかんだあと，どこを通ってウンチやおしっこになって出てくるのか。

C　食べ物の栄養分について知りたい。

T　発表されたことがらから，つぎのような２つの課題について学習を進めましょう。

①空気はどこからどのようにとり入れられるのか。
②食べ物の栄養分は，どこから，どのように取り入れられるのか。

第１時めあて
ご飯は，だ液によって別のものに変化するのか調べよう

本時の目標
ご飯などにふくまれるでんぷんはだ液によって消化され，でんぷんでない物質（糖）に変化することがわかる。

板書例

〔問題〕　ご飯は，だ液によって別のものに変化するのだろうか

1 口の中で食べ物は
歯でかむことで
（小さくつぶされる）
（だ液とまじりあう）

2 だ液のはたらきを調べる

3 実験

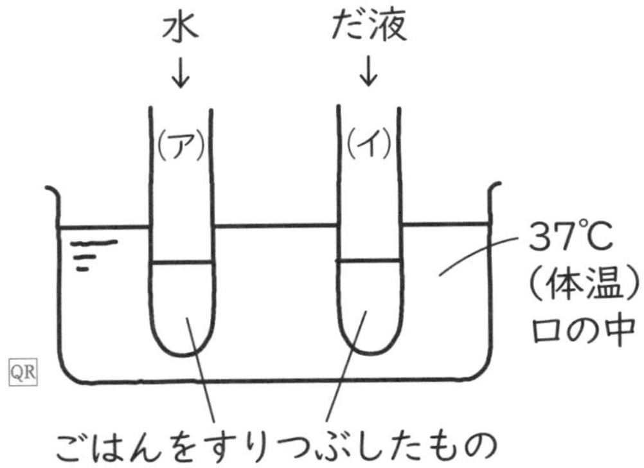

POINT 『ヨウ素液によって色が変化した＝デンプンは変化しなかった』ということを実験前に必ず確認しましょう。

1 口の中で，食べ物を変えるものは何か予想する

T　私たちは食べ物から栄養分を取り入れています。食べ物が最初に入るところは口です。食べ物は口の中でどのようになるのでしょうか。

C　口の中の歯でかみます。かむと細かくなります。

（ここで歯の観察をしてもよい。歯の名前や歯の形の違いなどを知ることも大切である）

T　そうですね。歯で食べ物の大きさを小さく変えていきます。それからどうしますか。

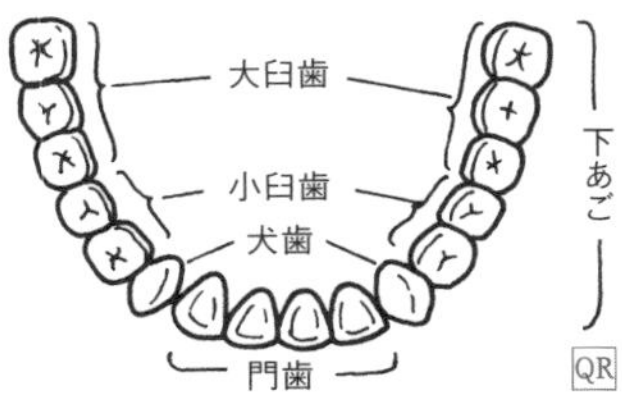

C　飲み込みます。

T　歯の他に口の中で食べ物を変えるはたらきをするものは，何でしょうか。

C　だ液，つば，舌もです。

T　私たちは口の中で，歯を使って食べ物を細かくして，だ液と混ぜているのですね。だ液について調べてみましょう。

2 ご飯粒やパンのでんぷんに，ヨウ素液をかけて観察する

T　だ液によって食べ物はどのように変わるのか，ご飯やパンで調べてみましょう。ご飯やパンに含まれている栄養分は何ですか。

C　でんぷんです。

T　ヨウ素液をご飯粒やパンにかけてみましょう。

C　青紫色になりました。

T　これで，ご飯粒やパンに，でんぷんという栄養分が含まれていることがわかります。ご飯粒をすりつぶし，のり状（でんぷんのり）にします。（乳鉢ですりつぶしたご飯粒の上澄み液を使ってもよい）試験管（ジッパーつきのふくろ）に入れて，ヨウ素液を入れてみます。

C　でんぷんのりが青紫色に変わりました。

※綿棒でだ液を採取する方法もあるが，結果が出にくいときもある。

準備物
・ご飯粒少々　・パン少々
・試験管（ジッパーつきの袋）
・ビーカー　・ヨウ素液
・温度計　・40℃位のお湯

4 結果

（ア）水を入れたもの

青むらさき色
↓
でんぷんのまま

（イ）だ液を入れたもの

変化なし
さらさらしている
でんぷんではない
↓
別のものに変化（糖）

〔まとめ〕
ご飯にふくまれるでんぷんは，
口の中で，だ液によって
別のもの（糖）に変化する

QR

・画像

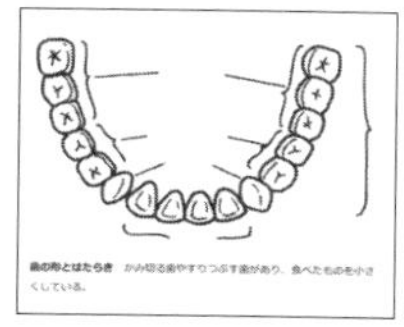

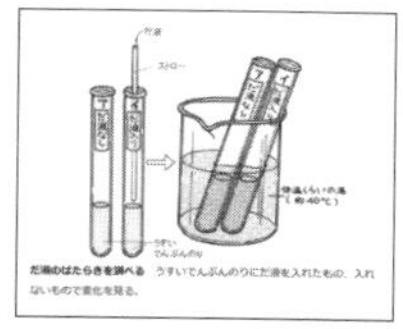

その他

3 でんぷんのりに，だ液を入れて変化を観察する

T　だ液によってでんぷんのりの成分が変わるかどうか調べるにはどうしますか。

C　でんぷんのりにだ液を入れて，変わるかどうか調べます。

T　そうですね。だ液を入れたもの（イ）と，水を入れたもの（ア）をくらべると，はっきりとわかりますね。それから，口の中と同じ環境にするため，３７℃くらいのお湯につけます。

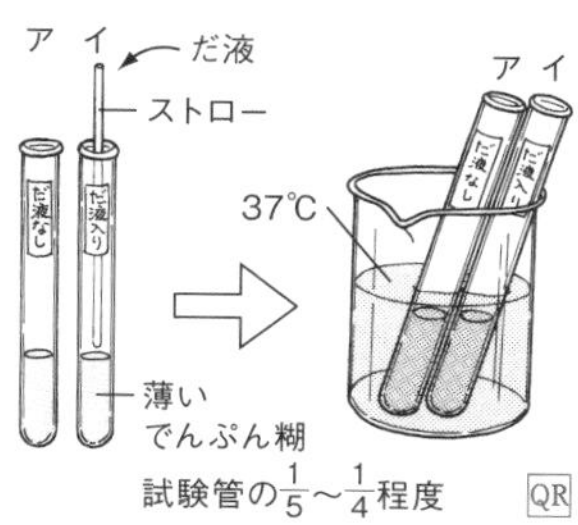

お湯の扱いに気をつけて，（ア）と（イ）の試験管（もしくはジッパーつきの袋）を温めて，でんぷんのりの様子を観察する。

C　だ液を入れた方はさらさらしてきました。透明になってきました。

T　ヨウ素液を入れて，色の変化を観察しましょう。

4 だ液はでんぷんのり（でんぷん）を別のものに変えるはたらきがあることを確かめる

T　ヨウ素液の色はどうなるでしょうか。でんぷんのままなら，色は青紫色になります。別のものに変わっていたら，ヨウ素液の色は変わりません。

C（ア）のだ液を入れない方は青紫色になりました。これはでんぷんのままということです。

C（イ）のだ液を入れた方は色の変化はありません。

T（イ）のだ液を入れた方のでんぷんはどうなったといえますか。

C　でんぷんが別のものに変化したのかも。

T　でんぷんは，だ液のはたらきで別のものに変わったのです。だ液が「糖」という甘い物にかえたのです。でんぷんは，水に溶ける糖になり，体に取り入れることができるのです。ご飯をよくかんでいると甘くなるか，家で確かめてもいいですね。

第２時 めあて

食べたものは，口からどんな通り道を通って，消化されるのか調べよう

本時の目標 口から入った食べ物はその後，食道，胃，小腸，大腸の順に，１本の消化管を通り，肛門から大便として出されていることがわかる。

板書例

〔問題〕 口から入った食べ物は，どんなところを通って出ていくのだろうか

1 食べ物の通り道

口
［食道　　　］
［胃　　　　］
［小腸　　　］
［大腸　　　］
↓
こう門から出る

2 人体模型で調べる

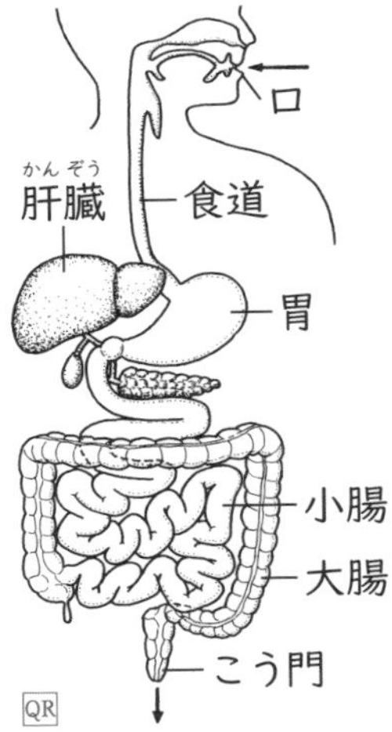

気づいたこと
［　　　　　　］

※児童の意見を板書する。

POINT 口から肛門までが一本の道でつながっていることを確認しましょう。

1 食べ物の通り道を予想する

T　人は生きるために酸素の他に取り入れているものがあります。何でしょうか。
C　食べ物です。栄養分です。
T　そうですね。食べ物から栄養分をとっています。では，食べたものは体のどこを通るのかを調べます。まず，入り口は口ですね。出口は，肛門ですね。口と肛門はつながっています。その間にはどんなところを通っているのでしょうか。知っていることを発表しましょう。
C　胃に入ると思います。
C　腸を通ると聞きました。
C　心臓にも行くのかな。
C　肺にもつながっているかも。

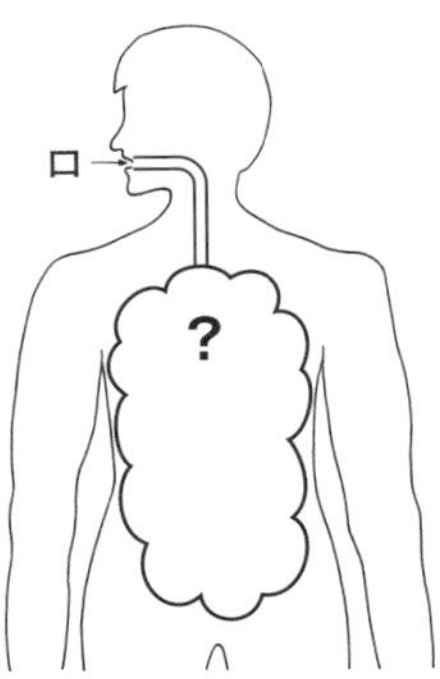

児童の発表をよく聞き，児童の知識を知ることで，調べる内容を絞ることができる。

2 食べ物はどこを通るのか，通るところを調べる

T　正しい通り道を人体模型や教科書で調べましょう。
C　やっぱり胃を通ります。
T　口から入った食べ物はまずどこを通りますか。
C　食道というところです。
T　人体模型（教科書の図）を見て，食道のあたりを手で触れてみましょう。その次はどことつながっていますか。
C　胃です。
T　胃から出た食べ物は次にどこへ行きますか。
C　腸です。小腸といいます。

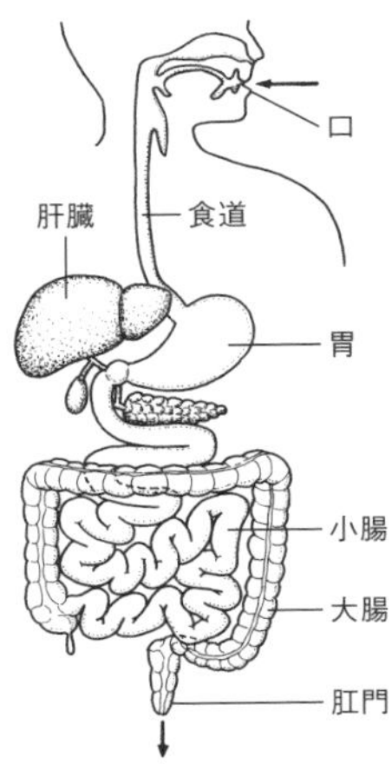

この後，大腸と肛門へとつながることを確かめる。
人体模型を使って，各器官を１つ１つ順番に外してみせていく。形と大きさを確かめさせる。

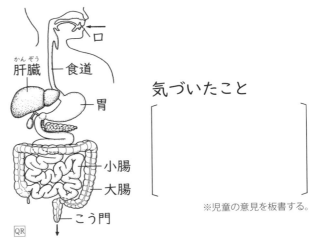

準備物	・消化管の図 QR ・人体模型 ・（あれば）８mのホースかロープ ・トレーシングペーパー

ICT 消化管のイラストを配り，色を塗りながら，器官の名前と場所を確認するとよいでしょう。

3 消化管の形

4 消化管の長さは約８mで，およそ身長の５～６倍ある。

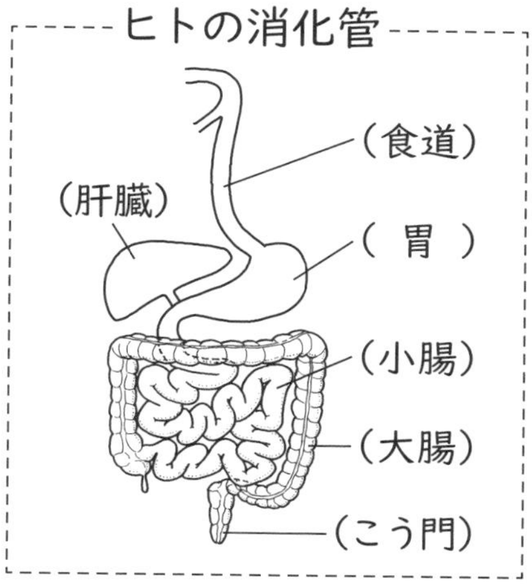

QR

〔まとめ〕

・食べ物の通り道は１本の消化管

・口から入った食べ物は，食道，胃，小腸へと運ばれ，大腸からこう門を通って出ていく

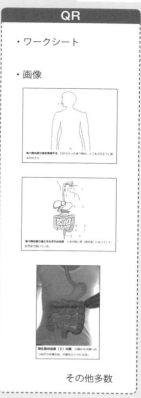

QR

・ワークシート

・画像

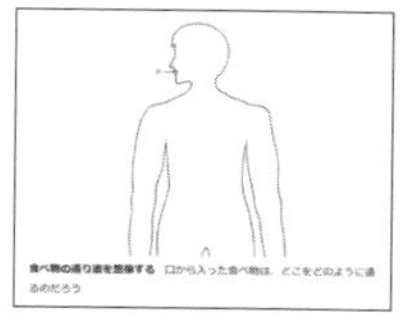

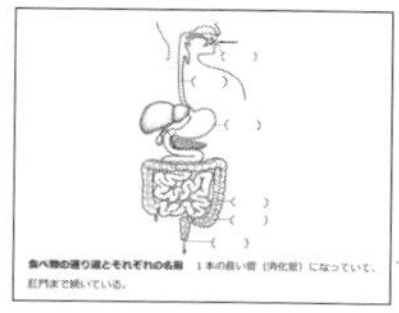

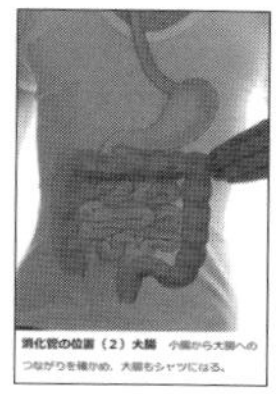

その他多数

3 消化管の図を描き，形と名前を覚える

T　食べたものが通る道は口から肛門まで続く１本の管でした。これを「消化管」といいます。では，教科書の図を口から順に，トレーシングペーパーに写して，通るところの名前と形を覚えましょう。

具体的な図を元にして，消化管の形と名前をとらえることができる活動を取り入れる。

T　自分の体の上から食道，胃，小腸といいながら，食べ物が通る道をたどってみましょう。

4 消化管の長さを予想する

T　最後に人の消化管（口から肛門まで）をのばしてみると，全体の長さはどのくらいになるでしょうか。身長と比べてみましょう。

C　身長と同じ位かな。

C　身長より２倍位長いかな。

T　一番長い部分はどこだと思いますか。

C　小腸かな。くねくねしている。

T　そうですね。大人の場合は小腸の直径が４cmで，長さは約６mだそうです。大腸は1.5m。食道は25cmくらいです。このように長い管がおなかの中に入っています。どのように入っているのでしょうか。

C　くねくねと折れ曲がって入っていると思います。

T　この長い管を食べ物が通ります。その間に食べ物はどうなるのでしょう。考えてみましょう。

第３時 めあて
胃や小腸はどのようなはたらきをしているのか調べよう

本時の目標 胃や小腸では消化液のはたらきによって消化が行われ，消化された栄養分は小腸の壁から吸収されることがわかる。

板書例

〔問題〕 口から入った食べ物は，その後どこでどのようにして消化され，栄養分が吸収（きゅうしゅう）されていくのだろうか

1
2

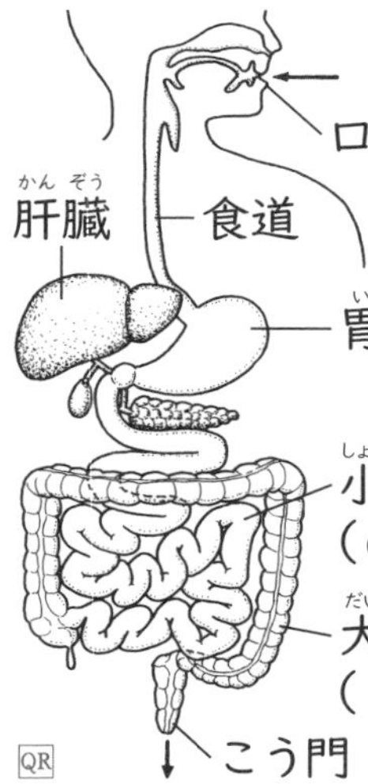

消化液

口 ---------- だ液　でんぷんを消化

胃（い） ---------- 胃液　たんぱく質を消化

小腸（しょうちょう）（6～7m） ---------- 腸液　でんぷん，たんぱく質，しぼうを消化

大腸（だいちょう）（1.5m） ---------- 水分を吸収

POINT ニワトリや魚にも消化管があることを確認しておくとよいでしょう。余裕があれば，消化管の長さや機能の違いにも

1 口の他に消化が行われているところを調べる

T　食べた物はまず歯で細かくされました。ご飯に含まれるでんぷんはだ液と混じって変化し，糖という体に吸収されやすい物に変わりました。このように体に吸収されやすい物に変化することを「消化」「消化された」といいます。また食べ物を変えるはたらきを持つ液を「消化液」といいます。

（教科書を読み合う）

T　わたしたちは，ご飯以外に，油や肉なども食べています。これらはどこで消化されるのでしょうか。また，消化液はだ液の他にも出ているのでしょうか。

食べ物の通り道（消化管）の図を見て調べる。

2 消化は口の他，胃と腸で行われていることがわかる

T　①口の他に消化が行われているところはどこでしょうか。②消化液を出しているところはどこでしょうか。教科書で調べましょう。

C　①は，口以外では，胃や腸でした。

C　②は，胃では胃液，小腸では腸液が出ているようです。

問いかけながら，消化管と消化液を説明してまとめる。

T　食べたものが通っていく順に確かめていきましょう。食道では？（消化されません）胃では？（消化されます）胃では胃液という消化液が出ています。胃液には，卵や肉などのたんぱく質を消化するはたらきがあります。次は小腸では？（消化されます）小腸では腸液という消化液がでています。でんぷん，たんぱく質の他，油も消化します。大腸では？（消化されません）

準備物
・胃や小腸の図 QR や映像（掲示用）
・小腸の内壁のイラストなど QR

ICT
映像教材を使って，食べた物から栄養を吸収するしくみを理解させるのもよいでしょう。

3 養分の吸収 ──→ からだにとり入れる

小腸で（6m〜7m 長い）｛養分はじゅうとっ起から血液の中へ
‖
大腸で 1.5m ………… 水分を吸収 固まって
‖
ふん（便）に

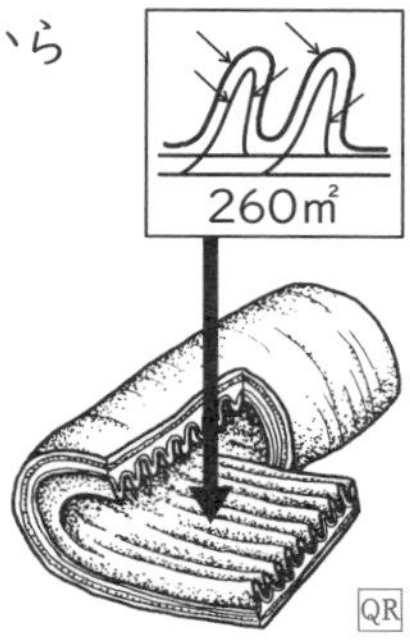

4 〔まとめ〕

・消化された食べ物の養分は，主に小腸で吸収される。そして，小腸を通る血管から，血液にとり入れられて全身に運ばれる。
・吸収されなかったものは，大腸に運ばれ，水分が吸収されて，残りは，こう門からふん（便）としてからだから出される。

QR
・画像

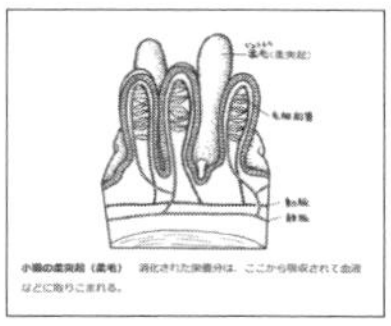

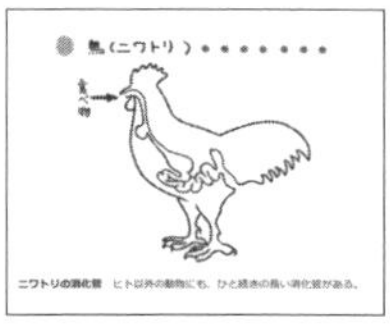

その他多数

着目させることができるとよいでしょう。

3 消化された食べ物の養分は，小腸で吸収されることがわかる

T　このように口，胃，小腸で，食べ物は消化されて水に溶けやすいものに変わります。
T　消化された糖などの養分が体に取り込まれることを「吸収」といいます。どこから吸収されるのでしょうか。（教科書で確かめる）
C　小腸です。消化もしていたところです。
T　小腸は消化管の中でも一番長い部分でした。長いとどんなことに都合が良いのでしょうか。小腸の内側の様子を見て考えましょう。
C　長いと養分が通る時間も長くなる。
C　短かったらすぐに通り過ぎて，栄養分を吸収しきれないと思います。

小腸が長い管でできていて，内壁がひだになっていることにより表面積が大きくなり，十分な消化と吸収が行われる。吸収された養分は血液中に取り入れられ，全身に送られる。

4 大腸のはたらきと他の動物の消化管について調べる

T　養分が吸収されて残ったものは大腸に行きます。大腸のはたらきは何でしょうか。
C　水分が吸収されます。大便ができるのかな。
T　そうですね。栄養を取り終わった残りのものは体から出しますね。

（教科書で人以外の動物の消化器官を調べるか，映像などがあれば，視聴するとよい）

T　人以外の動物にも，消化管があります。
C　図で見ると，どの動物にも口から肛門まで続いている管があります。

鳥（ニワトリ）

魚（フナ）

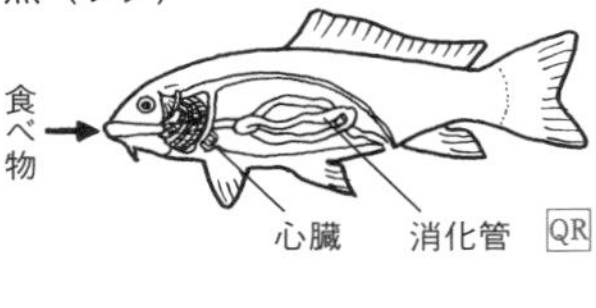

第４・５時めあて
人は，空気を吸ったりはいたりするとき，何をとり入れ，何を出しているのか調べよう

本時の目標

人は呼吸によって，空気中の酸素を体内に取り入れ，二酸化炭素を出していることがわかる。

板書例

〔問題〕 人は，空気を吸（す）ったりはいたりするとき，何をとり入れ，何を出しているのだろうか

呼（こ）気（はく）　吸（きゅう）気（吸う）

1 吸う息（吸気（きゅうき））

〔空気をとり入れている〕

はく息（呼気（こき））

〔からだから出しているのでちがいがあるかも〕

2 吸う息 と はく息

吸う息	はく息
空気〔ちっ素と酸素と二酸化炭素少し〕	〔？〕

3 実験と結果

吸う息	はく息
石灰水（せっかいすい）を入れる	石灰水を入れる

変化なし	白くにごった ↓ 二酸化炭素がふえた

POINT 吸った空気と，吐いた空気の割合を読み，酸素と二酸化炭素が入れ替わっていることに気づかせましょう。（ただし，

1 吸う息（空気）と吐く息のちがいについて話し合う

T　人は生きるためにいつも息をしています。吐く息を『呼気』（こき），吸う息を『吸気』（きゅうき）といいます。

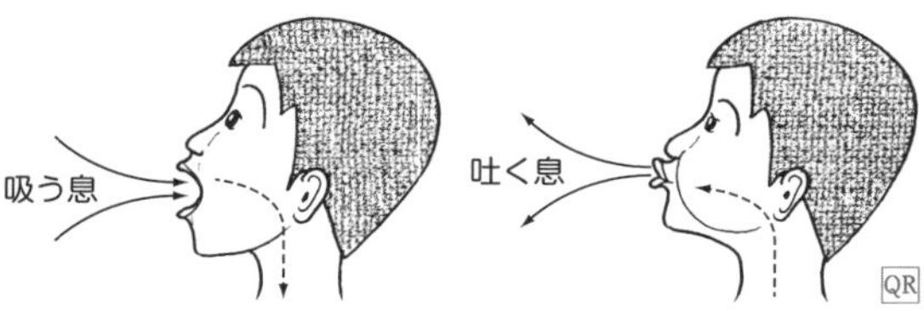

T　吸う空気と体から出てくる吐く息とでは，何か違いがあるのでしょうか。

C　きっと吸う息で何かが体に取り込まれて，その分，吐く息は減っていると思います。

C　どちらも空気だと思うけど，全く同じだったら，呼吸している意味がないと思う。

C　二酸化炭素を出していると聞いたよ。

T　吸う息と吐く息では違いがあるかどうかを調べていきましょう。

2 空気の成分を振り返り，石灰水で調べる

T　空気にはどんな気体が混ざっていましたか。

C　酸素と窒素に，二酸化炭素が少しです。

T　主な気体は窒素が約 78％，酸素が約 21％です。

T　二酸化炭素は 0.04％でごくわずかです。では空気と吐いた息の違いを調べるために石灰水を使いましょう。どんなときに使いましたか。

C　二酸化炭素があることを確かめるときです。

C　集気ビンの中でろうそくが燃えたとき，二酸化炭素ができていて，入れた石灰水が白く濁りました。

T　まず，空気の入ったポリぶくろに石灰水を入れて 10 回以上，振ってみましょう。

C　よく振りましたが，変化しませんでした。

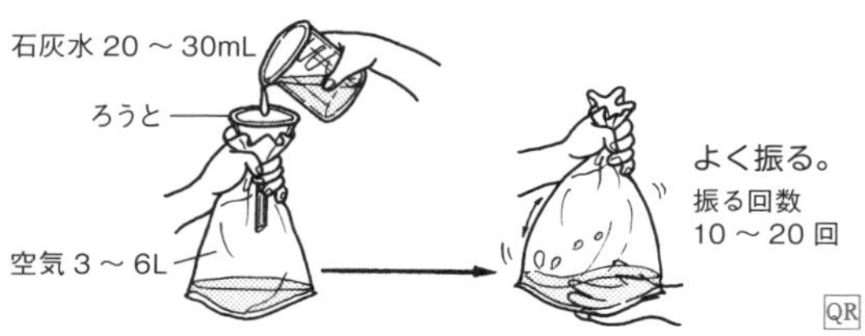

準備物	・石灰水　　・気体検知管 ・ポリ袋（12号くらい） ・空気の成分表（あれば） ・ろうと（できればプラスチック製）

ICT	気体検知管を使用する場合は，授業前に動画教材等で使い方を復習させておくとよいでしょう。

4 気体検知管で調べる（※値はこの通りになるとは限らない，参考数値）

	ちっ素	酸素	二酸化炭素	その他
吸う息（%）	78	21	0.04	1
はく息（%）	78	17	4	1 水分

4%減った　4%増えた

QR

はく息は酸素が4%減り，二酸化炭素が4%増えている

〔まとめ〕
・人は，空気を吸ったり，はいたりして，空気中の酸素をとり入れ，二酸化炭素をはき出す
・生き物が，酸素をとり入れ，二酸化炭素を出すことを，「呼吸」という

QR

・画像

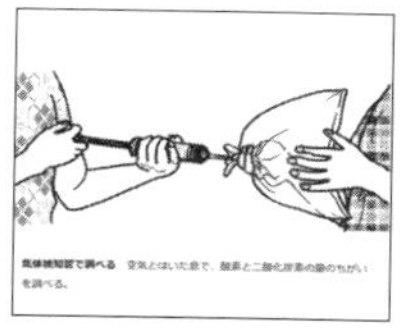

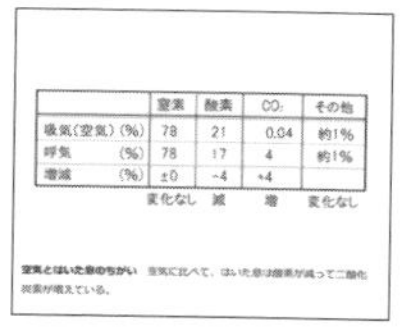

	窒素	酸素	CO_2	その他
吸気（空気）（%）	78	21	0.04	約1%
呼気（%）	78	17	4	約1%
増減（%）	±0	−4	+4	
	変化なし	減	増	変化なし

その他

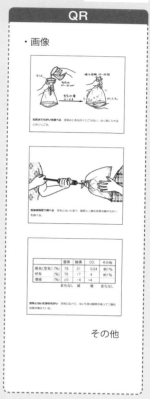

数値がピッタリ合わないこともあります。）

3 吐く息を石灰水で調べる

T　空気の中の二酸化炭素の量では，石灰水は変化しませんでした。次に，吐いた息（体から出てきた気体）を調べます。

（児童の呼気をポリ袋に入れさせる／教師が呼気を用意する）

T　何か気がついたことはありませんか？
C　袋が白くくもりました。
T　吐く息には，水分が多いので白くくもるのですね。このふくろに石灰水を入れてみましょう。
C　１０回位振ると白く濁りました。
T　どんなことがわかりますか。
C　吐く息には，二酸化炭素が多く入っているということです。
T　他の気体には変化があったのでしょうか。何を使って調べますか？
C　前の学習で気体検知管を使って調べました。

4 気体検知管で，呼気・吸気の気体の成分を調べる

表にあらかじめ，ちっ素78%，その他1%は記入しておく。

T　まず吸っている空気の成分を調べましょう。

（気体検知管の使い方を教科書で確かめておく）

C　酸素は21%，二酸化炭素は0.04%でした。
T　次は，気体検知管で吐いた息を調べます。
C　酸素は17%でした。4%減っています。
C　二酸化炭素は4%でした。0.04%から4%になった。（約100倍に増えています）
T　この結果からわかることは何ですか？
C　酸素が4%減り，二酸化炭素が4%増えました。酸素の減った分だけ，二酸化炭素が増えています。酸素がなくなったわけではありません。
T　このことから呼吸とはどんなことだとわかりますか。
C　呼吸とは体に酸素を取り入れ，二酸化炭素を出すことだといえます。

第６時 めあて
人は，からだの中のどこで，どのように，酸素と二酸化炭素を出し入れするのか調べよう

本時の目標　呼吸により，吸った空気は肺の中の小さな袋（肺胞）に入り，酸素の一部が血液に取り込まれ，二酸化炭素も肺から出されることがわかる。

板書例

〔問題〕 人は，からだの中のどこで，どのように，酸素と二酸化炭素を出し入れするのだろうか

とり入れた空気は

1 肺(はい)に入り ------------------> **3** 肺ほうへいく

↓

酸素と二酸化炭素を出し入れする

2

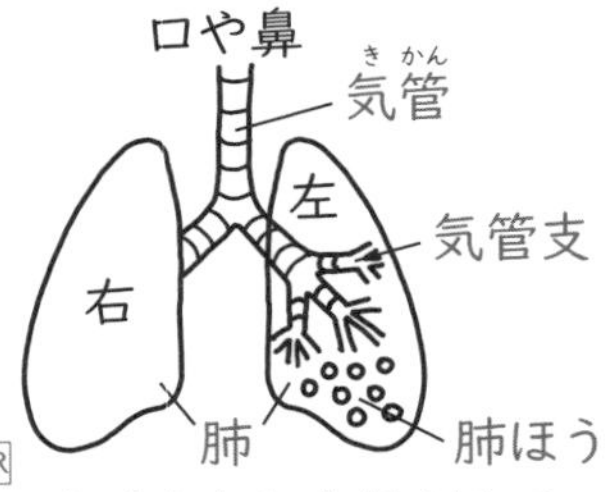

ふくらむと空気が入る

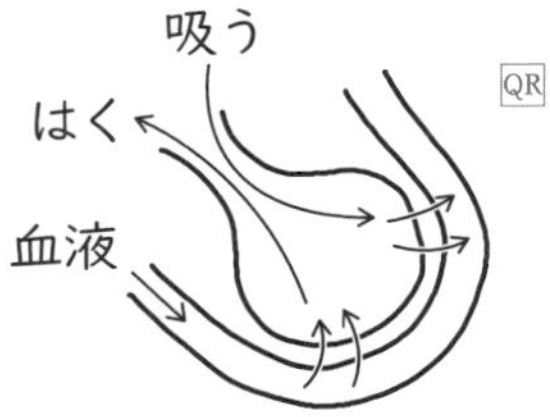

気づいたこと

［ 息を吸(す)うと
肺がふくらんだ ］

※児童の意見を板書する。

吸った空気
肺ほうから血液に
酸素が入る

はく息
血液から肺ほうに
二酸化炭素が
出される → 外へ

POINT 陸上の動物も水中の動物も同じように酸素と二酸化炭素を交換していることや，それぞれ使っている器官が違うこと

1 吸った空気は体のどこへ入るのだろうか

T　呼吸によって，私たちは空気中の酸素を体に取り入れていました。今日は，吸った空気は体のどこに入っていくのか，調べましょう。

T　どこに入っていくと思いますか。

C　空気を吸うと胸が膨らむので，胸の中だと思います。

C　お腹も膨らむので，胃袋かなと思います。

T　教科書で調べてみます。

C　まず口から入って，気管を通ります。

C　その後空気は肺に入っていきます。肺は２つあります。

T　自分の体で空気の通り道をたどってみましょう。人体模型では，このような形をしています。

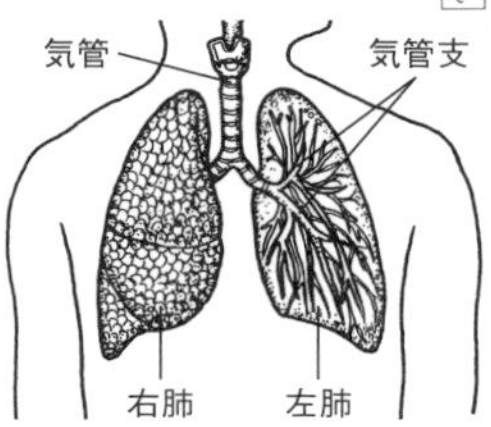

（模型で見せると肺が２つあり，およその形や大きさが立体的につかめる）

2 胸の骨（肋骨）を広げて，肺に空気を吸い込んでみる

T　肺が膨らむと肺に空気が入ります。反対にしぼむと肺の中の空気が出ていくのです。自分の体の肺を想像して，空気を吸い込んでみましょう。

T　普通の呼吸を，１分間繰り返してみましょう。体の動きで気付いたことはありますか？

C　胸が膨らむ感じがわかりました。

C　お腹も膨らみました。

C　前にかがむと，肋骨が狭くなる感じがして空気が出て行きます。

T　自分の両手を胸やお腹にあてながら，呼吸をして，胸やお腹の動きを感じてみましょう。

肺の容量を知るために肺活量を量ってもよい。
（水槽の中に，水を満たしたペットボトルを逆さにして，ビニールホースで吐いた息を送り込むとボトル内の液面が下がることからわかる）

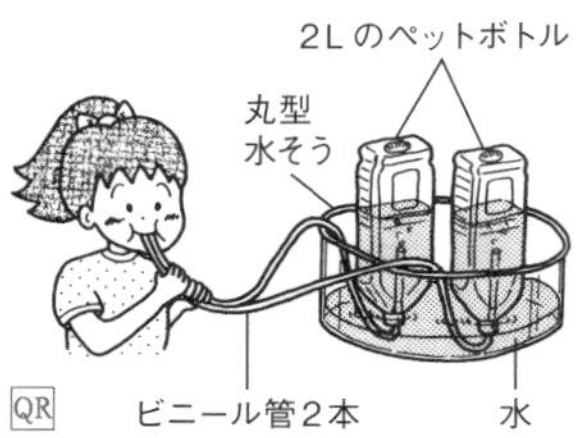

準備物	・人体模型または，掲示用の肺の図 QR ・肺活量計または4L程度のペットボトル ・魚の鰓を見せるための水槽 ・新鮮な鯵　・解剖皿かバットなど	ICT	映像教材を使って，呼吸のしくみを理解させるのもよいでしょう。

3 〔まとめ〕

・人は，肺（肺ほうから）で酸素をとり入れ，二酸化炭素を出している

・肺からとり入れられた酸素は，肺の血管から血液中にとり入れられる。

・血液中の二酸化炭素は，はく息になってからだの外に出される

4 動物の呼吸（こきゅう）

陸上の動物

肺で呼吸

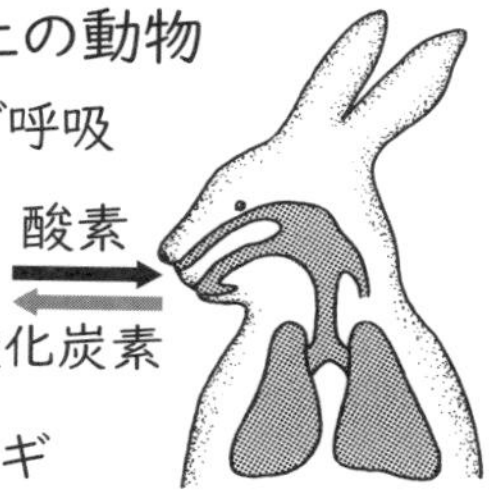

ウサギ
イルカ

QR

水中の動物

えらで水の中の酸素をとり入れる

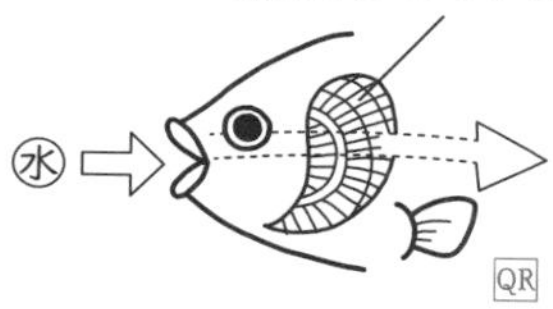

フナ
メダカ

QR

QR

・画像

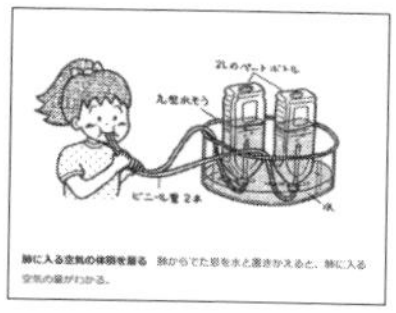

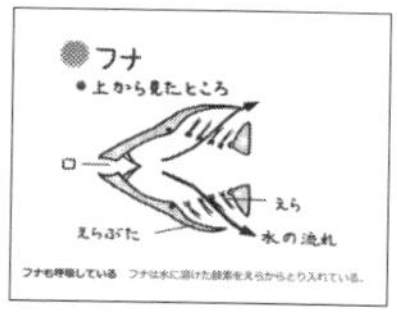

その他多数

などを理解できるよう，いろいろな生き物を比較しましょう。

3 取り入れた酸素は肺胞から血液に取り入れられる

T　吸った空気は肺に入り，肺の中の小さな袋（肺胞）に入ります。この袋のまわりに何があるかよく見ましょう。（教科書の図）

C　毛細血管があります。

T　そうですね。毛細血管が袋を取り巻いていることがわかります。肺胞に入ってきた空気中の酸素は，この袋の中で血液の中に入ります。

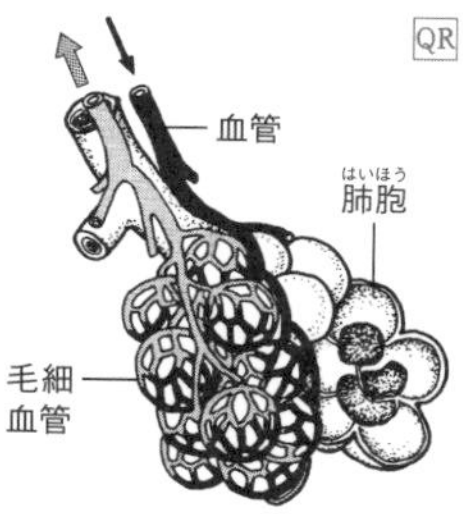

T　では，二酸化炭素はどのように体から出されますか。

C　吐く息から出ると思います。

T　二酸化炭素は，血液に溶けて運ばれてきて，肺胞の中に出され，「吐く息」になって，気管から体の外に出されます。

※肺胞は，１つが0.1mm～0.3mmの大きさで，１人につき約３億個あり，成人になるとその表面積は約１００㎡になる。（教室より広い）

4 肺呼吸と人以外の動物の呼吸について知る

T　今勉強したように，人は肺を使って呼吸しています。このことを肺呼吸といいます。他の動物も肺呼吸をしているのでしょうか。ウサギやイヌはどうでしょうか。

T　教科書（資料）で調べてみましょう。

C　ウサギやイヌにも肺があります。

C　肺呼吸をしています。

T　クジラやイルカはどうでしょうか。

C　人と同じで，肺呼吸と書いてあります。

T　では魚のフナはどうでしょう。

C　えらで呼吸すると書いてあります。

発展として，（アジなど）魚のえらぶたを切り，えらが見えるようにして観察させてもよい。魚の口からガラス棒を差し入れると，えらの間から出てくることから，口から水を飲み込み，その中の酸素を取り入れていることを示す。

第７時めあて
血液は，からだの中を，どのように流れて，養分や酸素などを運んでいるのか調べよう

本時の目標
肺や小腸で取り入れられた酸素や養分などは，心臓から送り出される血液によって全身に運ばれていることがわかる。

板書例

〔問題〕血液は，からだの中を，どのように流れて，養分や酸素などを運んでいるのだろうか

1 肺 酸素 → 血液 ＼
小腸 養分 → 血液 ／ → 全身

酸素㋚をとり入れ
二酸化炭素㋥を出す } 呼吸

2 血液の通り道 ＝ 血管

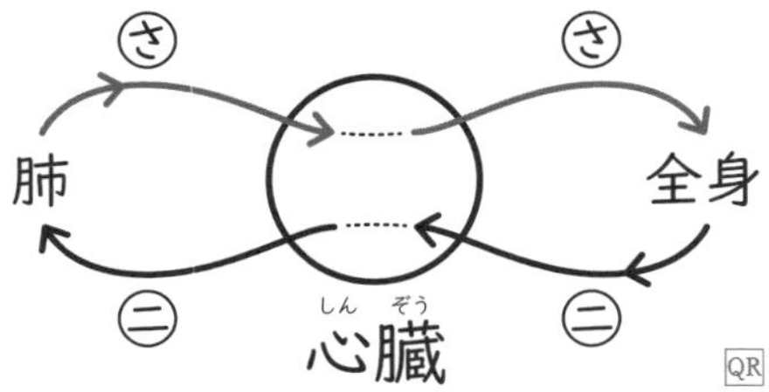

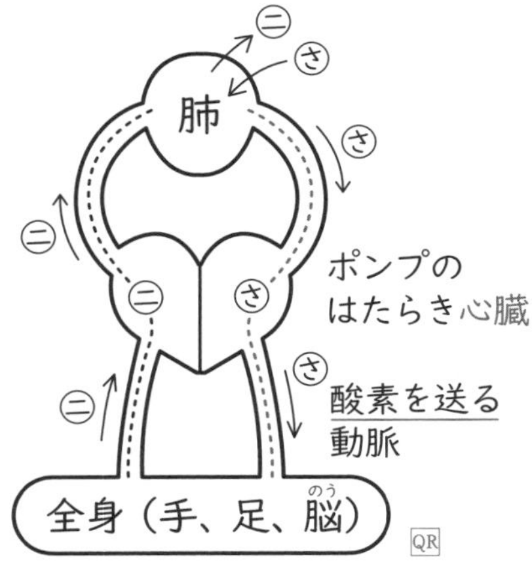

(POINT) QR 内の血液循環のイラストを送り，心臓から全身を通って心臓に戻ってくる道や心臓から肺を通って心臓に戻る道

1 酸素も養分も血液中に取り入れられて運ばれることがわかる

T　肺では，酸素が取り入れられました。その酸素は肺のどこに入りましたか。

C　小さな袋（肺胞）に入り，まわりの血管から血液の中に入りました。

T　小腸で吸収された養分はどこに入りましたか。

C　小腸のまわりの血管の血液です。

T　このことから，酸素も養分も血液に取り入れられることがわかります。

T　では，酸素や養分はどんなことに使われますか。

C　体を作ることに使われます。養分は骨や筋肉になると思います。

C　動くときに使われます。酸素と養分は，力や，エネルギーになるのかな。

T　そうですね。体温になることや，酸素と栄養分は動く源になります。この酸素と養分を全身に運んでいるのが血液ですね。

2 全身に血液を送っているのは，血管と心臓であることを知る

T　血液が流れるには，ホースのような管が必要ですね。何でしょう。

C　血管です。

T　指の先をけがしたときには，指先の血管（毛細血管）が切れて，血が出ます。

T　では，酸素はどのようにして肺から指先にまで送られるのでしょうか。肺と全身をつなぐ血液の流れを考えてみましょう。肺にきた血液は酸素を取り入れ，その血液は全身に送られます。血液を送るには何が必要でしょうか。

C　何だろう？（ポンプというイメージを持つ児童もいる）

児童には，手動のポンプと水を入れた水槽を用意して，ポンプの握る部分の役割を見せることで，心臓がそのはたらきをしていることのヒントにする。

QR

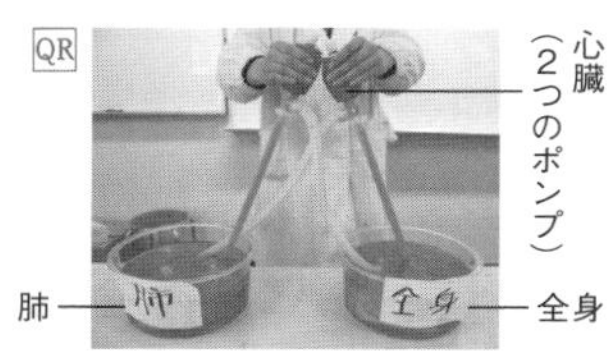

T　ポンプの役割を果たしているのが「心臓」なのです。

準備物
・人体模型（心臓）
・聴診器（あれば）
・心臓循環モデルとしての水槽とポンプ
・循環器図（掲示・学習活動用）QR

ICT
映像教材を使って，血液循環のしくみや心臓の役割を理解させるのもよいでしょう。

3 血液の流れ
4

肺　酸素をとり入れ，二酸化炭素を出す

心臓　血液を送り出すポンプのはたらき

全身　養分・いらなくなったもの・酸素・二酸化炭素などが入れかわる

QR

〔まとめ〕・酸素や養分は，血液によって心臓から，全身に運ばれる
・血液中の二酸化炭素も，血液によって肺に運ばれ，出される
・血液が全身をめぐることを，血液のじゅんかんという

QR

・画像

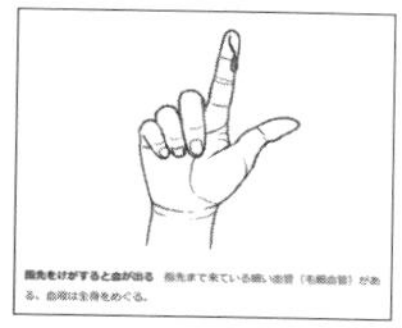

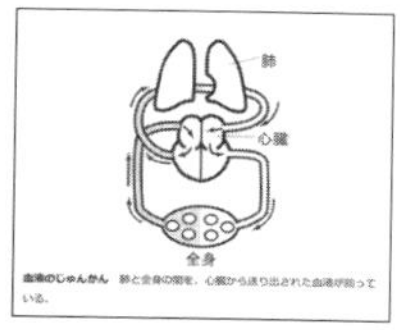

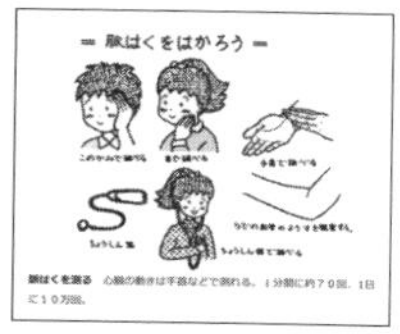

その他多数

を指でなぞらせ，一つの輪になっていることに気づかせるとよいでしょう。

3 血液を循環させている心臓の役割やしくみ，その形を知る

T　血液は全身でできた二酸化炭素も肺へ運び，その二酸化炭素は口から出されていました。では，ポンプは何台必要でしょうか。

C　１台ではどうかな。

C　２台いるかな。

T　心臓は２台のポンプが合体したものだといえます。ポンプは手で押しますが，心臓は自分自身で自動的に動き続けます。

T　心臓によって血液が全身から肺へ，肺から全身へと送られてまたもどってくることを「血液の循環」といいます。（全身一回りするのに約１分かかる）

T　心臓の形と位置を確かめましょう。（人体模型で）

C　胸の真ん中にあります。

C　大きさは，にぎりこぶし位の大きさです。

C　一生動き続けるのはすごいなあ。

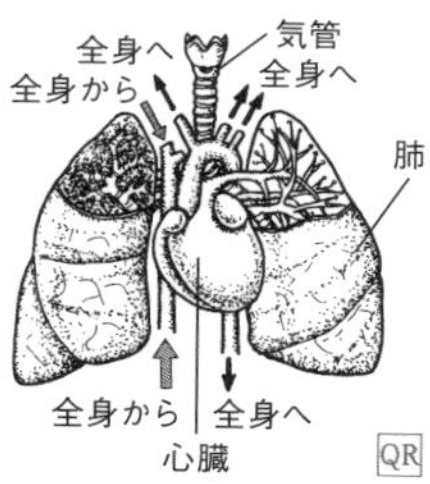

QR

4 心臓の動き（拍動・脈拍）を感じ取る活動をする

T　心臓の動きを拍動といいます。心臓がふくらんで，ちぢむときに音が出ます。次の方法で，拍動が伝わることを調べてみましょう。

一定の時間に拍動する回数を脈拍とよび，１分間７０回ほどで５Lの血液を送り出す。

【脈拍をはかろう】1分間に70回（5L），1日10万回

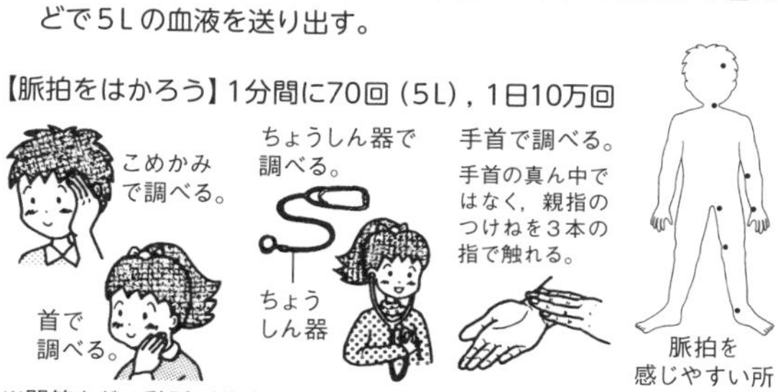

※関節など，動脈が体表近くにきている所で，脈拍が感じとれる。QR

T　心臓に戻ってくる血管は目でわかります。手の甲や腕の内側に見える，青い血管がそうです。

（教科書の循環の図を利用して，血液の流れを確かめるようにする。酸素の多い血液が流れている動脈には（赤色）を，二酸化炭素の多い血液が流れている静脈には（青色）を塗るなども効果的である。）

広げよう１ めあて
メダカのおびれの血液の流れを観察しよう

本時の目標　メダカの尾びれを顕微鏡で観察し，メダカにも心臓があり，血液が流れていることがわかる。

板書例

㋱ メダカのおびれの血液の流れを観察しよう

1 魚の心臓（しんぞう）・血液

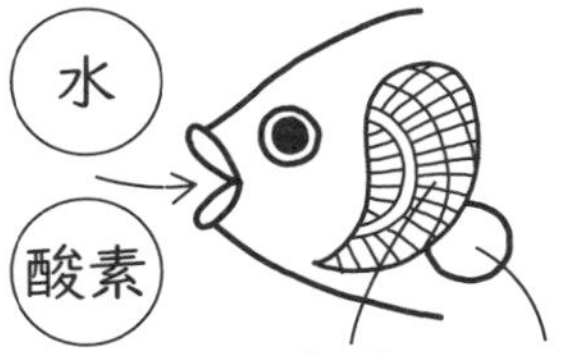

えら←心臓

・えらから水の中の酸素をとり入れる
・心臓によって，全身に血液（酸素）が運ばれる

2 メダカのおびれの血管を１００倍で観察する

ここを見る

1 魚にも血液や血液を流す心臓があるかどうか考える

T　心臓や血液は，他の動物にもあるのでしょうか。例えば，魚はどうでしょうか。
C　魚を切ると血が出るから，血液は流れていると思う。
C　養分や酸素を送らないと死ぬから，あると思う。
C　５年生のときにメダカの卵を観察して，心臓が動いていることや，血液の流れも観察しました。
T　そうですね。魚の体にも血液は流れ，心臓もあります。（教科書に魚の血液循環図があれば利用して，確かめる）
T　魚の心臓はえらの近くにあり，心臓からえらに血液を送り出し，えらから酸素の多い血液が全身に流されるのです。

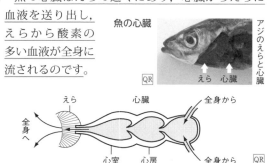

魚の心臓

アジのえらと心臓

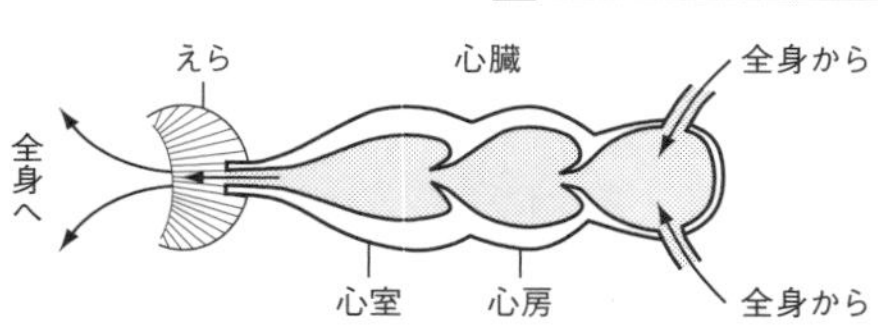

2 顕微鏡でメダカの尾びれを観察する準備をする

T　それでは，血液の流れを顕微鏡で観察しましょう。顕微鏡で見るには光を通すもの，つまりうすいものでないと見ることができません。
T　魚の体でうすい部分といえば？
C　ひれがうすいです。
C　どうやって顕微鏡にのせるのですか？
T　教科書にある観察の方法を確かめましょう。

観察の方法が理解できるように助言して，①顕微鏡の用意（１００倍程度）をする。②メダカを生きたままでチャック つきの袋に入れるか，ガーゼでメダカをまいて観察する用意を進める。③尾びれの部分にピントを合わせて，検鏡する。

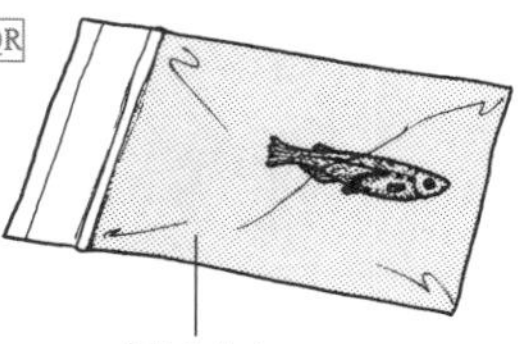

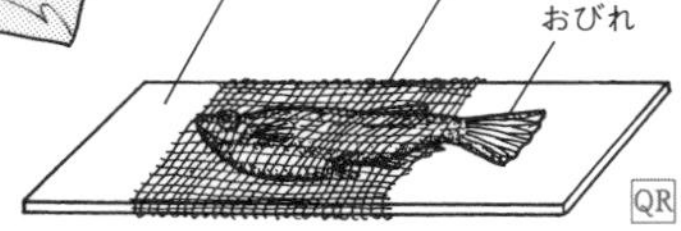

準備物	・生きたメダカ ・メダカを入れるチャックつきの袋 （ガーゼでメダカをまいてもよい） ・顕微鏡（１００倍程度で）

３ 観察の記録

血流の流れ

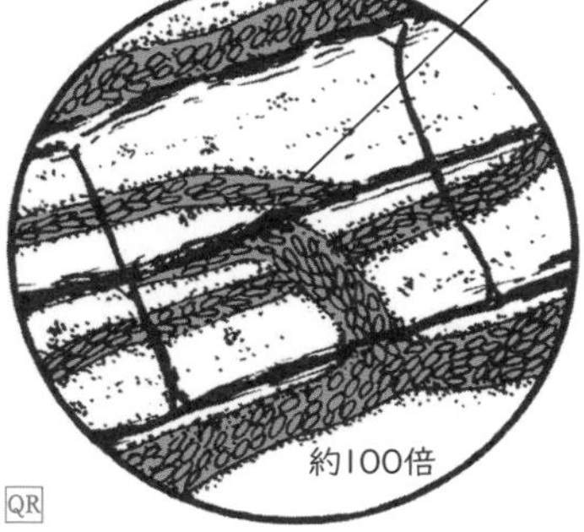

QR

約１００倍

まとめ

・魚（メダカ）にも，血液の流れが見えた
・赤いつぶが流れていた

QR

・画像

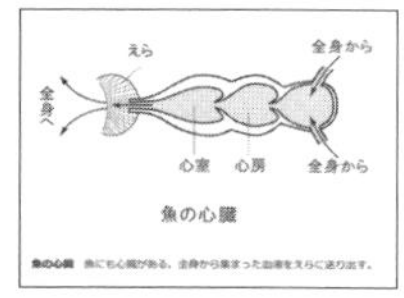

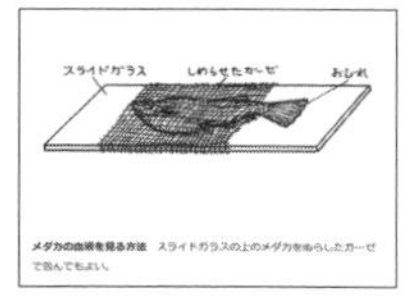

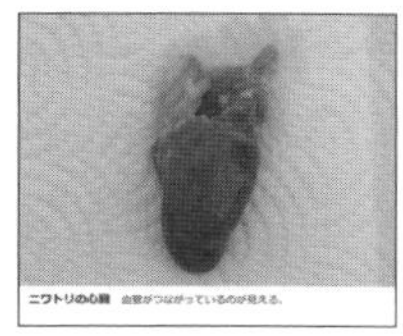

その他多数

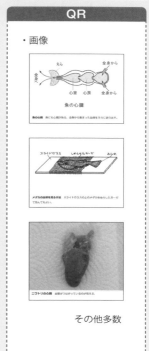

3 メダカの尾びれで血液の流れを観察する

T　準備ができたら，観察をしましょう。
T　観察して見えたもの，思ったことをノートに書きましょう。図で描いてもいいですね。
C　赤い粒が見えました。つぶつぶが動いている。
C　血液は尾びれの骨の間を流れているみたいです。
T　赤いつぶつぶは，酸素を運ぶはたらきをしています。血液は小さなつぶつぶの流れだといえますね。

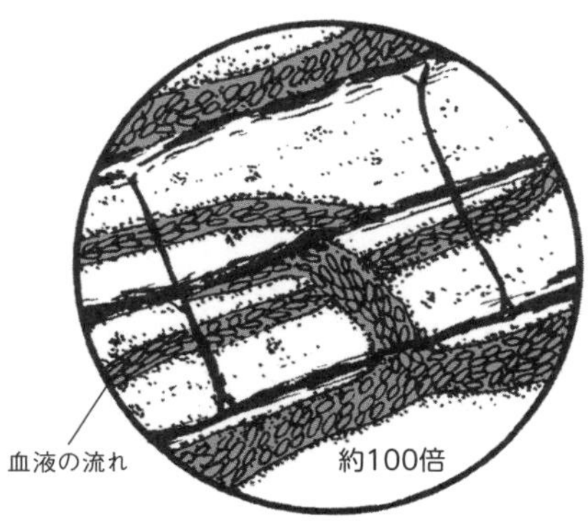

4 血液の流れ（血流）を映像で確かめる

T　心臓と血液の流れを動画でも見てみましょう。
（観察直後に動画などを活用して，観察して見えたことを確認すると効果的である）
T　どんなことがわかりましたか。
C　メダカの血液の流れと似ています。
C　血液は赤インクのようではなく，赤い粒が流れていることがわかった。
T　では，ここで考えてみましょう。速く走ろうと運動をすると心臓の拍動が多くなり，ドキドキするのはなぜでしょうか。
C　全身に血液を多く流そうとするから。
C　走ると酸素や養分も多く使われるので，心臓が速く動いて，たくさんの血液を全身に送り出すためです。

第8・9時めあて

肝臓と腎臓のはたらきを調べよう

本時の目標　人体には小腸で吸収した養分を蓄える肝臓や，体内にできた不要なものを血液から取り出して尿を作っている腎臓などの臓器があることがわかる。

板書例

㋱ 肝臓（かんぞう）と腎臓（じんぞう）のはたらきを調べよう

1 肺（はい）や心臓（しんぞう） ＝ 臓器（ぞうき）

2 肝臓

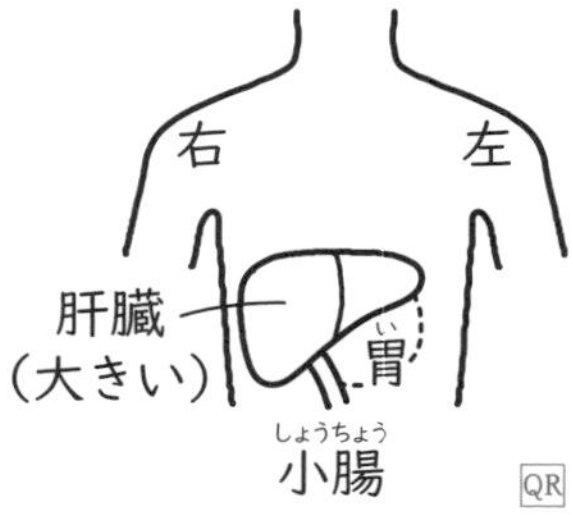

養分をためている
↓
必要なときに出す

3 腎臓

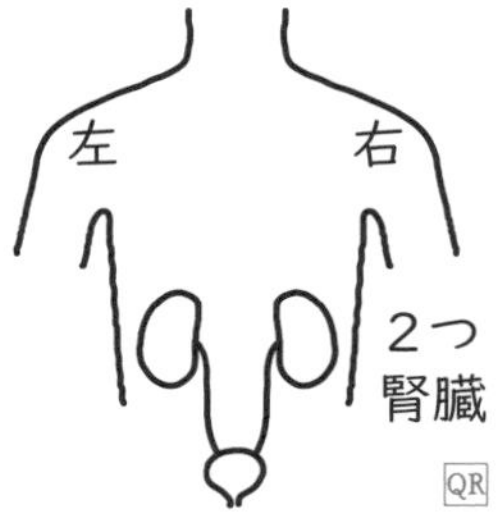

血液からいらないもの
↓
取り出す ━━▶ 尿（にょう）
↓
血液をきれいにする

腎臓とぼうこう

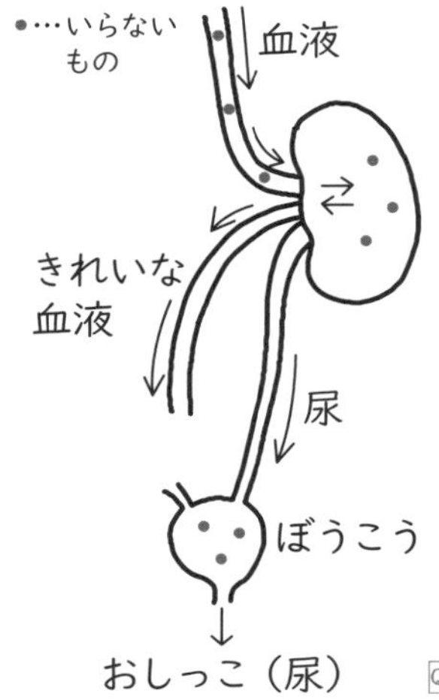

POINT 今までの学習をふり返り，それぞれの臓器どうしのつながりを理解し，イラストを使って説明できるようになって

1 臓器についてふり返り，新しく肝臓の位置や形を観察する

T （人体模型を前に）これまで肺や小腸，心臓などのはたらきについて勉強してきました。肺や心臓などの内臓を「臓器」といいます。この臓器の名前は何でしたか。（肺を指差しながら）

C 肺です。酸素と二酸化炭素を交換する場所です。

T （心臓を指しながら）この臓器の名前とはたらきは何でしたか。

C 心臓です。血液を送り出していました。

T （肝臓を指して）この大きな臓器は何でしょうか。

C 教科書には「肝臓」と書いてあります。

T そうですね。聞いたことがありますか？大きな臓器です。レバーともいいます。お腹の右上のあたりにあります。大きくて体の中で一番重い臓器です。

2 肝臓のはたらきを確認する

T この大きな肝臓はどんなはたらきをしているのでしょうか。教科書を読んで調べましょう。

C 小腸で吸収された養分が肝臓に運ばれて，蓄えられるところだと書いてあります。

C 養分を一時的に貯めておき，体が必要なときに出すというはたらきです。

T 肝臓のはたらきは主に次の3つだといわれています。

①小腸で吸収された栄養分を，グリコーゲンとして貯蔵し，必要なときに体に送り出します。グリコーゲンはお菓子のグリコの言葉の元になっています。
②アンモニアやアルコールの解毒作用。
③消化を助ける「胆汁」をつくり，送り出す。

レバーといえば，ニワトリや牛，ブタなどの肝臓は食品で聞いたことがある場合も多い。

準備物
・人体模型
・肝臓や腎臓の図を拡大した物
・血液の循環図 QR

ICT
映像教材を使って，肝臓・腎臓・ぼうこうの役割を理解させるのもよいでしょう。

4 〔まとめ〕

人やほかの動物は，からだの中のさまざまな臓器がたがいにつながり合って，かかわり合いながらはたらくことで生きている

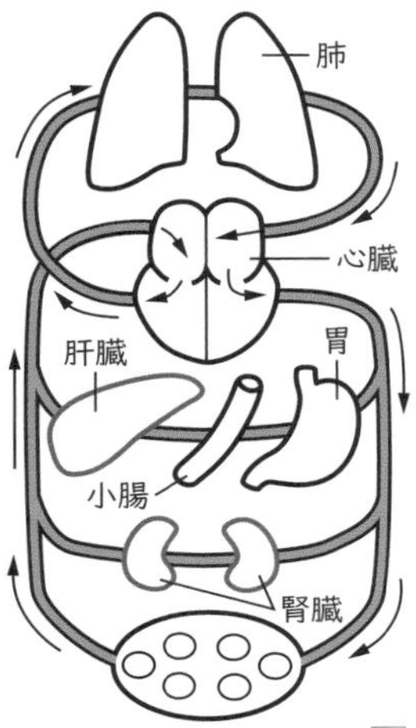

小腸（養分を吸収（きゅうしゅう））

肝臓（養分をためる）

腎臓（血液をきれいにする）

全身（養分と酸素）

QR ※図を掲示する。

QR

・画像

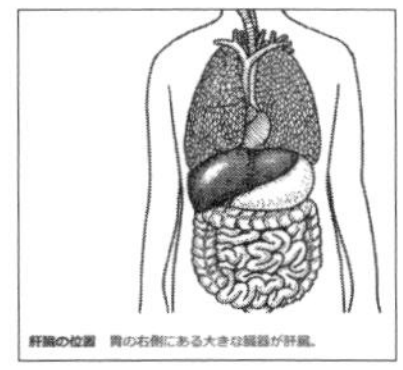

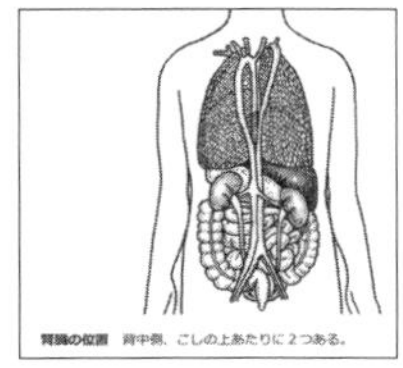

その他多数

いるか確認しましょう。

3 腎臓のはたらきとその位置や形を確認する

T　人の体では，二酸化炭素の他にもいらない物が出来てしまいます。このいらない物を血液からとり出して，きれいにしているところが腎臓です。

T　腎臓はどこにあるのか，どんな形，大きさなのか，人体模型を使って調べましょう。

T　（正面からは見えないが，胃や小腸を外してみると左右に1つずつある）これが腎臓です。大きさはこぶし位でそらまめのような形をしています。ここで血液をきれいにして，尿を作り，膀胱に送っているのです。

T　腰の上あたりににぎりこぶしをあててみると，そのあたりがおよそ腎臓の位置になります。

4 血液の循環と肝臓・腎臓についてまとめる

T　これまでの学習の通り，肝臓も腎臓も血液の流れがつながっています。血液の循環図でどのように血管と臓器がつながっているのか，調べましょう。

（まず，肝臓と腎臓の位置を確かめるようにして，この臓器と血管のつながり方を指でたどらせるようにする）

T　小腸と肝臓がつながっていますか。腎臓には血管がつながっていますか。確かめましょう。

血管のつながりを調べることで，血液の流れを通して，各臓器がつながり合っており，人の生命が維持されていることを考えさせるようにしたい。

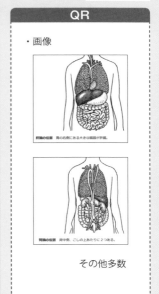

広げよう２（３時間扱い）めあて

魚のからだのつくりを調べよう －フナの解剖－

本時の目標

魚（フナ）の体には，生きるための器官として，呼吸器官のえらや，食物の消化と吸収のための消化管，心臓などがあることがわかる。

板書例

㋱ 魚のからだのつくりを調べよう

1

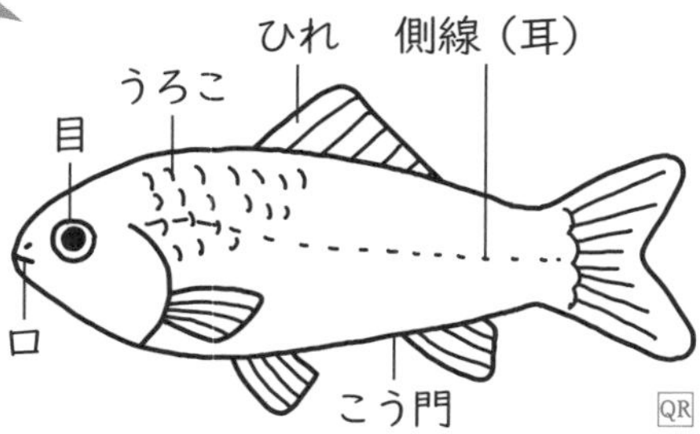

フナは水の中を泳いで
食べものを食べて
生きている
（泳ぎやすい体の形）

2　3

フナのからだの中（内臓）

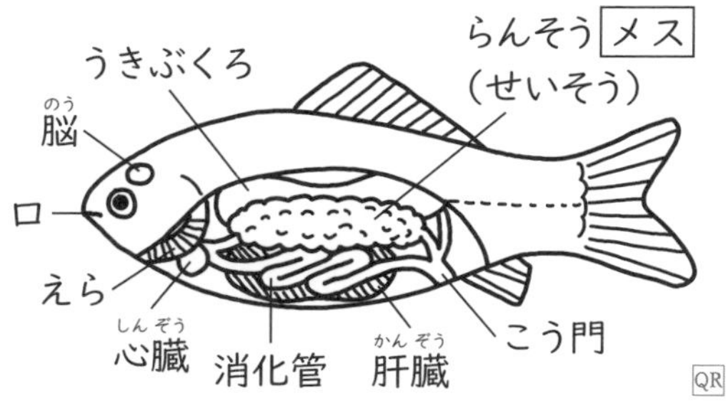

（見つけたもの）

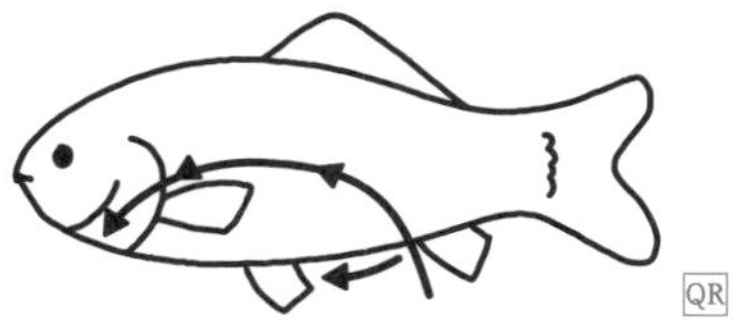

※コピーした図などを貼ってもよい

1 フナの外形を観察する（フナのくらしと体のつくり）

（フナは，水槽などに入れて泳がせておく）

T　フナの体を調べます。フナは川や池など，水の中を泳いでくらしています。生きていくため，フナの体にはどんなものがあるのか調べましょう。

T　フナの体には，どんなものがついていますか。また，それらは何をするものでしょうか。

C　ひれがあります。体にはうろこがついています。

C　目と口があります。えさを見つけて食べるため…。

C　えらがあって，いつも動いています。（呼吸）

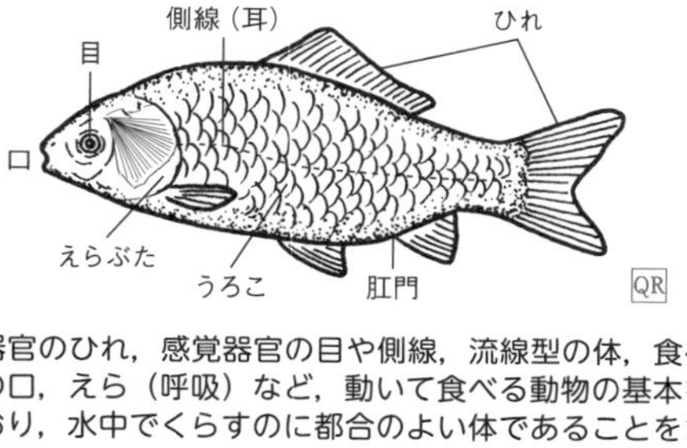

※運動器官のひれ，感覚器官の目や側線，流線型の体，食べるための口，えら（呼吸）など，動いて食べる動物の基本を備えており，水中でくらすのに都合のよい体であることをまとめていく。

2 フナの体（腹部）の中にあるものを確認する

（麻酔したフナを解剖皿の上に載せて）予想する。

T　では，フナの体の中にはどんなものがあるでしょうか。内臓は（腹部を指して）ここにあります。

C　食べ物が通る管（消化管）があると思います。

C　心臓とえら（呼吸するところ）があると思います。

C　脳もあると思います。（脳は頭部にある）

T　では簡単にフナのお腹の中を説明します。（図を掲示する。板書参照）

ここに心臓があります。（指す）これは浮き袋です。（など，解剖に先だつ予備知識を，児童にもたせる）

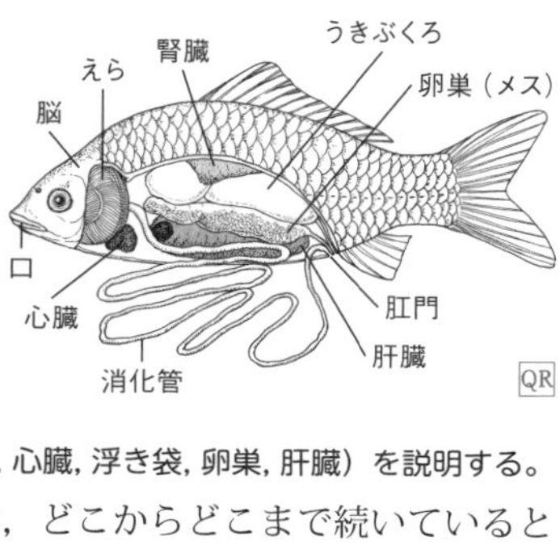

※主な臓器（えら，心臓，浮き袋，卵巣，肝臓）を説明する。

T　フナの消化管は，どこからどこまで続いていると思いますか。

C　人と同じように、口から肛門までだと思います。

準備物	・麻酔したフナ（準備室で準備しておく） ・解剖用具（解剖皿かバット，解剖ばさみか調理ばさみ，先の丸いガラス棒か割り箸，ペトリ皿，ピンセットなど）

4 問題

フナの消化管の長さはどれくらいだろうか

口 ＝（食べもの）＝＝（ふん）＝ こう門

（体長とくらべて）
- 短い？
- 同じくらい？
- 長い？ ………… 曲がっている？

〔まとめ〕

体長の3～4倍（長い）

食べものを消化して養分をとり入れる

口 

QR

・ワークシート

・画像

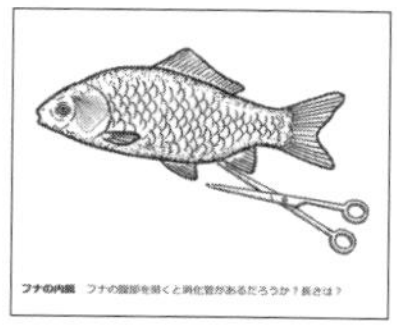

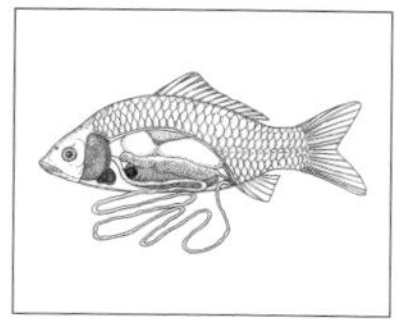

その他

3 解剖のやり方を聞き，目的をもってフナを解剖する

T　消化管の長さはどれくらいか予想しましょう。体長と比べて長いか，同じくらいか，短いか？どう思いますか。

C　人と同じで，消化に時間がかかるので長い。

C　口から肛門までなので，体長よりは短いと思います。

T　では，解剖してフナの内臓を調べましょう。①心臓やえら，肝臓など各臓器を確かめる。②消化管を取り出し，長さを調べる。この２つがめあてです。

※解剖には明確な目的が必要。

T　解剖する前に，先生がそのやり方を説明します。

（児童を教卓の前に集め，演示して手順をわからせる）

T　解剖ばさみの尖った方で少し切り，丸くなった方を肛門に入れて，上に向かって切っていきます。

（などとやって見せる。えらぶたを切ると，えらが見える）

T　では，みなさんの手でも解剖を始めましょう。

4 心臓などを目で確かめ，消化管の長さを調べる

（各グループで解剖を始める。えらぶたの切断や消化管のとり出しなどは，教師の援助が必要。まずえらと心臓，次に卵巣（精巣）や浮き袋，肝臓を確認させる。心臓，浮き袋はとり出す）

T　消化管も調べましょう。口からガラス棒（または箸）を入れるとこのように消化管に続いています。

T　指を使って肝臓から消化管をとり出しましょう。消化管を紙の上に伸ばしてみましょう。

C　１本の長い管が続いていました。ここを食べた物が通ると思いました。胃袋はありませんでした。

C　長さは，体長の３倍か４倍の長さでした。

T　人と同じで，食べ物が消化，吸収されるにはこの長い消化管が必要なのですね。

※フナは紙に包み，後始末をする。感想を書いて交流する。

フナの解剖手順

- 麻酔は，50 ～ 60℃の湯につけるか，エチルエーテルをフナの入ったバケツに少したらすとよい。児童の前では行わずに別室で行う。
- 解剖の手順は，説明だけでなく，まず教師がやって見せると，児童も安心して見通しも持てるようになる。

肛門からはさみを入れ，①の方向へ切っていく。

②のえらぶたを切り取る。（力がいるので教師が援助する）

肛門から③の方向へ切る。

QR

・学習後は必ず消毒用石けんで十分に手洗いさせる。

植物のつくりとはたらき

全授業７時間＋深めよう・広げよう３時間

◎ 学習にあたって ◎

◉ 何を学ぶのか

５年生で，植物の成長には日光や肥料が関係していることを学んでいます。ここでは葉の中のでんぷんの存在を調べることにより，植物が日光に当たると自らでんぷんを作り出していることを捉えさせます。この内容は，動物が食べることによって栄養分を取り入れているのに対して，植物は光を受けて自ら栄養分を作り出しているのであり，植物の生命維持に関わる本質的で重要な内容です。

３年生で「植物のからだは根，茎，葉からできている」ことを学んでいます。ここでは植物の根，茎及び葉に水の通り道があり，すみずみまで水が行き渡っていることや，根から吸い上げられた水は，主に葉から蒸散により水蒸気として排出されていることを捉えさせます。

◉ どのように学ぶのか

児童に植物の成長と日光との関係，葉にできるでんぷんと日光の関係，植物のからだのつくりと体内の水のゆくえなどに着目させ，実験や観察などを通して多面的に調べる活動を大切にします。また，観察，実験とともに必要に応じ，映像や模型，その他の資料を活用することが考えられます。

◉ 留意点・他

でんぷんの検出実験では，ヨウ素液の扱い方の技能を身に付け，エタノールを使った湯煎などの場面では充分に安全に気をつけさせます。

蒸散により排出される水の量を調べる際には，気温が高い晴れの日を選ぶようにします。

児童が学習課題について自らの考えや予想をもつことや，友達の考えなども聞いてさらに考えを広げる過程を大切にします。また実験の結果や，そこからわかったことは何かをはっきりさせ，学習内容の理解を確かにします。

◎ 評　価 ◎

知識および技能	・植物の葉に日光が当たるとでんぷんができることがわかる。 ・根，茎及び葉には水の通り道があり，根から吸い上げられた水は主に葉から蒸散により排出されることがわかる。 ・ヨウ素液を使って葉にでんぷんがあるか調べる実験や，根から吸い上げられた水が茎から葉に通っていく様子を観察し，結果を記録するなど，実験・観察の技能を身に付ける。
思考力，判断力，表現力等	・葉に日光が当たるとでんぷんができることを，実験結果をもとに推論し，表現することができる。 ・植物の根から吸い上げられた水は，からだの中の決まった通り道を通ってからだ全体に運ばれると推論し，表現することができる。
主体的に学習に取り組む態度	・学習課題に関心を持ち，進んで調べようとすると共に，学んだことを更に広げて探求しようとする。

◎ 指導計画　7時間＋深めよう・広げよう3時間 ◎

＊ 4月にホウセンカ，ジャガイモ，インゲンマメなどを植えておく。(ジャガイモの植え付けは，2～3月が望ましい)

次	時	題	目標	主な学習活動
植物と水	1・2	根からとり入れられた水は，植物のからだのどこを通って，全体に運ばれるのか調べよう	植物は根から水を取り入れ，その水は茎の中の水の通り道を通り，植物のからだ全体に運ばれていくことがわかる。	・ホウセンカなどの植物を色水の入った容器にさし，数時間後，葉や茎の様子を観察する。
	3・4	植物のからだを通って，葉まで運ばれた水は，どうなるのか調べよう	植物の根から茎を通ってきた水は，主に葉から水蒸気になって空気中に出ていくことがわかる。	・晴れた日に，葉をつけたままの植物と葉を取った植物にポリエチレンの袋をかぶせ，しばらくして袋の内側の様子を観察する。
	深めよう1	葉から水が出ていく穴を観察しよう	水蒸気が葉から出ていくための，葉にある小さな穴（気孔）を観察することができる。	・葉の表面の薄い皮をはがし，顕微鏡を使って穴（気孔）の様子を観察する。
	深めよう2	根はどのようなつくりとはたらきをしているのか調べよう	植物の根は，細かく分かれて地中に広がり，水や養分を吸い上げたり，植物の体を支えたりするはたらきがあることがわかる。根毛の観察をすることができる。	・植物の根を掘り上げて観察したり，根毛を発生させてその観察をする。 ＊根毛の観察では，実際の観察は別途時間を取って行う。
植物と日光	5	植物の葉に日光が当たると，でんぷんができるのか調べよう（1）	植物の葉に日光が当たると葉にでんぷんができるかを予想し，実験の準備ができる。	・植物の葉に日光が当たると，葉にでんぷんができるか自分の考えを発表し，予想をたて，実験の準備をする。
	6	日光に当てていない葉には，でんぷんがあるのか調べよう	前日にアルミニウム箔をかぶせて光に当てていない葉には，でんぷんがないことがわかる。	・前日にアルミニウム箔をかぶせた葉について，でんぷんがあるかどうかをヨウ素液を使って調べる。
	7	植物の葉に日光が当たると，でんぷんができるのか調べよう（2）	植物の葉に日光が当たると，でんぷんができることがわかる。	・日光が当たった葉と当たらなかった葉をヨウ素液につけて実験し，日光が当たった葉にはでんぷんができていることを調べる。
	広げよう	いろいろな葉でも日光が当たると，でんぷんができるのか調べよう	身のまわりのいろいろな植物についても，日光が当たると葉にでんぷんができることがわかる。	・シロツメクサやヨモギなどの身近な植物について，日光が当たった葉と当たらなかった葉について，でんぷんができているかどうか調べる。

第１・２時めあて
根からとり入れられた水は，植物のからだのどこを通って，全体に運ばれるのか調べよう

本時の目標　植物は根から水を取り入れ，その水は茎の中の水の通り道を通り，植物のからだ全体に運ばれていくことがわかる。

板書例

〔問題〕　根からとり入れられた水は，植物のからだのどこを通って，全体に運ばれるのだろうか

1 予想

水はくきのどこを通るのだろうか

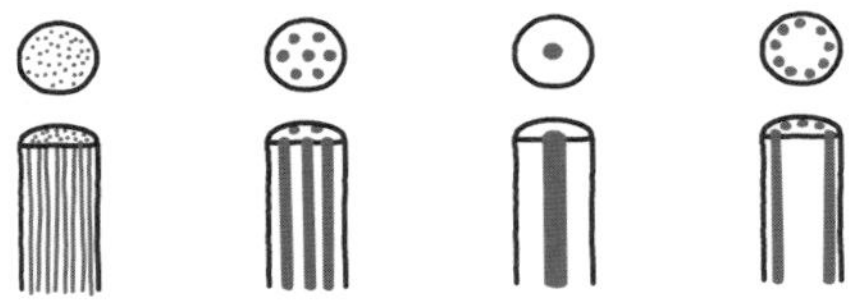

QR

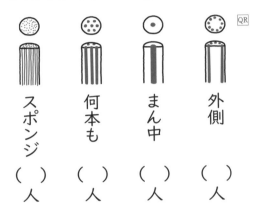

スポンジ（　）人　　何本も（　）人　　まん中（　）人　　外側（　）人

2 実験

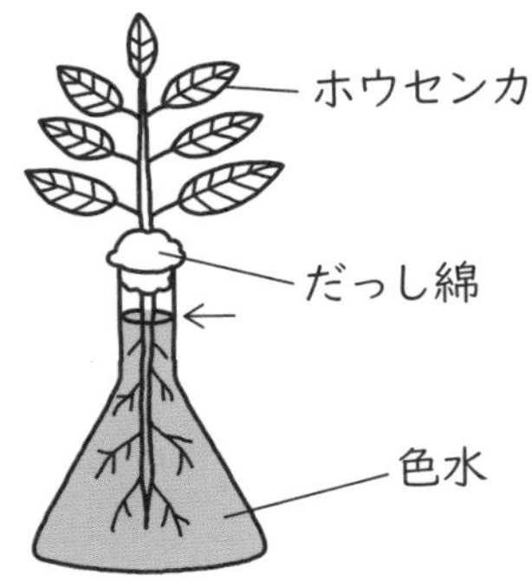

QR

POINT　植物全体の色が変わっていることから，水の通り道は根から葉の先までつながっていることを実感させるとよいでしょう。

1　茎の中の水の通り道を予想する

（植物を見せながら）

T　植物は水を与えないとしおれてしまい，水を与えてしばらくすると元に戻ります。根から吸い上げた水は，植物の体全体に行き渡っているようです。根から吸い上げられた水は茎の中のどこをどのように通って全体にいくのでしょうか。

C　茎の中はスポンジみたいだと思います。

C　茎の中に何本も通り道があると思います。

C　茎の真ん中に１本の通り道があると思います。

C　茎の外側に近いところに水の通り道があると思います。

T　いろいろな考え方がありますね。実験で水の通り道を調べてみましょう。

2　ホウセンカを色水につけておく

T　次の方法で，水の通り道を調べる実験をします。色水にホウセンカをしばらくつけておき，ホウセンカのようすを観察しましょう。

①三角フラスコに切り花着色剤（赤色）を溶かした色水を入れます。

②ホウセンカを根が切れないように掘り起こしてきれいに洗い，三角フラスコにつける。三角フラスコとホウセンカの茎の間に脱脂綿を詰める。（液面の高さに印を付けておく）

③準備ができたら，時間をおいて，ホウセンカの表面に着色剤の色が見られるようになったら，観察をする。

QR

準備物	・ホウセンカなどの植物 ・三角フラスコ　　　・脱脂綿 ・カッターナイフ　　・赤色切り花着色剤 ・虫眼鏡

ICT	色水に浸ける前と後の写真を撮って見比べ，植物全体が着色したことに気づかせるとよいでしょう。

3 結果

〔くき〕

QR

くきの外側が赤く染（そ）まる

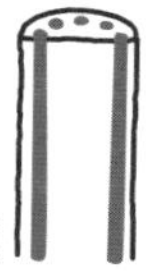

QR

水の通り道が赤く染まる

〔根〕

QR

根のまん中あたりが赤く染まる

4 〔まとめ〕

・植物の根，くき，葉には，水の通り道がある

・根からとり入れられた水は，根，くき，葉を通って，植物のからだ全体に運ばれる

QR

・動画
「くきの中のとおり道」

・画像

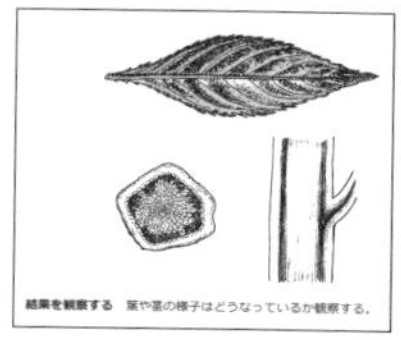

その他多数

3 ホウセンカの茎の中の様子を観察する

T　しばらく色水につけたホウセンカの茎や葉を観察するとどこに色がついていますか。

C　葉が赤く染まっています。

C　葉の葉脈に色がついています。

T　三角フラスコの水面は，はじめと比べてどうなりましたか。

C　フラスコの中の水は，はじめの印からみると，減っていることがわかります。

T　次はグループごとに，茎を横と縦に切って観察しましょう。

C　水の通り道が赤く染まっているので，はっきり見えます。

C　茎のまわりの方に，何本も赤い通り道が見えます。

C　縦に切ると真っ直ぐに赤く染まっていることがわかります。

T　次に，根や葉も横に切って観察しましょう。

4 根・茎・葉の中の水の通り道についてまとめる

T　この実験と観察からわかったことをまとめましょう。

C　茎の中には水の通る決まった道があることがわかりました。

C　水の通り道は茎の表面に近いところにならんでいることがわかりました。

C　葉の断面を見ると，真ん中あたりが赤く染まっていました。葉にも水の通り道がたくさんあることがわかりました。

C　根の断面も，まん中あたりが赤く染まっていました。根にも水の通り道があることがわかりました。

T　そうですね。根から吸い上げられた水は，水の通り道を通って植物の体全体に運ばれていることがわかります。そのため，しおれかけた植物も水を与えると元に戻ることができるのですね。

第３・４時 めあて
植物のからだを通って，葉まで運ばれた水は，どうなるのか調べよう

本時の目標 植物の根から茎を通ってきた水は，主に葉から水蒸気になって空気中に出ていくことがわかる。

板書例

〔問題〕 植物のからだを通って，葉まで運ばれた水は，どうなるのだろうか

1 予想

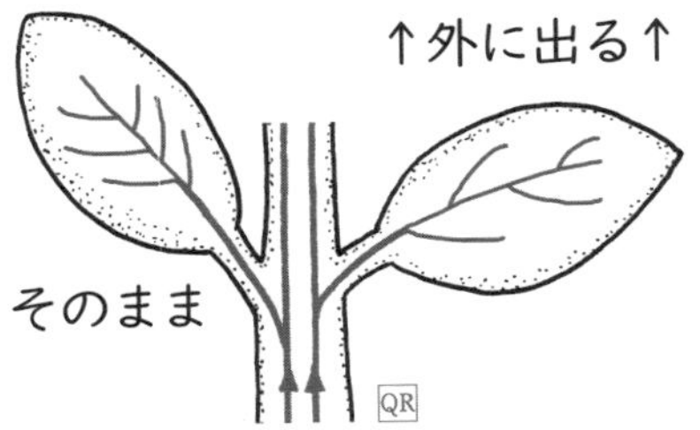

そのままたまる　（　　）人
外に出る　　　　（　　）人

2 実験

ポリぶくろをホウセンカにかぶせて，日光にあてる

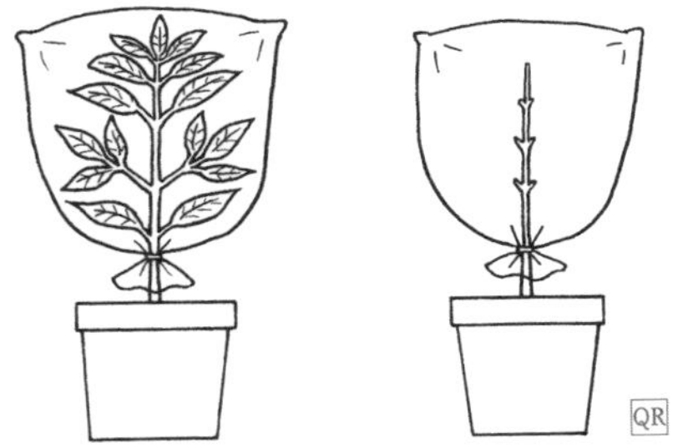

㋐葉がある　　㋑葉をとる

POINT 葉を取ったものと，取っていないものを用意して，対照実験を行えるようにしましょう。

1 葉まで行きわたった水のゆくえを考える

T　根から取り入れられた水は，茎を通って行き渡ったことがわかりました。葉まで行き渡った水はその後どうなるのでしょうか。

C　葉にたまったままで，最後は葉で使われてしまうと思います。

C　葉でも使われるかも知れないけど，あまった水は葉から外に出ていくんじゃないかな。

T　水は葉から出ていくのかどうか実験で確かめてみましょう。

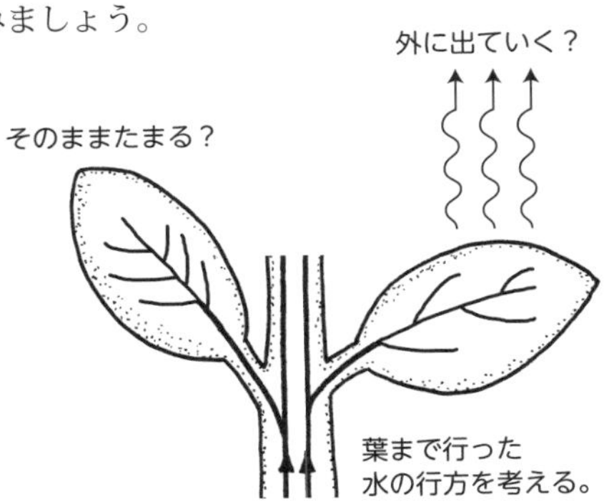

2 実験の準備をする（葉に袋をかぶせる）

T　葉がついたホウセンカと葉をとったホウセンカに，ポリエチレンの袋をかぶせて日なたにしばらく置きます。その後，袋の中の様子を観察することにします。

実験の方法は次の通り。
（ただし，よく晴れた気温の高い日に行う）
①同じ大きさくらいのホウセンカを２本選ぶ。１本はそのままで，もう１本は葉を全部取る。
②両方のホウセンカにポリエチレンの袋をかぶせ，ひもやモールなどで袋の口をしばる。
③１５分から２０分後に袋の内側の様子を観察する。

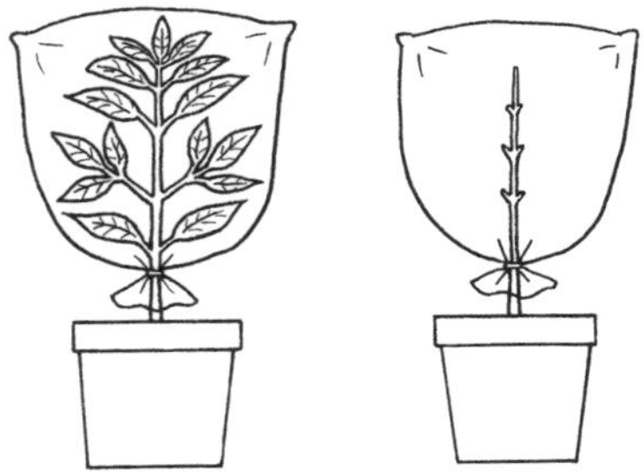

準備物	・ホウセンカやジャガイモ，アジサイ，サクラ，などの植物（校庭の野草でも良い） ・ポリエチレンの袋 ・袋をしばるひもやモールなど

ICT	袋をかぶせた直後の様子としばらく経ってからの様子を撮影し，見比べさせるとよいでしょう。

3 結果

㋐葉がある

〔ポリぶくろに 水てきがついて 白くくもる〕

＝

水分が葉から出ている

㋑葉をとる

〔ポリぶくろは あまり変化なし〕

4 〔まとめ〕

・植物の根からくきを通ってきた水は，主として水蒸気となって，葉から出ていく

・水蒸気となって，植物のからだの中の水が出ていくことを，「蒸散（じょうさん）」という

QR

・画像

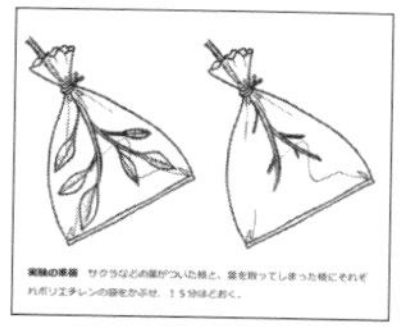

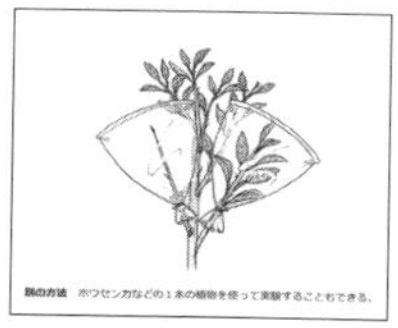

その他

3 袋の中の様子を観察する

T　袋の内側の様子はどうなっていますか。

C　葉がついたホウセンカの方は，袋の内側に水滴がついて，白くなって（くもって）いました。

C　葉を取ったホウセンカの方は，袋の内側にほとんど変化は見られませんでした。

T　葉がついたものとついていないものでは，袋の内側の様子にはっきりと違いが見られました。

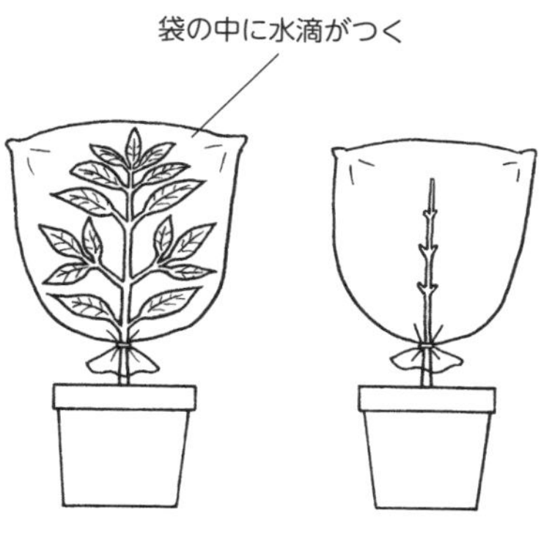

4 葉まで行きわたった水のゆくえを考える

T　この実験でわかったことは何でしょうか。

C　根から取り入れられ，茎を通って葉まで行き渡った水は，葉から外に出ていることがわかりました。

T　葉まで行き渡った水は葉から水蒸気となって，植物の体から出ていくのです。このことを「蒸散」といいます。

T　植物の葉の表面には，小さな穴が開いていて，水はそこから水蒸気となって出ていきます。その穴を「気孔」といいます。

植物は根から取り入れる水よりも葉から出ていく水の方が多いと，体の中の水分が不足してしおれてしまいます。

深めよう１ めあて
葉から水が出ていく穴を観察しよう

本時の目標
水蒸気が葉から出ていくための，葉にある小さな穴（気孔）を観察することができる。

板書例

㋱ 葉から水が出ていく穴を観察しよう

1 葉の表面を
観察してみよう

↓

おもに
裏側に穴がある
水分が出ていくところ
＝
気こう という

2 観察
①うすい皮をはがす

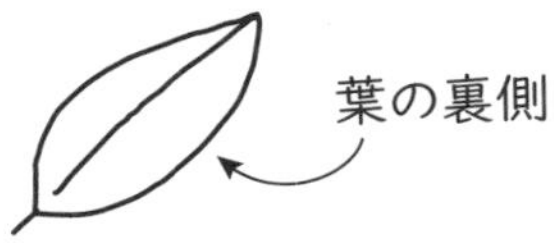
葉の裏側

②スライドガラスにのせる
③水を１てき落とし，
カバーガラスをかける
④ろ紙ではみ出た水を吸いとる
⑤けんび鏡１００～２００倍で観察

POINT 葉の表面の薄い皮をめくることが難しい場合は，スンプ法（葉の表面にトップコートを塗り，乾いたらセロハンテープ

1 葉の表面はどのようになっているか

T　葉の表面にある，水分が出ていく穴（気孔）は，どうなっているでしょう。
C　どんな穴かなあ。
C　形や大きさはどんなかなあ。
C　いつも開いているのかなあ。
C　そのままでも見えるのかなあ。
T　肉眼では難しいようですね。顕微鏡を使って観察しましょう。
C　葉の表でも裏でもいいのですか。
T　ホウセンカの場合，水分が出る穴は，主に葉の裏側にたくさんあるので，裏側を観察するようにしましょう。でも，表側はどうか，確かめるために両方観察しましょう。

（これまでの学習の流れからホウセンカとしているが，見やすいという点ではツユクサが観察しやすい）

2 葉の裏側を顕微鏡で観察する

T　ツユクサの葉を使って葉の表面を観察しましょう。葉の裏側の表面の薄い皮をはがし，顕微鏡で観察します。次の手順に従ってやってみましょう。

（手順の説明をする）
①ピンセットでツユクサの葉の裏側の表面の薄い皮をはがす。（葉をねじるようにして，そっと手前に引くようにするとよい）

うすい皮をはがす

葉を折り曲げて
ねじるようにすると，
はがしやすい。
ピンセット
葉の裏側

ホウセンカ，ツユクサ，ムラサキツユクサなどを使うとよい。

②薄い皮の部分をはさみなどで切り取って，スライドガラスに載せる。
③水を一滴落とし，カバーガラスをかける。
④細く切ったろ紙でまわりの水を吸いとる。
⑤顕微鏡で観察する。（１００～２００倍）
葉の表側でも同じようにして観察する。

QR

T　見えた形をノートにかきましょう。

準備物	・ホウセンカ，ジャガイモ，ツユクサ，ムラサキツユクサなどの葉 ・顕微鏡　・ピンセット　・スライドガラス ・はさみ　・ろ紙　・カバーガラス

ICT	気孔の観察を行う前に，気孔のイラストや写真を見せ，見通しを持って観察できるようにするとよいでしょう。

3 結果

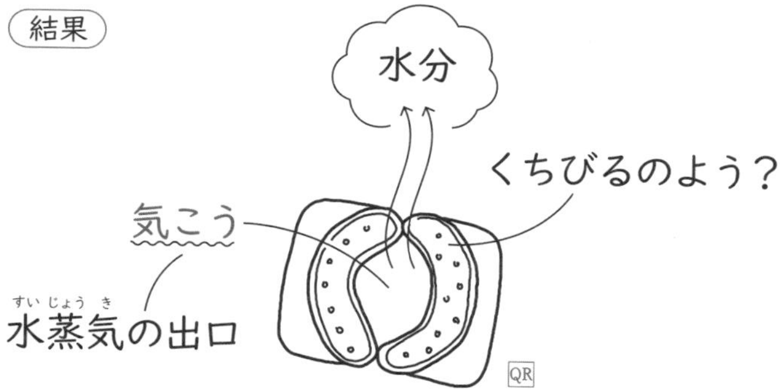

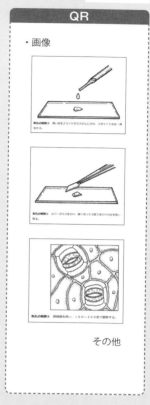

4 〔まとめ〕
葉には水が水蒸気になって，
出ていく穴（気こう）があり葉の裏側に多い

QR

・画像

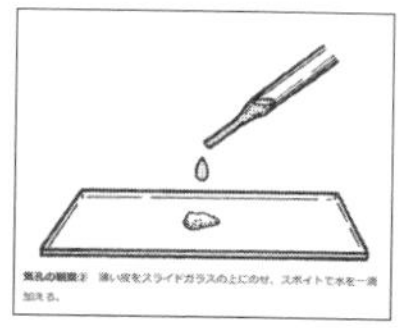

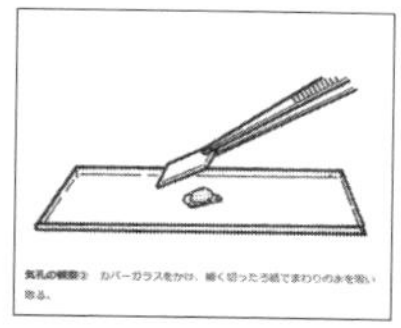

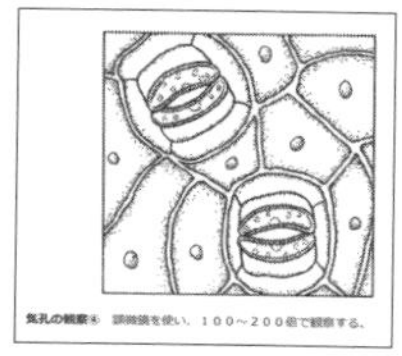

その他

で剥がす）で観察してもよいでしょう。

3 観察の結果を発表する

T　観察した結果はどうでしたか。

C　くちびるのような形をした二つのものが，向き合っていました。

C　目のような形に見えました。

T　このような形のところを「気孔」といいます。穴が開いていて，口が開いているようです。

C　気孔の穴が閉じているものもありました。

T　葉の表と裏の両方を観察しましたか。気孔は表と裏では，どちらの方が多かったですか。

C　葉の裏側の方が多かったです。

C　表側にもあることがわかりました。

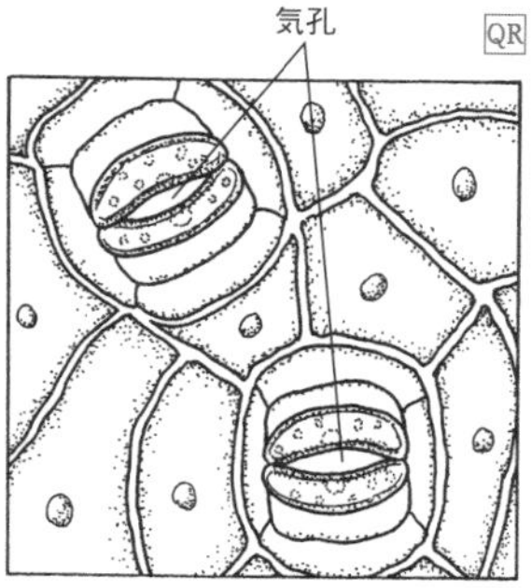

顕微鏡（100～200倍）で観察する

4 わかったことを発表する

T　この観察をしてわかったことを発表しましょう。

C　葉の表面には，水蒸気が出ていく穴（気孔）があることがわかりました。

C　気孔は，主に葉の裏側にあることがわかりました。

T　感想はありますか。

C　気孔の様子が，生き物の目とか口のようで面白かったです。

C　顕微鏡を使うと，こんなにはっきりと気孔が見えるとは思いませんでした。

T　植物によっては気孔が葉の表側にしかないものもあるそうですよ。表と裏でどう違うのでしょうね。また，天気などにより，開いたり閉じたりするそうです。葉から水蒸気を出すことと，天気とはどんな関係があるのでしょうね。

T　そのほかにも気孔は水蒸気を出すだけでなく，光合成の際の二酸化炭素や酸素の出入り口という大切な役割もあります。気孔の役割について，いろいろと調べてみるといいですね。

深めよう２ めあて

根はどのようなつくりとはたらきをしているのか調べよう

本時の目標　植物の根は，細かく分かれて地中に広がり，水や養分を吸い上げたり，植物の体を支えたりするはたらきがあることがわかる。根毛の観察をすることができる。

板書例

〔問題〕 根はどのようなつくりとはたらきをしているのだろうか

1 根のはたらき

・水を吸い上げる
・養分を吸い上げる
・からだを支える

2 根の観察

①根を切らないようにほる
②水であらう
③黒い紙の上で観察

1 根のはたらきを話し合う

T　これまでの学習で，植物にとって，根は大切なはたらきをしていることがわかりましたね。ここで，根のはたらきについてまとめてみましょう。
T　根はどんなはたらきをしているのでしょう。
C　水を吸い上げるはたらきです。
C　水といっしょに，土の中にある養分も吸い上げます。
T　そうですね。根は土の中の水や養分を取り入れるはたらきをしています。では，それだけでしょうか。
C　植物の体を支えるはたらきもあると思います。
T　根は，特に樹木の根のように，植物の体が倒れないように，しっかり支えるはたらきもしています。

2 ホウセンカなどの根を観察する

T　根が土の中でどのように広がっているか，掘り起こして観察してみましょう。

（作業と観察のしかたを説明する）
①栽培しているホウセンカや校庭に生えている野草の根を，できるだけ切らないように掘り起こす。
②バケツの中で，根についた土や小石をていねいに洗い落とす。
③黒い画用紙の上に，洗った根を広げて観察する。
（観察したら，根の部分をスケッチさせる）

T　根の様子はどうでしたか。
C　中心の根は太くてじょうぶそうでした。
C　先の方は，とても細い糸のようになっています。

QR

準備物	・ホウセンカや校庭の植物　・バケツ ・黒い紙　・移植ごて　・古新聞 ・ルーペか虫眼鏡 ・実体顕微鏡など

ICT	根の根毛まで観察が難しい場合は，QR内の写真を提示するのもよいでしょう。

3 根毛

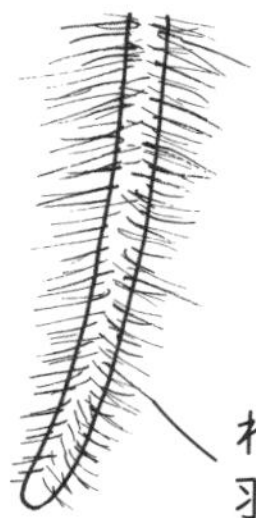

拡大（かくだい）

①根をぬれた新聞紙にくるむ
②2～3日置いて観察する

わたのよう
羽毛のよう

4 〔まとめ〕
・根の先にある「根毛」は，土のわずかなすき間に入って水を吸い上げている
・根毛はとても細くなっている

QR
・画像

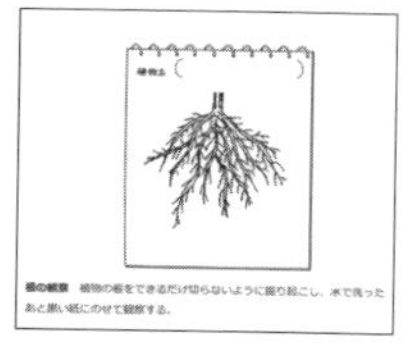

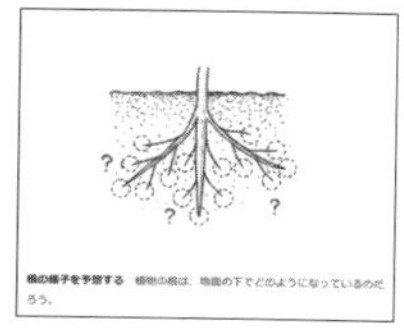

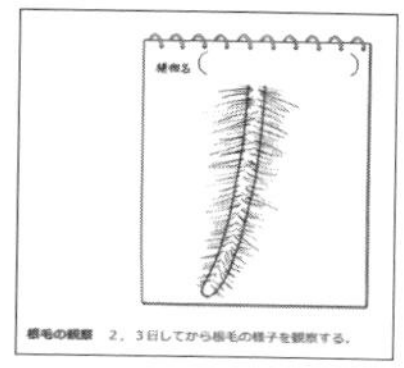

その他多数

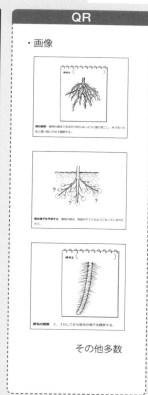

3 根毛の観察の準備をする（観察は後日時間を取る）

T　根の先の方は，とても細くなっていることがわかりましたね。でも，実際に水を吸い上げる部分は根毛（こんもう）といって，もっと細くなっているんですよ。次の方法で，根毛の観察をしてみましょう。

（観察のしかたを説明する）
①ツユクサやホウセンカの根の部分を、ぬれた新聞紙でくるんで2，3日置いておく。（植物の根を水につけておいただけでは，根毛は生えない。少なめの水にすることによって，水を求めて根毛が伸びると思われる。ハツカダイコンの種子を，湿らせたろ紙の上にまいておいてもよい）
②その後，新しい根の先を観察する。

根毛を育てるため
2～3日置く。

4 観察の結果を発表する

T　根毛の様子はどうでしたか。
C　綿のような毛がびっしりと出ていました。
C　手で触ると，すぐに切れてしまうほど細くて，羽毛のようです。
C　根の先がこんなに細かくなっているとは思いませんでした。
T　このような根毛は，新しい根の先にでき，土の粒のわずかなすき間にも入り込み，水やそれにとけた養分をしみこませるように吸い上げているんです。根毛は，植物を引き抜くとちぎれてしまうことが多いので，普段はなかなか気づかないのですね。

（植物の根は，水の少ない砂浜や乾燥地帯に生きる植物ほど長くなっていることなども話すとよい）

第５時 めあて
植物の葉に日光が当たると，でんぷんができるのか調べよう（1）

本時の目標　植物の葉に日光が当たると葉にでんぷんができるかを予想し，実験の準備ができる。

板書例

〔問題〕 植物の葉に日光が当たると，
　　　　　でんぷんができるのだろうか

1 植物がじょうぶに育つために必要なもの

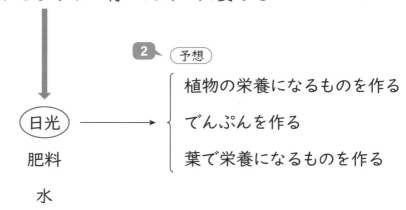

↓

日光 → 2 予想
植物の栄養になるものを作る
でんぷんを作る
葉で栄養になるものを作る

肥料

水

※児童の意見を板書する。

POINT ㋐，㋑，㋒の葉を調べる理由をしっかり理解させ，実験に対して目的意識を持てるようにしましょう。

1 植物の成長に必要なものについて考える

T　動物はものを食べて生きています。植物はものを食べなくても成長していきますね。植物はどうやって養分を得ているのでしょう。
T　植物の発芽の条件とは何でしたか。
C　水，空気，適当な温度です。
T　その後，丈夫に育っていくために必要な条件は何でしたか。
C　肥料，日光です。
T　植物の成長には肥料が大切です。それとともに，日光が当たるとよく育つということを学習しました。
T　日光は植物の成長に対してどんな役割をしているのでしょうか。植物の成長と日光の関係について調べていきましょう。

2 植物の成長と日光の関係を予想する

T　植物の成長には，日光がどんな役割をしていると考えられますか。予想してみましょう。
C　植物に日光が当たると，植物の養分になるものができるのかもしれない。
C　インゲンマメの発芽実験で，子葉のでんぷんが使われてきたことがわかったから，植物の成長にもでんぷんが必要なのかな。
C　植物に日光が当たると，でんぷんができるのかな。
T　５年生の発芽の実験を思い出して予想できましたね。植物の成長にもでんぷんが大切だということは，日光とでんぷんの関係が気になります。植物の体に日光が当たるとでんぷんができるのか，調べてみましょう。

※実験方法を児童が考え出すのは難しい。教科書を参考にして説明しながらすすめる。

準備物

・育てたジャガイモ
・アルミニウム箔

4 葉ででんぷんが作られているか調べるための実験準備

3つの葉を用意する
（1日目の午後）

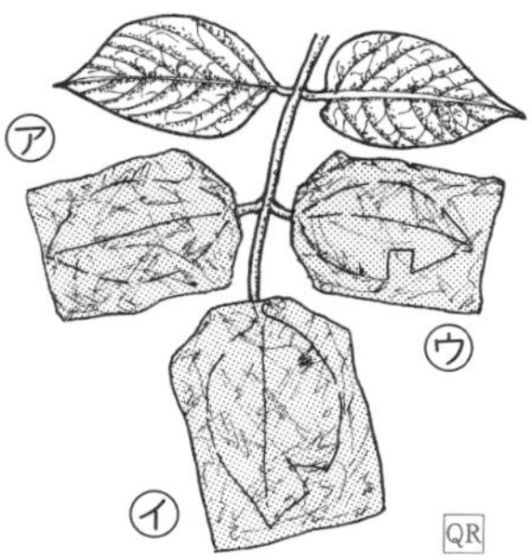

㋐㋑㋒の葉に
アルミニウムはくを
かぶせる

（1）2日目の朝に㋐を調べる
（2）2日目の午後に㋑と㋒を調べる

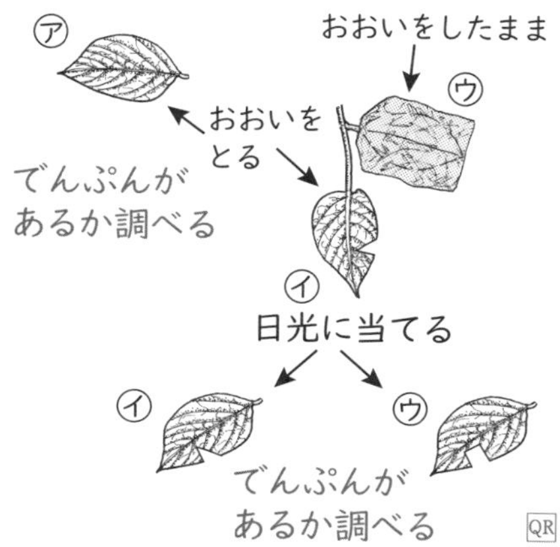

QR

・画像

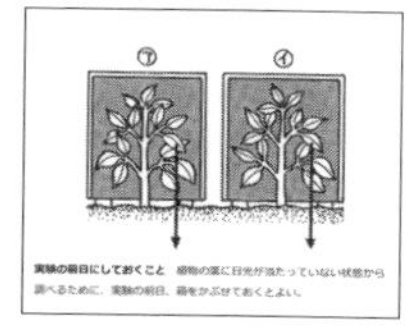

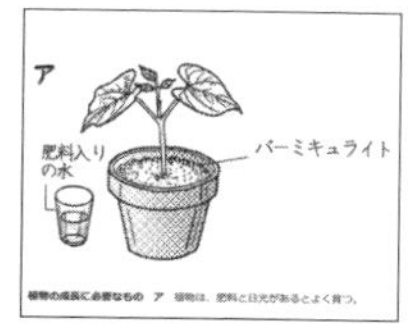

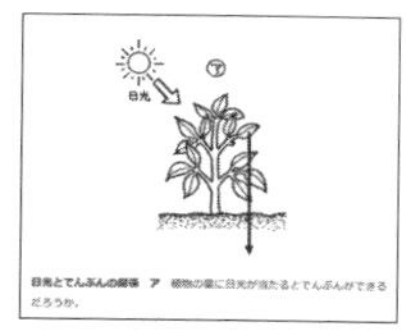

その他多数

3 植物の葉に日光が当たるとでんぷんができるか，調べる方法を考えよう

T　植物の葉に日光が当たると，でんぷんができるかどうか，どんな方法で調べますか。

C　葉に日光を当てたものと当てないもので比べたらいいと思います。

C　日光を当てた葉にだけでんぷんができていたら，日光がでんぷんを作ることに関係していることになると思います。

C　でんぷんがあるかは，ヨウ素液で調べられます。

T　そうですね。葉に日光が当たる場合と当たらない場合の条件だけ変えて実験するといいですね。

T　日光が当たっていない状態から始める必要があります。調べる葉に，前の日からアルミニウム箔をかぶせておくようにします。アルミニウム箔は日光を通しません。

4 実験の準備をする

T　明日の実験のために，今日の午後につぎの図のような準備をします。

グループごとに，日光に当たる葉とそうでない葉を区別するために，㋐・㋑・㋒のように3枚の葉を用いる。区別できるよう，葉に図のような切り込みを入れる。アルミニウム箔の上から油性マジックで記号を書いておくとよい。

1日目の午後

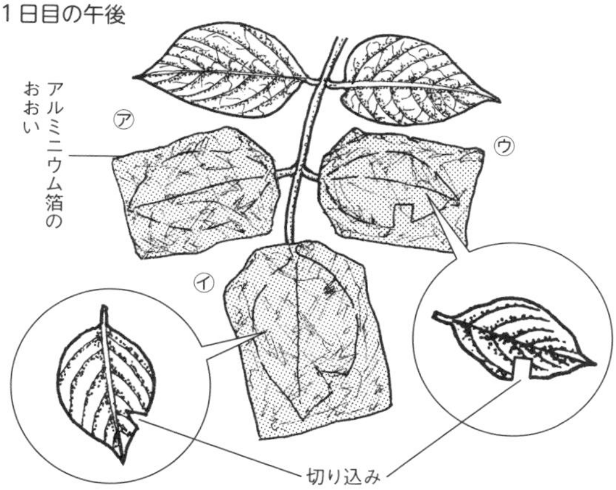

第６時 めあて

日光に当てていない葉には、でんぷんがあるのか調べよう

本時の目標 前日にアルミニウム箔をかぶせて光に当てていない葉には，でんぷんがないことがわかる。

板書例

〔問題〕 日光に当てていない葉（㋐の葉）に，
でんぷんがあるのだろうか

1 ㋐前日の夕方から
アルミニウムはくを
かぶせた葉

予想 でんぷんは

ある
（　　）人

ない
（　　）人

理由

［　　　　］［　　　　］

※児童の意見を板書する。

2 実験

3

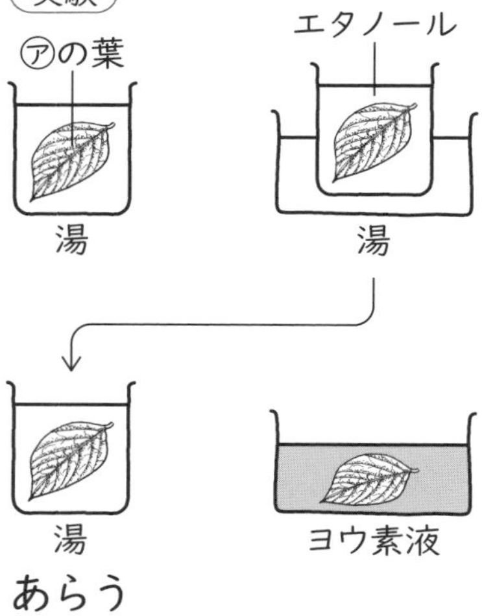

POINT この学習は第５時の翌日の午前中に行います。午後は日光に当てた葉の実験を行いましょう。（第７時）

1 葉にでんぷんがあるかを予想する

朝に㋐の葉，午後に㋑㋒の葉を実験する。

T 昨日，夕方にアルミニウム箔をかぶせたジャガイモの葉（㋐）には，でんぷんがあるでしょうか。

C 夜は日光に当たらないので，ないと思います。

C 昼間，日光に当たったときにできたでんぷんが残っているかもしれません。

C 日光に関係なく，あると思います。

T それでは，でんぷんがあるかないか調べましょう。何を使いますか。

C ヨウ素液です。

T でんぷんがあると，青紫色になります。

①葉を熱い湯の中に入れて，
やわらかくする。

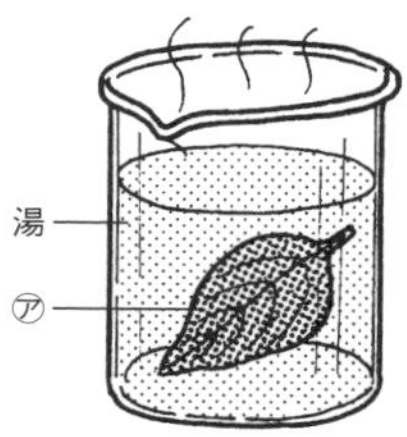

葉を熱い湯の中に入れて
しばらく置くと，
やわらかくなる。

QR

2 実験の方法を理解する（葉の色をエタノールで薄くする方法）

T 葉にでんぷんがあっても，葉の緑色がそのままでは，青紫色に変わったかどうか見分けがつかないので，葉の緑色を薄くするために次の方法で実験します。よく見ていてください。

T 実験は次のように進めます。

①葉を熱い湯の中に入れて，やわらかくする。
②柔らかくなったら，湯煎したエタノールの中に入れて，色を抜く。（脱色する）
③再び湯の中に入れて葉をよく洗う。
④ヨウ素液にひたす。
※エタノールの入れ物は，ビーカーでも試験管でもよい。

②やわらかくなったら，湯煎した
エタノールの中に入れて，
色を抜く。（脱色する）

必ず湯煎で行う。

＝注意＝
エタノールを直接火にかけて熱したり，
近くで火を使ってはいけない。

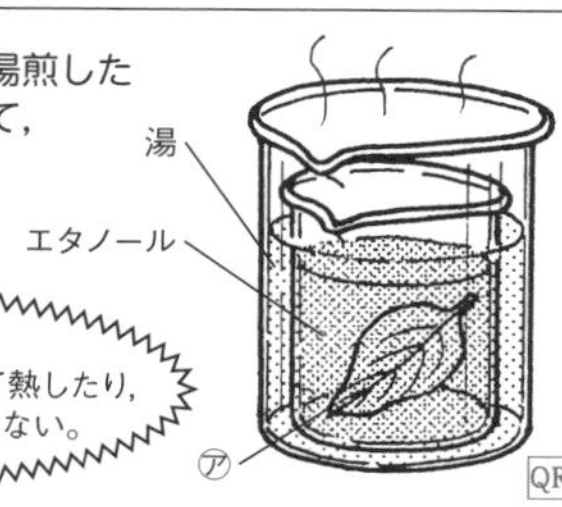

QR

準備物	・前日にアルミニウム箔をかぶせたジャガイモの葉 ・エタノール　・ビーカー ・水槽　・ペトリ皿 ・ピンセット　・薄いヨウ素液

ICT　日光に当てた場合の結果（次時）と比べるために，㋐の写真を撮影しておきましょう。

4　結果

㋐葉の色は変化しない
＝
でんぷんはない

〔まとめ〕
日光に当てていない植物（ジャガイモ）の葉には，でんぷんはない

エタノールを使わない方法

①葉をひたして，時間をかける方法

葉の緑色によってヨウ素液によるデンプン反応がわかりにくい。ヨウ素液をあまりうすめずに，ペトリ皿にいれておき，葉をひたして，時間をかけて観察するとよい。

②たたき染（そ）めの方法

たたき染めなどがあり，教科書に紹介（しょうかい）されていることもあるので，選たくができる。熱い湯でやわらかくなった葉をヨウ素液につけるとデンプンがあるときは，いい青むらさき色になる。

QR

・画像

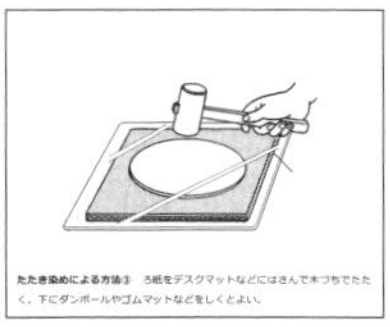

その他多数

3　グループ実験を行う

T　それでは，グループごとに実験してみましょう。
（グループごとに実験に取り組ませる）

〈実験上の注意〉
エタノールを熱する場合，必ず湯煎にすることを守らせる。時間を急ぐあまり，直接火にかけたり，実験装置の近くに火気を置いたりすると，引火，やけど，火災の危険があるので，充分注意すること。

③再び湯の中に入れて葉をよく洗う。

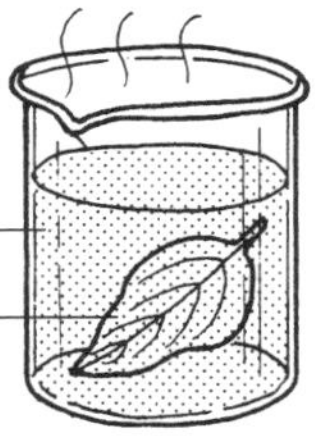

葉をピンセットなどでつまみ，よく洗う。

4　実験からわかったことをまとめる

T　実験の結果を発表しましょう。
C　グループの実験では，葉の色は変わりませんでした。（どのグループも同様）
T　どのグループもヨウ素液につけた葉の色は変化なしということですね。このことからわかることは何ですか。
C　前日にアルミニウム箔をかぶせて，日光が当たらないようにした葉には，でんぷんがないということです。
T　そうですね。今日の次の時間は，㋑と㋒の葉について実験して調べることにします。

④ヨウ素液にひたす。

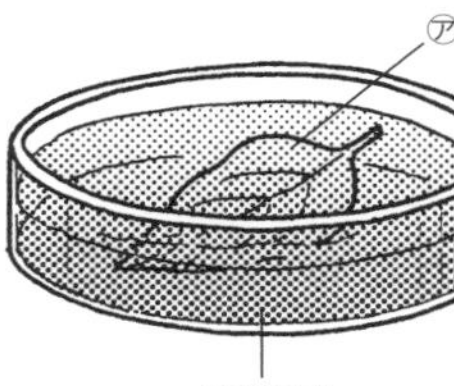

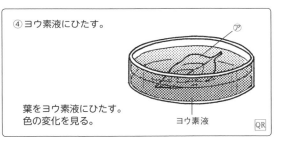

葉をヨウ素液にひたす。色の変化を見る。

第７時 めあて
植物の葉に日光が当たると，でんぷんができるのか調べよう（２）

本時の目標　植物の葉に日光が当たると，でんぷんができることがわかる。

板書例

〔問題〕　植物の葉に日光が当たると，
でんぷんができるのだろうか

1　予想
㋑日光に当てた葉
できている　（　　）人
できていない（　　）人

㋒日光に当てていない葉
できている　（　　）人
できていない（　　）人

2　実験
3　㋑日光に当てた葉

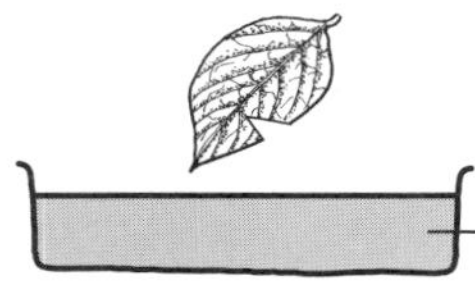

㋒日光に当てていない葉

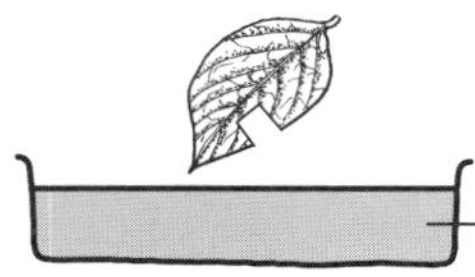

POINT　午前中に㋑の葉のアルミニウム箔をとりのぞき，十分に日光が当たるようにして，学習の準備をしましょう。

1　でんぷんができているか予想する

（２日目の午後に行う）

T　日光に当たった葉と当たらなかった葉で，でんぷんができているか調べます。予想しましょう。

C　日光に当たった葉にはでんぷんができていると思います。日光にはでんぷんを作るはたらきがあると思います。

C　どちらの葉にもでんぷんはできていないと思います。日光は，葉にでんぷんができるかどうかには関係がないと思うからです。

C　日光に当たらなかった葉には，でんぷんができていないと思います。

T　では調べてみましょう。

2　でんぷんができているかどうか実験方法を確認する

T　実験の方法は朝の場合と同じです。日光の当たった葉㋑と当たらなかった葉㋒を混ぜてしまわないように気をつけます。（切り込みを確かめる）

実験の順番
①葉を熱い湯に入れて，やわらかくする。
②やわらかくした葉を，湯煎したエタノールの中に入れて脱色する。
③ふたたび湯の中に入れて葉をよく洗う。
④葉をヨウ素液にひたす。
エタノールを使わない場合は，やわらかくした後，ヨウ素液に長時間浸す。

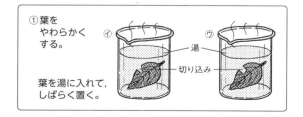

①葉をやわらかくする。

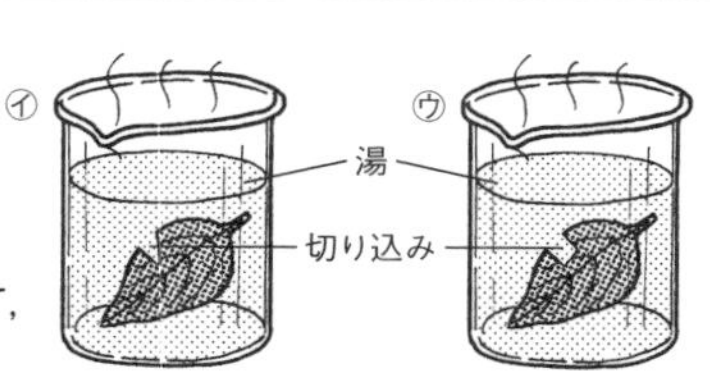

葉を湯に入れて，しばらく置く。

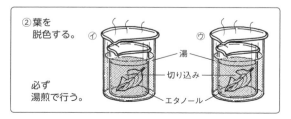

②葉を脱色する。

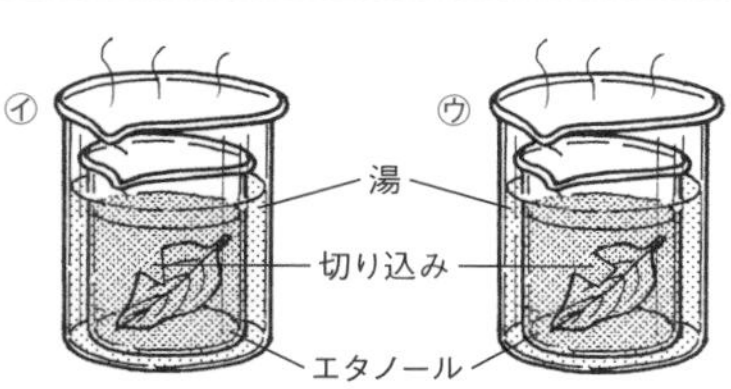

必ず湯煎で行う。

準備物	
・前日に準備したジャガイモの葉	
・エタノール	・ビーカー
・水槽	・薄いヨウ素液
・ペトリ皿	・ピンセット

ICT 前時で撮影した㋐の葉の写真と見比べて，色の違い（反応の違い）を見つけられるようにしましょう。

4 結果

㋑日光に当てた葉

青むらさき色になった

＝

（でんぷんができた）

QR

㋒日光に当てていない葉

変化なし

QR

〔まとめ〕

植物の葉に日光が当たると，でんぷんができる

QR

・画像

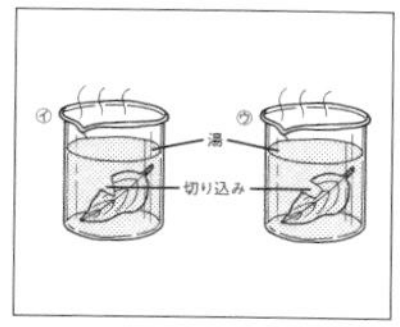

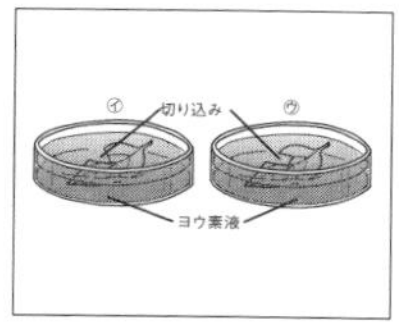

その他

3 でんぷんができているか実験する

T　グループ実験を始めます。

エタノールを使う場合の注意事項は次の通りである。急ぐあまりに，直接火にかけたり，実験装置の近くに火気を置いたりすると，引火，やけど，火災の危険があるので十分注意すること。

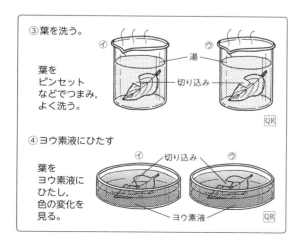

③葉を洗う。

葉をピンセットなどでつまみ，よく洗う。

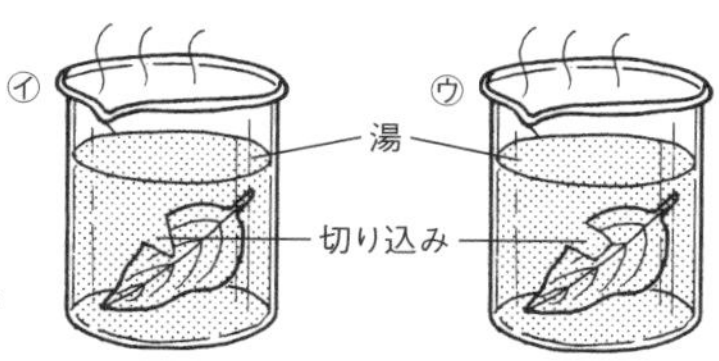

QR

④ヨウ素液にひたす

葉をヨウ素液にひたし，色の変化を見る。

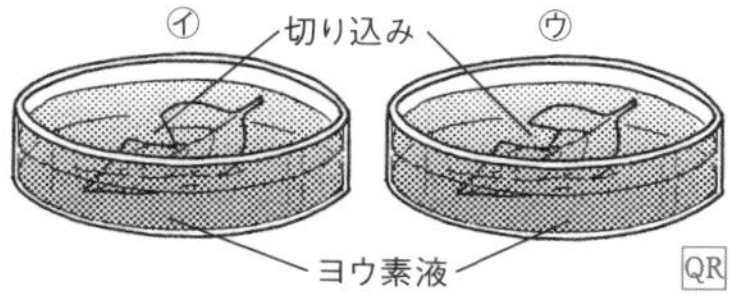

QR

4 実験からわかったことをまとめる

T　実験の結果を発表しましょう。

C　日光に当たった葉は，ヨウ素液につけると青紫色になりました。

C　日光に当たらなかった葉は，色に変化はありませんでした。

T　どのグループも日光に当たった葉㋑はヨウ素液につけると青紫色になり，日光に当たらなかった葉㋒は色に変化なしということですね。

C　この結果から，植物の葉に日光が当たるとでんぷんができることがわかりました。

T　植物にとって，日光はでんぷんを作る上でなくてはならない大切な役割をはたしているのですね。また植物の葉もでんぷんを作る大切な役割を果たしていますね。

広げよう めあて
いろいろな葉でも日光が当たると，でんぷんができるのか調べよう

本時の目標　身のまわりのいろいろな植物についても，日光が当たると葉にでんぷんができることがわかる。

板書例

〔問題〕 いろいろな葉でも日光が当たると，でんぷんができるのだろうか

1 いろいろな植物の葉で調べてみよう

・シロツメクサ
・カタバミ
・ヨモギ
・ハギ
・モミジ
・アサガオ

※どの植物も若いやわらかい葉を使う。

2 実験

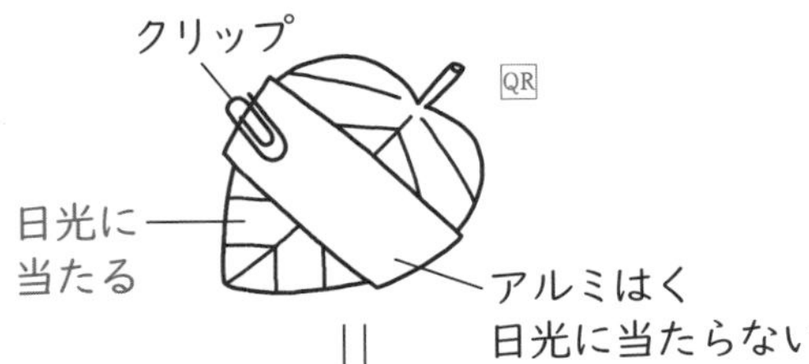

⇓

葉の色をぬく

⇓

ヨウ素液につける

1 他の植物の葉でもでんぷんができているかどうか予想する【前日の午後の授業】

T　ジャガイモの葉に日光が当たると，でんぷんができることがわかりましたね。では，身のまわりのいろいろな植物でも，日光が当たるとでんぷんができるでしょうか。
C　できると思います。同じ植物だから。
C　植物によってできないものもあると思います。
T　どうでしょうね。いろいろな植物について実際に調べてみましょう。

いろいろな植物の葉を選ぶ　光がよく当たる，できるだけ若くてやわらかい葉を選ぶとよい。

（教師が，校庭で活用できそうな植物をあらかじめ調べておき，実物を示し，植物名と生えている場所を確認する。その中からグループごとに調べる植物を決め，校庭に出て実験の準備をする）

T　調べる植物の葉の一部にアルミニウム箔をかぶせておきましょう。

2 でんぷんができているか実験する【当日の午後の授業】

（グループごとに，決めた植物の葉を取ってきて実験に取り組ませる）

T　では，実験を始めましょう。

〈実験上の注意〉

前回と同様，エタノールを熱する場合，必ず湯煎で行うことを守らせる。時間を急ぐあまり，直接火にかけたり，実験装置の近くに火気を置いたりするのは，引火，やけど，火災の危険があるので，充分注意すること。

一部をアルミ箔で覆う

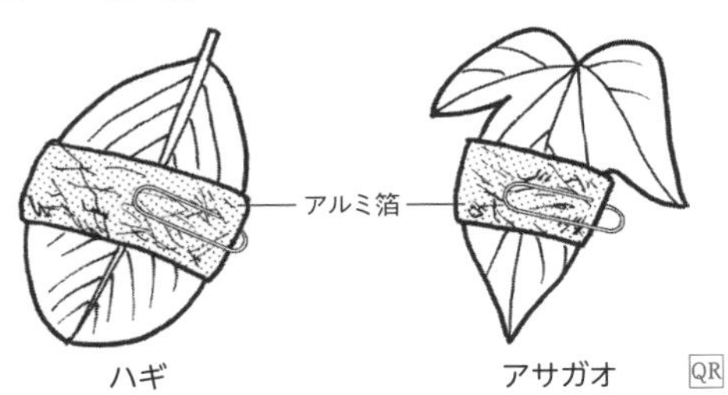

前日の夕方，葉の一部をアルミ箔で覆ったもので調べると，１枚で実験できる。

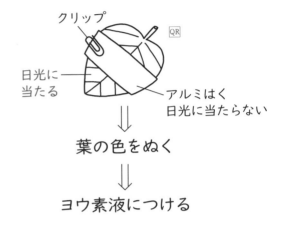

準備物
- シロツメクサやヨモギなどの葉
- エタノール
- ビーカー
- 水槽
- 薄いヨウ素液
- ペトリ皿
- ピンセット
- アルミニウム箔
- クリップ

ICT
いろいろな植物を試す場合は，それぞれの実験結果を撮影し，クラスで共有しましょう。

3 （結果）

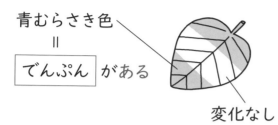

青むらさき色
＝
でんぷん がある

変化なし
でんぷん はない

4 〔まとめ〕
いろいろな植物でも，葉に日光が当たると，
でんぷんができている ＝ 植物がつくり出す
（光合成(こうごうせい)）＝ 光ででんぷんを合成する

QR
・画像

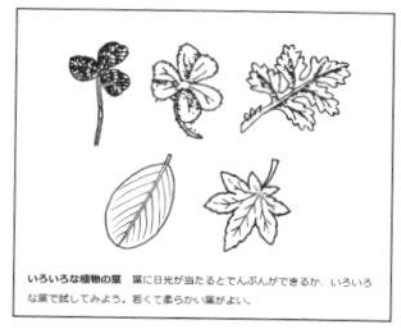

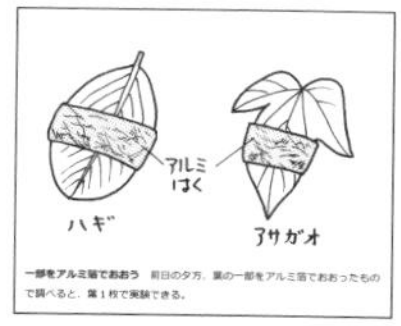

その他

3 実験の結果をまとめ，グループで発表する

T　それでは実験結果を発表しましょう。それぞれのグループで代表の人，発表してください。

C　私たちのグループでは，シロツメクサについて調べました。アルミニウム箔をかぶせた部分は色に変化がなく，かぶせていない部分が青紫色になりました。

C　僕たちのグループは，ヨモギについて調べました。前のグループと同じように，アルミニウム箔をかぶせなかった部分だけ青紫色に変化しました。

（全部のグループに発表させる）

T　では，この実験からわかったことは何でしょう。

C　身近ないろいろな植物でも，葉の日光に当たったところはでんぷんができることがわかりました。

T　そうですね。どの植物にとっても，日光はでんぷんをつくる大切な役割を果たしているのですね。

4 植物と日光の関係についてのお話を読む

T　植物と日光の関係について，お話を読みましょう。

【お話】

植物の葉に日光が当たることで，その葉の中にでんぷんができることがわかりました。そのことを科学の言葉で「光合成」といいます。葉にできたでんぷんが，そのまま葉に蓄えられて葉を太らせてしまうのでしょうか。いえ，そうではありません。

日光が当たってできたでんぷんは，体の中を巡る水に溶けやすい物，つまり「糖」というものに変わって茎を通り，体全体に運ばれます。そして，植物の体を維持したり成長するために使われます。また，使われなかった「糖」は，再びでんぷんに変えられ，体の中に蓄えられていくのです。

この蓄えというのが，お米やトウモロコシ，インゲン豆の種であったり，サツマイモの根である芋であったりするのです。ジャガイモの芋は，茎が変化したものですが，ここにもでんぷんが蓄えられています。

植物は，芋や種子などに養分を蓄えて子孫を残し，生命をつないでいくのです。

生き物どうしのかかわり

学習準備１時間＋６時間＋深めよう１時間

◎ 学習にあたって ◎

◉ 何を学ぶのか

この単元では，生き物とその食べ物，空気，水との関わりを学習し，生き物は食物連鎖という，「食べる」「食べられる」関係でつながっていることを学習します。そして，生き物の食べ物としての植物の大切さに目を向けさせます。また，日光を受けて養分を作り出す植物，呼吸をしている動物が，空気とどう関わっているのか，特に酸素を作り出している植物をさらに深める学習をします。そして，動物や植物は，水とどう関わっているのか，水の役割についても学習をし，動物と植物は食べることを通じてどう関わり合っているかをまとめていきます。自然界のバランスについても考えさせたいところです。

◉ どのように学ぶのか

身近な生き物，知っている生き物が，「食べる」「食べられる」という関係（食物連鎖）でつながっていることや，人や動物の食べ物の元は植物にいきつくことから，植物の重要性に気づかせます。空気との関係では，植物が出し入れする気体「酸素」や「二酸化炭素」が，生き物全体にとって大変大事なものであることをわからせます。また，植物が出し入れする気体「酸素」や「二酸化炭素」を気体検知管で調べる実験も行い，実験方法を学びます。水との関係については，生き物の体の大半を占め，常に水を補給しなければ生き物は生きていけないことを学習します。最後に，生き物は互いに関わり合って生きていることをとらえられるようにします。

◉ 留意点・他

・ここでの学習は，実験で確かめたり，現地に行って観察する方法がとれない内容が多いので，どうしても「調べる」や「話し合う」といった活動が中心にならざるをえません。ビデオやＤＶＤなどの視聴覚機器の活用，インターネットの使用など，いろいろな方法で授業に取り組む必要があると思います。
・実験で使用する気体検知管の取り扱い説明書をよく読んで使用するようにして下さい。
・生き物が生きていくために何が必要か，今までの学習から導き出したり，生き物どうしの関わりの中から，いろいろな事例を出し合い，話し合うことで考えさせましょう。生き物どうしの関わりを通して，地球の環境問題などにも目を向けられるようになることが望ましいです。

◎ 評　価 ◎

知識および技能	・生き物は，「食べる」「食べられる」という関係でつながっていることがわかる。 ・植物は，日光があたると，空気中の二酸化炭素を取り入れ，酸素を出すことがわかる。 ・空気を通した生き物どうしの関わりがわかる。 ・生き物の体の中には多くの水が含まれていて，命を支えていることがわかる。
思考力，判断力，表現力等	・「食べる」「食べられる」の関係から，生き物のつながりがあることに気づく。 ・自然界のバランスの崩れは，生き物どうしのつながりが人の手で壊されることで起こることがわかる。 ・自然界のバランスに関するいろいろな事例を見つけ，発表できる。
主体的に学習に取り組む態度	・生き物どうしの関わりがわかることで，地球上で起こっている環境問題に関心を持ち，原因や解決方法を考えられる。

◎ 指導計画　学習準備１時間＋６時間＋深めよう１時間 ◎

次	時	題	目標	主な学習活動
生き物に必要なもの	学習準備	生き物が 生きていくために 必要なものは何だろう	生き物が生きていくために必要なもの（食べ物･水･空気）がわかる。	・生き物が生きていくために必要なものを考える。 ・生き物に必要な「食べ物」について考える。 ・生き物に必要な「水」について考える。 ・生き物に必要な「空気」について考える。
食べ物を通した生き物どうしの関係	1	人の食べ物を くわしく調べよう	給食のカレーライスの食材を調べ，その食品の元がいろいろな動物や植物であることがわかり，人は日頃いろいろな植物や動物を食べ物としていることがわかる。	・給食のカレーライスの食材を調べる。 ・カレーライスの材料を動植物に分ける。 ・日常食べているものの材料を，動植物に分ける。 ・植物の重要性について考える。
	2	メダカの食べ物を 調べよう	身近な川や池の中を観察し，水中には小さな生き物がいることがわかる。川や池にすむメダカと水中の小さな生き物の関わりがわかる。	・池の水の中で，メダカは何を食べているのか知る。 ・水槽のガラスに付いている物を顕微鏡で観察する。 ・池の水を顕微鏡で観察する。 ・メダカは，水の中の生き物を食べて生きている。
	3	生き物は， 食べ物を通して，どのように 関わり合っているのか 調べよう（1）	動物と植物では，養分のとり方がちがうことがわかり，生き物の命を支えるのは植物であることがわかる。	・動物の養分とそのとり方。 ・植物の養分とそのとり方。 ・動・植物の養分のまとめ。
	4	生き物は， 食べ物を通して，どのように 関わりあっているのか 調べよう（2）	生き物どうしの「食べる」「食べられる」関係を通して，つながりを知り，食物連鎖の意味がわかる。	・野山での「食べる」「食べられる」関係。 ・水の中の「食べる」「食べられる」関係。 ・食物連鎖を支える植物について。
空気・水と生き物の関わり	深めよう	生き物のつながりの バランスがくずれると どうなるのか調べよう	自然界のバランスを崩すと，自然全体に大きな影響があることがわかる。	・人間の乱獲によるバランスの崩れ。 ・自然のバランスを崩した事例。
	5	植物は，空気を通して 動物とどのように 関わり合っているのか 調べよう	植物は日光に当たると，二酸化炭素をとり入れて酸素を出すことがわかる。人やほかの動物はその酸素をとり入れるなど，動物と植物は空気を通して，互いに関わり合って生きていることがわかる。	・生き物と空気の関係。 ・植物と空気の関係。 ・空気を通して，互いに関わる動植物。
	6	生き物と水との関わりを 調べよう	生き物の体の中にある水は，生きていくうえで欠かせないものであることがわかる。生き物にとって必要な水は，さまざまな生き物が共有し，相互に関わり合っていることがわかる。	・生き物と水の関係。 ・生き物の中に含まれる水。 ・自然の中の水の循環と生き物の関係。

学習準備 めあて

生き物が生きていくために必要なものは何だろう

本時の目標　生き物が生きていくために必要なもの（食べ物・水・空気）がわかる。

板書例

ⓜ 生き物が生きていくために必要なものは何だろう

1 人や動物に必要なもの

2 ①人や動物

・水　　・塩

・空気　・ビタミン

・食べ物（植物，動物）

②植物

・水（土の中の水など）

・太陽の光　・空気

・養分　　　・土

3 生き物に必要な水

①人や動物

・川や池や湖，地下水など

・海の動物は海水

口からとり入れている

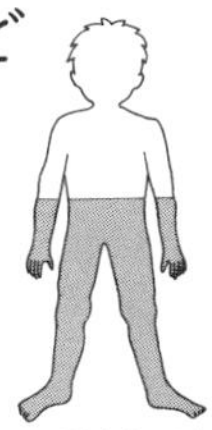

人間(大人)
約60%

②植物

・土の中の水

・空気中の水

根などからとり入れている

POINT 子どもたちの話の中から，食べ物や空気との関わりに関する話を膨らませ，課題発見を手助けすることで本時の学習

1 生き物が生きていくために，必要なものは何か話し合う

T　人や動物・植物が生きていくために，絶対に必要なものは何でしょうか。（生き物にとって必要なものをすべて書き出す）

C　食べ物や水をとり入れることです。

C　空気，家族も大切です。

C　温度，太陽も必要です。

T　いろいろありますが，この中で，体の中にとり込まれるものはどれでしょうか。

C　食べ物。

C　水。

C　空気。

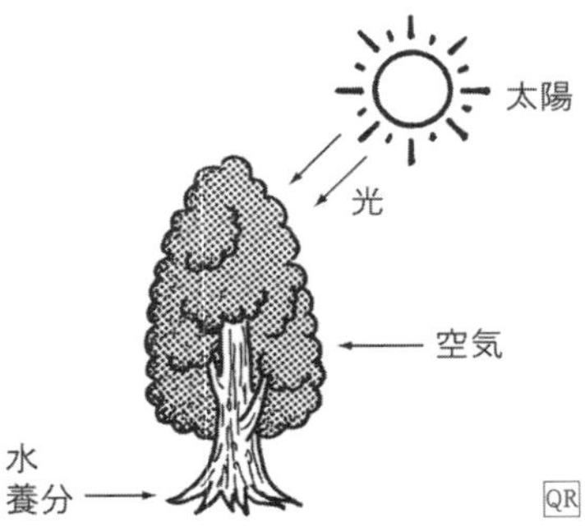

2 生き物に必要な「食べ物」について考える

T　生き物に必要な「食べ物」を，動物と植物に分けて考えてみましょう。動物はどんなものを食べているでしょうか。（体にとり入れられているもの）

C　水，空気。

C　いろいろな植物。

C　いろいろな動物の肉。

T　人や動物の食べ物は動物の肉や植物ですね。

C　塩，ビタミンなどもそうです。

T　植物はどんなものをとり入れているでしょうか。

C　水。

C　肥料。

C　空気。

T　植物は食べ物はとり入れていないようですね。

4 生き物に必要な空気

①人や動物

・空気がないとすぐ死んでしまう

・空気は周囲にある

・呼吸(こきゅう)によって口からとり入れる → 肺(はい)へ

〔水中動物は水中にとけこんだ酸素をとり入れる（えらから）〕

②植物

・空気がないと発芽，成長しない

・葉（気こう）などからとり入れている

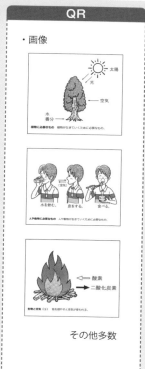

QR

・画像

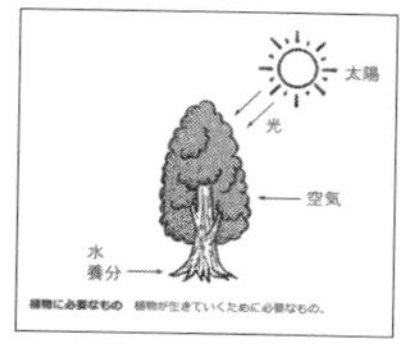

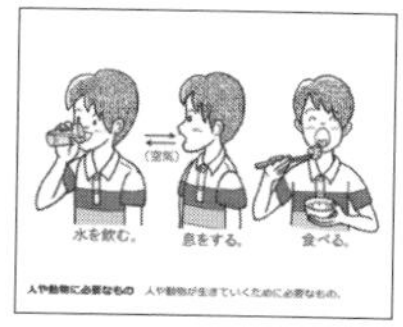

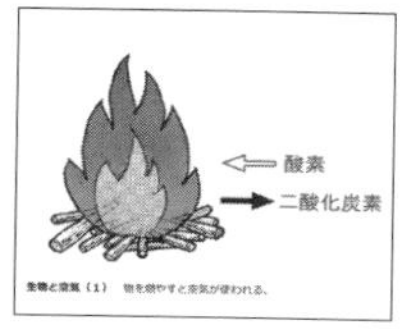

その他多数

への意欲を高めましょう。

3 生き物に必要な「水」について考える

T　動物は，水をどこで手に入れ，どこから体の中にとり入れていますか。
C　川や池・海の水，雨水などの水です。井戸水も。
C　海の動物は海水をとり入れています。
C　動物は口から水をとり入れています。
T　植物はどうでしょうか。
C　雨水がしみこんだ土の中の水を根から…。
C　空気中の水分です。
C　川や池・湖の水もです。（水草など）
C　根などから体の中にとり入れています。

生物にふくまれる水

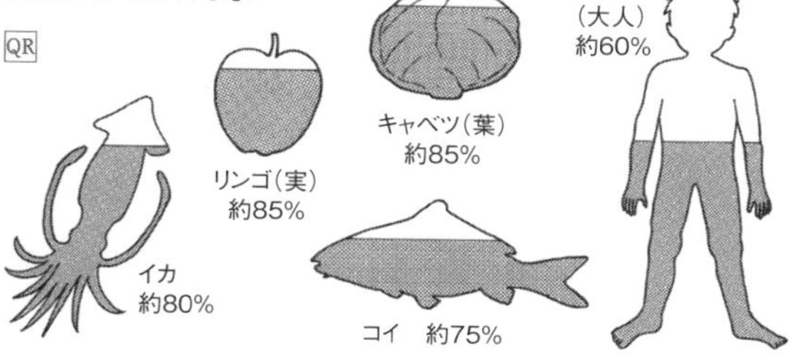

4 生き物に必要な「空気」について考える

T　動物は，空気をどこからとり入れているのでしょうか。陸にいる動物，水中にいる動物で考えてみましょう。
C　空気は体の周囲にあるのですぐにとり入れることができます。
C　呼吸によって，口からとり入れています。
C　魚などの動物は水中に溶け込んだ酸素をえらからとり入れています。
T　植物はどうでしょうか。
C　周囲にある空気をとり入れています。
C　葉などからとり入れています。

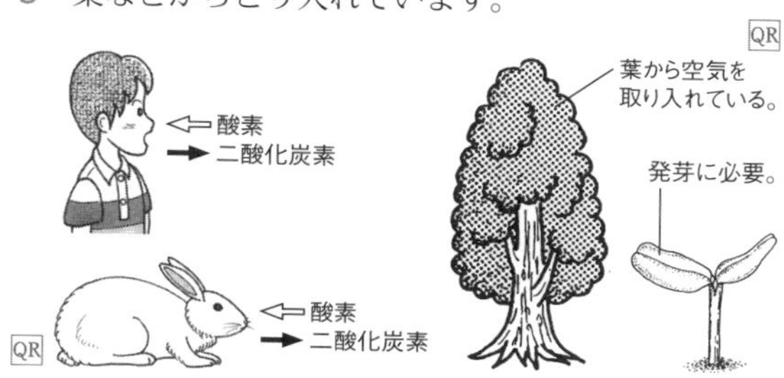

第１時めあて
人の食べ物をくわしく調べよう

本時の目標

給食のカレーライスの食材を調べ，その食品の元がいろいろな動物や植物であることがわかり，人は日頃いろいろな植物や動物を食べ物としていることがわかる。

板書例

㋱ 人の食べ物をくわしく調べよう

1 カレーライスの材料

2 ◦植物
米，こしょう，玉ねぎ，
じゃがいも，にんじん，
にんにく，しょうが，
サラダ油，りんご，
カレー粉，小麦粉

◦動物
牛肉，バター

◦そのほか　塩など調味料

3 食品のもとをたどってみよう

◦植物

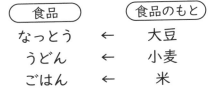

食品		食品のもと
なっとう	←	大豆
うどん	←	小麦
ごはん	←	米

◦動物

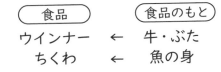

食品		食品のもと
ウインナー	←	牛・ぶた
ちくわ	←	魚の身

POINT　いろいろな食べ物を例に出し，多くの食べ物が植物にたどり着くことに気づかせましょう。

1 給食のカレーライスの食材を調べる

（毎日食べているもののほとんどが，植物や動物のものであることに気づかせたい）

T　給食のカレーライスの中に含まれる食品の材料名を書き出してみよう。

(1) カレーライスの材料調べ

調べてみよう
給食のカレーライスの中に含まれる食品のもとは何だろうか。
右の表に給食の材料名を書き，植物と動物に分けましょう。

〈植　物〉 米，こしょう，たまねぎ，ジャガイモ，にんじん，しょうが，にんにく，サラダ油，りんご，カレー粉，小麦粉
〈動　物〉 牛肉，バター
〈その他〉 塩などの調味料

QR

（動物性のものは「動」，植物性のものは「植」と記入しましょう）

2 カレーライスの材料を動植物に分ける

T　カレーライスの材料のもとをたどって動物か植物かに分けてみましょう。

C　米，胡椒，玉ねぎ，ジャガイモ，ニンジン，ニンニク，生姜，リンゴ，小麦粉は植物です。

C　牛肉やバターは動物です。

C　サラダ油，カレー粉はわかりません。

T　サラダ油やカレー粉も植物から作られています。調味料には植物もあれば，塩のように動物・植物のどちらにも入らないものもあります。

(2) カレーライスの材料調べ　QR

材料名	動・植	材料名	動・植
米	植		
たまねぎ	植		
じゃがいも	植		
牛肉	動		
バター	動		

米，ニンジン，イモ
（植物）

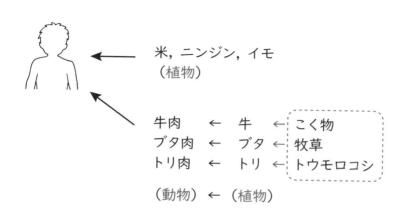

牛肉 ← 牛 ← こく物
ブタ肉 ← ブタ ← 牧草
トリ肉 ← トリ ← トウモロコシ

（動物）←（植物）

〔まとめ〕
・人の食べ物は，植物か動物である
・人の食べ物のもとをたどると，
「植物」といえる

QR

・画像

材料名	動・植	材料名	動・植
米	植		
たまねぎ	植		
じゃがいも	植		
牛肉	動		
バター	動		

3 日頃の食材を動物・植物に分けて，植物の重要性に気付かせる

給食に限らず，人が日頃食べているもののほとんどが植物や動物であることに気づかせるとともに，人が食べる動物の食べ物は植物であることや，植物の重要性にも気づかせたい。

T　毎日食べている食品の材料を動物と植物にわけて，表に書きましょう。
T　ウインナー→豚肉→動物
　納豆→大豆→植物

食品名	材料名（原料）	動物植物	食品名	材料名（原料）	動物植物
パン	小麦粉	植			
ビスケット	小麦粉	植			
〃	バター	動			
〃	さとう	植			

T　人が食べる動物（ブタや牛，ニワトリ）の食べ物は何でしょうか。
C　牛は，牧草やトウモロコシ，いろいろな穀物を食べているみたいです。
C　ブタやニワトリもいろいろな穀物…トウモロコシ，大豆，大麦，ライ麦などを食べます。
T　人が食べる動物（ブタや牛，ニワトリ）の食べ物は，まとめていうと何を食べていることになりますか。
C　主に，植物を食べていることになります。
T　人の食べ物は，動植物ですが，その内の動物の多くは植物を食べて生きています。そのことを考えると，人の食べ物のもとは主に植物であるといえますね。

第２時 めあて
メダカの食べ物を調べよう

本時の目標　身近な川や池の中を観察し，水中には小さな生き物がいることがわかる。川や池にすむメダカと水中の小さな生き物の関わりがわかる。

板書例

〔問題〕 メダカは何を食べて生きているのだろうか

1
（食べる） ナマズ ザリガニ ← （食べられる） メダカ （食べる） ← 水中の小さな生き物 （食べられる）

3 〔動物〕
・ミジンコ，ゾウリムシ，ワムシ （動く，食べる）

〔植物〕
・アオミドロ，ミカヅキモ，ケイソウ （緑色）

ミドリムシは動物と植物の性質を持つ

1 池の中では，メダカは何を食べているのか予想し，話し合う

T メダカは自然の中でどのようなものを食べているのでしょうか。メダカの住んでいる水の中に，食べ物になるようなものがあるのでしょうか。

C 生き物は何か食べないと生きていけないので，水の中の何かを食べていると思います。

C 池が緑色になっているのを見たことがあります。緑色の何かがいると思います。

T どんな生き物でしょうか。

C 小さな生き物だと思います。メダカのえさの袋を見ると，ミジンコとかイトミミズとか書いてあります。

C 教室で飼育しているメダカが，水槽の石を口でつついていることを見たことがあります。石には何か食べ物がついているのかなと思います。

C 水槽のガラスに緑色の糸のような物がついていました。

2 水槽のガラスについているものを顕微鏡で観察する

水槽のガラス面についているものをかき取り，プレパラートを作成して顕微鏡で観察する。ここではアオミドロを想定している。（１００倍程度の倍率で観察するとよい）

アオミドロ×100

〈プレパラートの作成〉

スポイトを使って観察する水を一滴，スライドガラスにのせる。そのあと，ピンセットを使って斜めにカバーガラスをかぶせる。溢れた水をろ紙で吸い取る。低倍率から観察し，見えにくい対象は１００倍の倍率で観察する。

準備物	・観察池の水　・プレパラートガラス ・カバーガラス（プラスチック製が扱いやすい） ・スポイト　・顕微鏡　・ろ紙 ・ピンセット　・ピペット

ICT	児童に顕微鏡で観察させたときには，端末のカメラを接眼レンズに近づけて写真を撮らせてもよいでしょう。

2 〈水中の小さな生き物〉 QR

3 （動物）　（植物）

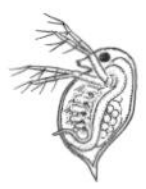
ミジンコ

アオミドロ

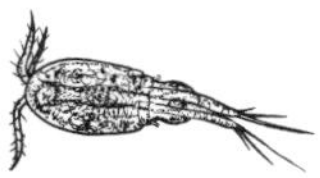
ケンミジンコ

クンショウモ

ゾウリムシ

ミカヅキモ

ミドリムシ

4 〔まとめ〕
メダカは池や川の中にいるミジンコなどの水中の小さな生き物を食べて生きている

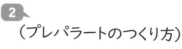

2 （プレパラートのつくり方）　QR

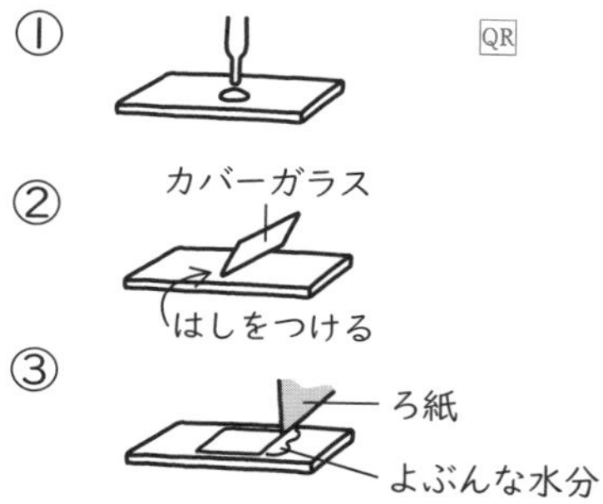

QR

・画像

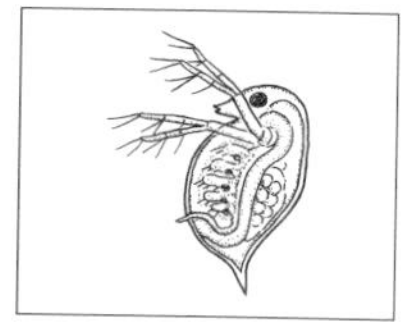

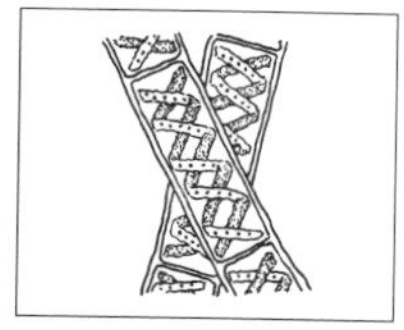

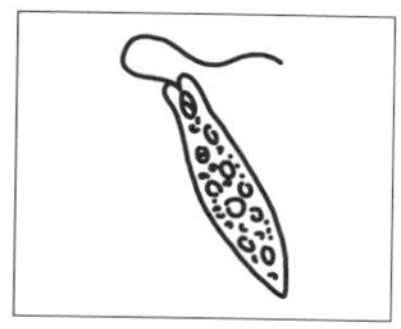

その他多数

3 池の水の中の小さな生き物を顕微鏡で観察する

池の水を採集できる場合は，水槽のガラスについているものを観察するときと同様に，顕微鏡の準備をする。水の中に動く物があれば，動物プランクトンであることが予想される。ここではミジンコを想定している。

T　池の水を観察します。汲んでおいた水の中に動くようなものはありませんか。あれば，吸い取ってプレパラートをつくって観察します。
C　動き回っているものが見つかりました。
C　手のように見える部分を動かしています。
T　ミジンコという生き物です。
C　小さいものがたくさんあり，見つけにくいです。
T　草履の形をしたものはゾウリムシです。他にもいろいろ水の中には，小さな生き物がいます。
T　教科書も参考にして観察しましょう。

※動物のプランクトンは，
ミジンコ，ケンミジンコ，ゾウリムシなど。
植物のプランクトンは，
アオミドロ，クンショウモ，ミカヅキモなど。
ミドリムシは，動物と植物の２つの性質をあわせもっている。

4 （まとめ）メダカは水の中の生き物を食べて生きている

T　池の中や水槽にはいろいろな生き物がいました。これらの観察を通して，わかったことをまとめてみましょう。
C　１滴の水の中にも小さな生き物が生きているんだなと思いました。
C　小さな生き物がたくさんいるので，メダカが生きていけるのだと思いました。
C　メダカが小さな生き物を食べていると思います。
C　自然の中では人からえさをもらえないので，底の石などについているものや水にすんでいる生き物を食べているのだと思いました。
T　海にいるイルカなども，海の中の小さな生き物を食べています。

メダカが好んで食べるミジンコ　QR

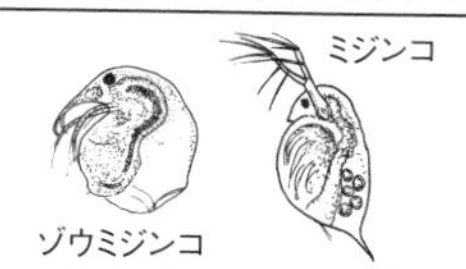	 ※動きが速く，メダカから逃げ切ることもある。
水面～中層をピョンピョン跳ねるように泳ぐ。大きさ　1～2mm。	水面をツツツツ…と滑るように泳ぐ。大きさ　約1mm

※メダカが食べないミジンコはカイミジンコ。

第３時 めあて
生き物は，食べ物を通して，どのように関わり合っているのか調べよう（１）

本時の目標　動物と植物では，養分のとり方がちがうことがわかり，生き物の命を支えるのは植物であることがわかる。

板書例

〔問題〕　生き物は，食べ物を通して，どのようにかかわり合っているのだろうか

1 動物の養分のもと

〈例〉こん虫

・カマキリ（肉食）

↑ カマキリはバッタを食べる

・バッタ（草食）

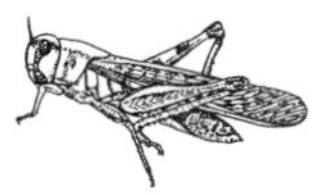

↑ バッタは草を食べる

・草（植物）

植物は動物の養分のもとになっている

2 植物は養分を作り出す

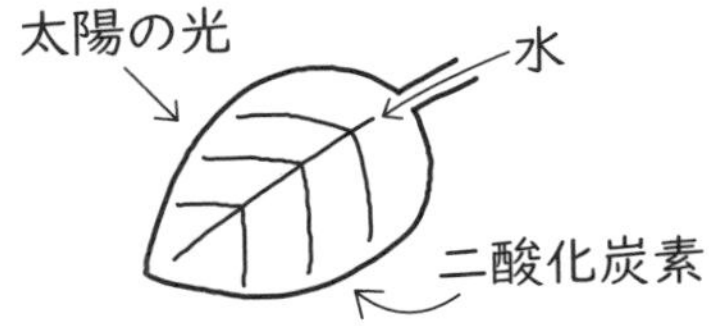

⇩

でんぷんができる
自分で養分を作り出す

⇧

動物が食べる

POINT　動物と植物の栄養の取り入れ方の違いに着目させるとよいでしょう。

1　動物の養分の元について考える

他家栄養である動物と，自家栄養である植物の違いがわかり，植物由来の養分で生き物が生きながらえていることに気づかせたい。

動物の養分のとり方の導入として，身近な昆虫について，何を食べていたのかを思い出させながらすすめていく。

T　カマキリは何を食べていますか。
C　バッタとか他の動物（虫）を食べています。
T　バッタは何を食べていますか。
C　草を食べています。
T　カマキリのように他の動物を食べる動物を何といいますか。
C　肉食動物です。
T　バッタのように植物を食べる動物を何といいますか。
C　草食動物といいます。
T　動物は養分を何からとっているといえますか。
C　他の動物や植物から生きるための養分をとっています。

【食べる・食べられる】 QR

T　草食の動物は植物を食べ，命をつないでいます。肉食の動物も植物を食べる草食動物などを食べることで命をつないでいることがわかりました。結局，すべての動物にとって植物は生きていくためになくてはならないものであることがわかります。
T　昆虫以外の生き物でも同じことがいえるでしょうか。教科書で調べてみましょう。
C　肉食動物のフクロウやキツネは，草食動物のウサギを食べます。ウサギは草などを食べます。

I C T	教科書の写真や映像教材を使って，生き物どうしの関わりについてイメージを持たせるとよいでしょう。

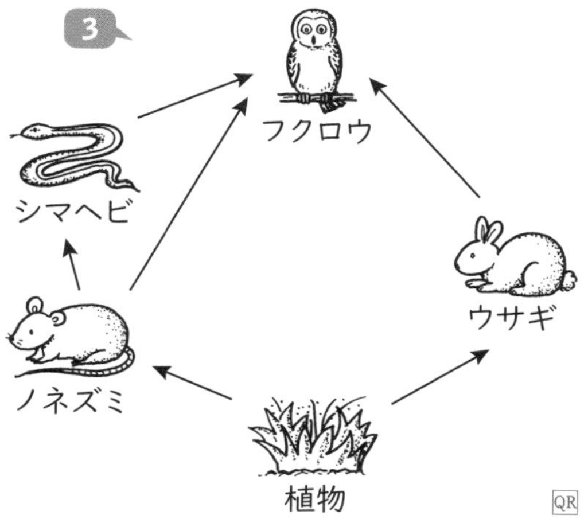

まとめ

・動物の食べ物をたどっていくと，もとは植物である

・植物は自分で養分を作り出す

QR

・画像

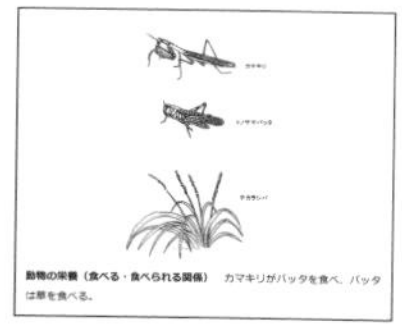

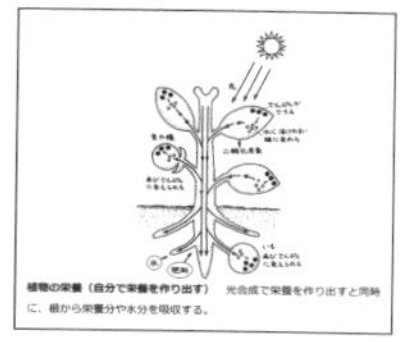

その他

2 植物は養分を自分で作り出す

T　では植物はどのように養分をとっていますか。

C　植物はとるのではなく，自分で養分を作り出します。

T　植物が作り出す主な養分は何でしたか。

C　でんぷんです。

T　どのようにして作り出していましたか。

C　葉などに太陽の光が当たることでできました。

C　光合成のはたらきによって作り出されました。

T　光以外に何が必要ですか。

C　水と二酸化炭素です。

C　葉の中の葉緑体もでんぷんを作る上で大切です。

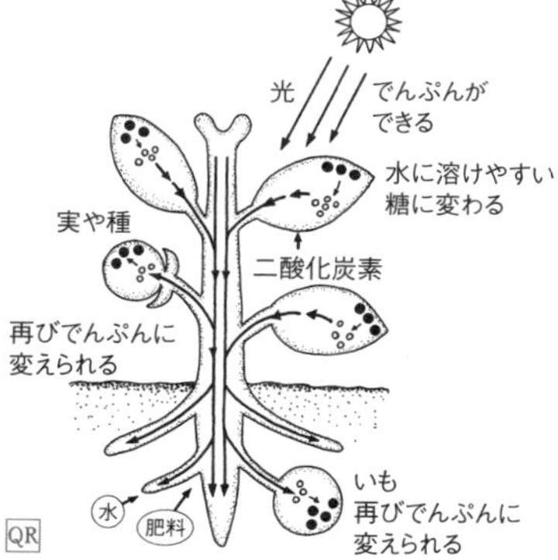

3 （まとめ）動物・植物の食べ物を通しての関わり合い

T　学習をふり返り，わかったことを発表しましょう。
（発表の前にノートに書き出しておくとよい）

C　動物は，養分を自分で作れないので他の生き物を食べてとっています。

C　植物は，光や身近にある水や二酸化炭素を使って，でんぷんを自分の栄養分として作り出している。

C　動物は植物を食べることで，植物の作り出すでんぷんなどの養分をとり込んでいます。

C　人や動物の食べ物をたどっていくと，植物にいきつくことがわかりました。

第４時 めあて
生き物は，食べ物を通して，どのように関わり合っているのか調べよう（2）

本時の目標　生き物どうしの「食べる」「食べられる」関係を通して，つながりを知り，食物連鎖の意味がわかる。

板書例

〔問題〕　生き物は，食べ物を通して，どのようにかかわり合っているのだろうか

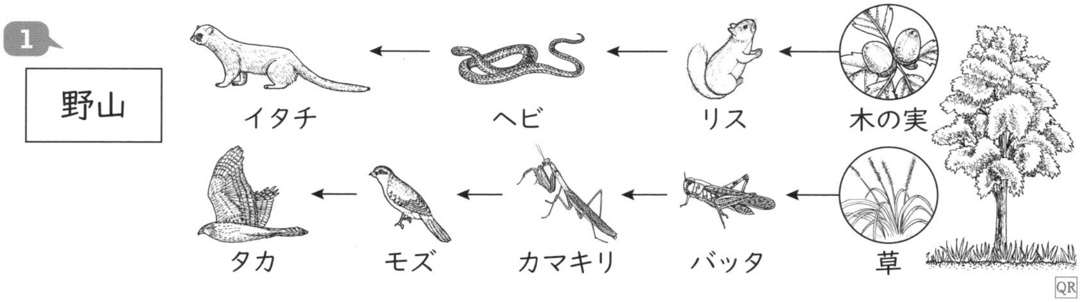

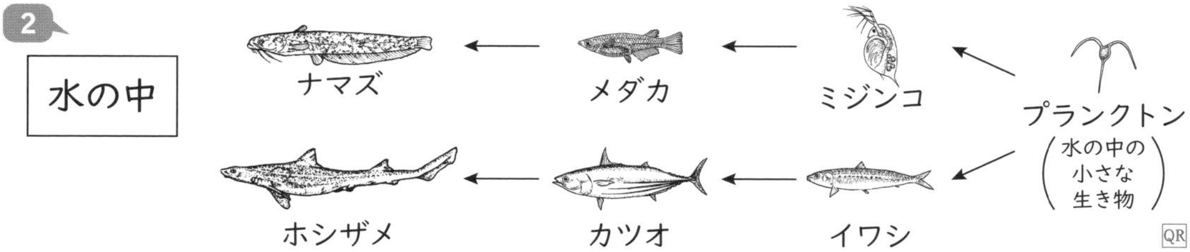

POINT　食物連鎖については，児童だけで一連のつながりを想像することが難しいので，教師側が説明してあげるのがよいで

1　野山での「食べる」「食べられる」という関係を考える

T　野山での「食べる」「食べられる」の関係を考えてみましょう。
T　まず木の実などを食べるリスについて考えてみましょう。
T　リスを食べる動物はいるでしょうか。
C　リスよりも大きな肉食の動物です。
T　ヘビなどの動物がいますね。ヘビを食べる動物はいますか。
C　ワシやタカのような大型の野鳥です。
C　他の肉食動物もいると思います。
T　イタチなどの動物がいますね。
T　これらの関係をイラストで確かめましょう。（板書参照）
T　次に草むらの虫を考えてみましょう。
T　バッタを食べる動物は何でしたか。
C　カマキリです。
T　カマキリを食べる動物は何でしょうか。
C　モズなどの野鳥です。
T　モズなどの野鳥を食べる動物はいますか。
C　大型の野鳥です。
C　タカなどですね。
T　ではバッタの食べ物は何でしたか。
C　草などの植物です。
T　このつながりをこのようなイラストで確かめましょう。（板書参照）

準備物
・食物連鎖に関係する本や掲示物 QR，動画など
・その他の資料

ICT
教科書の写真や映像教材を使って，生き物どうしの関わりについてイメージを持たせるとよいでしょう。

3 〔まとめ〕
・動物の食べ物の元をたどっていくと，植物にいきつく
・植物は，日光に当たることで，自分で養分を作り出す
・動物は，自分で養分を作ることができないので，植物やほかの動物を食べて，その中の養分をとり入れる
・生き物どうしは，「食べる」「食べられる」という関係でつながっている
このつながりを，「食物連鎖（しょくもつれんさ）」という

QR
・画像

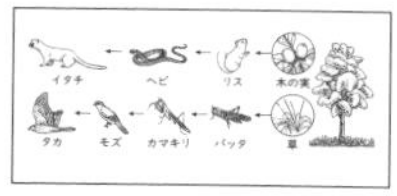

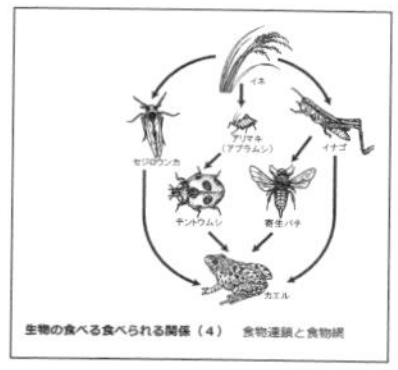

その他多数

しょう。

2 水の中の「食べる」「食べられる」を考える

T　次に水の中の生き物の「食べる」「食べられる」関係を考えてみます。
T　メダカは自然の中では何を食べていますか。
C　ミジンコなどの水の中の小さな生き物（プランクトン）でした。
T　ミジンコは何を食べていますか。
C　水中のもっと小さな生き物です。
T　メダカは何かに食べられないのでしょうか。
C　他の大きな魚や動物に食べられると思います。
T　海の中の生き物のつながりも考えてみましょう。
T　イワシは何を食べているのでしょうか。
C　海中の小さな生き物（プランクトン）だと思います。
T　イワシを食べる魚はいるのでしょうか。
C　イワシより大きな魚だと思います。

3 （まとめ）「食べる」「食べられる」という関係

T　イワシはサバなどに食べられます。ではサバを食べる魚はいますか。
C　サバより大きな魚だと思います。
C　マグロかなと思います。
T　野山や水中の生き物の「食べる」「食べられる」関係についてみてきました。
T　これらのようなつながりを「食物連鎖」と呼んでいます。多くの動物は食べたり食べられたりする関係でつながっています。
T　これらの例をイラストで確かめましょう。
T　動物の食べ物の元をたどっていくと，いずれも植物に行きつきます。多くの生き物の命を支えているのは植物であることがわかります。

（3時と4時の授業のまとめを板書する）

深めよう めあて
生き物のつながりのバランスがくずれるとどうなるのか調べよう

本時の目標　自然界のバランスを崩すと，自然全体に大きな影響があることがわかる。

板書例

〔問題〕 生き物のつながりのバランスがくずれるとどうなるのだろうか

1 〈例1〉カイバブ高原のシカ

ピューマがいなくなると
シカが増える
↓
シカが増えすぎて
エサが足りなくなる
↓
その後，数が減る

2 〈例2〉

外国から持ちこまれた
アメリカザリガニ，
ブラックバス
↓
ほかの日本に元からいる
ザリガニや魚などの
生き物が減る

POINT 生態系のピラミッドの一部の数が減ることで，他の生き物の数も変化し，自然全体のバランスが崩れることを理解

1 人間の乱獲による自然界のバランスの崩れについて考え，話し合う

T　つぎの問題を考えましょう。

問題
北アメリカのカイバブ高原にいたシカを保ごするため，人間はシカを食べるアメリカライオン（ピューマ）やヤマネコをたいじしてしまいました。シカの数はその後どうなったでしょうか。

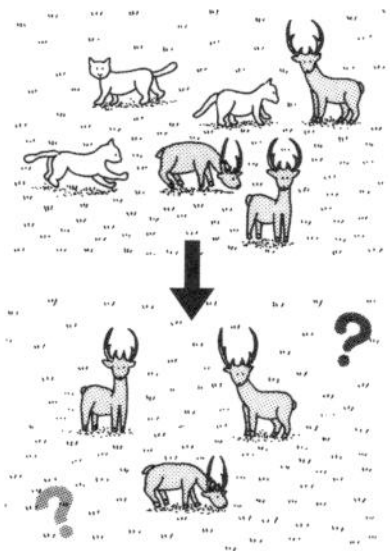

C　シカは増え続けたと思います。
T　実は，肉食動物に食べられることが少なくなったので，いったんは増えました。しかし，その後減りだしました。天敵が減ったのに，シカはなぜ減ったのでしょうか。
C　病気でたくさん死んだからだと思います。
C　食べるものがなくなってきたからかな。
C　ピューマ以外の肉食動物が出てきて，シカを食べ始めたからだと思います。
C　シカが増えすぎて餌が足りなくなったから。
T　答えは，シカが増えすぎて，草木をシカが食べ尽くしてしまったからです。草木を食べ尽くすとどんなことが起こってきますか。
C　シカの餌がなくなる。
C　シカのお母さんのお乳も出なくなるね。
C　そうか，餓死してしまったのか。
T　そうですね。カイバブ高原にははじめ，約4000頭のシカが住んでいました。このシカや家畜を保護するために，人間はピューマやコヨーテをたくさん退治しました。その結果，わずか20年でシカは約10万頭にまで増えました。それから数年餓死するシカが続出し，一冬で4万頭になり，10年後1万頭にまで減ってしまいました。
T　この事件は，人間のしたことが自然のバランスを崩してしまった例として有名なものの1つです。

準備物	・自然界のバランスを崩したことを題材にした読み物と掲示物	ICT	外来生物や自然環境の変化によって生態系が崩れていることについて，調べ学習させてもよいでしょう。

2 〔まとめ〕

・人間のつごうで生き物を
もともといないところに
持ちこんだり退治（たいじ）したりすると
ある生き物が増えすぎたり
減りすぎたりするようなことがおこる

・自然のバランスがくずれる

QR

・画像

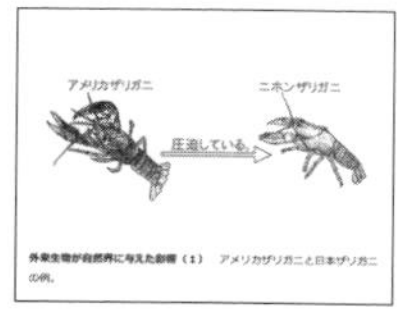

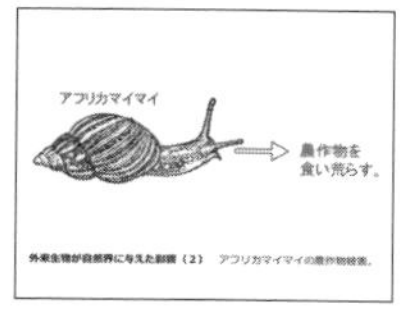

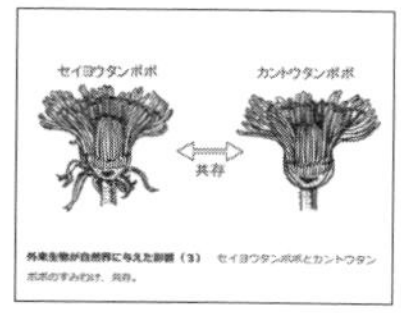

その他

させるとよいでしょう。

2 人間が自然界のバランスを崩した他の事例について考え，話し合う

T　自然のバランスを崩した他の事例を考えてみましょう。他の国から持ち込まれた生物（外来種）が，日本各地に分布を広げている事について考えます。アメリカザリガニの例を考えましょう。

T　元はアメリカのミシシッピ川流域を中心に生息していたザリガニです。持ち込まれてから日本の広い地域で見られるようになりました。どんなことが問題になっていると思いますか。

C　増えすぎて他の生き物に悪い影響を与えていると思います。

C　ザリガニは大きなはさみで他の生き物を捕まえて食べるから，他の生き物がいなくなるのではないかな。

外国から持ち込まれた魚によるバランスの変化

ブラックバスが生息する都道府県の変化　QR

T　そうですね。アメリカザリガニは各地で生態系に大きな影響を及ぼしていることがわかっています。

T　アメリカザリガニは，日本の環境省によって「条件付特定外来生物」に指定されています。（これまで通り飼うことができるが，野外に放したり，逃がしたりすることはできない）また，「日本の侵略的外来種ワースト 100」にも選定されています。

C　お父さんから聞いた話ですが，ブラックバスやブルーギルもそのようにもとから日本にいた魚などを食べてしまいます。

T　アメリカザリガニも，ブラックバスやブルーギルも人間の都合で，本来いない場所に持ち込まれ，増えて，その自然のバランスを崩しています。このような例は他にもたくさんありますので，調べてみましょう。

C　人間の都合で生き物を持ち込んだり退治したりすると，自然界のバランスに大きな影響をあたえることがわかりました。

第５時 めあて

植物は，空気を通して動物とどのように関わり合っているのか調べよう

本時の目標 植物は日光に当たると，二酸化炭素をとり入れて酸素を出すことがわかる。人やほかの動物はその酸素をとり入れるなど，動物と植物は空気を通して，互いに関わり合って生きていることがわかる。

板書例

〔問題〕 植物は，空気を通して動物とどのようにかかわり合っているのだろうか

1 〈動物と空気〉

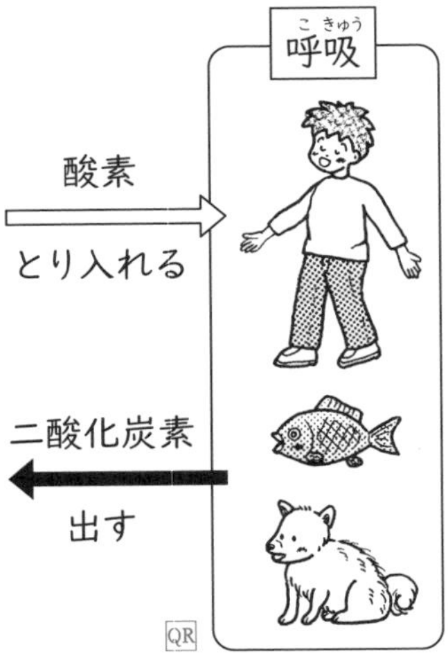

呼吸（こきゅう）
酸素
とり入れる
二酸化炭素
出す
QR

2 〈動物と植物…空気のかかわり〉

（実験） 息をふきこむ
日光に当たるところに
１時間置く

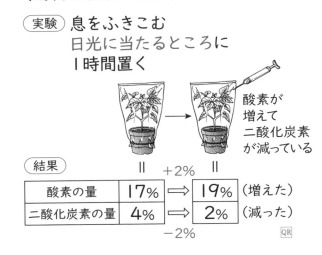

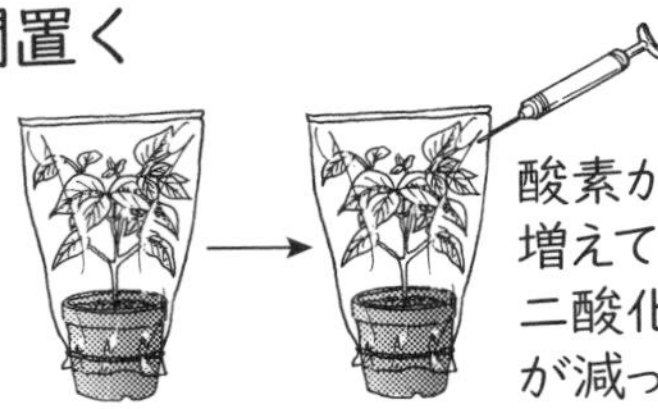

酸素が
増えて
二酸化炭素
が減っている

（結果）

酸素の量	17%	⇨（+2%）	19%	（増えた）
二酸化炭素の量	4%	⇨（−2%）	2%	（減った）

QR

（POINT） 地球上の植物が減ることで，どのようなことが起こりうるのか推論させるのもよいでしょう。

1 生き物と空気の関係を考え話し合う

T　生き物と空気の関係を復習しておきましょう。動物は空気中の何を体内にとり入れ，何を出していましたか。

C　酸素を吸って，二酸化炭素をはいていました。

T　動物は酸素をとり入れていますが，酸素はなくならないのでしょうか。はき出す二酸化炭素でいっぱいにならないのでしょうか。

C　何かが酸素を作り出していると思います。

C　二酸化炭素もどこかで吸収されていると思います。

T　植物はどうでしたか。

C　発芽のときに酸素がないと芽が出ませんでした。

T　植物と空気の関係を実験も含めて学習していきます。

2 植物に日光を当てたときの酸素と二酸化炭素の割合を実験する

T　ビニールをかぶせた鉢植えの植物に，ストローで息（空気）を吹き込み，１時間日光に当てます。日光を当てる前とその後では，袋の中の酸素と二酸化炭素の割合は変わっているでしょうか。実験して確かめてみましょう。

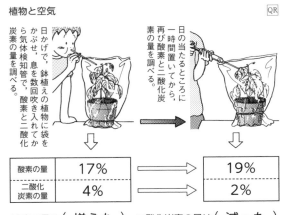

植物と空気　QR

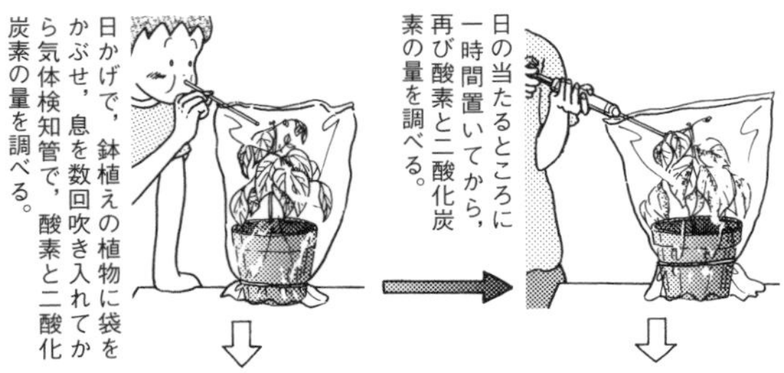

日かげで，鉢植えの植物に袋をかぶせ，息を数回吹き入れてから気体検知管で，酸素と二酸化炭素の量を調べる。
日の当たるところに一時間置いてから，再び酸素と二酸化炭素の量を調べる。

酸素の量	17%	⇨	19%
二酸化炭素の量	4%	⇨	2%

酸素の量は（ 増えた ） 二酸化炭素の量は（ 減った ）

準備物	・鉢栽培の植物 ・脱脂綿　・ビニール袋 ・輪ゴム　・ストロー ・気体検知管（酸素・二酸化炭素）

ICT	気体検知管を使用する場合は，授業前に動画教材等で使い方を復習させておくとよいでしょう。

3

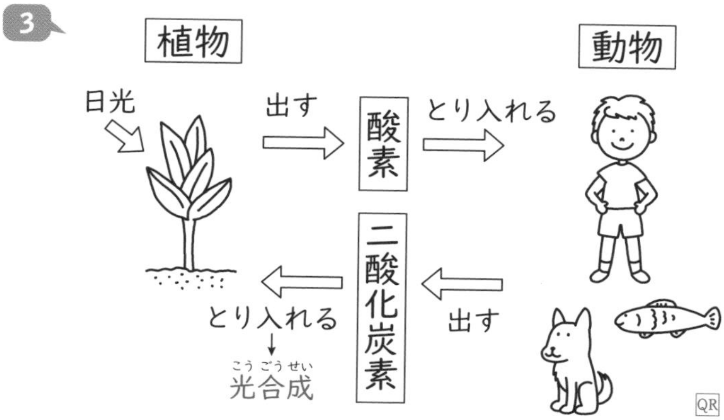

4 〔まとめ〕

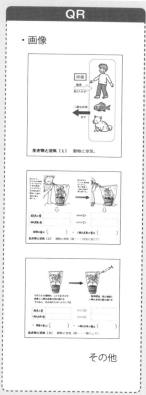

・植物は日光が当たると，二酸化炭素をとり入れて，酸素を出す（光合成）

・動物は植物の出した酸素をとり入れ，二酸化炭素を出している

QR

・画像

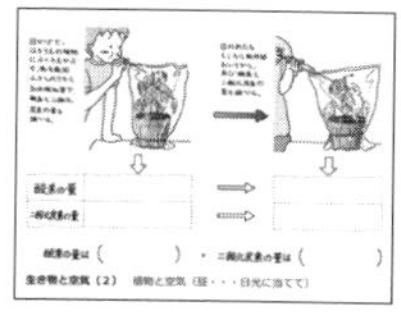

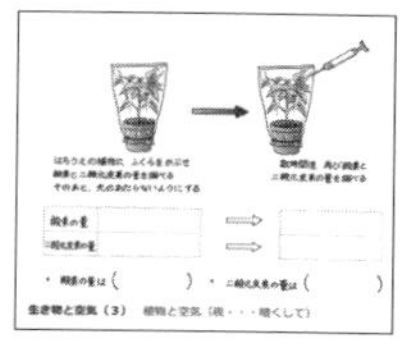

その他

3 実験の結果からわかることをまとめる

T　実験の結果はどうでしたか。

C　日光を当てる前は酸素が少なく，二酸化炭素が多かったです。日光を当てた後は酸素の量が増えて，二酸化炭素の量が減っていました。

T　このことから日光が当たった植物は何を出して何をとり入れたのでしょうか。

C　酸素を出して，二酸化炭素をとり入れています。

T　植物は日光が当たると空気中の二酸化炭素をとり入れ，酸素を出していることがわかりました。この酸素は何の役に立つのでしょうか。

C　動物が呼吸で使う酸素に使われていると思います。

T　植物の体のつくりとはたらきの学習では，葉に日光を当てると何ができましたか。

C　でんぷんができました。

T　植物は空気中の何を吸収していましたか。

C　二酸化炭素でした。

4 空気を通して，互いに関わる動物と植物についてまとめる

T　でんぷんは空気中の二酸化炭素と水を材料にして，葉の葉緑体に日光が当たることで作り出されています。このとき，酸素も作られます。これを光合成と呼んでいます。

T　植物の光合成で酸素とでんぷんが作られ，それを動物は呼吸でとり入れ，養分として使います。一方で動物が出す二酸化炭素は，植物の光合成の材料として使われます。動物と植物は空気を通して互いにつながり合って生きていることがわかります。

【植物も呼吸している】

植物も呼吸して酸素を使っているが，日光に当たっているときに出す酸素の方が圧倒的に多い。

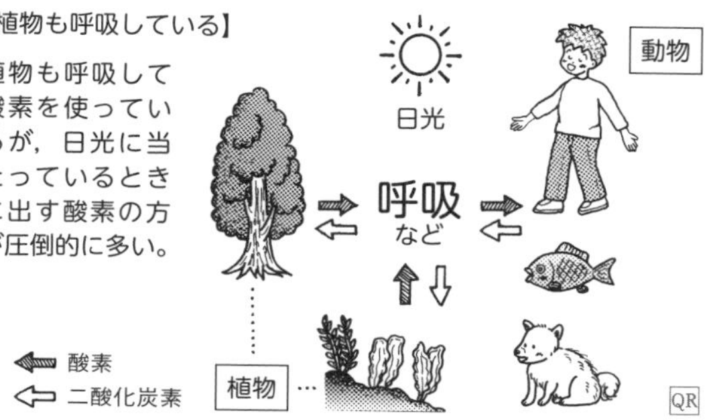

第６時 めあて
生き物と水との関わりを調べよう

本時の目標
生き物の体の中にある水は，生きていくうえで欠かせないものであることがわかる。生き物にとって必要な水は，さまざまな生き物が共有し，相互に関わり合っていることがわかる。

板書例

〔問題〕　生き物は，水とどのようにかかわって生きているのだろうか

1 生き物と水の関係

生き物は水なしでは生きていけない

動物
↓
口から水をとり入れる

植物
↓
おもに根からとり入れる

2 生き物の中にふくまれる水

人間（大人）　リンゴ（実）　キャベツ（葉）　コイ　イカ

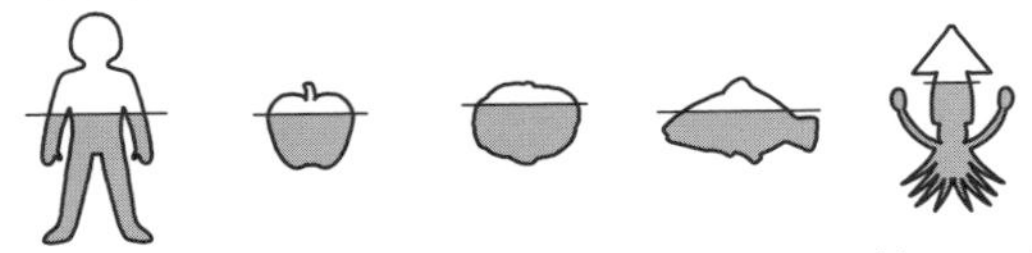

約60%　約85%　約85%　約75%　約80%

からだの中の水をたもつために絶えず水をとり入れる必要がある

〔まとめ〕・人やほかの動物，植物のからだには，多くの水がふくまれている
・水によってからだのはたらきを保ち，生きている
・水の中で生活している生き物もいる

POINT　QR 内のイラストを使い，クイズ形式でそれぞれに含まれる水の割合を予想させ，私たちの生活と水は密接な関係に

1　人・動物・植物と水の関係を考え，話し合う

T　生き物にとって水はたいへん大切なものです。動物ではその水をどのようにして手に入れていますか。
C　人はお茶やジュースで水分を取っています。
C　果物や他の食べ物からも取り入れています。
C　他の動物は，川や池の水を飲んでいます。
T　植物はどうでしょうか。
C　根から水を吸収している。
T　生物にとって水がなければどうなりますか。
C　死んでしまいます。
T　生物の体の中にどのくらいの水があるのでしょうか。調べてみましょう。

2　（まとめ）生き物の体の中に含まれる水

T　人の体は，大人で体全体の約６０％が水分です。人の体のどの部分に水は多いと思いますか。またどのように使われていますか。
C　血液かな。
T　食べ物で吸収した養分を血液として体のすみずみまで届けるために水分は大切ですね。
T　地球上の生き物は絶えず水を身体に取り入れておく必要があります。水がなければ、生きていけないことがわかります。
C　魚などは，水の中で生きています。
C　植物が栄養を運ぶためにも水分が必要でした。

生き物の中に含まれる水

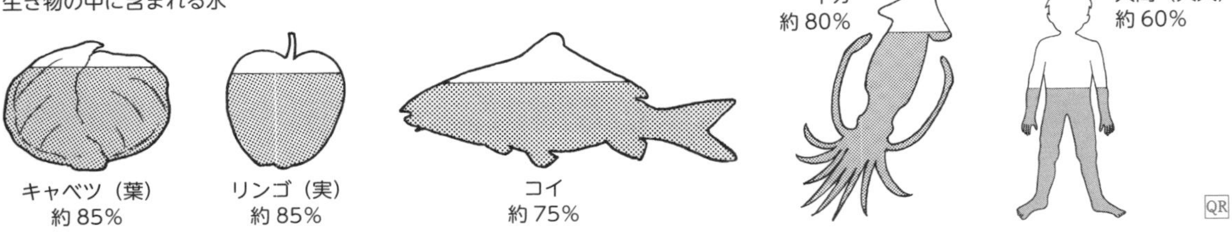

I C T	QR内のイラストを使って，含まれる水の量を予想させるとよいでしょう。

<地球をめぐる水と生き物>

3

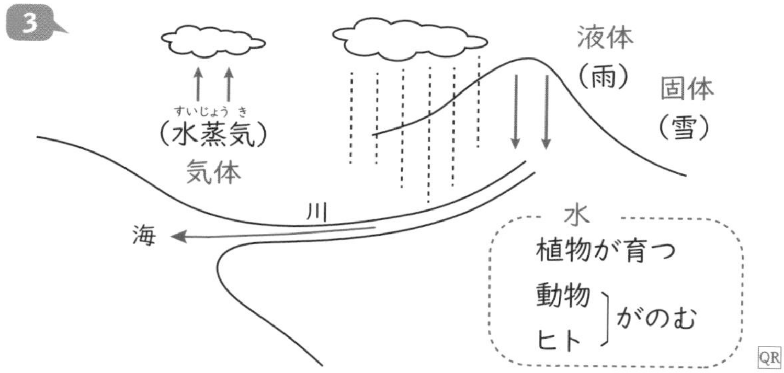

〔まとめ〕・海・川・生き物から出た水は，蒸発して水蒸気になり空気中にふくまれていく
・空気中の水蒸気は上空に運ばれて雲になり，雨や雪をふらす
・このように，水はじゅんかんしている

QR

・画像

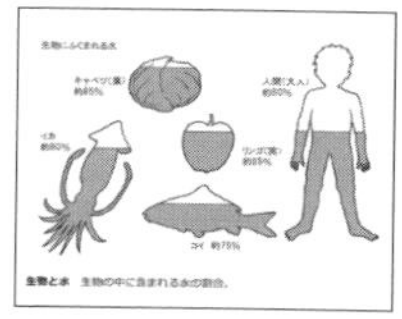

その他

あることに気づかせるとよいでしょう。

3 自然の中の水の循環と生き物の関係を考え，話し合う

T　自然の中で水はどんなところにありますか。
C　海や川，池や湖などです。
C　雨や雪としてもあります。
C　雲もそうだと思います。
C　水蒸気としてもあります。
T　海や川，池や湖などの水はどうなりますか。
C　水蒸気として空気中に出ていきます。
T　水蒸気はその後どうなりますか。
C　雲になり雨や雪として地上に落ちてきます。
T　地上に落ちた雨や雪はどうなりますか。
C　海や川，池や湖の水になります。
T　このように地球上の水は固体・液体・気体と姿を変えて循環していることがわかります。

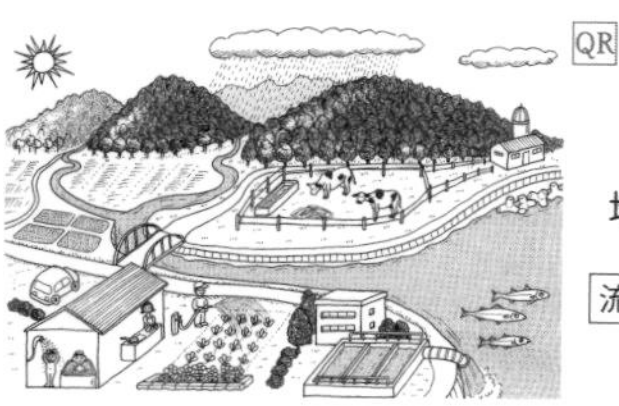

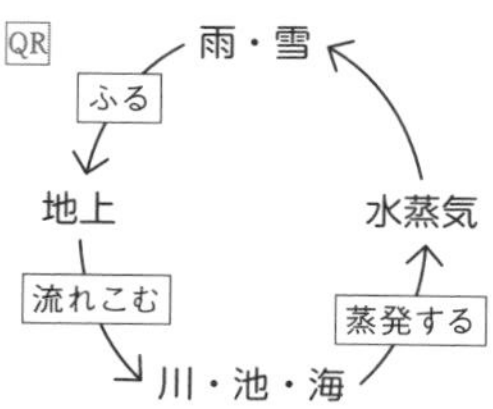

T　循環している水を，生き物はどのように利用していますか。海や川，池や湖の水はどうでしょうか。
C　動物の飲み水として利用されています。
C　植物の栽培や成長に役立っています。
C　人間の生活の中，社会のいろいろなところで役立っています。
T　そうですね。動植物の飲み水・栽培・成長に役立っていますし，人にとっては，水を利用したものは数えきれないほどあります。
T　まとめると，海・川・生き物から出た水は，蒸発して水蒸気になり，空気中にちらばります。空気中の水蒸気は，上空に運ばれ雲になり，雨や雪は地下水になって，川や海に流れています。このように，水は循環しているといえますね。

月の形と太陽

全授業時数９時間

◎ 学習にあたって ◎

◉ 何を学ぶのか

月は，満月や三日月などいろいろな形に見えます。そのため，低学年では「月はいくつもある」と思っている児童もいます。もちろん月は１つですが，その１つの月がどうして形が変わって見えるのか，月の形が変わる（満ち欠けする）きまりと，そのわけをここで学習します。まず月は球形で自ら光を発しているのではなく，太陽に照らされた部分が輝いて見えている，という事実を知ることが前提になります。太陽に照らされた明るい半球部分は，見る方向が変わると違った形に見えます。つまり，月の形が変わって見えるのは，月が位置を変え，地球から見た月と太陽の位置関係が変わるからだ，という理解へと進めます。難しさもありますが，観察を通して月の形の変化を追うとともに，ボールを月に，ライトを太陽に見立てた実験や観察も取り入れて理解を図ります。

◉ どのように学ぶのか

月の形の変化を理解するには，太陽と月に関わる知識が必要です。月も太陽も球形の天体ですが，大きさや表面の様子は全く違います。また地球との距離なども直接観察できないため，映像や教科書などの資料を使って学習します。その上で，月は地球の周りを約１か月かけて回っていること（月の公転）も知らせます。月の形が変わって見える理由については，これらの知識を持っていなければ考えることはできません。また，月の形が，新月→上弦→満月→・・・新月，と規則的に変化することも，観察や資料，映像を通して理解させます。

◉ 留意点・他

月は，形とともに見える方角や時刻も変わりますが，これらのことには深入りせずに，形の変化を中心に追究します。小学生には難しいからです。なお，太陽，地球，月の位置関係は，三球儀のように地球を離れた宇宙から見るとらえ方も必要です。宇宙の構造を知る初歩の学習ともなりますが，詳しくは中学校での学びになります。

また，月の形の変化は，暦（旧暦・太陰暦）や「お月見」などの行事として，くらしとつながりがありました。お話として触れることで，月や太陽への関心を高めます。なお，双眼鏡や望遠鏡（虫眼鏡も）を太陽に向けたり，遮光プレートなしに太陽を見ることは極めて危険です。家庭での観察と共に，安全面の指導は欠かせません。

太陽や月の表面の様子など，その共通点と違いについては主体的な調べ学習も取り入れます。また，夜に見える月は，家庭での観察となりますが，その交流により理解や関心が深まります。月の形を継続的に記録したり，ボールを月に見立ててモデル化したりするなど，自分の考えを友だちに説明することで，深い学びを目指します。

◎ 評　価 ◎

知識および技能	・太陽は燃えて光を出しているが，月は太陽の光を受けて輝いているので，輝いている側に太陽があることがわかる。 ・月の満ち欠けにはきまりがあり，約 30 日で形の変化をくり返していることがわかる。 ・月は約１カ月（30 日）で地球をひと回り（公転）しており，月はその時々の位置によって，太陽に照らされた部分が半月や満月など，異なる形に見えていることがわかる。
思考力，判断力，表現力等	・月の形の見え方と，月と太陽の位置関係について，時間的，空間的な見方をすることで，より妥当な考えを導き出し，表現している。
主体的に学習に取り組む態度	・月の形の変化に関心を持ち，実際に観察したり調べたりして，主体的に問題を解決しようとしている。

◎ 指導計画　９時間 ◎

◇ 学習の時期は，月の観察がしやすい９月ごろがよいでしょう。
◇ 在校時に月を観察できるのは，朝に見える下弦の半月か，午後に見える上弦の半月のころです。学校で行う月の観察指導は，この時期に合わせて行うとよいでしょう。
◇ 月の形の変化を追って観察するには，何日か日を空けなければならないことがあります。続けて学習するのが難しい場合は，他の単元と並行して進めるなどの工夫をしてください。
◇ 第１時の内容に当たる項目は，学習指導要領では削除されていますが，学習上必要なので取り上げています。

次	時	題	目標	主な学習活動
太陽と月のちがい	1	月と太陽のちがいを調べよう	太陽と月，どちらも球形の天体であり，太陽は燃えて光や熱を出しているが，月の表面は岩石や砂でできていて光を出していないことがわかる。	・教科書や資料，映像などを使って，太陽と月の表面の姿や様子の違いを調べ，話し合う。 ・月の形の変化を調べるという学習課題をつかむ。
	2	月と太陽の大きさと距離，位置を調べよう	太陽，地球，月の大きさと位置関係がわかるとともに，月は地球の周りを回っていることを知る。	・太陽，月，地球の大きさや地球からの距離を調べ，話し合う。太陽を１ｍの球と考えて，地球や月の位置や動きについても話し合う。
月の形の見え方と太陽	3	朝に見える月を観察しよう	朝の月（下弦の月）を観察して，月の光っている側に太陽があることから，月は太陽に照らされて見えていることに気づく。	・朝に見える月の形と位置や太陽の位置を観察する。また月の見える方向にボールを掲げると，明るくなるところが月の形に見えることを確かめる。
	4	夕方に見える三日月の頃を観察しよう	夕方に見える三日月は，南西の空に見え，太陽のある側が光っていることに気づく。	・日没後すぐに見える三日月の頃の月を観察する。 ・記録をもとに，月の形と太陽の関係を調べ，ボールとライトで三日月の形を再現する。
	5	夕方に見える半月の頃と太陽の位置を調べよう	夕方に見える半月の頃の月を観察して，月の形と太陽との位置関係がわかる。	・記録をもとにして，半月の頃の月の形と，太陽の位置関係を調べる。 ・午後に見える半月の形や位置を記録する。
	6	夕方に見える満月の頃と太陽の位置を調べよう	夕方に見える満月の頃の月を観察して，満月の形と太陽との位置関係に気づく。	・満月の頃の月を観察した記録をもとに，月の形と太陽の位置関係を調べる。また，ボールとライトの位置を変えて，満月の形に見えるように再現する。そのとき，ボールとライトは，地球（児童）から見たとき，反対方向にあることを確かめる。
	7	夕方に見える月の形は，どのように変わっていくのか調べよう	夕方に見える満月の頃の月を観察して，満月の形と太陽との位置関係に気づく。三日月から満月までの月の形の変化のきまりに気づく。	・三日月から満月までの月の観察記録をもとにして，月の形や見える方向と太陽の位置関係を調べる。地球（児童）から見たボールとライトの位置を変更しながら，三日月から満月までの形を再現し，月の形の変化を関係づけて考える。
月の形が変わるわけ	8	月の形が，日によって変わって見えるのはどうしてか調べよう	月の形が変わるのは，月が地球の周りを回るときの位置が変わり，太陽に照らされている部分の見え方が変わるからだと気づく。	・地球から見た月の形を図に表し，月の形が変わるわけを考える。月が地球の周りを回っていることと，形の変化を関係づけて考える。
	9	月の形の変わり方のきまりを考えよう	月の形の変化にはきまりがあり，新月から新月まで，約３０日で変化を繰り返していることを知る。	・月の形の変わり方をふり返り，変化のきまりを図や写真で確かめる。 ・発展として，日食，月食について調べる。

【望遠鏡による月の観察】－発展として，ぜひ望遠鏡での実物体験を－

月面の写真はよく目にするが，実際に望遠鏡を通して自分の目で見るクレーターや「光条」は全く別物に見える。児童は（大人も）感激し，天体や宇宙への関心も高まる。夜に，学校等で観望会を持てればよいが，望遠鏡で朝の早い時刻に見える月（月齢２２～２５の下弦）を，登校した児童から見せることもできる。暗部と明部の境目はクレーターも見えやすく，その部分を見るように指示する。午後の月なら月齢９～１２のころがよい。

第１時めあて
月と太陽のちがいを調べよう

本時の目標　太陽と月，どちらも球形の天体であり，太陽は燃えて光や熱を出しているが，月の表面は岩石や砂でできていて光を出していないことがわかる。

板書例

㋱ 月と太陽のちがいを調べよう

1 月と太陽

・似ているところ

丸い形（球）　○地球も球
明るく光る
東からのぼり西にしずむ
など

・ちがうところ

温度
クレーター
光のちがい　など

2 調べてわかった
3 太陽と月の表面の様子

〈太陽〉

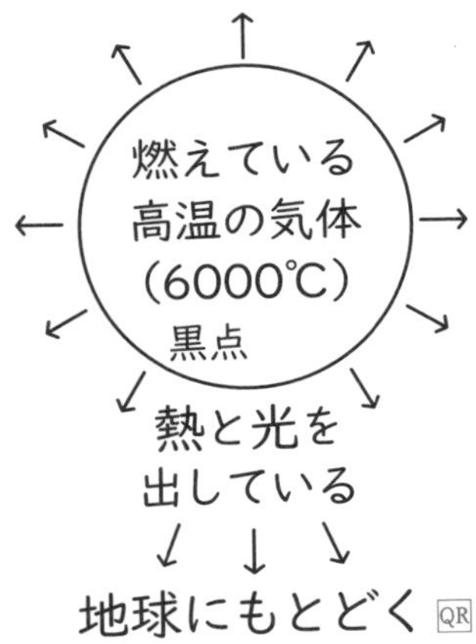

QR

POINT　太陽はガスが燃えて発光していることと，月は岩石でできていて発光していないことをおさえましょう。

1 太陽と月の違いについて話し合う

T　これから月と太陽について学習します。月や太陽についてどんなことを知っていますか。
T　まず似ているところはどんなところですか。
C　どちらも丸い形で，明るく光っています。
C　大きさも同じ位に見えます。
C　どちらも東から上り西に沈みます。
T　では違うところはどんなところでしょうか。
C　月は主に夜に見えます。昼にも見えるけど。
C　太陽は燃えているけど，月は燃えていません。太陽の方がうんと明るいです。
C　太陽は形が変わらないけど，月は形が変わります。半月とか満月とか三日月とか，形が変わっていきます。
C　昔，宇宙飛行士が月面に立ちました。

2 太陽と月の表面の違いについて調べ，話し合う

T　月と太陽は空に見える天体です。形はどちらも円形に見えますが実物はどんな形でしょうか。円盤でしょうか，ボール（球）でしょうか。
C　月も太陽もボールのような球形です。
T　月も太陽もボールみたいな天体ですが，表面の様子には違いがあります。教科書（掲示図）で表面の様子を確かめましょう。

※教科書だけでなく資料集や図鑑なども準備できるとよい。
下のような表にまとめさせてもよい。（下は部分・例）

太陽　○	月　○ ☽	地球　○
燃えて 光と熱を… 表面は 6000℃ など	岩石・砂・模様 クレーター 空気や水はない	海と陸地… 陸地（岩石・土） 空気がある

QR

準備物	・月や太陽に関わる資料など QR ・掲示用の太陽と月の表面画像 QR ・紙の円盤　・ボール ・地球儀　・月球儀

ICT	教材写真や動画を使い，月と太陽の違いを正しく理解できるように指導しましょう。

4 〈月〉

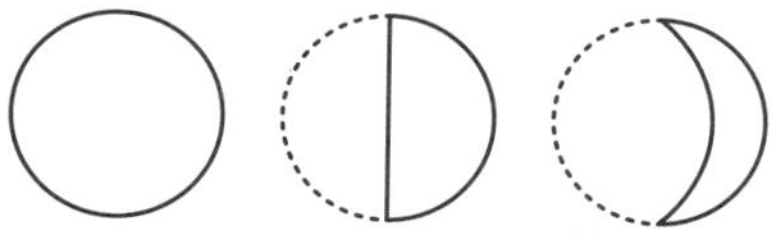

いろいろな形に見える QR

表面は岩石や砂（すな）

⇩

光は出していない

・クレーター＝くぼみ
・黒くみえるところ＝（平ら）
・明るいところ（でこぼこもよう）
・水，空気はない（人が行った）

月について知りたいこと
・光って見えるわけ
・形が変わるわけ

QR

・動画
「8月31日の日の出」

・画像

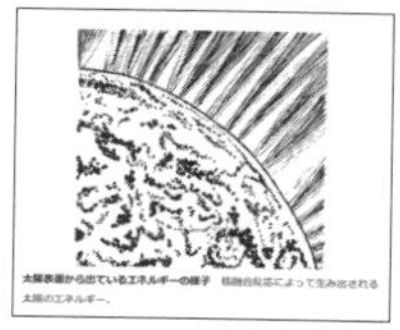

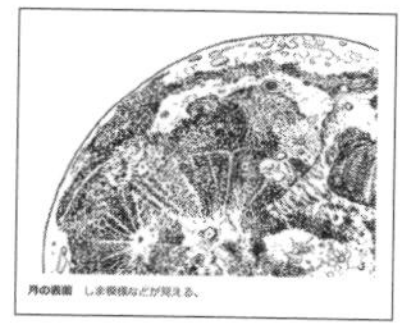

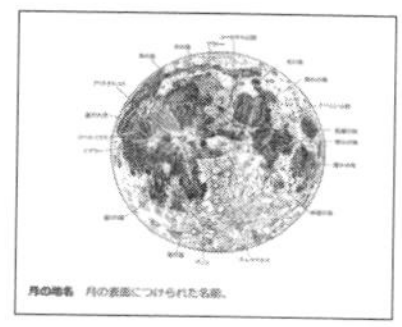

その他多数

3 調べてわかった月と太陽の表面の様子を発表する

T　まず太陽の表面はどんな様子，姿でしょうか。
C　とても高温のガス（気体）で覆われているようです。自分で燃えていて光と熱を出しています。
C　表面の温度は 6000℃です。すごい高温です。
C　その光と熱が地球に届いています。
C　表面に黒い点（黒点）も見えます。
T　では，月の表面はどんな様子，姿でしょうか。
C　月の表面は岩石や砂でできていて，燃えていません。
C　クレーターというくぼみがあります。
C　うさぎの耳に見える黒い模様があります。
C　黒い平らなところと明るく見えるところがあります。光の筋（光条）がみえます。
T　月の暗い平らなところは，水がないけれど「海」と呼び，ここが模様に見えます。（説明する）

4 月の形など，これからの課題を話し合う

T　ここまで調べてみて，疑問に思ったことやこれから学習していきたいことは出てきましたか。
C　月の表面は岩石や砂で光を出していないのに光って見えるのはどうしてかな。
C　月の形の変わり方には何かきまりがあるのですか。また形が変わるわけは何ですか。
T　月は太陽と違って形が変わりますね。どんな形の月を見ましたか。
C　夕方に満月を見ました。
C　三日月も，半月もあるよ。

T　形は変わりますが，調べたように月は１つです。形が変わって見えるわけも調べていきましょう。
T　さて，今日は月が見えるでしょうか。見えたらどんな形の月か，形を絵に描いておきましょう。

第２時めあて
月と太陽の大きさと距離，位置を調べよう

本時の目標　太陽，地球，月の大きさと位置関係がわかるとともに，月は地球の周りを回っていることを知る。

板書例

㋱ 月と太陽の大きさときょり・位置を調べよう

1
2

	太陽	地球	月
直径	140万km	1万3000km	3500km
地球と比べた大きさ（倍）	約108倍	1倍	約$\frac{1}{4}$（0.25倍）
地球からのきょり	1億5000万km 光で8分半	0	38万km 光で1秒
他		太陽の周りを回っている	地球の周りを回っている

QR

POINT 実際の大きさや距離を提示したり，縮尺したモデルを使って体感的な学習をさせたりして，空間的な視点をはたらか

1 太陽，地球，月の大きさや，地球からの距離を調べ，話し合う

T 太陽は光を発していますが，地球や月は光を発していない天体です。大きさにも違いはあるのでしょうか。また地球からどれくらい離れているのでしょうか。

T 太陽をこのソフトボール（直径 10cm 位）とすると，地球や月はどれくらいの大きさだと思いますか。また距離はどのくらいでしょうか。

C 地球は野球ボールかピンポン球くらいかな。

C ビー玉くらいかな。

C 太陽と月は同じ位の大きさに見えるよ。

T では教科書や資料で，大きさや地球からの距離を調べてみましょう。

C 地球の直径は 1 万 3000km。太陽は地球の 100 倍以上大きいね。

C 月の直径は太陽や地球よりも小さいんだね。

2 大きさや距離についてわかったことを発表する

調べ活動とそのまとめ方

	太陽	地球	月
大きさ・直径	140万km	1万3000km	3500km
地球の何倍か	約108倍	1倍	約0.25倍
地球からの距離	1億5000万km 光の速さで…	0	38万km
その他		太陽の周りを…	地球の周りを…

T まず，太陽の大きさはどれくらいですか。

C 直径が 140 万 km。地球の約 108 倍あります。すごく大きいです。

T 月の大きさはどれくらいですか。

C 直径が3500kmです。地球の 4 分の 1 くらいです。

T では太陽が 10cm のソフトボールだとすると，地球はどれくらいの大きさかな。

C 100 分の 1 とすると，1 mm か。地球はすごく小さい。アリの頭くらいかな？

準備物	・太陽，地球，月の大きさがわかるような資料（なければ教科書を利用） ・モデルとなる球体（ソフトボール，小さいビー玉など）あれば三球儀

ICT	教材写真や動画を使い，太陽・地球・月の位置関係や大きさの関係，距離感を想像できるようにしましょう。

3 宇宙から見る

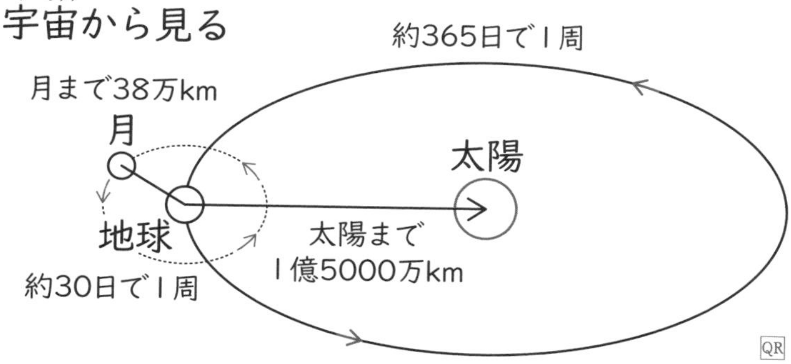

4 大きさをイメージする
〔太陽の直径を１mとすると…〕

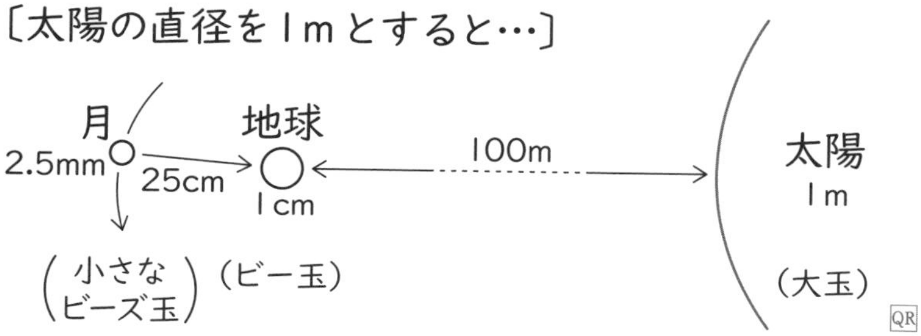

QR

・画像

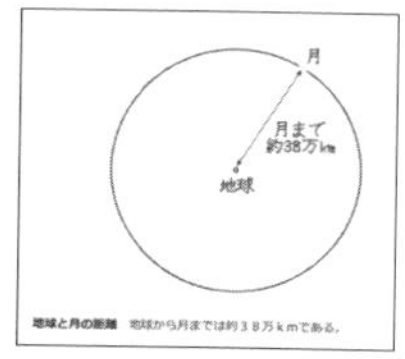

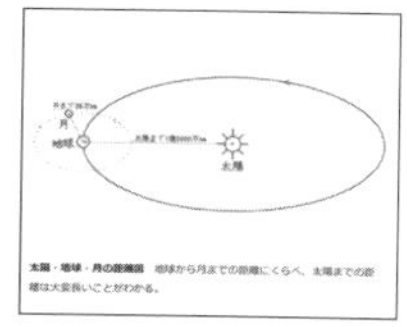

その他

せるようにしましょう。

3 宇宙から見たときの，地球，太陽，月の位置関係をイメージする

T　次に地球からの距離はどれくらいでしょうか。

C　太陽との距離は１億 5000 万 km，光の速さでも８分半かかります。

T　太陽と月が同じ大きさに見えるのも，太陽がうんと遠いところにあるからです。太陽の直径は月の 400 倍ですが，距離は月の 400 倍遠いところにあるので，同じ大きさに見えるのです。

T　では宇宙から見ると，地球や太陽，月はどんなふうに見えるのでしょうか。

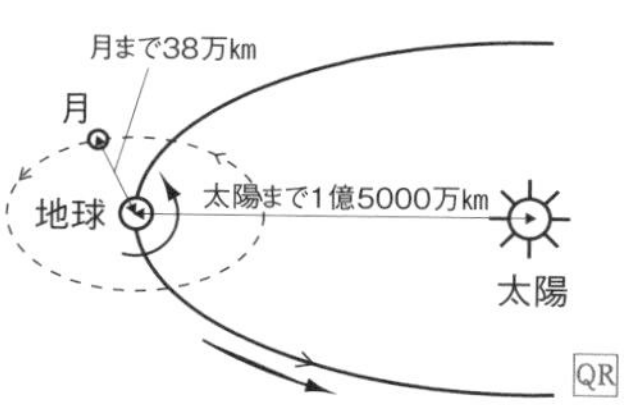

T　まず太陽と地球を描きます。月の位置はどのあたりになりますか。

C　地球に近いのでこれくらい？

C　太陽の光も当たりますね。

T　月は地球の周りを回っています。約 30 日で元の位置に戻ります。

4 太陽と地球，月の大きさと位置をイメージする

T　太陽を１m の大きさとして考えてみましょう。地球と月はどれくらいの大きさでどれくらい離れていることになるでしょうか。

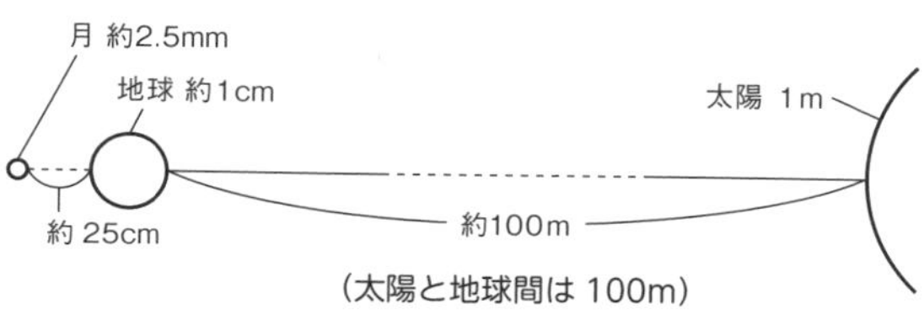

（太陽と地球間は 100m）

T　地球は小さいビー玉くらいですね，月は小さなビーズ玉くらいです。

T　この大きさで太陽と地球がどのくらい離れているかというと，地球の約 100m 先に太陽があることになります。

C　運動場の端くらいに１m の太陽があることになるんだ。

T　そして地球から約 25cm 離れたところに 2.5mm の小さな月が回っています。

第３時 めあて
朝に見える月を観察しよう

本時の目標　朝の月（下弦の月）を観察して，月の光っている側に太陽があることから，月は太陽に照らされて見えていることに気づく。

板書例

㋱ 朝に見える月を観察しよう

1 今日見える月は？
2 どんな形　　　　（左側明るい）
どの方角に見える　（南西　　　）

3

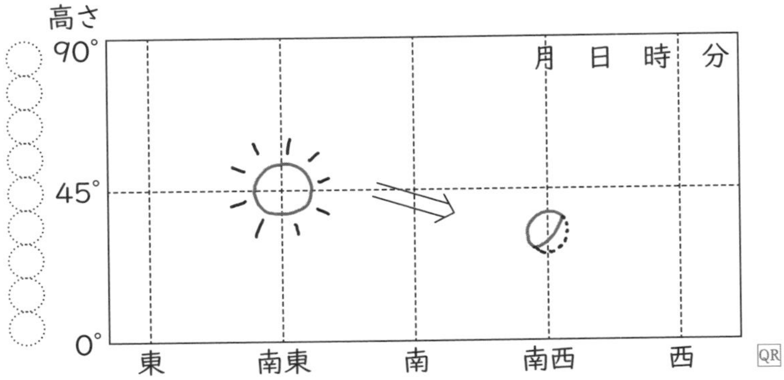

※太陽に照らされている側が白く見える。

POINT 午前中に観察できる月（更待月ごろ）が出る日をインターネットで調べ，月の光っている側に太陽があることを学校

1 朝の月（午前中に見える月）を観察する

T　今日は実際の月を見て，月の形や見える位置を観察しましょう。月にはいろいろな形がありましたね。今日見える月はどんな形の月でしょうか。

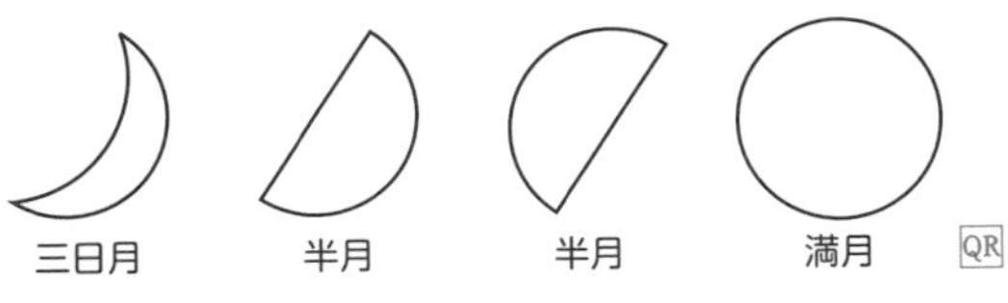

C　夕方に見える月とはちがうと思います。
T　では外に出て，月を観察しましょう。観察記録も書きましょう。
T　月はどこに出ているのでしょうか。
C　朝なのに月は出ているのかなあ。
C　あそこにあります。白い月です。

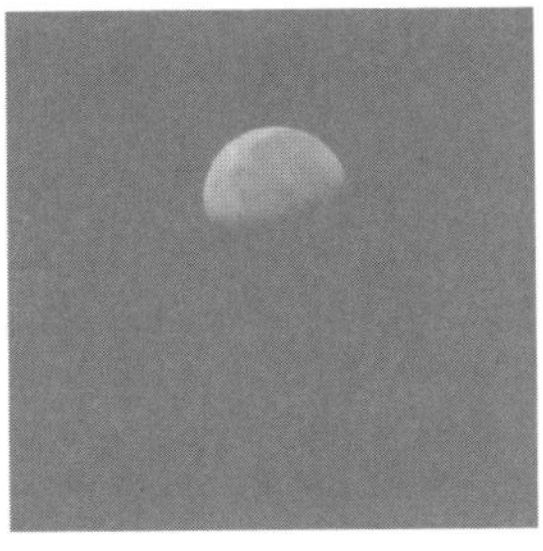
QR

2 朝の月の色，形，太陽の位置関係を観察する

T　どこに月が見えるか，教え合いましょう。
C　南西の方に白くて薄い色の月が見えます。
T　まず月の形を観察しましょう。形は半月よりも少し膨らんでいますね。どちら側が明るく光っている半月ですか。
C　左側が白く光っています。
C　ちょっと傾いていますね。
T　月が光っている左側には何がありますか。

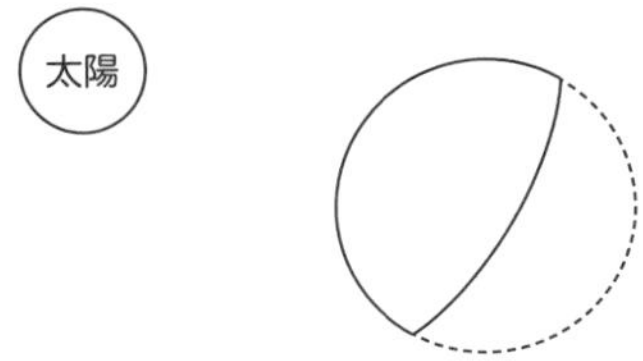

C　太陽です。太陽に照らされているのかなあ。
T　月が見える位置も確かめましょう。位置は方位と高さで表します。方位は方位磁針を使います。
C　月が見えるのはだいたい南西です。
T　高さはにぎりこぶし１個を約１０度として測ります。何個分かでおよその高さを測りましょう。

準備物	・記録用紙 QR　・遮光プレート ・白い発泡スチロール球と長い棒 （または白いバレーボール） ・保護メガネ　など

ICT	午前中に観察できる月が出る日を事前に調べ，実験する日を設定しましょう。

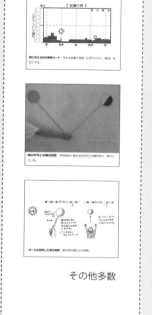

4 ボールで再現しよう

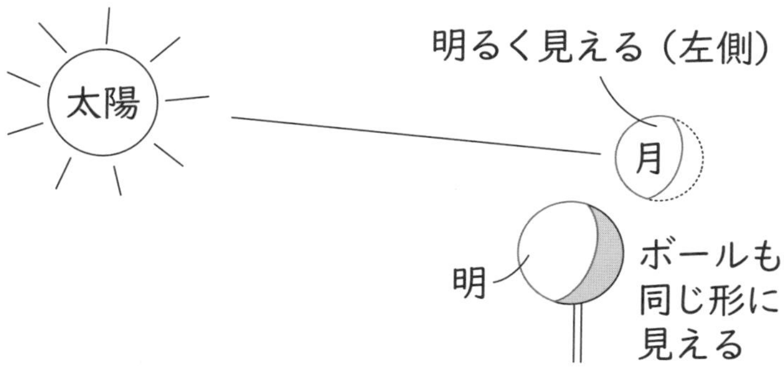

〔まとめ〕

月が光って（明るく）見える側（左側）に…

太陽がある

⇓

月は、太陽の光に照らされて光って見えている

QR

・画像

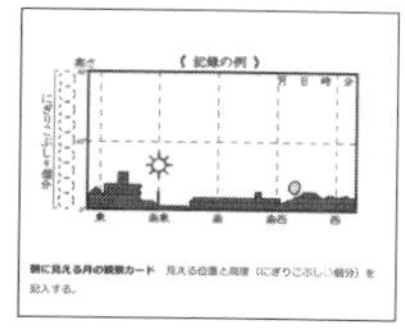

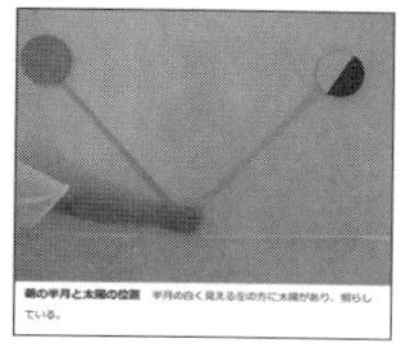

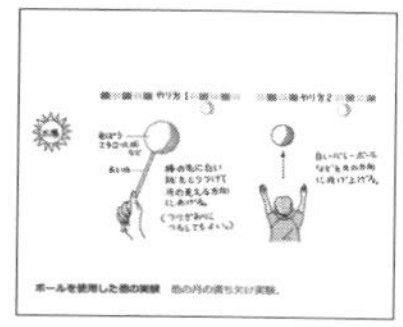

その他多数

で観察させるとよいでしょう。

3 太陽と月の形と位置を記録する

T　太陽の位置も遮光板を使って確かめましょう。

C　南西で高さは４５度位です。

T　左手で太陽，右手で月を指差しましょう。太陽と月の位置がわかりましたね。太陽と月の形や位置を記録用紙に描きましょう。

【記録の例】 記録用紙は教科書を参照

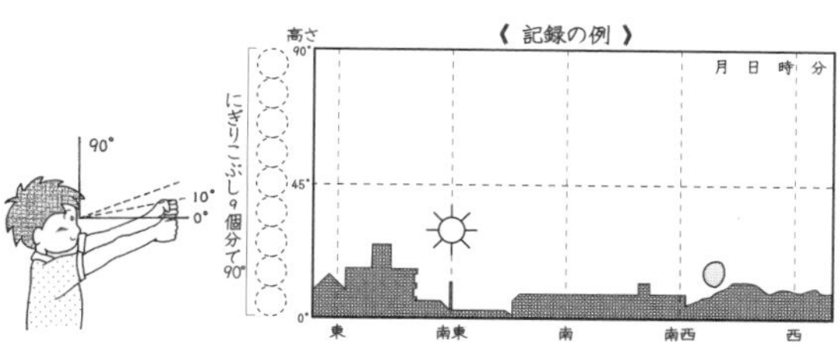

【記録について】

天体のスケッチや記録は児童にとって難しい。また記録自体が目的でない。描くことで月の光っている側に太陽があることを意識させるのが大切。
小黒板などに教師がまず描いてみせるのもよい。

4 観察した月の形をボールで再現する

T　月の光っている側に太陽があります。すると，月はやはり太陽の光を受けているのでしょうか。この白い球で調べてみましょう。

T　白いボールを月の見える方向に上げてみます。太陽の光が当たったボールの明るい部分は，月の形と同じように見えたでしょうか。

C　月と同じ形に見えました。

C　ボールが半月に見える。

C　本物の月も太陽の光が当たって半月に見えていることがわかります。

【やり方①】

棒の先に白い球をとりつけて月の見える方向に上げる。

【やり方②】

白いバレーボールなどを月の方向に投げ上げる。

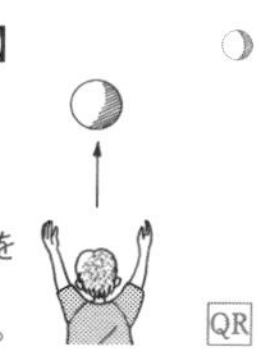

QR

これから毎日，月は太陽の近くに見えて，細い形になっていくが，太陽がある側が光っていることを朝の会等で話題にするとよい。

第4時 めあて
夕方に見える三日月の頃を観察しよう

本時の目標

夕方に見える三日月は，南西の空に見え，太陽のある側が光っていることに気づく。

板書例

㋱ 夕方に見えるニ日月のころを観察しよう

1 月の形　（ ☽右下・明るい ）

2 どこに　（ 南西 ）

太陽の位置　（ 西 ）

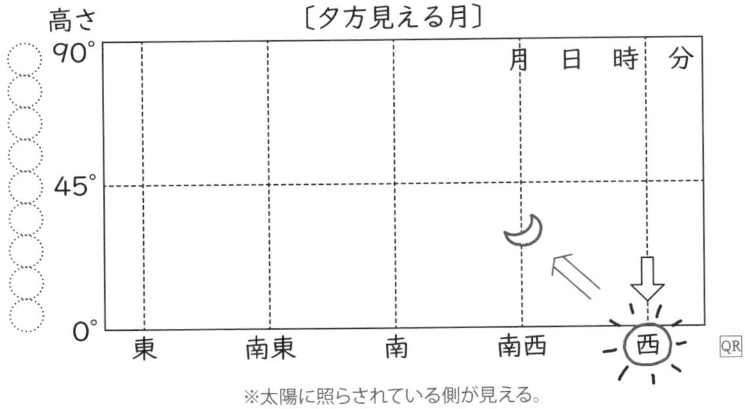

POINT 地球と太陽の位置を固定し，三日月に見える月の位置関係を見つけたら，地球役の人にボール・ライトが入るよう

1 （参考）月の形の変化と観察の仕方

【月の形の変化について】

朝に観察した月（半月）は，その後少しずつ細くなり，５，６日後には新月（見えない月）となります。このとき，月は太陽と重なっています。

新月から後は，また右側から膨らみはじめ，３日目頃の月が「三日月」で，日没頃南西に見えます。新月から７，８日目には上弦の月となり，日没時には南に見えます。１５日目には十五夜といい，満月となり，その後は細くなります。

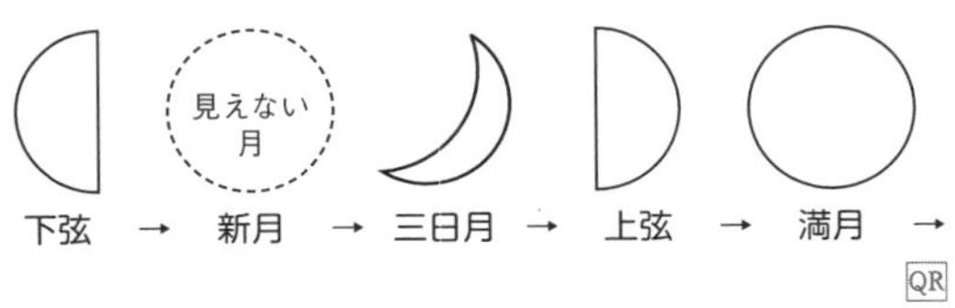

【月の観察について】

月の形が変わる様子やきまりをとらえるには，毎日でなくとも，いくつかの月の形と太陽の位置を観察する必要がある。三日月や上弦の半月は月が膨らみ始めるときであり，午後から夕方にかけて観察しやすい。家庭での観察は負担にならないように考慮し，観察できた児童の記録を学習の材料とする。

2 観察した月の形や位置を交流して確かめる

T　みんなで夕方の月の形を確かめましょう。観察できた人はどんな形の月が見えたのか黒板に描いてください。

C　三日月の形で右側が輝いていました。

C　右側より右下が光っていました。

T　月が見えた位置はどのあたりでしたか。

C　南と西の間でした。高さは３０度位でした。

T　月を照らしている太陽の方角はどちらでしたか。

C　太陽は西の方でした。沈んでいました。

T　月の光っている側に太陽がありましたね。

C　太陽に照らされて月が光っていました。

T　では，みんなで確かめたこの月の形と位置を新しい記録用紙に書き入れましょう。太陽の位置は「☼」と「↓」で描きましょう。

準備物	・観察した記録用紙と新しい用紙 QR ・ライト　・白いボール ・月齢や月の形を記した資料 （新聞の暦欄の月の形の図など）

ICT	三日月に見える月の位置関係を見つけたら，その様子を写真に撮らせましょう。

3 月，太陽，地球の位置と見え方

ボールとライトを使って

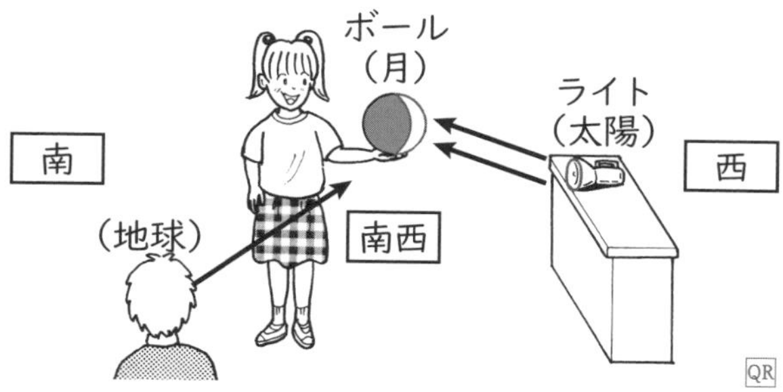

4 〔まとめ〕

・夕方見える三日月は太陽のある（右下）が光って見えている

・月は太陽の光に照らされたところが☽に見えている

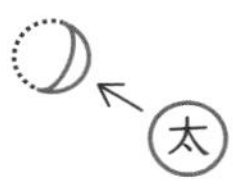

QR

・画像

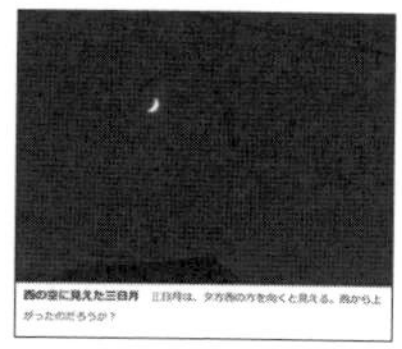

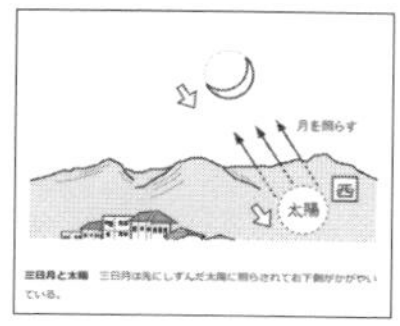

その他多数

写真を撮らせましょう。（ライトを右端に入れた写真）

3 ボール（月）とライト（太陽）で三日月を再現する。

T　三日月の光っている側に太陽がありましたね。月は太陽の光を受けて輝いて見えます。では，次にこのライト（太陽）と白いボール（月）を使って，三日月の形を作ってみましょう。

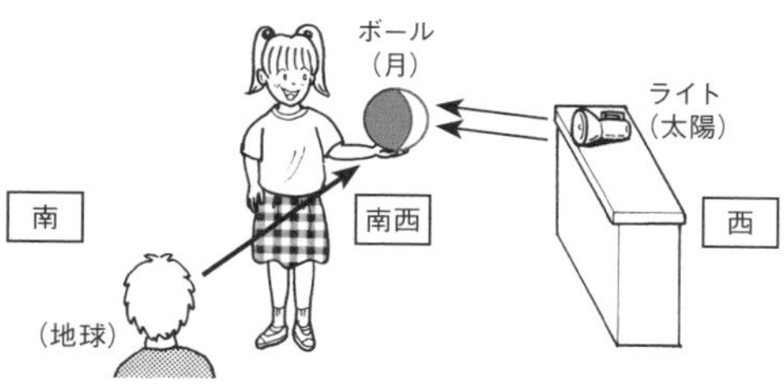

T　みんなは地球にいて，ボールの三日月を見ています。月が南西の空に見えたとき，太陽はうんと遠くの西の方にありました。（ライトを置く）ここからボールの月を照らします。地球の場所はここです。地球から見るとボールの月はどのように見えるでしょうか。

C　太陽のある右側が光って見えます。三日月と同じ形に見えます。

4 三日月のあと，月の形はどのようになるのか予想する

T　この実験の様子の絵を描いてみましょう。

　ライト（太陽），ボール（月）私たちの見た位置（地球）はどこなのかを描き表しましょう。

T　このようにボールとライトでも三日月の形をつくれました。わかったこと，気づいたことを発表しましょう。

C　太陽のライトを斜め横から照らすと，ボールが三日月の形に見えることが初めてわかりました。

T　では，この三日月のあと，月の形はどのようになっていくと思いますか。

C　照らされているところが，多くなる。形は太くふくらんでいくと思います。

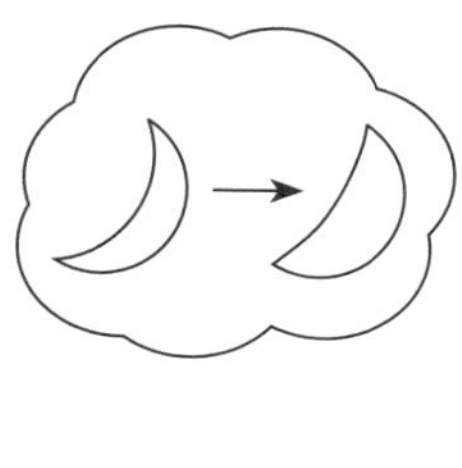

T　これから，月の形や見える位置がどうなっていくのか，日が沈むときの月の観察を続けましょう。

第５時 めあて

夕方に見える半月の頃と太陽の位置を調べよう

本時の目標

夕方に見える半月の頃の月を観察して，月の形と太陽との位置関係がわかる。

板書例

ⓜ 夕方に見える半月のころと太陽の位置を調べよう

1 月の形　（ ◐ ）

2 どこに　（ 南 ）

太陽の位置　（ 西 ）

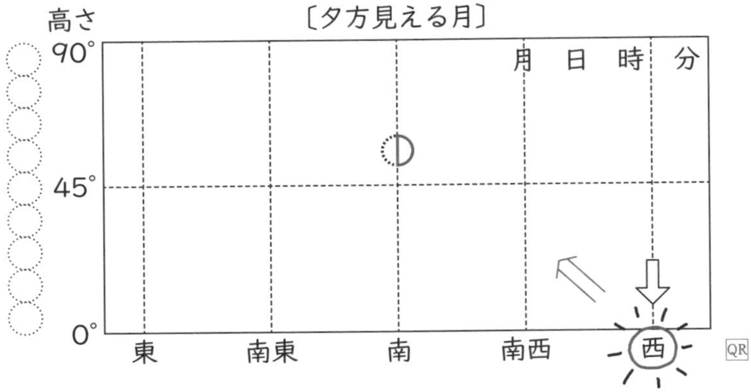

POINT 地球と太陽の位置を固定し，半月に見える月の位置関係を見つけたら，地球役の人にボール・ライトが入るよう写真

1 日没時の半月の観察をふり返る

午後に見える半月（上弦の半月）は，月齢が６から８の月になる。授業の前日か前々日に，夕方日没時に見える右側が明るい半月を観察して，記録をしておくようによびかけておくとよい。家庭にも報せてお願いする。その記録を本時に使う。

※この時期，下校時にも南東寄りの空に半月が見えることがある。下校前に月を見させて，関心を高めるようにしたい。

T　昨日の夕方，月は見えましたか。どんな形だったでしょうか。

C　右半分が光っていました。

C　三日月より太くなっていました。

2 家庭での観察記録をもとに，日没時の半月の形と位置を確かめ合う

T　月が見えた位置はどのあたりでしょうか。

C　６時頃，ほとんど南の空に見えました。高さは５０度位でした。（記録用紙の月を指して話す）

T　そのときの太陽の位置はどこでしたか？

C　西に沈んでいました。このあたりです。

T　月の光っている方（右側）と太陽のあった位置を見比べて，気がついたことがありませんか。

C　やっぱり月の光っている右側に太陽がありました。月は太陽に照らされて光っているようです。

【記録の例】

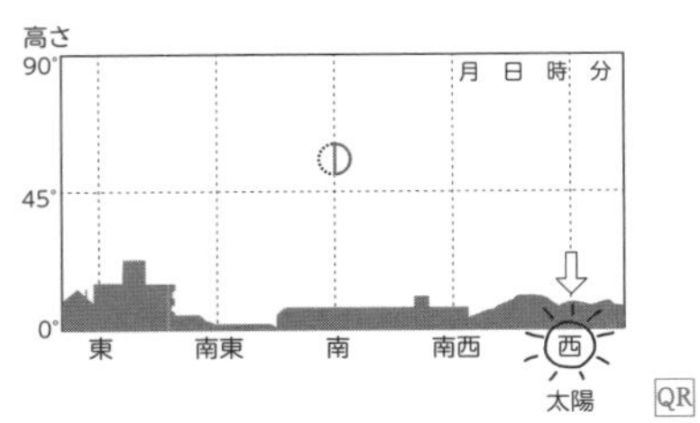

※ここで，ボール（月）とライト（太陽）を使った半月の再現実験をして，位置関係を確かめ合ってもよい。次回の満月の観察時にまとめて行ってもよい。

準備物
・記録用紙 QR
・ライト
・ボール類（三日月のときと同様）

ICT
半月に見える月の位置関係を見つけたら，その様子を写真に撮らせましょう。

3 午後に見える半月と太陽の位置

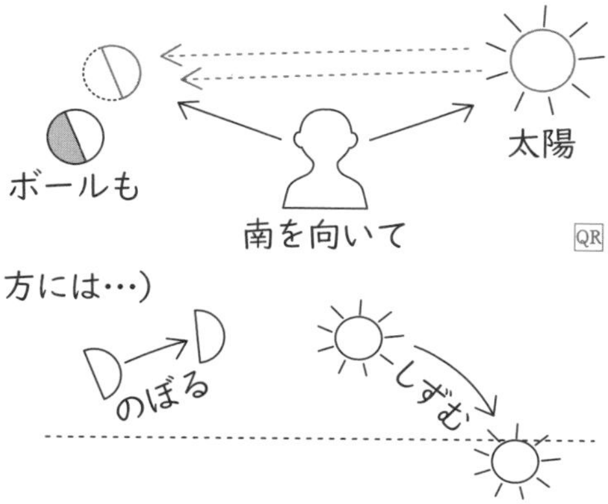

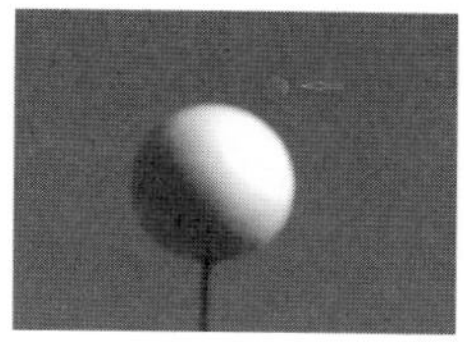

QR

4 〔まとめ〕
半月も太陽のある右側が半分光って見えている

予想
これから月の形はどうなるのか予想しよう

QR
・画像

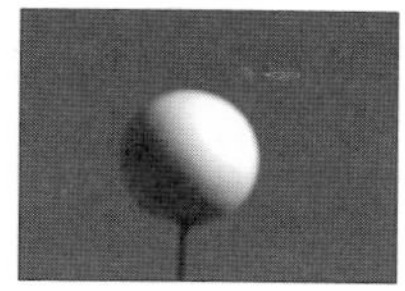

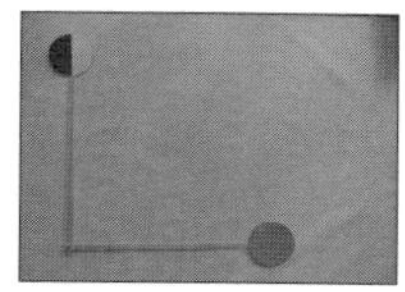

その他多数

を撮らせましょう。（ライトを右端に入れた写真）

3 午後に見える右側が明るい半月を，野外で観察する（午後２時から３時）

T　今日も同じような月（右の半月）が見えます。今日の月を外で観察しましょう。

T　月はどこにあるのでしょう。見つけましょう。

C　白い月があそこにあります。南東の方です。

C　右側が膨らんだ半月です。

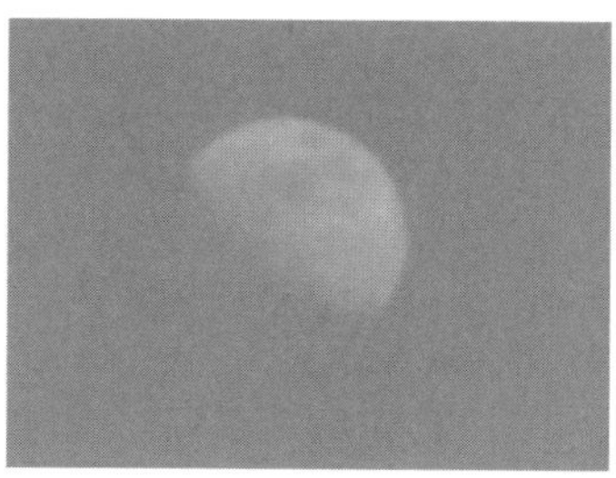

QR

T　月の光っている側はどちらですか。

C　右側が光っています。昨日と同じです。

T　太陽は月のどちら側に見えますか。

C　月の右側です。光っている方に太陽があります。

C　太陽は方位では南西の方に見えます。

T　では白いボールや，発泡スチロールの球を月のある方向に上げてみましょう。

C　月と同じ形に見えます。

4 半月の後，月の形はどうなるのか予想する

T　月の形と位置，太陽の位置を記録用紙に描いておきましょう。この月は今日の夕方に見るとどこに見えているでしょうか。

C　太陽と一緒に西に動いて，昨日と同じ南の方に見えます。

T　そうですね。月は動いて，夕方には南の方，昨日，月が見えた方向に見えるのです。

T　明日以降の月はどんな形かな。月の形はこれからどのように変わっていくと思いますか。月は膨らんでいくのでしょうか。

C　三日月の後，ずっと右側が膨らんできて半月になったから，これからも膨らんでいくと思います。

C　まん丸な月に近づいていくと思います

第6時 めあて

夕方に見える満月の頃と太陽の位置を調べよう

本時の目標

夕方に見える満月の頃の月を観察して，満月の形と太陽との位置関係に気づく。

板書例

㋱ 夕方に見える満月のころと太陽の位置を調べよう

1 月の形　（　○　）　どこに　（　東　）

2 太陽の位置　（　西　）

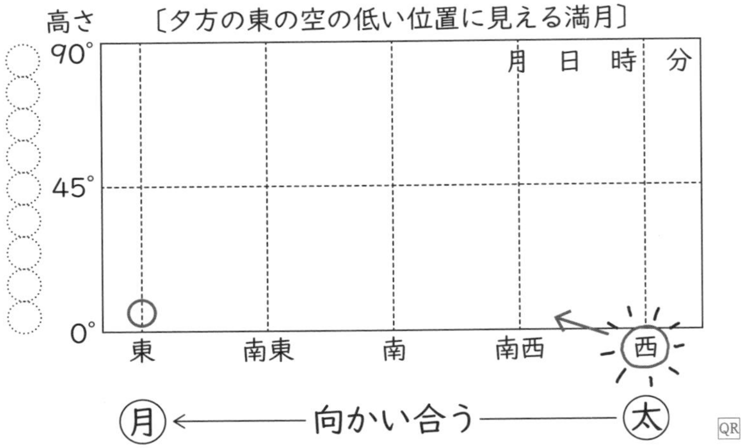

POINT 地球と太陽の位置を固定し，満月に見える月の位置関係を見つけたら，地球役の人にボール・ライトが入るよう写真

1 夕方に見える満月になる前の頃の月を調べる

【授業に当たって】

上弦の半月から７～８日後には満月になる。満月前の月齢１２や１３の月は，まん丸ではないが観察しやすく，日没時には東から上がってくる。下校時には観察できないが，東の空に低く見えることを伝えておき，関心を持つように促す。

T　記録用紙を使って，月の形を確かめましょう。夕方，半月を観察した日から６日ほど経ちました。どんな月が見えましたか。

C　ほとんど満月でした。

C　半月から膨らんで大きな丸い月でした。

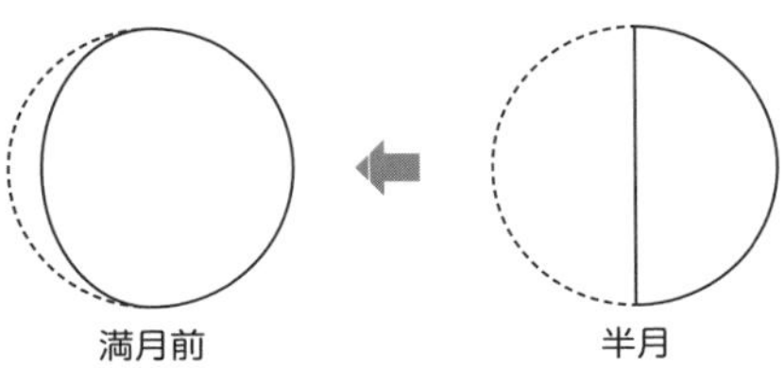

2 観察した月の形や見えた位置について話し合い，確かめる

T　形はもうすぐまん丸です。それを「満月」といいます。お月見のときに見る月も満月です。

夕方に月が見えたところ（位置）はどこでしたか。その位置を示してください。

C　月は東の方に見えました。

C　高さは低くて，１０度位でした。

T　では太陽があった方角はどちらですか。

C　太陽は沈んだばかりで，西にありました。

T　半月（上弦の月）のときは，太陽が横から月を照らしていて，半月に見えました。満月のときは太陽と月の位置はどのようになっていましたか。

C　太陽は西で，月は東で，向かい合っているようです。

C　太陽は西の方から東の月を照らしています。

準備物	・記録用紙 QR ・ライト ・ボール類（三日月のときと同様）

ICT	満月に見える月の位置関係を見つけたら，その様子を写真に撮らせましょう。

3 〈ライトとボールを使って〉

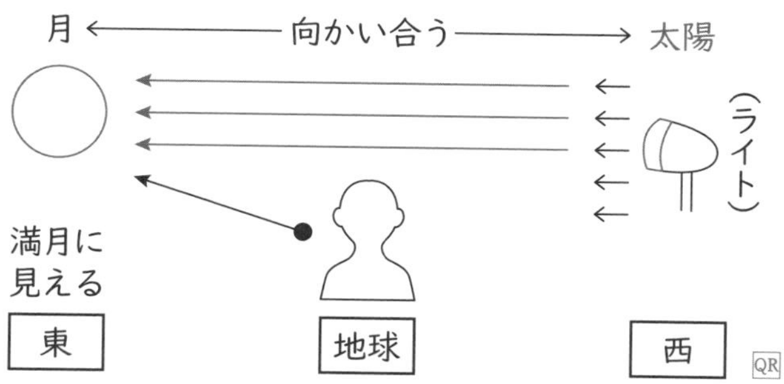

4 〔まとめ〕

・夕方の東の空にある月は
西にある太陽の光が当たって満月の形に見える
・満月のころ，月と太陽は向かい合っている
・月は東，真ん中に地球，太陽は西にある

QR

・画像

その他多数

を撮らせましょう。（ライトを右端に入れた写真）

3 東に満月があるときの見える様子をボール（月）とライト（太陽）で再現する

T　記録用紙にも月と太陽を描き入れましょう。
　西に太陽があり，東に月があるとき，地球から見ると月は満月に見えるようです。三日月のときのようにライトとボールを使って，満月をつくってみましょう。

T　満月が東の空にあるとき，太陽は西の空にありました。太陽のかわりに，ライトを右側に置きます。真ん中がみんなのいる地球です。月のかわりの，ボールはどこに置くといいですか。

C　月は東に見えたのでボールは左の方の離れたところに置きます。すると満月の形に見えます。

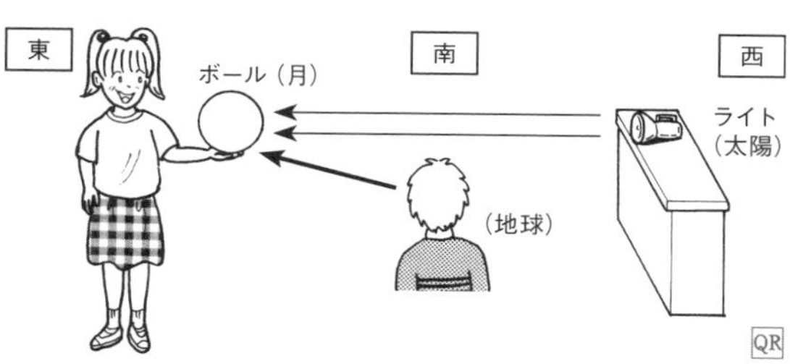

4 夕方見えた満月のその後の動きを考えよう

T　三日月も半月も時間がたつと西の空に沈んでいきます。では，満月の動きはその後どうなっていくでしょうか。

C　夕方，満月は東の空に見えました。

C　4年生で習ったように，太陽と同じように時間がたつにつれて南の空を通り，西の空に沈んでいくと思います。

C　4年生で習ったように，三日月でも半月でも満月でも月の動き方は，どのような形に見えるときでも同じように東から西へ動きます。

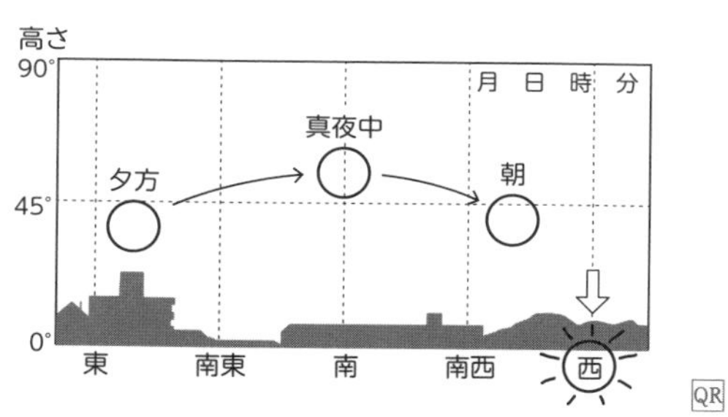

第7時 めあて
夕方に見える月の形は，どのように変わっていくのか調べよう

本時の目標　夕方に見える満月の頃の月を観察して，満月の形と太陽との位置関係に気づく。三日月から満月までの月の形の変化のきまりに気づく。

板書例

〔問題〕 夕方に見える月の形は，どのように変わっていったのだろうか

1
形（三日月）　どこ（西の空）　いつ（夕方）　太陽（西の空ひくく）
形（半　月）　どこ（南の空）　いつ（夕方）　太陽（西の空ひくく）
形（満　月）　どこ（東の空）　いつ（夕方）　太陽（西の空ひくく）

2
・夕方に見える月は，三日月，半月，満月と形を変えている
・太陽のある側が光って見える

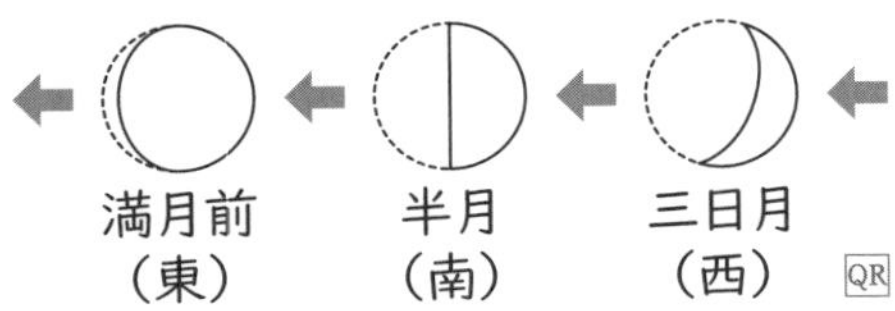

4

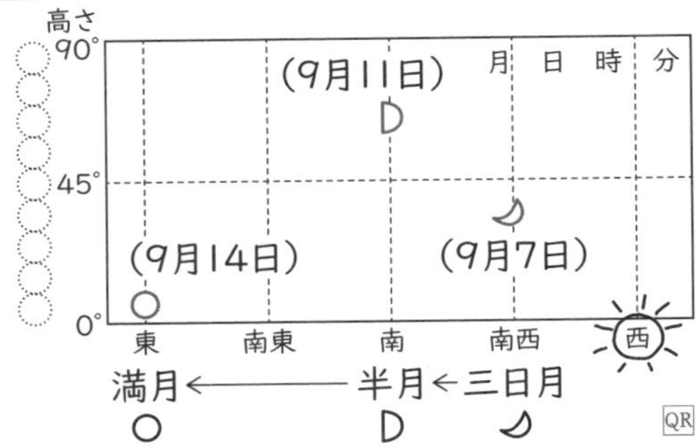

1 夕方に見える満月・半月・三日月の位置についてふり返る

T　記録用紙に，夕方頃の月の形・月の位置・太陽の位置を描き入れてみましょう。

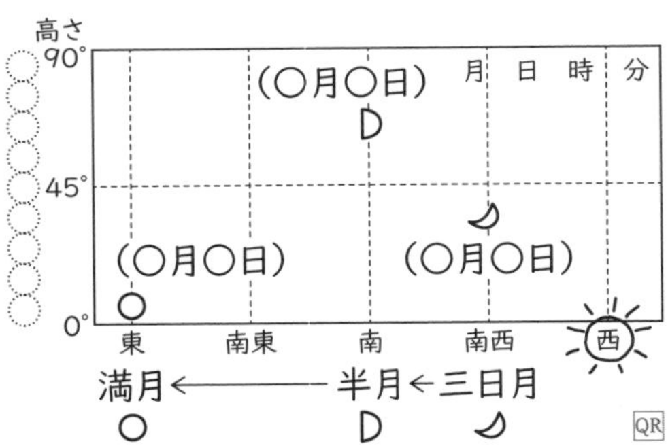

C　三日月は，夕方，西の空に見え，太陽に照らされていました。
C　半月は，夕方，南の空に見え，太陽に照らされていました。
C　満月は，夕方，東の空に見え，太陽に照らされていました。

2 観察した月の形や見えた位置について話し合い，確かめる

T　夕方に月が見えたところ（位置）はどこでしたか。その位置を示してください。
C　三日月は，西の空の低いところに見えました。沈んでいく太陽に近いところに見えました。
C　高さは２０度位で低かったです。
T　半月はどうですか。
C　半月は，太陽の光に横から照らされていました。位置は南の空で，三日月よりも高い位置に見えました。
T　満月のときは太陽と月の位置はどのようになっていましたか。
C　太陽は西で，月は東で，向かい合っているようでした。
C　太陽は西の方から東にある月全体を照らしていたので，丸く見えました。

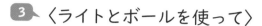

準備物	・記録用紙 QR ・ライト ・ボール類（三日月のときと同様）

ICT	第4，5，6時の写真を見直し，地球から見て月と太陽の位置関係が変わると見え方が変わることに気づかせましょう。

3 〈ライトとボールを使って〉

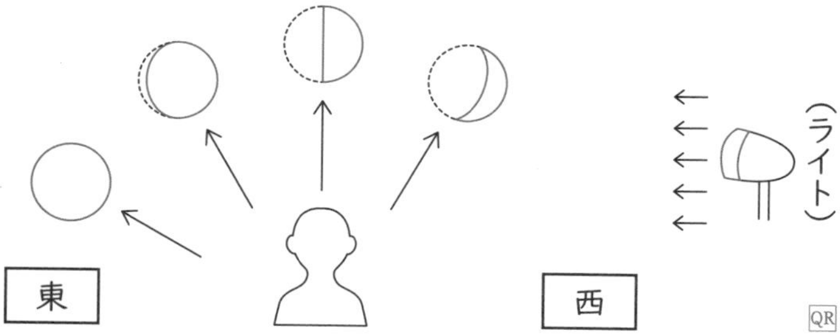

QR

月が東へ行くと，
明るい部分は ☽ → D → ○と変わって見える

4 〔まとめ〕
夕方の月の形が変わって見えるのは，
月が西から東へとうつっていくと，
太陽に照らされた部分の形が変わって見えるから

QR

・画像

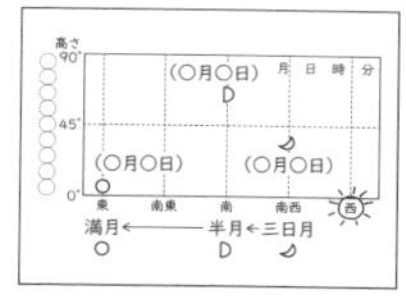

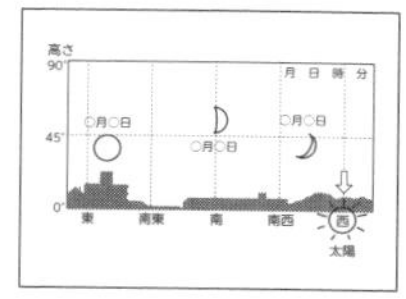

その他

3 ボール（月）とライト（太陽）で満月・半月・三日月を再現する

T　西に太陽があり，東に月があるとき，地球から見ると月は満月に見えます。では，半月・三日月のときのことをふり返りましょう。
　半月や三日月のときは，月がどの位置にありますか。

C　太陽が西にあって，月が南西にあるとき，三日月に見えました。

C　西に太陽があり，南に月があるとき，半月に見えました。

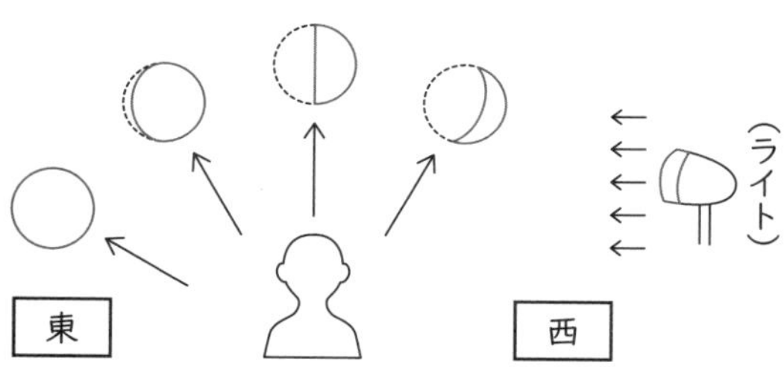

4 夕方に見える三日月・半月・満月の位置をまとめる

T　三日月の頃と比べて，月の形が見える方角はどのように変わってきたのか，ふり返ります。

T　１枚の記録用紙に観察してきた三日月，半月，満月をまとめて描き入れましょう。

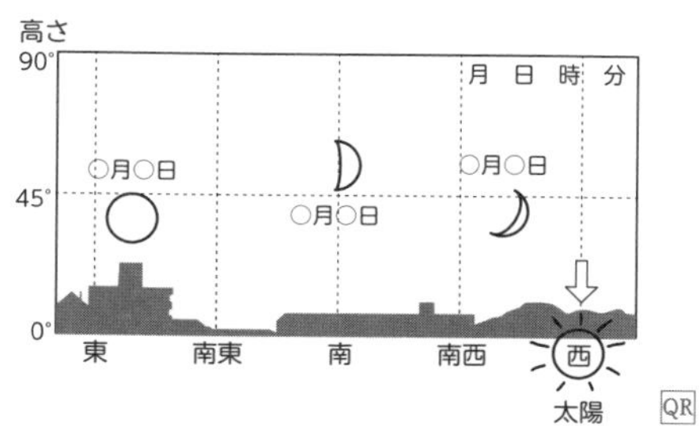

QR

C　どの月も太陽のある右側が光っています。

C　同じ夕方でも月の見える位置は，三日月は西に見え，半月は南に，満月は東に見えました。

T　では，ボールの月の位置を三日月，半月，満月のころと左（東）に動かして，月の形も変わるのかどうかを確かめてみましょう。

第８時 めあて

月の形が，日によって変わって見えるのはどうしてか調べよう

本時の目標 月の形が変わるのは，月が地球の周りを回るときの位置が変わり，太陽に照らされている部分の見え方が変わるからだと気づく。

板書例

〔問題〕 月の形が，日によって変わって見えるのはどうしてだろうか

1 〈月の動き方〉

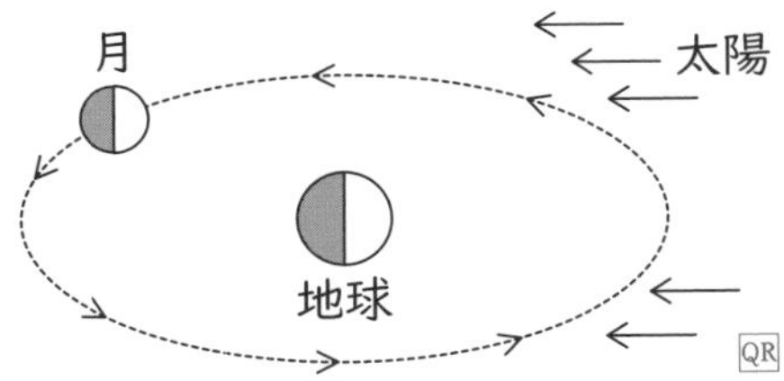

月は…

- 地球の周りを 30 日でひと周り
- ◐いつも半分照らされている

2 〈地球から月を見たときの月の形〉

3

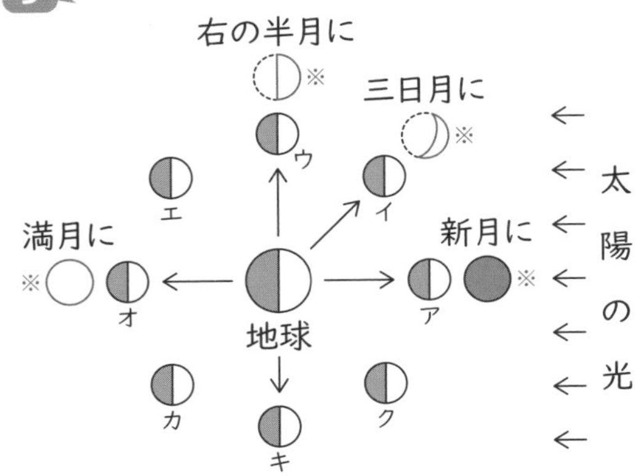

※印の月は、児童との話し合いを通して描いていく。

POINT 暗い中での実験が難しい場合は，ボールを半分黒く塗りつぶし，月の影の向きに気をつけながら，その時の月の見え方

1 月は地球の周りを約 30 日で回り，常に太陽によって半分照らされていることを確かめる

T 今日は月の形が変わって見えるわけを考えます。月は宇宙から見るとどのような動きをしていましたか。

C 地球の周りを回っていました。

C １回りするのに約３０日かかりました。

（北極の上空からみると，月の公転も地球の公転も反時計回り）

T この図を見ると，地球も月も右からやってくる太陽の光に照らされています。すると，月はどの場所にあってもどちら側が照らされているでしょうか。

C 月は球なので，いつも半分だけ照らされています。

C 右側がいつも明るく光っているはずです。左側は光が当たらない。

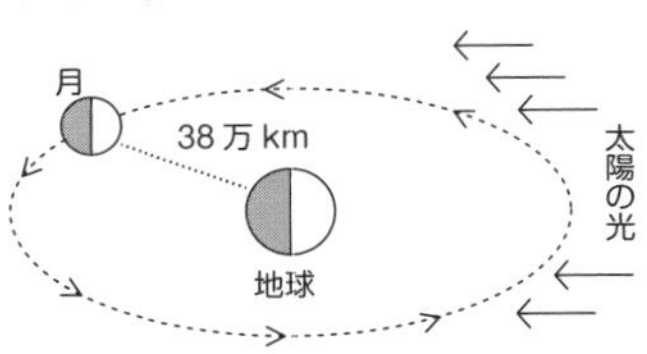

2 地球から見た月の形を考える

T 月は約３０日で地球の周りをひと回りしています。その様子を上方から見た図で表しました。月は太陽に照らされていつも半分輝いています。半分明るい月は地球から見るとどんな形に見えるのか，考えましょう。

T 月が（ア）の位置にあるとき，地球から月を見るとどんな形に見えるでしょうか。

C 明るいところが全然見えません。

C 真っ黒な月かな。

T そうです。太陽が後ろから照らしていて明るい部分が見えない月です。この月を新月といいます。

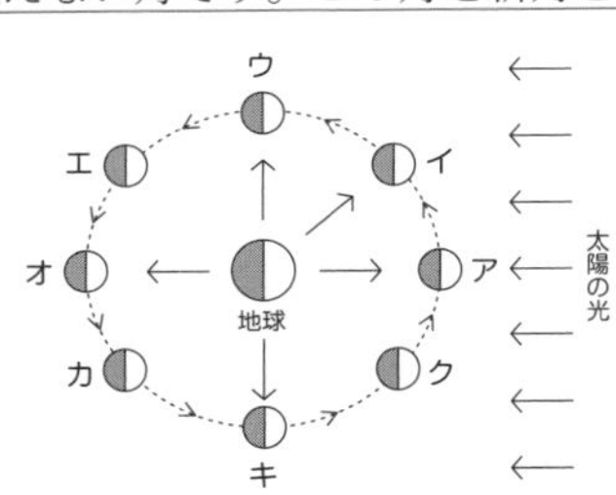

準備物	・ライト ・ボール ・これまでの観察記録 ・ワークシート「地球を回る月」QR

4 〈ライトとボールを使って〉

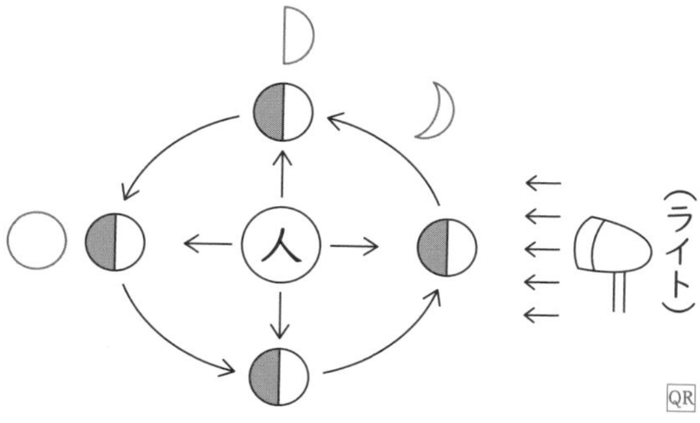

どんな形に見えるか？

〔まとめ〕
同じ時こく（夕方）に月を見たとき，
月の位置が変わっていくので，
明るく見える部分の形が変わっていく

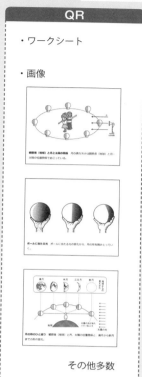

QR

・ワークシート

・画像

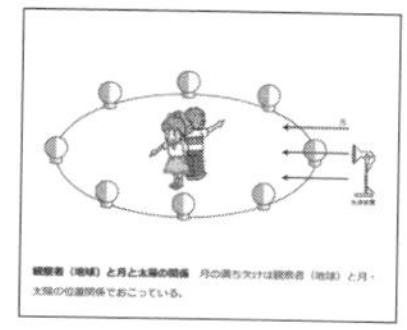

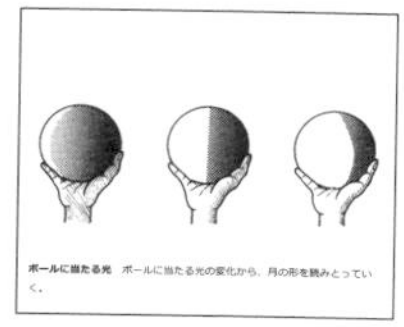

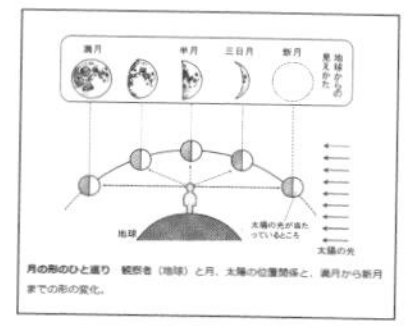

その他多数

を観察する活動でもよいでしょう。

3 地球から見た月の形をシートに描いてみる

T　月が（ウ）の位置に来ているとき，地球から見るとどんな形に見えるはずでしょうか。

C　右が光った半月です。

T　では，（イ）から（ク）まで，地球から見える月の形を描いてみましょう。

C　月がオの位置のときは全部明るい満月かな？

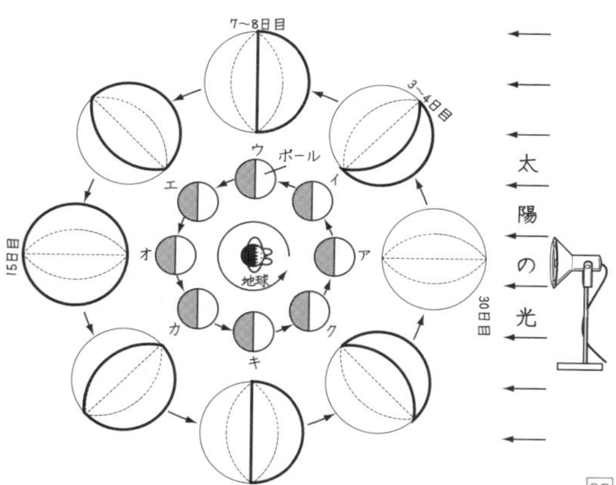

4 ライトとボールを使って，月の位置と見える形を確かめる

T　今度はボールの月を持って，月が地球の周りを回るように動かしてみましょう。月の形が図のように変わって見えるかどうか確かめましょう。

（自分でボールを持って回るやり方と，ボールを持った友だちに周りを回ってもらうやり方があります）

T　ボールを持ってゆっくりと回って三日月，半月，満月と見える形を確かめます。

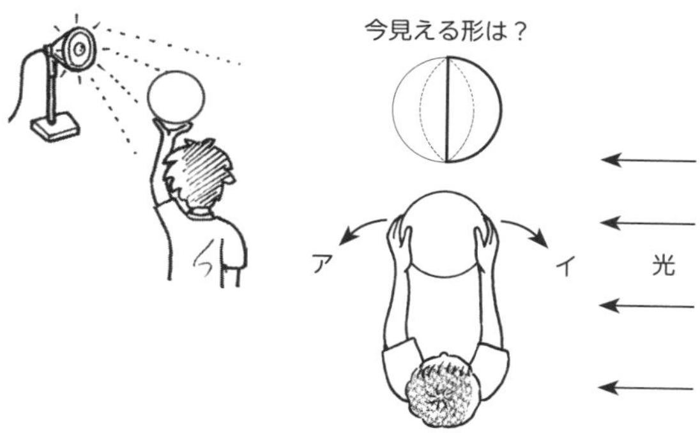

第９時 めあて
月の形の変わり方のきまりを考えよう

本時の目標　月の形の変化にはきまりがあり，新月から新月まで，約３０日で変化を繰り返していることを知る。

板書例

ⓜ 月の形の変わり方のきまりを考えよう

1　月の満ち欠け くり返し

2

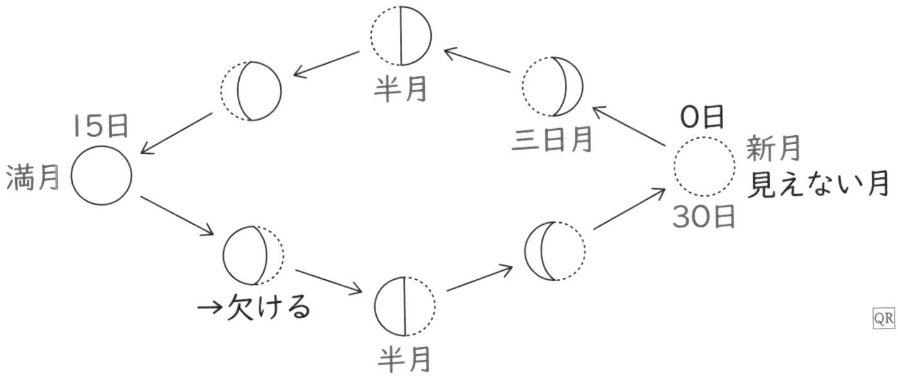

〔まとめ〕・月の満ち欠けのひとめぐり
・新月から新月までは，約30日（1ヶ月）
・新月から15日目が満月になる

1 月の位置ごとに見える月の形について話し合う

T　月がそれぞれの位置にあるときに，どんな形に見えるのか，前に描いたワークシートや教科書で確認しましょう。

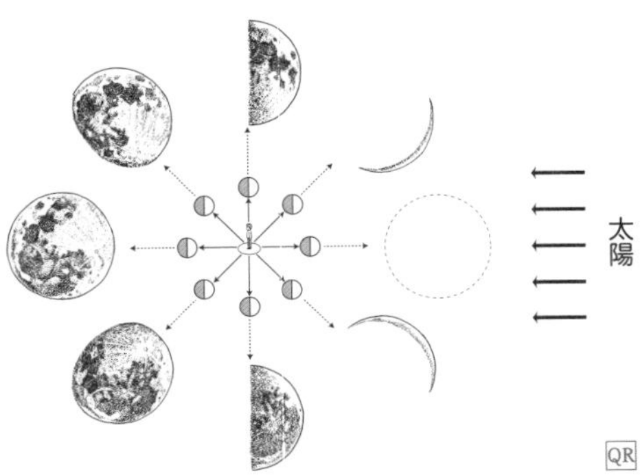

T　満月のあとの月の形はどうなっていきますか。

C　また右から見えなくなっていきます。

T　満月から後の月は月の出が遅くなり，観察が難しくなります。でもこの図によると，満月のあと，月は欠けていくことがわかります。

2 月の形の変わり方を図に整理する

T　月の形の変わり方を図に示してみましょう。
　ワークシートに形の変化を整理しましょう。

T　月はどんな形に見えるか，見える部分を黄色で塗りましょう。

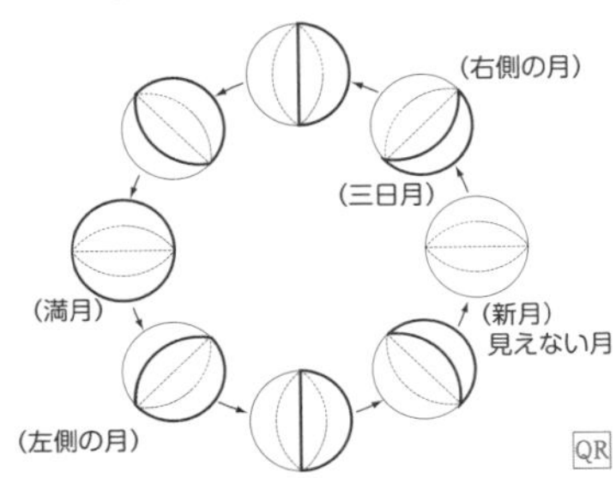

T　このように月の形は新月から始まり，三日月，半月，満月となり，また新月に戻ることがわかります。約３０日でひとめぐりし，これを繰り返します。これが昔のひと月で，新月が１日（ついたち）でした。また，月が大きくなったり細くなったりすることを月の満ち欠けといいます。

準備物
・月の形の変化の表 QR
（あれば，新聞の暦欄の月の切り抜き）
・月の画像 QR
・ワークシート QR

ICT
月の形の変化の表をタブレットに配信し，三日月や半月にも二種類あることや，上弦，下弦の月を確認しましょう。

3
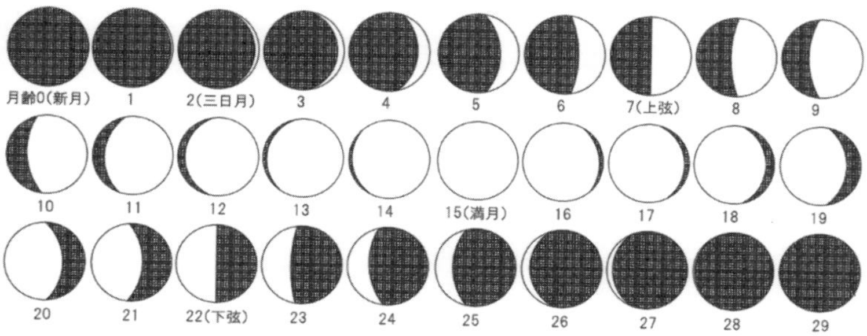

QR

4
深めよう 「月食」…月が地球のかげに
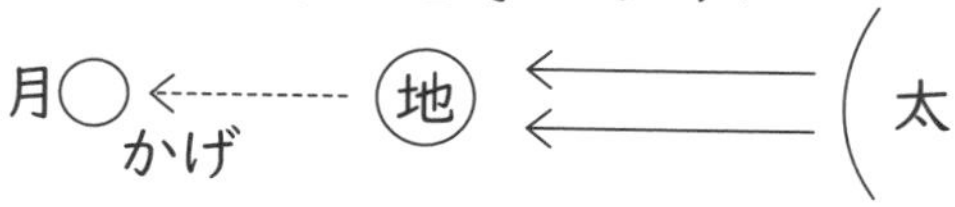

「日食」…月が太陽をかくす
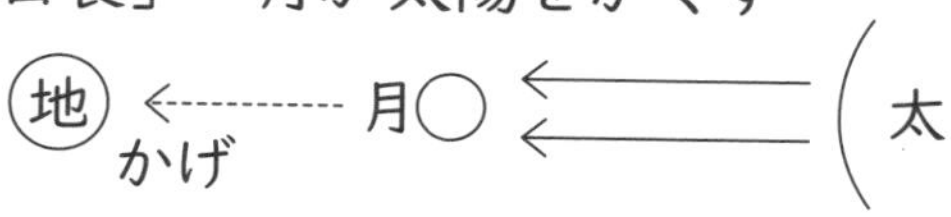

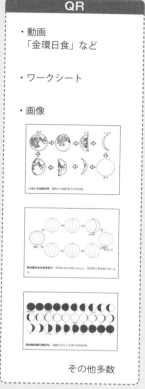

QR
・動画
「金環日食」など
・ワークシート
・画像
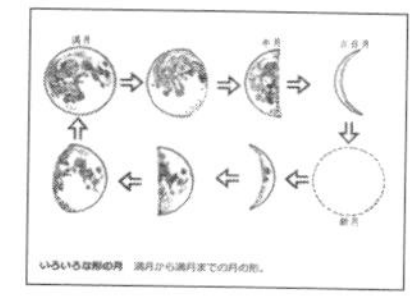
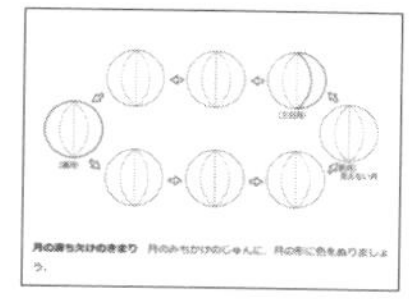
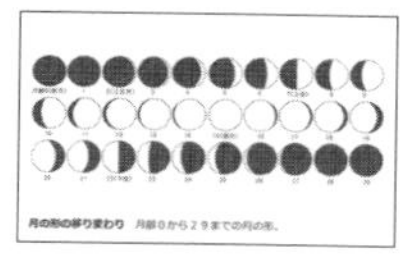
その他多数

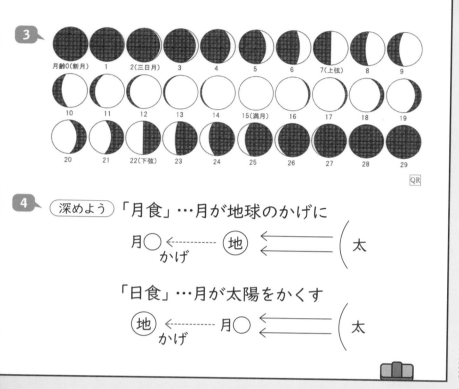

3 月の満ち欠けには規則正しいきまりがあることを知る

T このように月の形の変わり方には，きまりがあります。規則正しく変化しているのです。
次の図は，月を満ち欠けの順に並べたものです。

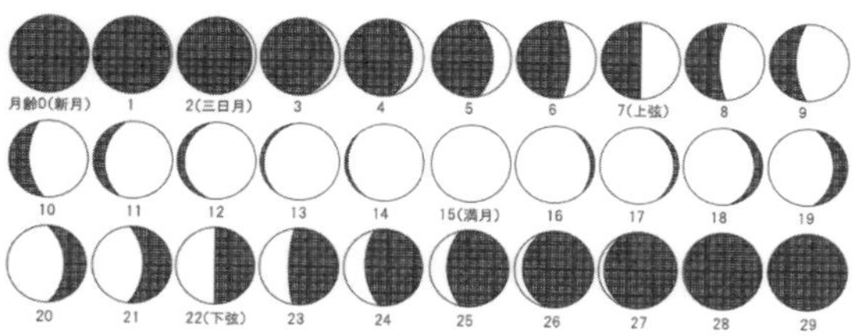

T この満ち欠けのきまりを言葉で表すとどうなるでしょうか
C 右から膨らみ，右から欠けるというきまり。
C 月が地球の周りを1周するのにつれて，形も変わるというきまり。

4 （深めよう）新月から満月までの月の形を画像で確かめる

T 月の形の変化を写真でも見てみましょう。

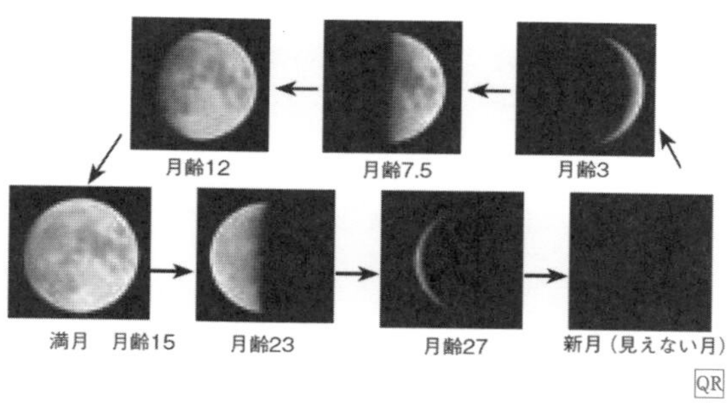

QR

【深めよう】日食と月食のお話

太陽－地球－月の順で一直線にならぶと，満月の頃は月が地球に隠されて光が当たらないということも起こります。これが「月食」です。
太陽－月－地球の順で一直線にならぶと，太陽が月に隠されることも起こります。これが「日食」です。

※普通はそれぞれが一直線にならぶことはなく，少しずれているので光が届き，月を見ることができます。

大地のつくりと変化

学習準備１時間＋１０時間＋深めよう・広げよう３時間

◎ 学習にあたって ◎

◉ 何を学ぶのか

わたしたちがくらしている都市や耕地のある平野や盆地の地下はどうなっているのか，また何でできているのか，それが本単元の学習テーマです。地下には，おもに水のはたらきでできた堆積層があり，地層とよばれます。地層の構成物は，流水により運ばれてきた土砂です。ですから，山地や丘陵でも地層が見られるところは，かつては水が流れ込む海や湖だったと考えられます。その後の地殻変動によって押し上げられたり水面が後退したりして，現在は陸地として見えていることになります。このように，大地は長い時間をかけた水のはたらきと大地の変動によってできたことをここで学びます。なお，地層には火山活動により火山灰などの噴出物が積もってできた土地もあることにも触れます。また，地震や火山については，防災の観点からも学習します。

◉ どのように学ぶのか

大地は決して不動ではありません。陸地になったり海底になったりと，何千年，何万年の単位では変動をくり返しています。この長い時間と空間の認識が必要で，そこに学ぶ価値があり，あわせて学習の難しさもあるといえます。

授業にあたっては，できれば自分たちがくらす地域の地質を教材化し，地域に見られる地層に触れることを導入にするとよいでしょう。そこから，地層のでき方，大地の隆起や沈降，地震や火山へと学習を広げていきます。見学地や地史は，県や地域の教育センターや自然関係の博物館にも問い合わせることができます。

◉ 留意点・他

・学習に適した典型的な地層が見られない地域もあります。そのような場合，学校建設時のボーリング試料の活用や，校外学習を利用した現地見学も考えられます。さらには，動画や写真などの映像も利用できるでしょう。
・なお，化石や恐竜も取り上げますが，児童は恐竜や化石，岩石，鉱物などが大好きです。化石採集や石集めなどをきっかけにして，地域の地質や大地のつくり，歴史に目を向けさせることも意味のあることです。
・自分たちの住む大地の地下はどうなっているのか，どうしてできたのかに関心を持たせます。また，報道も手がかりにして，近年の洪水や地震，津波，火山活動にも目を向けさせ，大地は不変ではないことに気づかせます。そして，学んだことと現在の大地の活動とをつないで考えることが，主体的で深い学びにつながります。

◎ 評　価 ◎

知識および技能	・私たちが住む土地には地層が広がっているところがあり，その層は礫や砂，泥，火山灰などが積もってできていることがわかる。 ・地層は流水が運んできた土砂が積もってでき，その後の隆起などによって地上で見えるようになったことがわかる。 ・礫岩や砂岩などの堆積岩は，厚く積もった礫や砂，泥などが，長い年月の間に固まってできたことがわかる。 ・地層に含まれている貝などの化石から，その層が積もった当時の環境を推定できることに気づく。 ・地震や火山活動によって土地は変化していることに気づくとともに，自然災害の防災の手だてを知る。
思考力，判断力，表現力等	・大地のつくりやでき方について多面的に調べ，より妥当な考えを導き出し表現している。
主体的に学習に取り組む態度	・大地のつくりやでき方，また，自然災害や防災に関心を持ち，主体的に問題解決しようとしている。

◎ 指導計画　学習準備１時間＋１０時間＋深めよう・広げよう３時間 ◎

次	時	題	目標	主な学習活動
地層のつくり	学習準備	土には，どんなものが混じっているのか調べよう	土は，粒の大きさによって分けられ，礫，砂，泥が混じり合ったものであることがわかる。	・土は岩石が砕けてできる（風化）。 ・土を大きさで選り分ける。 ・土は，礫，砂，泥が混じっている。 ・火山灰の観察。
	1	土地は，どのようなものからできているのか，なぜ縞模様に見えるのか調べよう	地層は礫の層や砂の層，泥の層などがほぼ水平に重なってできることから，縞模様に見えることがわかる。	・地面の下はどうなっているのか。 ・地層のすがた。 ・地層が縞模様に見えるわけ。 ・層の違いは粒の大きさの違い。
地層のでき方	2・3	地層はどのようにしてできるのか調べよう	地層には礫や化石が含まれていることから，水に流されてできた土砂が海底など水の底に積もってできたことがわかる。	・縞模様ができるわけを調べる。 ・水は，土を選り分けるはたらきがある。 ・丸い礫や，貝の化石からわかること。 ・地層のでき方を実験する。
	4	地層をつくっているものが，どうして岩石に変わるのか調べよう	水の底に積もった礫や砂，泥は，長い年月を経て礫岩や砂岩，泥岩のような固い岩石となり，それらを堆積岩ということがわかる。	・礫岩を観察する。 ・礫岩のでき方。 ・砂岩や泥岩を知る。 ・堆積岩の観察とまとめ。
	5	化石はどんなところで見つかり，どんなものがあるのか調べよう	地層には貝などの化石が見つかることがあり，その場所は水の底だったことを推論することができる。	・貝の化石からわかること。 ・いろいろな化石の観察。 ・恐竜と化石。 ・ヒマラヤのアンモナイトと化石のでき方。
	深めよう1	海でできた地層が陸で見えるのはなぜなのか調べよう	地層は水の底だった土地が地球内部からの大きな力によって押し上げられて，陸地で見られること，傾いたり，曲がったり，切れている地層があることを知る。	・曲がった地層，傾いた地層もある。 ・地層が陸地で見えるわけ。 ・大地は変化している。
	6	火山灰でできた地層はどのようにしてできたのか調べよう	地層には，火山のはたらきにより火山灰が積もってできたものがあることがわかる。	・火山灰でできた地層。 ・火山灰層に含まれる火山噴出物。 ・火山のしくみ。 ・火山活動の様子を映像で見る。
地層を調べる	深めよう2	ボーリング試料で，地下の様子を知ろう	学校などのボーリング試料から，地下の地質を調べることができ，学校の地面の下にも地層が広がっていることがわかる。	・私たちの学校の地面の下を調べるには。 ・ボーリング試料を見る。 ・地質柱状図を描く。 ・地質柱状図からわかること。
	広げよう	私たちが住む土地のつくり	地層の写真などをもとに，自分たちの住む土地のでき方（地史）に関心を持ち，堆積したことを推測しながら土地のつくりやでき方を知る。	・私たちの住む町にも地層はあるか。 ・町の土地のでき方を推測させ，説明する。 ・郷土の土地のでき方。 ・地層の現地観察に向けて。
火山と地層	7	日本の火山や地震の発生場所を調べよう	日本の火山はどこにあるのか，また地震はどこで起こったのかなどを知り，これからの学習の見通しを持つ。	・これから調べることを話し合う。 ・日本の火山があるところを確かめる。 ・地震が起こった場所を調べる。 ・火山や地震と土地の変化を調べる。
	8・9	火山活動や地震によって，土地はどのように変化するのか調べよう	火山活動や地震に伴って，土地の姿や地形が変えられていることがわかる。またくらしに与える影響や防災についても関心を持つ。	・火山活動と土地の変化を見る。 ・火山と土地（地形）の変化を話し合う。 ・地震と土地の変化を見る。 ・地震と土地の変化について話し合う。
防災	10	火山活動や地震による災害に，私たちはどのように備えるといいのか考えよう	火山活動や地震が私たちのくらしに与える影響や防災について関心を持ち，自分たちができることを話し合う。	・世界の火山分布地図から、日本は火山が多く，地震もよく発生することを知る。 ・これまでに起きた日本の災害の様子を調べて，発表し合う。 ・ハザードマップなどを利用しながら，自分たちの地域での防災について話し合う。

学習準備 めあて
土には，どんなものが混じっているのか調べよう

本時の目標　土は，粒の大きさによって分けられ，礫，砂，泥が混じり合ったものであることがわかる。

板書例

㋱ 土には，どんなものが混じっているのか調べよう

1
岩石は
雨
流水・川
くだけて（風化）
土になる

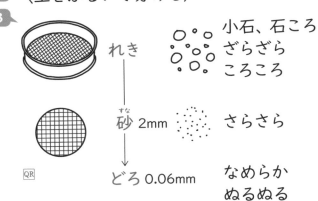

2 〈土をふるいで分ける〉
3
れき　小石、石ころ　ざらざら　ころころ
砂（すな） 2mm　さらさら
どろ 0.06mm　なめらか　ぬるぬる

大きさによって，れき，砂，どろに分けられる　㊅⟷㊇

POINT 厚紙等に接着剤を塗り，礫・砂・泥を貼り付けておくことで，いつでも手触りの違いを確かめることができるように

1 土は岩石が砕けて（風化して）できるものであることを知る

T　私たちがくらしている土地の表面は何でできているでしょうか。

C　運動場は土や砂です。田んぼや畑も土だし，森も土です。

C　高い山には岩が見られます。

C　川原や浜辺には，石ころや砂が多いです。

T　岩のことを岩石といいますが，土地の表面は岩石や土，砂でできています。砂や土はどうやってできたのでしょうか。川原には，砂や土もありますね。

C　5年生のときに，石ころは川の水に流されて砕けて小さくなり，砂になると習いました。

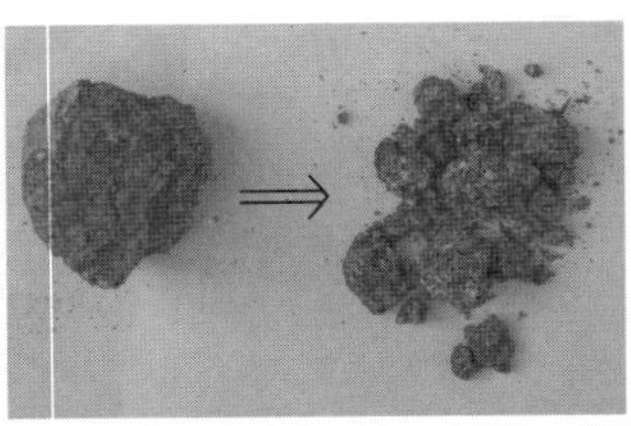
風化した岩石（カコウ岩）
岩石は土になっていく。

T　そうですね。土のもとは岩石で，岩石が砕けて土や砂に変わっていくのです。（風化）

2 ふるいを使って土の大きさをより分ける

T　土はいったいどんなものからできているのでしょうか。実は，土はいろいろな大きさの粒のものが混じっていてできています。運動場の土をより分けてみましょう。

粒をより分けるために「ふるい」という道具を使います。（教師実験でやって見せたい）

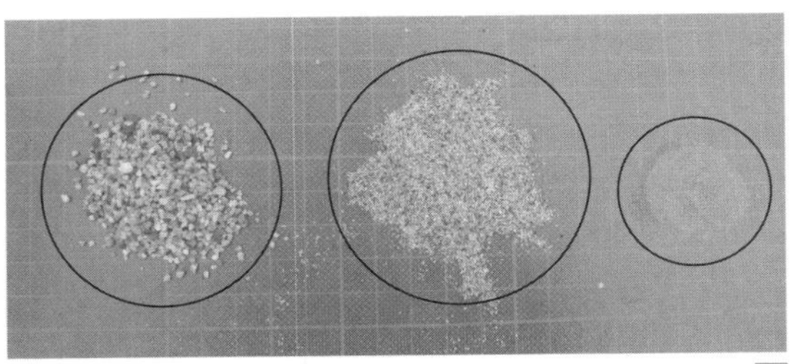
土をより分けたもの

粒度分析用ふるいがあればいい。

C　土はいろんな大きさのつぶのものが混ざっていることがわかります。

準備物
・よく乾燥した運動場などの土
・粒度分析用のふるい
・虫眼鏡かルーペ
・（あれば）顕微鏡

4 〈火山灰（かざんばい）が積もることもある〉

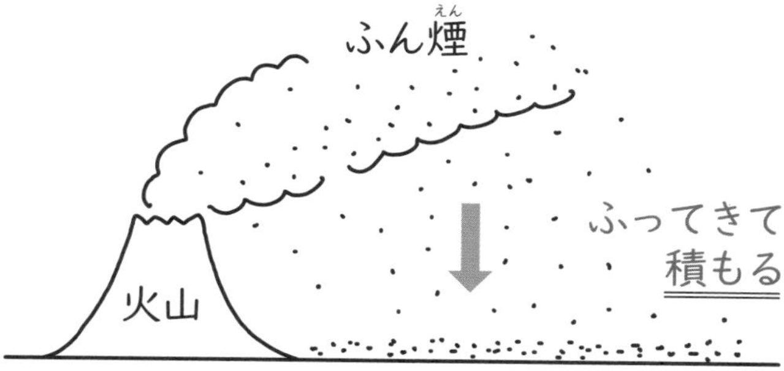

QR

〔まとめ〕
土は，れき，砂，どろのような，
いろいろな大きさのつぶが混じり合って
できている。火山灰が積もった土もある。

QR
・画像

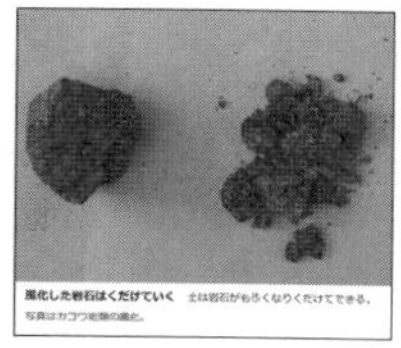

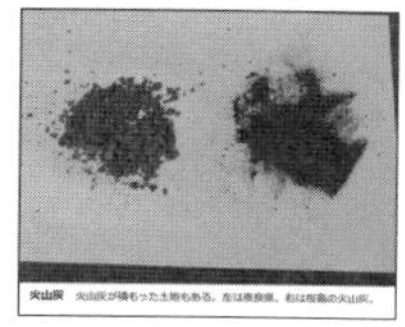

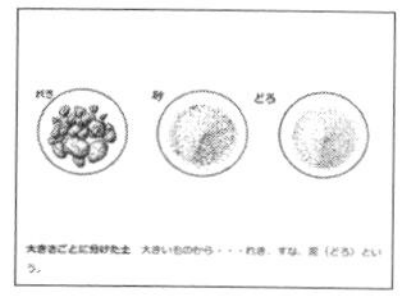

その他多数

するとよいでしょう。

3 土には礫・砂・泥が混じっていることを観察する

T　それぞれの大きさの粒には名前がついています。2 mm 以上のものは「礫」（れき），2 mm から 0.06mm までのものを「砂」（すな），それより小さいものを「泥」（どろ）とよんでいます。

礫は 2 mm 以上ですから，ビー玉くらいのものも礫だし，こぶしくらいのもの，人の頭くらいのものも礫です。

T　ルーペで見てみましょう。手でも触れてみましょう。

礫，砂，泥の大きさ

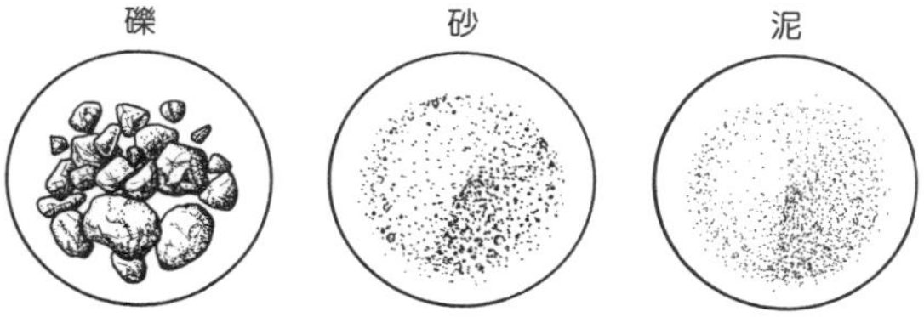

QR

4 ルーペで火山灰を観察する

T　これも土地をつくっているものの 1 つです。普通の土と違います。

C　（ルーペで見ると）砂みたいです。光る物もあります。

T　これは「火山灰」というものです。教科書の火山の写真を見てみましょう。煙のように見えるのは，この火山灰が噴き出しているのです。火山灰が見つかるところはどんなところだと思いますか。

C　噴火している火山のある場所です。

T　火山灰のあるところは火山があるところ，または，火山があった場所だといえますね。火山灰は噴火があった証拠ともいえます。

火山灰

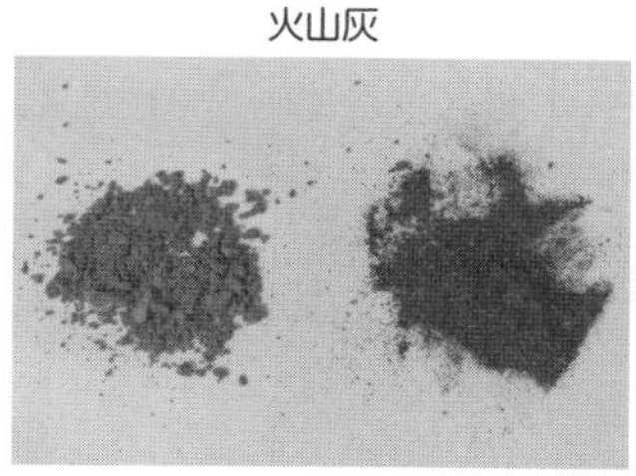

灰色のものも，
黒っぽいものもある。

QR

第１時 めあて
土地は，どのようなものからできているのか，なぜ縞模様に見えるのか調べよう

本時の目標 地層は礫の層や砂の層，泥の層などがほぼ水平に重なってできることから，縞模様に見えることがわかる。

板書例

〔問題〕 土地は，どのようなものからできているのだろうか，なぜしまもようにみえるのだろうか

1

← けずられて がけになったところ を調べると…

2 しまもように見えるのは？

3

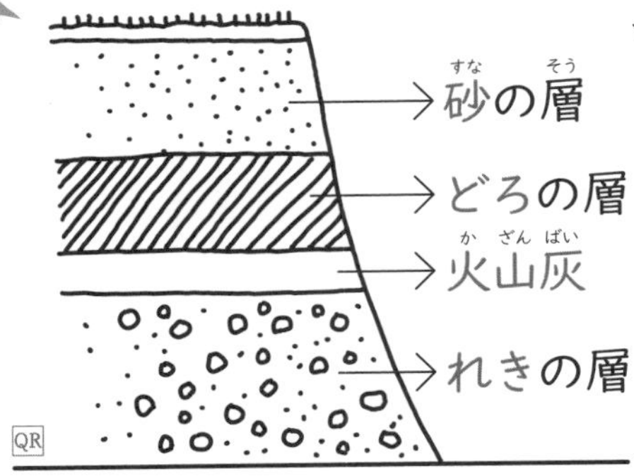

地層(ちそう)
層
「厚み」
「重なる」

おくまで続いている　重なっている

※地層の画像を掲示する。

(POINT) 露頭の写真を提示し，地層が横にも奥にも広がっていることを確認することで，スケールの大きさを実感させると

1 地面の下はどうなっているのか考え，話し合う

T　私たちが住んでいる土地の中を見たことがありますか。もし見えたらどうなっているのでしょうか？

C　土がいっぱい詰まっていると思います。

C　すこし掘ると固い岩石があるかもしれない。

T　では，地面の下の様子を見るにはどうすればよいでしょうか。（思いつきにくいことが予想される）

T　地面の下の様子がわかるところがあるのです。それは，山などが切り崩されたり，崖になっていたりするところです。「露頭（ろとう）」といいます。（実際に見に行くことは難しいので）教科書に載っている写真をよく見て，どのような様子か確かめてみましょう。

露頭の1つ。宅地造成などに伴って人為的に崩された場所は地層面も新鮮で「地面の中」がわかりやすい。多雨の日本では数年経つと地層の表面が草で覆われてしまい，見えなくなることが多い。 QR

2 地層の画像などを見て，見つけたこと，気がついたことなどを発表する

T　この地面の中の様子を見て，見つけたこと，気がついたことは何ですか。

C　地面の中に縞模様が見えます。

C　縞模様が横にずっと続いています。

T　そうですね。この縞模様はがけの表面だけについている模様でしょうか。

C　奥の方まで続いていると思います。

C　土が重なっているみたいです。

横に続く縞模様 QR

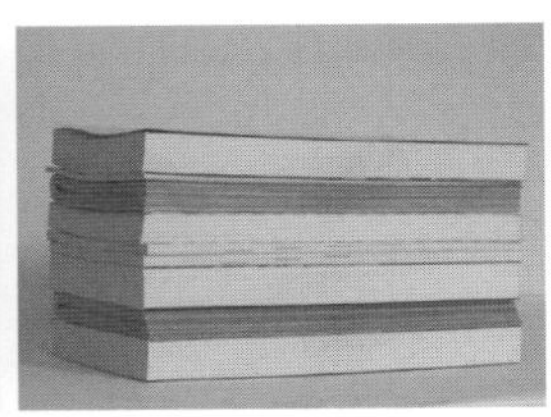

重ねた本を横から見る QR

準備物	・地層の様子がわかる画像を拡大したもの QR ・(あれば) 実際の層から採集した砂や泥の実物	ICT	露頭の写真を見せ，自然の美しさや不思議さを実感させ，単元への意欲を高めるとよいでしょう。

4 〔まとめ〕

・地面の下（中）には，色や形，
大きさなどがちがう，
れき，砂，どろ，火山灰などが重なって
できているところがある。これを地層という。

・地層がしまもように見えるのは，
つぶの大きさのちがうもの（れき，砂，どろ）や
火山灰が板のように積み重なって
層になっているから。

QR

・画像

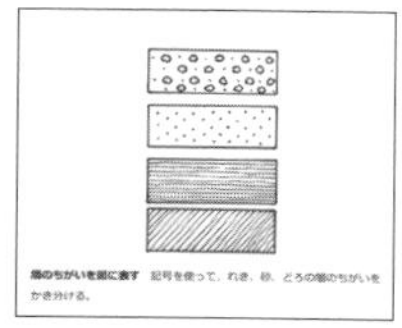

その他多数

よいでしょう。

3 なぜ，地層が縞模様に見えるのかわけを考え，話し合う

T　このように違った土がいくつも板のようになって重なったものを地層といいます。1つの土の板を「層」といいます。傾いている地層もありますが，層と層は並行になっています。

T　このように縞模様に見えるのはどうしてでしょうか。層によって何が違うのでしょうか。

C　土の色が違うからだと思います。

C　それぞれの層にふくまれる土の種類が違うのかな。

T　これは地層に近づいて，詳しく見た図です。層によって何が違うのかよく見てください。

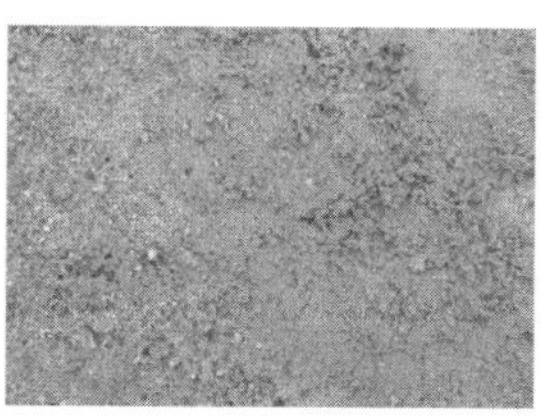

ほとんどが砂の層 QR

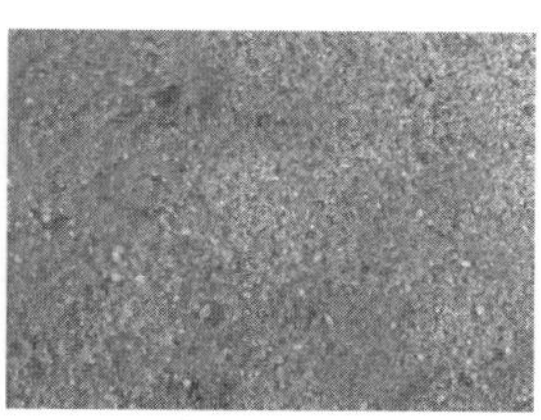

礫混じりの層 QR

4 （まとめ）地層の違いは粒の大きさの違いであることがわかる

T　地層の拡大画像を見て，見つけたり考えたりしたことはどんなことですか。

C　層によって砂の層や，泥の層があります。

C　礫の多い層もあります。

C　礫や砂，泥のように，粒の大きさが違うと別の層に見えます。

T　そうですね。礫の多いところもあれば，砂ばかりのところもあります。それが，層が違って見える理由のようですね。大きく分けて，石ころが多い礫の層，砂の層，泥の層があります。それらの層が横に広がり，続いていて，その上にまた別の層が重なっているのですね。また火山灰でできた層もあります。このようにして地層ができています。

第２・３時 めあて
地層はどのようにしてできるのか調べよう

本時の目標 地層には礫や化石が含まれていることから，水に流されてできた土砂が海底など水の底に積もってできたことがわかる。

板書例

〔問題〕 地層（ちそう）はどのようにしてできるのだろうか

1 〈水を入れてふる〉

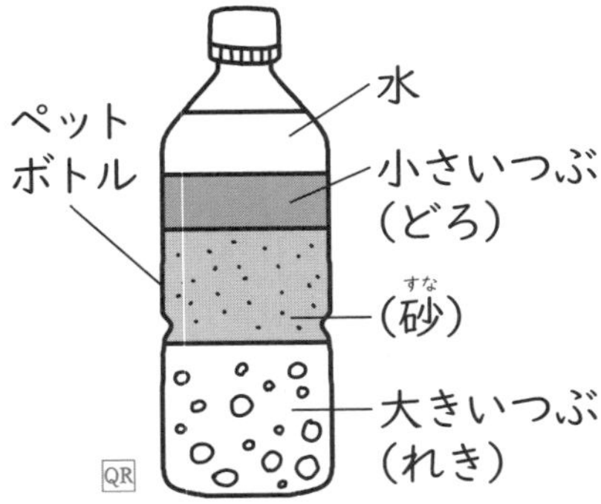

土は分かれて積もる
（しまもよう）

2 〈水は土をより分ける〉

大きいつぶは早くしずむ

小さいつぶは
ゆっくりしずむ

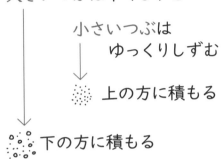

上の方に積もる

下の方に積もる

水の中では分かれて積もる

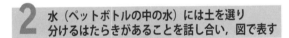

POINT 堆積実験では大きい粒のほうが，小さい粒に比べて早く積もるが，礫だけ堆積するのではなく，すき間には砂も堆積

1 ペットボトルなどを使って，地層の縞模様ができるわけを調べる

T 地層は礫や砂，泥がそれぞれ層になっていて，それが縞模様のように見えました。このような地層がどのようにできたのか，勉強しましょう。

T 実際の地層では，礫は礫，砂は砂，泥は泥と別々の層になっていますが，このように分かれたのはどうしてでしょうか。

T では，礫や砂，泥が混ざった土をペットボトルに入れて，振ってみましょう。

C 変化はありません。

T では，この土が入っているペットボトルに水を３分の２くらいまで入れて，振ってみましょう。

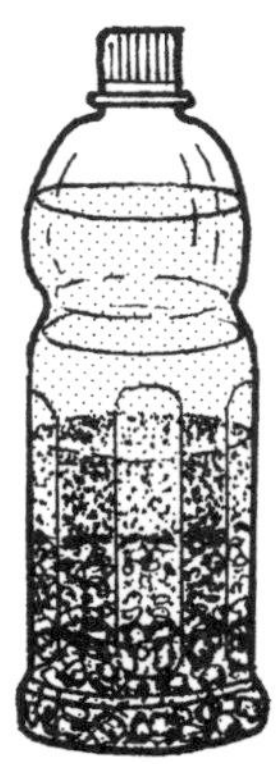

2 水（ペットボトルの中の水）には土を選り分けるはたらきがあることを話し合い，図で表す

T しばらくおいておくと，どうなりましたか。

C 縞模様の層になって積もりました。

C 下には大きな粒が沈んでいます。上の方は細かい粒の泥のようです。

C 水が濁っています。泥がまだ浮いています。

T そうですね。このように，水には土を大きさによって分けるはたらきがあるのです。どうして大きい粒の礫が下に積もるのですか。

C 大きい粒のものは，すぐに下に沈んで，小さい粒はゆっくり沈むので，上になると思います。

（教師から説明をしてもよい）

T 水の中では，大きい粒は早く沈み，小さい粒はゆっくりと沈むので分かれて積もるのです。分かれて積もった様子を図でも描いてみましょう。

準備物
・ペットボトル
・運動場の土，真砂土など
・教科書の地層の写真
・地層堆積実験装置など　・貝化石

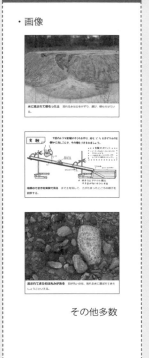

3
4
層の中に丸い石や貝がらが見つかる

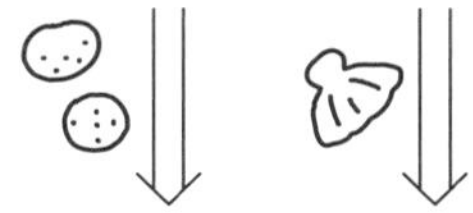

地層は，流れる水に運ばれて海や湖に積もった

地層のでき方…（実験）

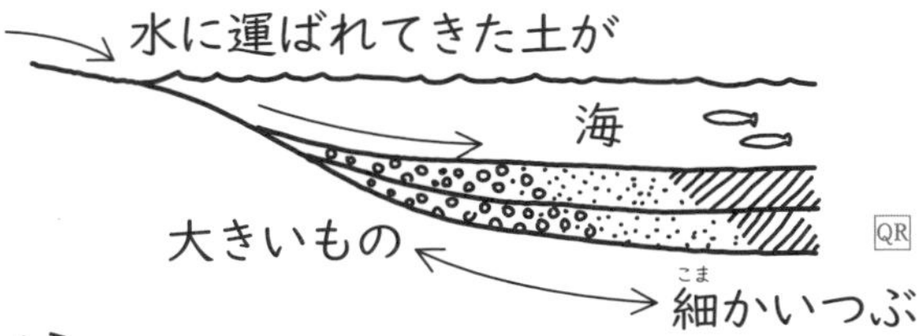

〔まとめ〕
地層は，流れる水によって運ばれた，れき，砂，どろなどが海底などに分かれて積もって層となり，積み重なってできる

QR
・画像

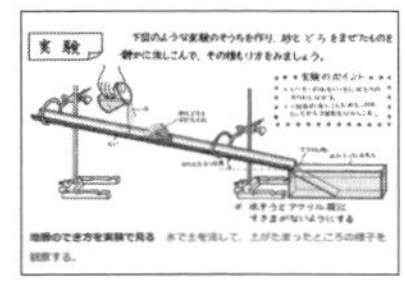

その他多数

します。

3 教科書の写真や参考画像から，地層のようすを観察する

T　では，縞模様の地層も水の中で積もってできたのでしょうか。礫の層の中の礫を見てみましょう。丸い石ころです。礫が丸いことから何がわかるでしょう。丸い石はどんなところで見られますか？

C　川原の石と同じです。川に多い石です。

T　そうですね。水に流されてきた石ですね。それから，地層から貝殻が見つかることもあります。地層に貝殻があることからどんなことがわかりますか。

C　海岸か，海の底でできたのかな。

C　水の底で積もったのかな。

流れる水によって土が運ばれて積もる

自然界でも洪水時など，大量の土砂が海に注ぎ込む場合があり，このようなときにも地層が形成される。

4 土を水の中に流し込んで，層ができるかどうか実験する

T　このように地層から貝殻が見つかることもあります。これを「化石」といいます。礫が丸いことや貝の化石が見つかることから，地層は水に流されてきた土が，海などの水の底で沈んで積もってできたと考えられます。

T　水槽の中に水と土を流し入れてみましょう。地層のようになるのでしょうか。

T　海岸や水の中では，このような流れが速いときや速いところは，礫や砂が，沖のように遅いところでは，泥が積もるのです。これが繰り返されて，いくつもの地層ができます。

実験　下図のような実験装置を作り，砂と泥を混ぜたものを静かに流し込んで，その積もり方をみましょう。

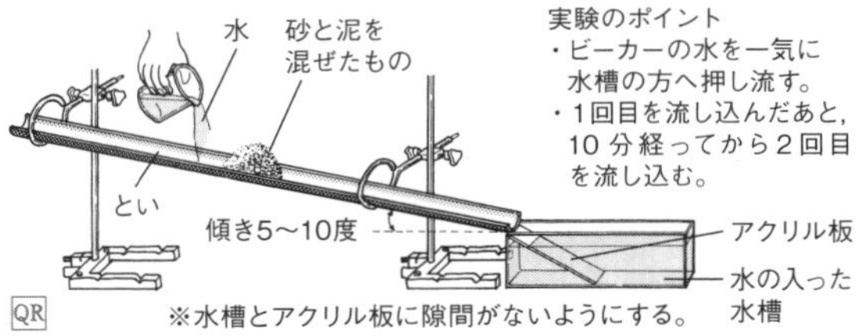

実験のポイント
・ビーカーの水を一気に水槽の方へ押し流す。
・1回目を流し込んだあと，10分経ってから2回目を流し込む。

※水槽とアクリル板に隙間がないようにする。

第4時 めあて
地層をつくっているものが，どうして岩石に変わるのか調べよう

本時の目標 水の底に積もった礫や砂，泥は，長い年月を経て礫岩や砂岩，泥岩のような固い岩石となり，それらを堆積岩ということがわかる。

板書例

〔問題〕 地層(ちそう)をつくっているものが，どうして岩石に変わるのだろうか

1 地層の中の岩石の観察

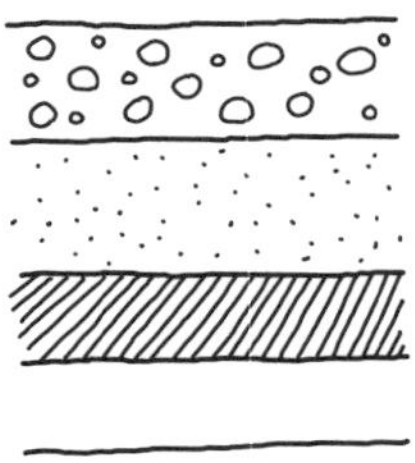

2 岩の表

3 〈れき岩〉

れきがあり，すき間に砂がある岩石

〈砂岩(さがん)〉

砂がおしかためられた岩石（ざらざら）

〈でい岩〉

つぶが細かく，なめらかな岩石

1 岩石標本で礫岩を観察する

T 地層には新しいものも古い時代に積もったものもあります。1億年以上前のもの，1000万年前のもの，100万年前のもの，1000年前に積もったものなどです。地層の礫や砂，泥は長い年月が経つとどうなるでしょうか。

T ここに地層から取ってきた石（岩石標本）があります。見て気づいたことはありませんか。（礫岩がよい）

C 小さい丸い石ころが入っています。

C 間に砂のようなものが入って固まっています。

T これは，礫の層が固まって岩石に変化したものです。礫の層が固まってできた岩石なので「礫岩」といいます。（わかれば，「できたのは○億年前です」）

どうしてこのような固い石に変わるのでしょうか。教科書を読んで調べましょう。

2 礫岩をルーペで観察したり，スケッチしたりする

T 調べてわかったことを発表しましょう。

C 「長い年月の間に積もった地層が押し固められて固い岩石になる」と書かれていました。

T そうですね。地層がどんどん厚くなると，その重みで礫の層が固い岩石になったのです。固い岩石に変わるには，何千万年，何億年という長い年月がかかります。礫岩をスケッチしてみましょう。（入っている丸い礫を見落とさないように留意させる）

T 丸い礫と礫の間をルーペで観察しましょう。

C 砂か，泥があるようです。

T そうですね。礫と礫の間にはすき間があって，そこに砂が入って固まっているのです。（わかれば）この地層は「□□地方にある岩石で○○年前にできた」と考えられています。

第4紀の地層（軟かい地層）

三重県　1500万年前
中新世の地層（固い地層）

準備物	・岩石標本（礫岩・砂岩・泥岩）QR ・ルーペ ・虫眼鏡 ・堆積岩でできた地層の写真 QR

4〔まとめ〕

・地層をつくっているもの
（れき，砂，どろなど）が，
積み重なったものの重みで，
長い年月をかけて固まり，岩石になる

・積もってできた岩石には，
れき岩，砂岩，でい岩がある
（まとめて堆積岩という）

QR

・画像

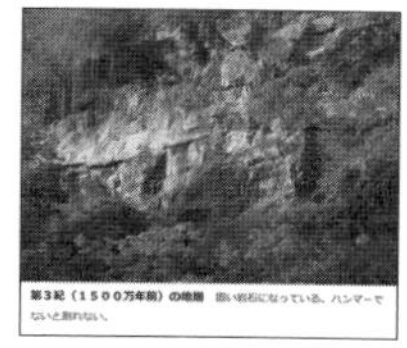

その他多数

3 砂岩や泥岩をルーペで観察したり，スケッチしたりする

T　地層には，礫の層以外に砂や泥の層もありました。砂や泥も固い岩石になるのでしょうか？

C　礫の地層が固い岩石の「礫岩」になったのだから，砂や泥が固まった岩石もあると思います。

T　ここに砂の層が固まった「砂岩」があります。こちらは，泥が固まった「泥岩」です。

それぞれ，ルーペを使って観察し，スケッチをしましょう。

砂岩や泥岩

砂岩の表面 QR

礫岩・砂岩の石垣 QR

礫岩のでき方から，砂岩，泥岩もあることを理解させる。また，名称は堆積物が砂なら「砂岩」，泥なら「泥岩」とよぶ。

4 （まとめ）礫岩，砂岩，泥岩などを堆積岩ということを知る

T　泥の岩と書いて「泥岩」，読み方は「でいがん」です。砂が固まった岩石は「砂岩」（さがん）ですね。礫や砂，泥が堆積して岩石になったものなので，「堆積岩（たいせきがん）」といいます。「堆積」とは「つもる」という意味です。地層をつくっているものが，その上に積み重なったものの重みで，長い年月をかけて固まると岩石になるのです。

堆積してできた岩石

QR

砥石（泥岩）

（そのほかの堆積岩）

・石灰岩 ……… 浅い海に住むサンゴやフズリナ，貝殻などがもとになった岩石。

・チャート …… 放散虫の殻（二酸化珪素）が海底に積もってできる。つるつるしている。

・凝灰岩 ……… 火山灰が積もってできたもの。

第５時 めあて
化石はどんなところで見つかり，どんなものがあるのか調べよう

本時の目標 地層には貝などの化石が見つかることがあり，その場所は水の底だったことを推論することができる。

板書例

㋱ 化石はどんなところで見つかり，
どんなものがあるのか調べよう

1
〈貝の化石〉

この地層が
できたところは
大昔は海岸，
海底，湖
（水の中）

2
〈化石のいろいろ〉

貝がら
カニ
サメの歯
アンモナイト
木の葉
} 昔すんでいた生物のからだ（かたい部分）

足あと
巣穴
} くらしのあと

石炭…木
石油…生物
} 化石燃料

3
〈きょうりゅうの化石〉

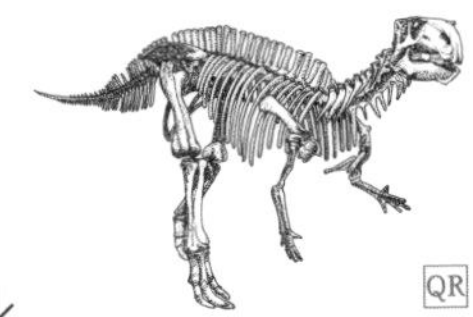

⇩
6500万年前にほろぶ

（化石からわかること）
・今はいない生物のすがた
・まわりのようす
・地層ができた時代
・気候

POINT ヒマラヤ山脈は化石を含む地層が１年で数センチ持ち上がっていることを話し，今の姿になるまでとても長い年月が

1 貝の化石からわかることを考え，話し合う

T　前の時間に，地層から貝殻が見つかることがあると話しました。これを「化石」といいました。（実物がなければ，貝化石の写真を見せる）
　地層の土や，石の中から貝殻が出てくることから，どんなことがわかるか考えてみましょう。
C　昔その場所は，海岸や川や湖だったと思います。
C　潮干狩りをするようなところかな。
T　この地層が積もったところはどんな場所だったといえますか。
C　海だったと思います。
C　湖かもしれないです。

2 化石標本や動画や教科書の写真などから化石を観察する

T　このように貝殻の化石が見つかることから，その地層ができた場所が海や湖などの水の底だったことがわかるのです。貝の化石はよく見つかります。どうしてでしょうか。
C　貝殻は硬いからだと思います。
T　そうですね。貝殻のように硬い部分が残りやすいのです。貝の化石を絵に描いてみましょう。
　ほかにも写真のような化石が見つかっています。

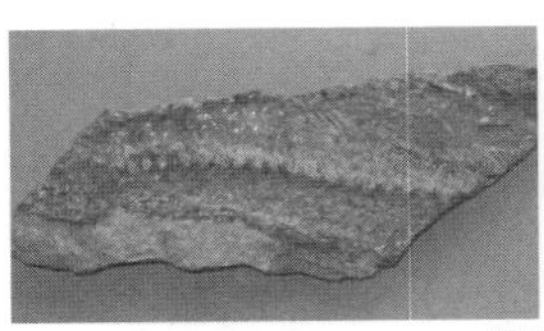

魚の骨

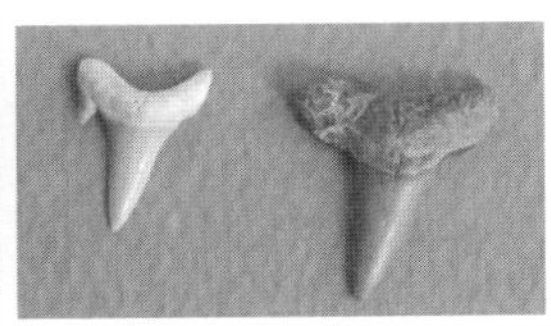

サメの歯

C　木の葉，巻き貝，魚の骨です。
T　そうですね。骨や歯のような生物の体の残りやすい固い部分が残ったのですね。他にも貝などの巣穴の跡，足型も見つかることがあります。

準備物	・化石標本（なければ，教科書の写真，図鑑からの写真，ヒマラヤ山脈での化石写真）	ICT	色々な化石の写真を提示し，生物の骨や体だけでなく，くらしの跡や植物も化石になることを理解させましょう。

4 〈ヒマラヤ山脈のアンモナイト〉

海の生き物がなぜ山で見つかるのか

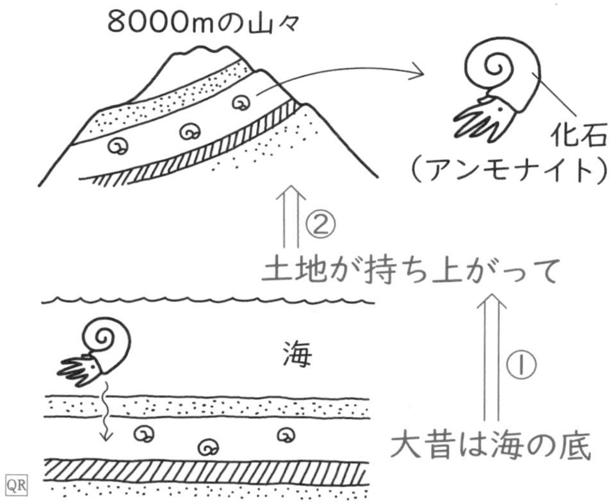

QR

・動画
「化石の観察」

・画像

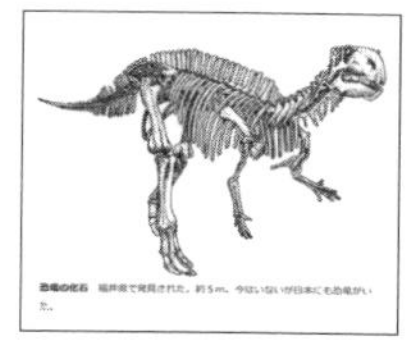

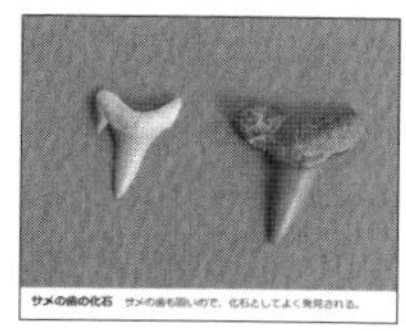

その他多数

かかっていることを実感させ，時間的視点をはたらかせましょう。

3 画像や教科書の写真などを参考にして，恐竜の化石からわかることを話し合う

T　これは何という生き物ですか。

C　恐竜です（○○サウルス）。

T　今は恐竜はどこにもいませんが，大昔（約１から２億年前ごろ）にはこんな恐竜がいたことがわかっています。どうして大昔に恐竜がいたことがわかるのですか。

C　化石が見つかったからですか。

T　そうですね。恐竜の化石が見つかっているからですね。福井県などで見つかっています。

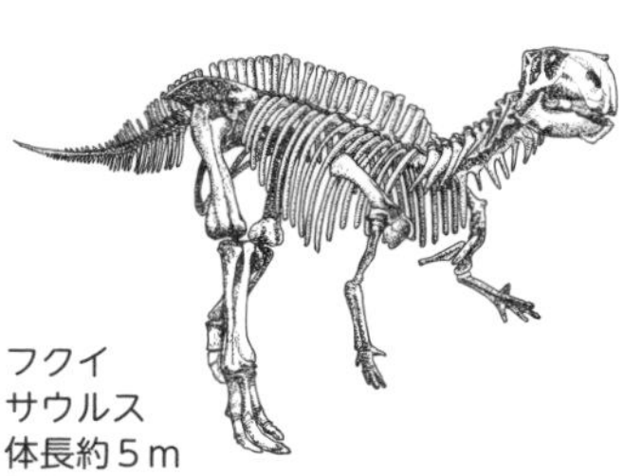

フクイサウルス
体長約５m
福井県で発見された。

大昔，どんな生物がどこにいたかも化石からわかるのです。化石から恐竜の形や大きさもわかります。残念ながら，6500 万年前に恐竜は絶滅しましたが。

4 海の生き物が，なぜ山で見つかるのか考え，話し合う

ヒマラヤのアンモナイト化石から，化石のでき方を考える。（アンモナイトの化石標本や写真を見せながら）

T　これも，今はいない大昔の生物の化石です。「アンモナイト」といって海に住んでいました。このアンモナイトの化石は北海道でも見つかっていますが，世界一高いヒマラヤ山脈でも見つかっています。このことからヒマラヤ山脈についてどんなことがわかりますか。

C　大昔，アンモナイトが住んでいた？

C　大昔，ヒマラヤ山脈は海だった？

T　アンモナイトが山に住んでいたとは考えにくいですね。そうなると，実はヒマラヤ山脈の土地も大昔は海底にあったのです。それが，長い年月の間に持ち上がり，高い山になったのです。

アンモナイト

大きさはいろいろある。

T　化石のでき方をまとめてみましょう。

深めよう１ めあて

海でできた地層が陸で見えるのはなぜなのか調べよう

本時の目標　地層は水の底だった土地が地球内部からの大きな力によって押し上げられて，陸地で見られること，傾いたり，曲がったり，切れている地層があることを知る。

板書例

〔問題〕 海できた地層(ちそう)が陸で見られるのはなぜだろうか

1 〈いろいろなすがたの地層〉

曲がった　立っている

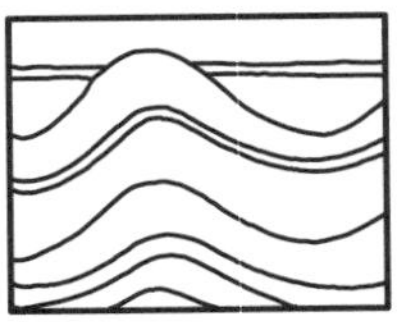

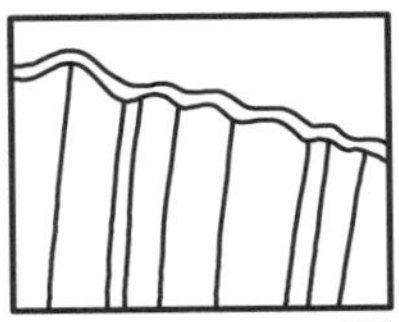

QR

もとは？水平？

※教科書の写真のコピーを貼る。

2 〈地層はできたときは水平〉

3

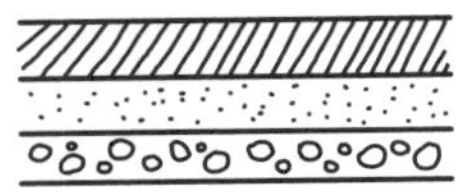

地球からの力がはたらくと

長い年月の間に動いて　断層(だんそう)

曲がる　かたむく　切れる QR

POINT 前時のヒマラヤ山脈の山頂付近にアンモナイト等の化石があることの理由を理解できていないようであれば，ここで

1 なぜ曲がった地層，傾いた地層があるのかを考える

T 地層は，水のはたらきにより水の中でできることを学習しました。では，海の底など水の中でできた地層が，どうして陸地や山などでも見られるのでしょうか。（児童には難しい問いかけのため，問題提起として発言する）

QR

T （曲がった地層や水平でない地層の写真を見せながら）このような地層はどのようにできたと思いますか。

C 曲がったところに積もったのかな。

C 地震で建物が傾いたように，地層も傾いたのかな。

QR

2 地層が曲がったり，傾いたりするわけを知る

T ここに本（雑誌）があります。これを曲がった地層のように曲げようと思います。どうすれば曲げることができますか？

C 手で曲げると，本が曲がります。

T そうですね。両方から押してみましょう。このように両側から力が加わると曲がります。地層も，できた後両側から力が加わると，このように曲がることもあるのです。私たちが住む土地も，実はこのように押され続けているのです。傾いたり，垂直に立っていたりする地層も，元は水平だったのが，地球の中からの力でこのように姿を変えてきたのです。

重ねた本を横から押すと曲がる。

QR

準備物	・水平な地層，褶曲や，傾いた地層，断層などの資料 QR ，教科書の写真 ・地層の形成についての動画（NHK for School『地層から歴史を探れ！』など）

ICT	地層の露頭の写真を見せ，地層は曲がったり傾いたりすることを理解させましょう。

4 長い年月の間には

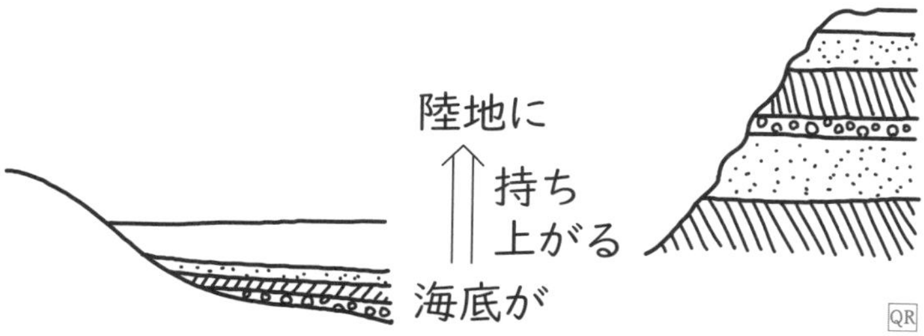

〔まとめ〕

・土地は，地球の中からの力（地震（じしん）など）で，もり上がったりしずんだりしている

・海底でできた地層が持ち上がり，陸地となることもある

QR

・画像

その他多数

もう一度考えさせるのもよいでしょう。

3 なぜ地層が陸地で見られるのか考える

T　固い岩石の地層は何千何万年もかけてゆっくり押され続けると，このように曲がることもあります。また，押されたときに土地が割れて，食い違うこともあります。これを「断層」といいます。土地が割れて断層ができるときに地震が起こります。

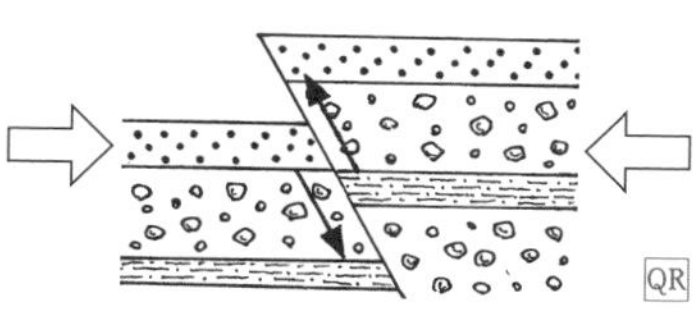

T　では，水の中でできた地層がどうして陸や山地で見られるかわかりますか？

C　土地は動くことがあるので，海の底が押し上がってきて陸に現れたのだと思います。

T　土地が押し上がることを「隆起」といいます。押し上げたのは何ですか？

C　地層を傾けたりした地球の中からの力だと思います。

4 （まとめ）海でできた地層が陸で見られるわけを知る

T　地球の中からの大きな力によって，地球の表面の土地は押されたり引っ張られたりしています。陸上で見られる地層も，海底だったところが持ち上げられたのです。陸上の土地も長い年月の間に，水に削られて運ばれ堆積し，また持ち上げられて陸地になるといった具合に，常に変化しているのです。教科書をみんなで読んでみましょう。

T　大地が変化している例として，昔は海岸にあったといえる石が，現在は海岸から離れたところで見られる「船留石」などもあります。（福井県小浜市内）隆起の例としては，山形県象潟が有名です。

第６時 めあて
火山灰でできた地層はどのようにしてできたのか調べよう

本時の目標 地層には，火山のはたらきにより火山灰が積もってできたものがあることがわかる。

板書例

〔問題〕 火山灰(かざんばい)でできた地層(ちそう)はどのようにしてできたのだろうか

1 〈火山灰でできた地層〉

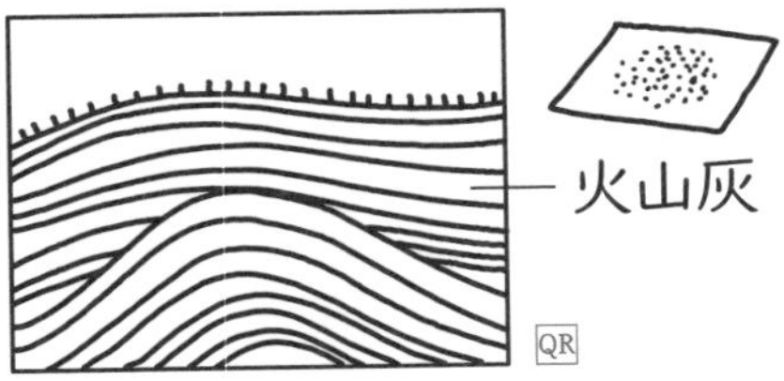

・曲がっている

・つぶはざらざらしたものやきらきらしたものがある

2 〈火山のふん火〉

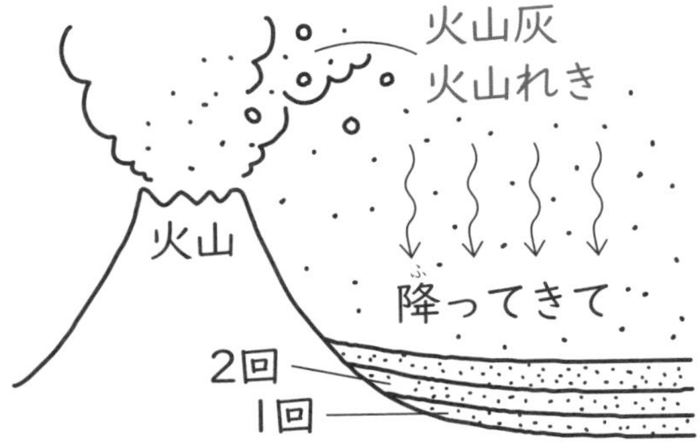

積もって地層になる
火山灰の層 QR

※児童の意見を板書する。

1 火山灰を観察する 火山灰でできた地層があることを知る

T 地層は流れる水で運ばれた礫や砂，泥が水底に積もってできました。この他に地層ができることはないのでしょうか。（火山灰の地層の画像を見せながら）この地層はどのようにできたと思いますか。

C 縞模様が入っている。

C 縞模様が曲がっているところもある。

T （実物の火山灰を見せながら）これはこの地層に含まれていたものです。

C ざらざらしている。

C きらきらした物も入っています。

T これは火山から吹き出した火山灰です。この火山灰からできた地層もあります。

火山灰が積もった地層 QR

近づいて見た火山灰の層 QR

2 火山灰層は火山噴出物（火山灰や火山礫）からできていることを話し合う

T 火山の絵を見てみましょう。（板書）煙（噴煙）が火山の頂上（噴火口）からもくもくと上がっています。煙のように見えますが，煙ではなくて火山灰です。これが降り積もってできる地層もあるのです。

T 火山から吹き出したものは，火山灰（２mm 未満）のほかに，火山礫というものもあります。

火山灰や火山礫を見せる。なければ，鉢底石（火山軽石）などを見せるか，教科書の写真を使う。

C 角張った粒が入っています。

C 小さい穴があいています。

T このように角張った礫や穴の開いた軽石が含まれているのも，火山から吹き出したものが積もった層の特徴です。

火山灰が固まったもの QR

火山からふき出した礫は角ばっている。 QR

準備物	・火山灰が積もった地層の写真 QR　・火山灰 ・赤玉土や鹿沼土（いずれも火山灰土） ・火山活動の動画（NHK for School 『日本の火山』など）

ICT	動画教材等を利用し，火山が噴火する際に起こる現象や被害の様子をイメージさせるとよいでしょう。

3 〈火山のしくみとようす〉

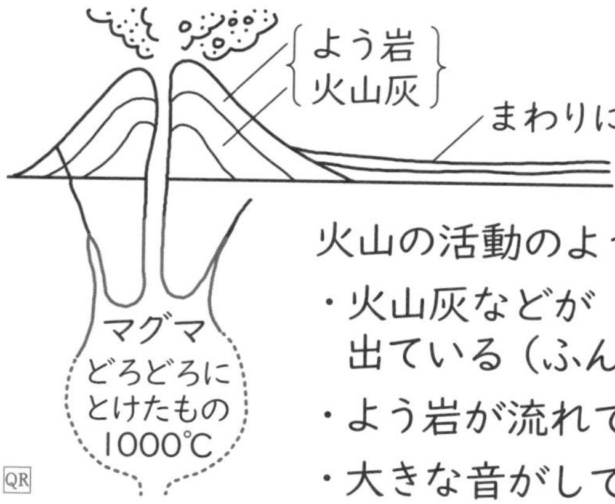

火山の活動のようす
・火山灰などが出ている（ふんえん）
・よう岩が流れている
・大きな音がしている

4 〔まとめ〕
・火山のはたらきでできた地層もある
・火山からふき出された火山灰やよう岩などが，積み重なってできた山もある（富士山（ふじさん）など）

QR

・画像

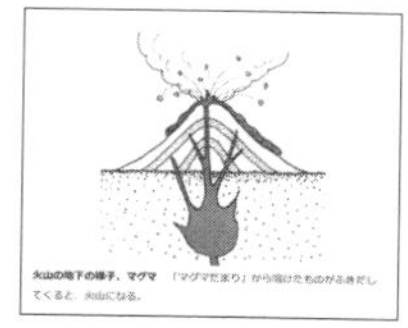

その他多数

3 火山の地下の様子の画像（教科書の図など）を見て，火山のしくみについて話し合う

T　火山から噴出されるものには，このようなものもあります。（溶岩）これは，火山から流れ出た，溶けた岩石が冷えて固まったものです。「溶岩」といいます。溶けた岩石も溶岩といいます。

火山から流れ出ている溶岩の写真を見せる。

T　このように火山から流れ出た溶岩や火山灰などは火山の回りに積もり，山となっていくのです。富士山も昔は噴火していて，吹き出した溶岩や火山灰が周りに積もってあんなに高い山になったと考えられています。土地が持ち上がってできたヒマラヤとは山のでき方が違いますね。

T　溶岩や火山灰のもとはどこにありますか？　教科書で調べて見ましょう。

C　火山の地下です。マグマがあります。

C　マグマが地面の上に吹き出して溶岩や火山灰となります。

4 （まとめ）火山灰でできた地層はどのようにしてできたのか知る

T　地下の数kmから 10km のところに，1000℃位の高温でどろどろに溶けた，マグマというものがあります。これが地表に出てきて積もってできた山が火山なのです。

T　火山のはたらきでできた地層は，火山の噴火によって噴き出された火山灰などが，堆積してできています。（まとめ）

T　今の時代にも，日本で火山活動が活発な地域があります。聞いたことがあるかもしれませんが，鹿児島県の桜島，浅間山，阿蘇山，霧島などほかにもたくさんあります。

火山灰が降ってくるところもあります。

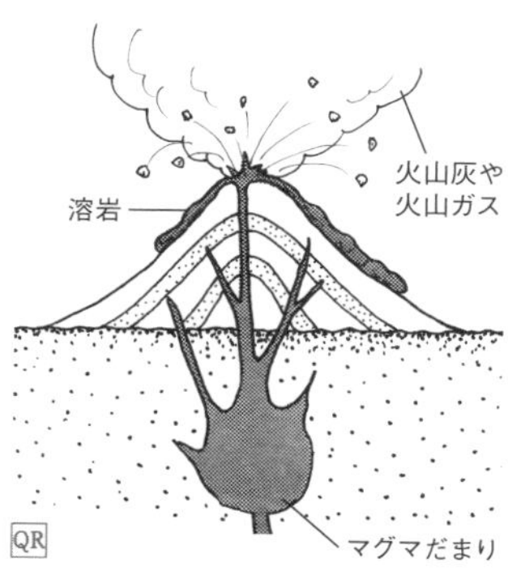

深めよう２ めあて

ボーリング試料で，地下の様子を知ろう

本時の目標 学校などのボーリング試料から，地下の地質を調べることができ，学校の地面の下にも地層が広がっていることがわかる。

板書例

ⓜ ボーリング試料で，地下の様子を知ろう

1 地下のようすを知るために

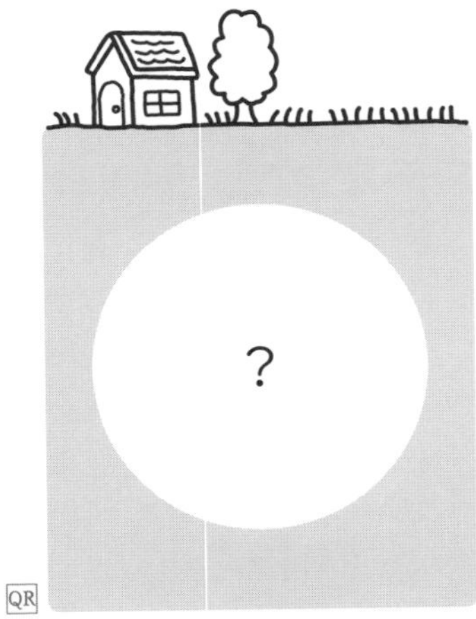

2 〈ボーリングをして調べる〉

穴(あな)をあけて土を取り出す

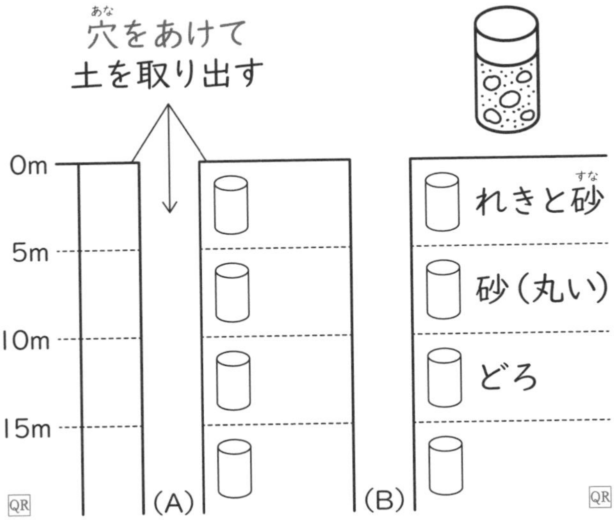

1 私たちの学校の地面の下にはどのような地層があるのか予想する

T 私たちの□□小学校は○○町（市）にあります。私たちの学校の地面の下はどうなっているのでしょうか。やはり，地層があるのでしょうか。

T 学校が建っている地面の下の様子を知るにはどうしたらいいでしょうか。様子がわかるところはありませんか。

C 井戸のように，地面を掘るといいです。

C 工事現場で穴を掘っているのを見たことがあります。地面の中が見えていました。

T つまり，穴を掘ると地面の中が見えるということですね。実は学校など重い大きな建物を建てるときは，土地の強さを調べるために，穴を掘って下の土をとり出して調べているのです。それをボーリング調査といいます。この学校を建てるときもボーリング調査をしています。これがそのときとり出した土です。（サンプルびんに入った土を見せる）

2 教科書のボーリング試料の標本から，地下の様子をを考える

T ボーリングをどのようにやるのか，教科書（または資料）で見てみましょう。（ボーリングしている図を見せる）

T このように，地面に細くて深い穴を開けて地下の土をとり出して調べるのです。この学校では２か所でボーリングが行われました。３，４か所することもあります。

T 掘り出した土は深さごとに，びんに入れられています。１０本ぐらいあります。縦に並べると，どの深さにどんな土（もの）があるのかがわかります。見てください。（グループごとに回して見せ，深さの順に並べる）

C 地下１ｍのところはおもに砂です。

C 地下７ｍのところは礫混じりの砂です。

T 深さによって，積もっているものが，泥だったり砂だったりと違いますね。つまり，学校の地下も層になっているようです。

準備物
- ・ボーリング試料（サンプル，地質柱状図）
- ・描き直して簡略化した地質柱状図プリント
- ・ボーリングしている写真のコピー

3 4 〈学校の地下のようす〉

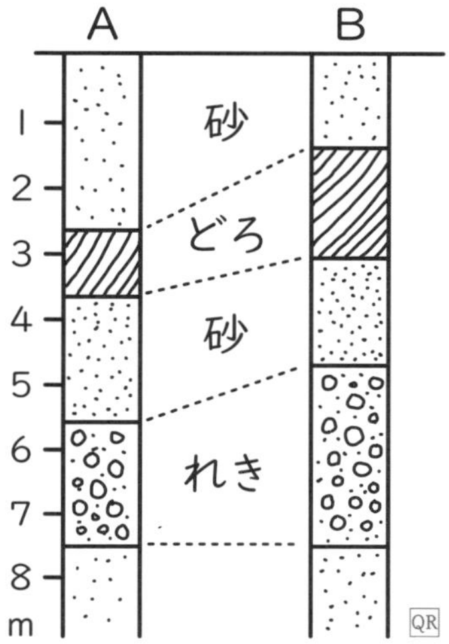

地下は…
地層（ちそう）になっている

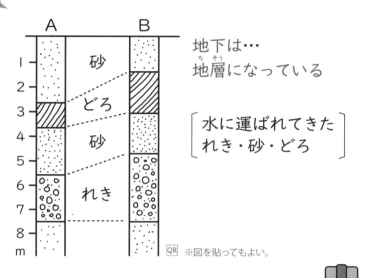

［水に運ばれてきた
れき・砂・どろ］

QR ※図を貼ってもよい。

QR

・画像

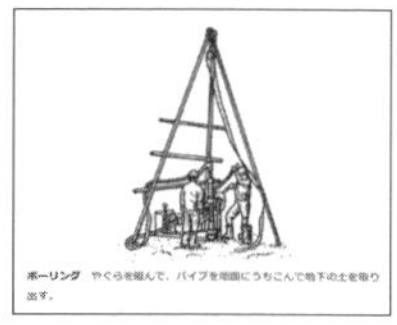

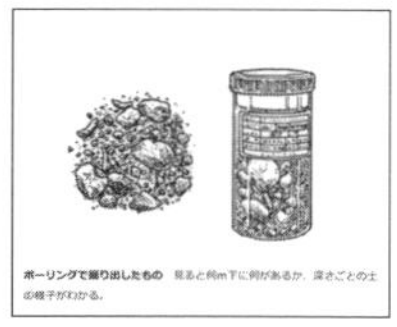

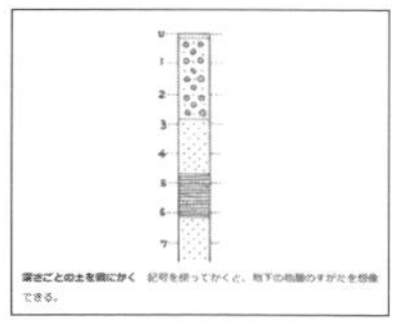

その他多数

3 簡単な地質柱状図を，色分けした地質柱状図にかく

T　それで，どの深さにどんなものが積もっているか，図に表したものがあります。ボーリングは２か所行ったので，図も２つ（A・B）あります。（教師が簡略化して描いた柱状図のプリントを配る。黒板にも貼る）

T　この図を，みんなも描いてみましょう。記号を使いましょう。礫は…砂は…泥は…という記号です。

（見て回る。地質柱状図例→板書）

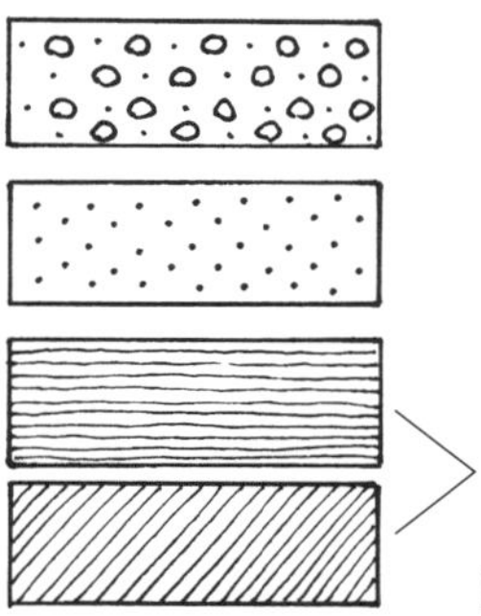

T　色分けするともっとわかりやすくなります。泥の層は水色，砂の層は黄色，礫は黄土色にしましょう。（児童に柱状図を塗り分けさせる。手で描くことによって，地層の重なりも見えてくる。できれば２つ描かせると，その間にある地層も推定できる）

4 児童の描いた地質柱状図から，気づいたことやわかったことを話し合う

T　描けた図からわかることは，どんなことでしょうか。見つけたことを書いてください。（まず，書かせて発表させる。板書の地質柱状図例をもとに話し合う。）

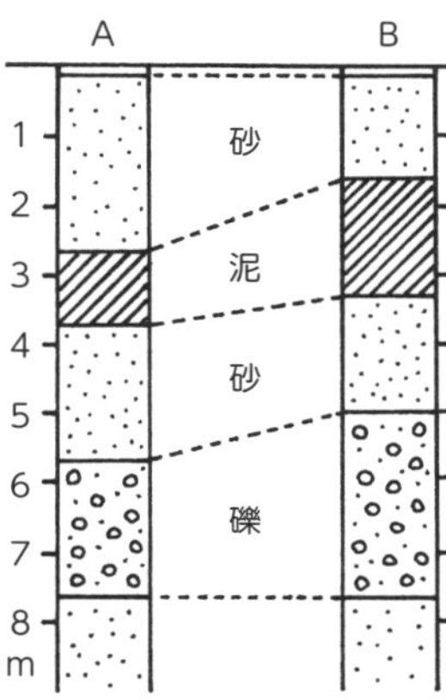

ボーリング調査は，敷地全体をくまなく調べるのではなく，2，3か所ですませることが多い。それだけで調査地点間の地質や，その付近の地質が推定できるからである。

（このように，２か所のボーリング試料からは，その間の地層も推測できることに気づかせる。１か所の試料だけでもそのまわりは同じ層だと推測できる）

T　私たちの学校の下にも，砂や泥，また礫の層が広がっていたのですね。（ノートにわかったことや感想を書かせる）

広げよう めあて
私たちが住む土地のつくり

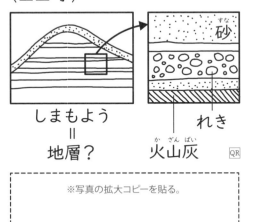

本時の目標　地層の写真などをもとに，自分たちの住む土地のでき方（地史）に関心を持ち，堆積したことを推測しながら土地のつくりやでき方を知る。

板書例

私（わたし）たちがすむ土地のすがた

1 （○○市／□□町）「地層（ちそう）はあるか？」

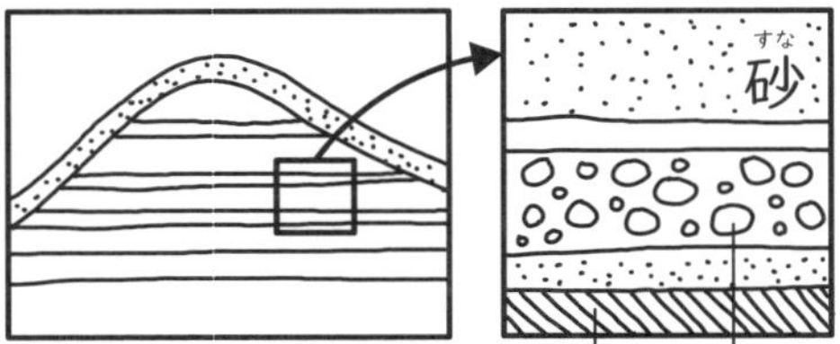

しまもよう
＝
地層？

れき

火山灰（かざんばい）

QR

※写真の拡大コピーを貼る。

2 地層から見つかる

［丸いれき／砂（すな）］からわかることは

水のはたらきでできた

｛○○万年前に海底に積もった／土地が持ち上がった｝

火山のふん火もあった

1　私たちの住む町でも地層は見られるか話し合う

T　私たちが住んでいる○○市（町，村）の土地でも，地層は見られるのでしょうか。

C　地層は水の中でできるから，盆地にある○○市にはないかもしれません。

C　盆地でも洪水があれば土が堆積します。

C　大昔，この土地が海底だったらあるかもしれません。（深入りしない。地域によって見られないところもある）

T　この写真を見てください。□□（地域名）にある崖の様子です。気づいたことはありませんか。

C　地層のようなものが見えます。縞模様のようです。

C　縞模様には見えないけれど砂のようです。

（ここでは，校区，または地域の土地のつくりやでき方について写真などの資料をもとに進める学習を想定している）

2　私たちの住む町の土地のでき方を，「○○

T　では，近づいて撮った写真も見てください。地層なら，礫や砂や火山灰がありますね。（アップで撮った写真を掲示する）

C　小さな丸い石ころが見えます。礫が含まれています。砂のようなものも見えます。

T　丸い石ころ（礫）があることから，どんなことがわかりますか。

C　この崖は水に運ばれてきた砂や礫が積もってできたと思います。

T　そうです。この崖のある土地は，水のはたらきでできた地層です。火山灰の層も入っています。研究者が調べたところ，私たちの住んでいる土地は，○○万年前には海の底（あるいは湖の底）だったようです。そして運ばれてきた土砂が積もりました。その後，土地が持ち上がって今の姿になったのです。（市史などの資料をもとに市の地史を説明する）

準備物

・地層の画像 QR
・地域の地層の写真や地図
・地層に含まれる堆積物のサンプル
・ルーペ（虫眼鏡）
・地質柱状図や地質図
・そのほか市史などの資料

2 ［地質柱状図（ちしつちゅうじょうず）］

QR

※市史などの資料になるもの。

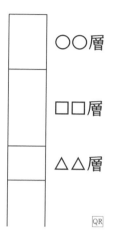

3 地層の観察
（準備物）
・筆記用具
・スケッチブック
・スコップ
・ポリぶくろ

QR

・画像

その他多数

市史」などの資料をもとに考える

T　この地層から火山灰の層も見つかっています。このことからわかることはどんなことでしょうか。

C　地層ができた頃に火山の噴火があって，火山灰が降り積もったと思います。

T　そうですね。火山灰が見つかるということは，噴火があったという証拠になりますね。では，この地層に含まれる礫や砂を見てみましょう。

（採取してきた実物サンプルがあれば見せる。堆積岩層であれば，堆積岩を見せ観察させる）

T　これは，地下の様子を描いた図です。（地質柱状図を掲示する）私たちの町（学校）は，この一番上の地層の上に乗っていることになりますね。（図を指し示す）

3 地層の現地観察に向けての事前指導

（安全に地層が観察できるところがあれば，見学するのもよい。宅地造成などで丘陵地が削られたところがあれば地層も見られることがある。しかし，見学の許可や安全面，移動や見学時間も考えると，教師が撮影した写真など，またサンプルを採取してそれを教室で活用するのも１つの方法である。要は郷土の土地の成り立ちに関心を向けさせることである）

〈地層の観察に行くことを想定した場合〉

T　今度，地層の観察に○○に行きます。（教科書も参考に事前指導をしておく）地層全体の様子を観察することとともに，①地層の厚さ，②地層に含まれるものにどんなものがあるか（礫や砂など），③地層の続き具合なども調べましょう。（安全上，ハンマーは使わせないほうがよい）

（教科書を参考に服装や安全面の注意もしておく）

現地観察

●スケッチのポイントは…
・重なり方やその厚さ，色の変化
・粒の大きさ
・重なりのさかい目

●地域に応じて，博物館を利用した学習も考えられる。

QR

がけをむやみに壊さない。
観察した後は，次の人のためにきれいに片づける。
注意

がけからの落石に注意し，ハンマーを用いるときは，まわりの人に注意すること。

草が枯れる季節が見やすい。

QR

第7時 めあて

日本の火山や地震の発生場所を調べよう

本時の目標 日本の火山はどこにあるのか，また地震はどこで起こったのかなどを知り，これからの学習の見通しを持つ。

板書例

㋱ 日本の火山や地震の発生場所を調べよう

火山

1 ◦日本の火山は
いくつ？（111）　どこに？

2 ◦ふん火するとどんなことが
起こるか

阿蘇山　桜島
浅間山　霧島山
富士山？

九州　関東　北海道　ならんでいる

地震

3 ◦どこで
東日本（M9）　兵庫県
熊本県　新潟県　北海道

◦大きさ
・マグニチュード　・震度

◦大きな
ひ害

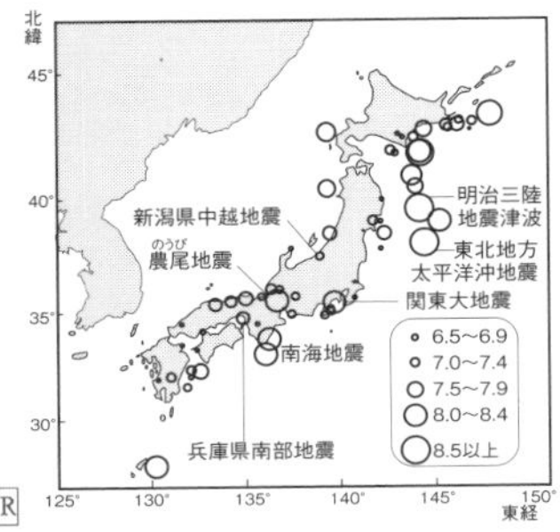

POINT 気象庁のＨＰにある活火山の分布や日本付近で発生した主な地震被害の分布のデータを活用し，プレートの境界が

1 東日本大震災や雲仙の火砕流など，資料をもとに，これから学びたいことについて話し合う

T　今までの学習で，火山から吹き出た火山灰などで山ができたり，新たな地層が生まれたりしてきたことを学習してきました。今も噴火して火山灰を降らせている火山があります。その他に土地を変化させるものとして，地震があります。地震は地面を傾けたり，ずらしたりします。つまり，火山活動も地震も土地の姿を変えるもとになっています。これから火山や地震と土地の変化について皆さんで調べる学習をしていきます。

T　火山について，知りたいこと・調べたいことは何ですか。

C　火山はいくつ，どこにありますか。

C　噴火したときは，どんなことが起こったのですか。

T　地震についても書いてみましょう。

調べ学習をしよう

大地を変化させる要因
・火山活動
・地震（土地の隆起）
・流水（河川）
・津波
ここでは，地震および火山と土地の変化に視点をあてて学習する。

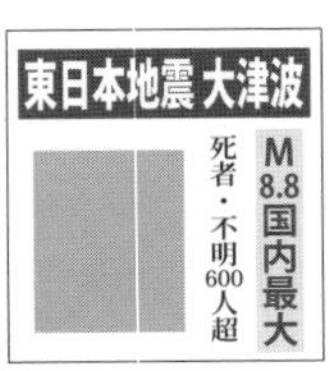

大きな地震　2011年　QR

火山の噴火（雲仙）1991年ごろ　QR

2 日本の主な火山とその場所について調べる

T　日本は活火山が多い国です。2023年現在で111もあります。温泉が多いことも火山が多いことと関係しています。どんな火山を知っていますか？

C　阿蘇山に行ったことがあります。

C　浅間山が噴火したと聞いたことがあります。

T　では，日本のどこにどんな火山があるか調べてみましょう。△の印を赤く塗りましょう。色を塗った火山の名前も覚えていきましょう。

T　火山の地図からどんなことがわかりますか。

C　火山は九州や北海道に多い。

C　火山は列のようになっているみたい。

（「火山帯」ということばを扱うとよい）

日本の火山

準備物	・火山の位置がかかれた白地図 QR ・過去の地震を記録した白地図 QR ・ワークシート QR	ICT	気象庁のHPにあるデータを活用し，日本の地震・火山に関する事情を理解させましょう。

4 土地の変化と火山・地震

火山の活動で

- ふん火 → よう岩、火山灰（かざんばい） ⟹ 積もる
- 島や山ができる

地震で

- 土地が動く，かたむく
- 持ち上がる
- 地面が割（わ）れる
- 液じょう化

QR

・ワークシート

・画像

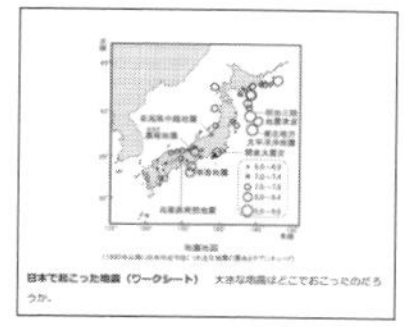

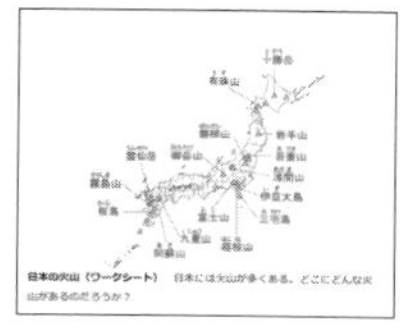

その他

多く地震が発生しやすいことや火山をたくさん持つという日本の特性を理解させるとよいでしょう。

3 地震が起こった場所や大きさ，被害の様子などを調べる

T　日本は地震も多い国です。地震について知っていることはありますか。

C　東日本大震災では地震の後，大きな津波が起きました。

C　建物や原子力発電所も壊れました。

C　マグニチュードという言葉を聞いたことがあります。

C　熊本や大阪北部，北海道でも大きな地震がありました。

T　地震は日本のどこで起こったのでしょうか。調べてみましょう。地図にある○印を塗ってみましょう。塗ってみて地震が起こった場所について気がついたことがありませんか？

C　太平洋側に大きな地震が起きている。

C　地震が起きる場所はだいたい決まっているみたい。

4 火山活動や地震と土地の変化の関係を調べる

T　火山活動や地震によって，どのように土地が変化したのか，教科書を読んで調べてみましょう。まず，火山活動ではどんなことが起こったのか，教科書の写真と文を見てみましょう。大切だと思ったところに線を引きましょう。

C　火山活動で山や島ができることがわかってびっくりしました。

T　次に，地震ではどんなことが起こったのか教科書の写真と文を見てみましょう。大切だと思ったところに線を引きましょう。

C　地震のときに土地が動いたり持ち上がったりすることがわかりました。

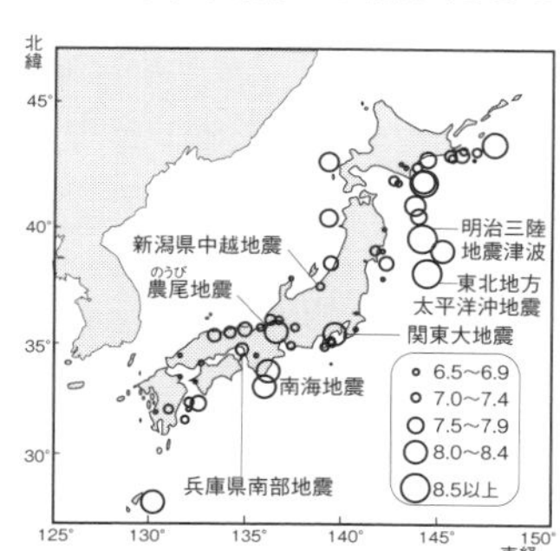

第8・9時 めあて
火山活動や地震によって，土地はどのように変化するのか調べよう

本時の目標 火山活動や地震に伴って，土地の姿や地形が変えられていることがわかる。またくらしに与える影響や防災についても関心を持つ。

板書例

〔問題〕 火山活動や地震によって，土地はどのように変化するのだろうか

〈火山と土地の変化〉

1
- いつ，どこでの活動か
- 火山活動のようすはどうか
- 土地はどう変わったか
- ひ害と，安全を守るためにしていること

2 （桜島 火山）九州

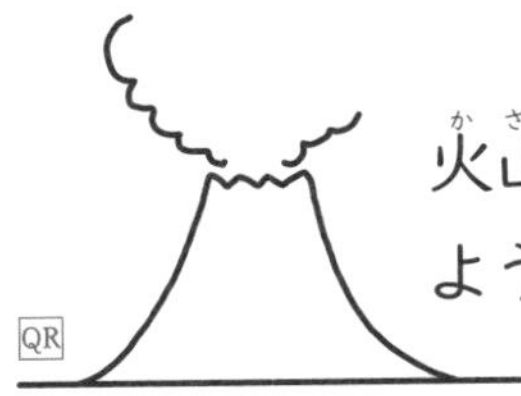

火山灰が出る
よう岩が流れる

- 島がつながる
- 火山灰がふってくる
地面に積み重なる

（摩周湖）湖ができた（火口湖）

1 火山活動と土地の変化についての映像を見て，気づいたことなどをメモをとる

（映像を使った展開を想定した学習活動）

T 火山活動と土地の変化についての映像を見ましょう。次のようなことに気をつけて，メモもとりながら，見るようにしましょう。

○どこの火山か，また，いつのことか。
○火山活動で出てきたものなど，気づいたこと，見つけたことは何か。
○火山活動によって土地の様子や姿はどのように変わったか。
○被害の様子，また安全を守るためにしていることはどんなことか。

阿蘇山火口周辺のようす（熊本県）

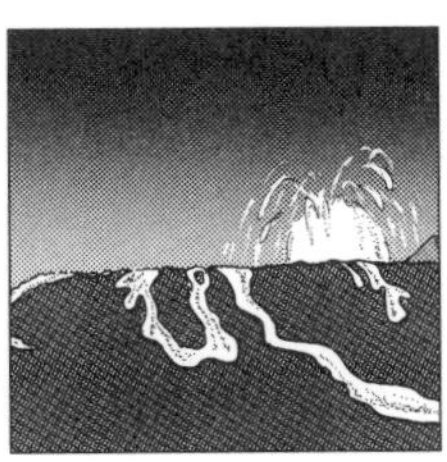

噴火で流れ出る溶岩（東京都三原山1986年）

ここでは，時間の制約も考え，火山に関わる動画をみんなで視聴し，各自わかったことや感想をレポートとしてまとめるというやり方にした。「○○新聞」などとしてまとめさせるのもよい。

2 メモをもとに，火山と土地の変化について話し合う

T 火山の活動によって，土地の姿，様子が変わっていましたね。火山が噴火するとどんなことが起こりましたか。

C 溶岩が流れました。

C 火山灰も吹き上げられました。

T そのことで土地の姿（地形）はどのように変わりましたか。

C 桜島では半島と島が溶岩でつながってしまいました。鳥居も火山灰で埋もれました。

C 北海道の摩周湖は火口に水がたまってできた湖でした。

雨水で流された火山灰などでうまった家や田畑（長崎県南高来郡）

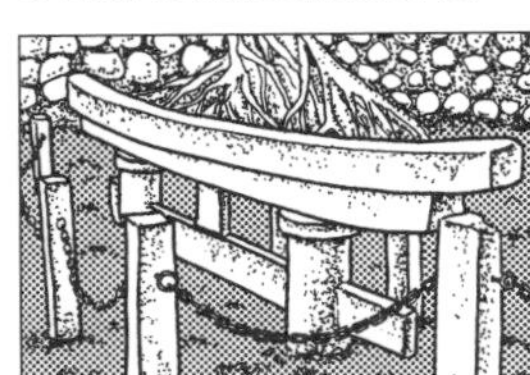

火山灰でうずまった鳥居（鹿児島県鹿児島市） 1914年1月桜島の噴火は火山灰を大量にふらせ，厚さ約3mにもなった。

（説明文の書き出し例＝「火山の活動が起こると…」という書き出しで説明文を書いてみましょう）

準備物	・火山や地震に関わる動画（NHK for Schoolなど，または市販のDVD教材もいろいろと出されているので地学関係の単元では有効である）	ICT	桜島にある火山の噴火前と噴火後の土地の様子を見せ，その変化の原因に注目させるとよいでしょう。

3 〈地震と土地の変化〉

4 ◦いつ，どこでの活動か　◦地震のようす
◦土地の変化は？　◦安全を守るために

（〇〇地震）…これからも起こる
◦土地が動く，ずれる，切れる（断層（だんそう））
◦土地が持ち上がる，下がる
◦土地がゆれる　がけくずれ
◦津波（つなみ）　◦液じょう化
※火災　◦地震の予知

〔まとめ〕
・土地は，火山活動によって，火山灰やよう岩をふき出して変化したり，新しくつくり出されたりする
・また，地震によって，土地はもり上がったりしずんだり，がけがくずれたりして，ようすが変化する

QR
・画像

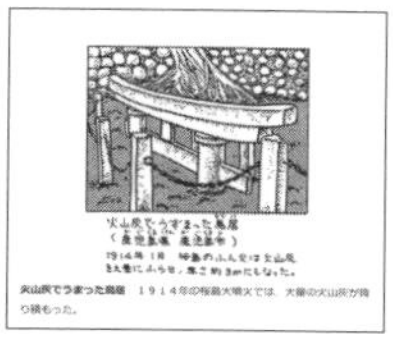

その他多数

3 地震と土地の変化についての映像を見て，気づいたことなどをメモをとる

T　日本は地震も多い国です。２０１１年3月11日に何があったか知っていますか。大きな地震がありました。地震が起こったときも，土地の様子や姿は変わります。どんな変化があるのでしょうか，映像を見て，メモをしてみましょう。

T　次のようなことを考えてみてください。

〇いつどこで起こった地震のことか。
〇どんな被害があったのか。
〇土地の様子はどのように変わったのか。
〇地震による被害を少なくするために努力していること。
〇地震が起こったときに私たちにできること。

これらの他，新聞の切り抜きも有効である。

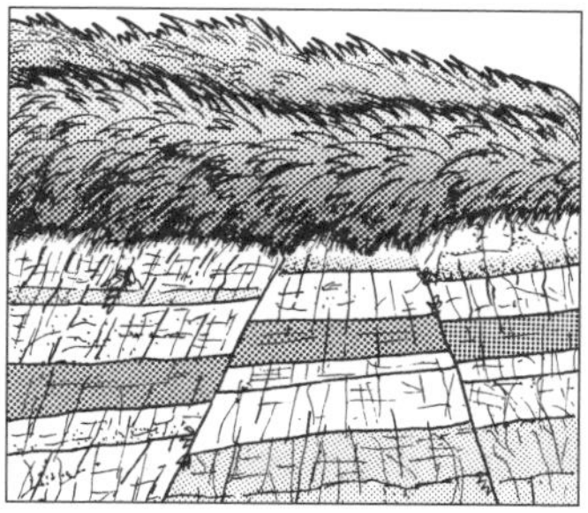

QR
地層の中に見られる断層（千葉県夷隅（いすみ）郡）

4 メモをもとに，地震と土地の変化について話し合う

T　地震が起こると大きな被害が出ますが，最近どんな大きな地震がありましたか。

C　熊本地震，大阪北部地震，北海道地震です。

T　それに，東日本大震災もあり，南海地震，東南海地震も近いうちに起こるといわれていますね。このような地震が起こったとき，土地の様子にはどんな変化があるでしょうか。

C　土地がずれる。（断層ができる）

C　大きな力で土地が持ち上がる。

C　液状化という現象も起こり，家などが傾いて住めなくなります。

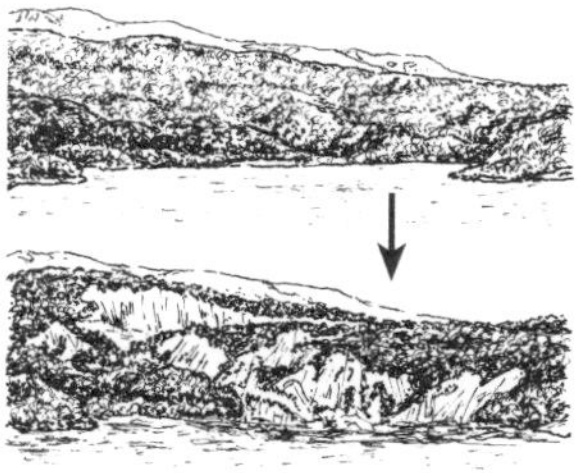

QR

第１０時 めあて
火山活動や地震による災害に，私たちはどのように備えるといいのか考えよう

本時の目標 火山活動や地震が私たちのくらしに与える影響や防災について関心を持ち，自分たちができることを話し合う。

板書例

㋱ 火山活動や地震による災害に，私たちは どのように備えるといいのか考えよう

1 〈世界での火山活動と地震〉

世界の火山　　世界の地震分布

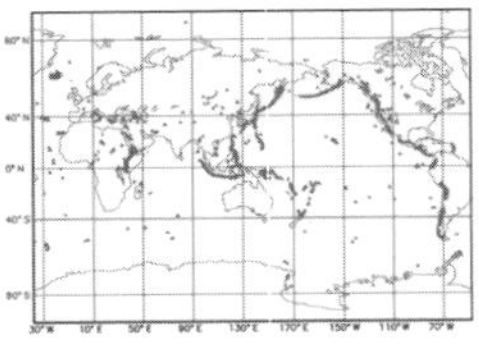

QR

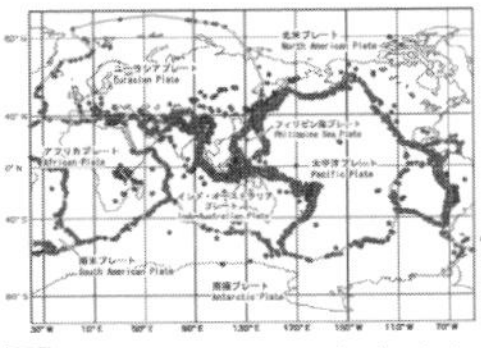

QR　気象庁より

・火山からよう岩が流れ，火山灰が飛んで，土石流や火さい流が発生する

・地形が変わる

2 〈火山活動と災害〉

・日本には火山が多く，地震が発生している

・火山のある地点と地震が起きた地点はだいたい重なる

雲仙岳の火さい流（1991年，長崎県）

QR

POINT 火山活動や地震によって大きな災害が起きていることを知らせ，日頃から防災の取り組みに関心を持たせるように

1 世界の中でも，日本は火山活動や地震が多いことについて調べる

T　日本は，火山活動や地震による災害が多いといわれています。それを２つの地図から，考えてみましょう。一つは，火山のある地点がわかる世界地図です。もう一つは，地震が起きた地点がわかる世界地図です。

C　どちらの世界地図でみても，日本には火山が多く，地震が多発していることがわかります。

C　火山のある地点と地震が起きた地点はだいたい重なっています。

C　日本以外のところでは，火山も地震も発生していない地域があります。

T　そうですね。日本に住んでいる私たちは，火山活動や地震の発生について知識を持って，災害から自分たちの安全を守るために行動する必要があります。火山活動や地震による災害について学習しましょう。

2 火山活動と災害について調べる

T　火山活動によって，どのような災害が起きていますか。（個人やグループでの調べ学習などを通して，一定の知識を持って発表するようにしたい）

C　火山から溶岩が流れ，火山灰（や火山弾）が飛んで，土石流が発生します。

T　長崎県の雲仙普賢岳や長野県の御嶽山の噴火は，地域に住む人や登山者が犠牲になった災害が発生しました。

T　地形が変わることもありますね。

C　桜島では半島と島が溶岩でつながってしまいました。鳥居も火山灰で埋もれました。

C　北海道の摩周湖は火口に水がたまってできた湖でした。

準備物	・防災マップ（ハザードマップ） ・ヘルメット ・備蓄された品物の例 ・防災関係の動画（NHK for Schoolなど）	ICT	タブレットに，防災に関連する資料を転送して，日頃の生活で気をつけたいことを考えさえるとよいでしょう。

3 〈地震活動と災害〉

2011年3月　東日本大震災

QR

・地震による津波で建物などが流される

・たくさんの人が津波でぎせいになった

・原子力発電所も津波でひ災した

4 〈地震災害への備え〉

・学校のひなん訓練
・家族と指定ひなん場所の確認
・地域防災マップをじっくりと読む
・災害記念館を見学して勉強する
・ひなん用持ち出し袋を用意する
・緊急地震速報が出たら，落ち着いて行動する

QR

・画像

その他多数

しましょう。

3 地震活動と災害について調べる

T　２０１１年３月１１日の東日本大震災では，高い津波が発生しました。津波は，東北地方から関東北部の海岸線から平地の奥の方まで入り込み，建物や田畑，住んでいる人たちの生活を飲み込み，これまでにない大きな災害となりました。多くの逃げ遅れた人たちが犠牲となりました。

C　海の深いところのプレートという部分で起きた地震が，次々と続いて大きな地震になりました。

C　原子力発電所も津波の被害を受けました。放射性物質によって，もとの土地に住むことができない人が今でも多くいます。

T　復興のために，高い堤防や新しい道，住宅地が作られて，新しい町が少しずつ作られています。

4 地震活動や地震の災害への備えについて考える

T　火山活動や地震による大きな被害について学習してきました。これからの災害に備えるためにどのようなことが必要でしょうか。グループで話し合ってから意見を発表しましょう。（調べ学習や持っている資料などから，話し合いをして災害に備えるために必要なことを引き出すようにする）

C　学校でも行っている避難訓練が必要です。

C　家族と避難のことを話し合いたいです。

C　地域で配られた防災マップをじっくりと読むことが大切だと思います。

C　避難袋を用意しておくことや，緊急地震速報が出たら，落ち着いて行動することが大切だと思います。

C　災害記念館を見学して勉強したいです。

T　私たちの校区や地域の昔の災害についても調べると，どのように地域の人々が災害を乗り越えてきたかわかりますね。

てこのはたらきときまり

全授業時数９時間＋広げよう・深めよう２時間

◎ 学習にあたって ◎

◉ 何を学ぶのか

道具としてのてこのはたらきと，てこのつり合いのきまりを調べるという２つの内容を学びます。『てこ』とは，重い物を動かすときに昔から使われてきた道具です。１本の棒をてことして使うと，小さな力で大きな力を生み出すことができるのです。まずは，棒をてことして使うときには，支点や力点があることなど，そのしくみを調べます。次に支点から力点までの距離を長くしたり，支点から作用点までの距離を短くしたりすると，より大きな力がはたらくことに気づかせます。また，釘抜きなど，生活の中のてこを利用した道具にも目を向けさせます。

次に，てこのきまりを調べます。てこをよく見ると，支点を中心に棒が回転していることに気づきます。そこで，てこ実験器を使い，つるすおもりの重さや目盛りの場所を変えると，ぼうの傾き（回転）がどうなるかを調べ，つり合うときのきまりを追究します。そして『棒を傾ける（回す）はたらきの大きさ』は『重さ（力）×支点からの距離』で求められるというきまりを見つけさせます。なお，このはたらきの大きさは将来「力のモーメント」として学習します。

◉ どのように学ぶのか

このように，内容は大きく２つになりますが，ここでは『道具としてのてこ』を初めに取り上げます。まず，実際にてこを使って重い物を持ち上げさせたり，支点の位置を変えたりして，出した力の違いを体感させます。次に，重さ（力）や距離が数値化できる『てこ実験器』を使い，予想も交えながらてこのきまりを見つける学習へと進めます。その際は，きまりを見つけやすくするための条件の制御など，実験上の配慮も必要です。

◉ 留意点・他

てこのきまりを使うと，棒が左右どちらに傾くのか，またはつり合うのかが正しく予想できるようになります。そして，その正否が実験で客観的に検証できることも，『きまり（法則）』のすばらしさです。このように，てこという１つの道具にも『自然のきまり（法則・規則性）』がある…という科学的な自然観を培うことができる学習です。

てこを使うと，本当に小さい力でものを動かせるのか，まずは実際にてこを使って確かめます。小学生には，このような実感の裏付けが主体的な学びの出発点となります。そして，てこ実験器を使った予想と実験，検証を通して，てこのきまりに迫らせます。どの考えが妥当なのかを考え，予想，話し合いを通して実験で確かめます。この予想や話し合い（対話）の段階が，『きまり』についての深い学びを生み出します。

◎ 評　価 ◎

知識および技能	・てこには，支点，力点，作用点の３点があり，支点を中心に棒を傾ける（回転させる）ことにより，小さな力で大きな力を生み出す道具（距離で力を得する道具）であることがわかる。 ・小さい力で大きな力を生み出すには，支点から力点までの距離は長く，支点から作用点までの距離は短くすればよいことがわかる。また，くらしの中にもてこや輪軸の規則性を使った道具があることに気づく。 ・てこの，『棒を傾けるはたらきの大きさ』（力のモーメント・回転能）は，『力の大きさ（重さ）×支点からの距離』で求められることがわかる。
思考力，判断力，表現力等	・力を加える位置や力の大きさなど，てこのはたらきやきまりを調べ，より妥当な考えを作り出し表現している。
主体的に学習に取り組む態度	・てこのはたらきやきまりを見つけることに関心を持ち，主体的に問題解決しようとしている。

◎ 指導計画　9時間＋広げよう・深めよう2時間 ◎

◇『てこのきまり（規則性）』を使い，深める学習として，第7時で使うワークシートを単元末に入れています。
◇ 第6時の別案として，第6時の内容に代わる案も載せています。

次	時	題	目標	主な学習活動
てこのしくみとはたらき	1・2	力の大きさを数で表し，てこのしくみを調べよう	力の大きさは重さに置き換えられ，重さの単位で表せることに気づく。てこには，3つの点があり，小さい力で重いものを持ち上げられることに気づく。	・重い物を持ち上げたときの力の大きさは，重さの単位（kg）で表せることを話し合う。 ・実際に大型てこを使って荷物を持ち上げ，てこのしくみや使い方と，手ごたえを体感する。 ・てこの支点，力点，作用点を見て確かめる。
	3	てこを使って，できるだけ小さい力で重いものを持ち上げるには，力点と支点の距離をどのようにしたらよいのか調べよう	てこでものを持ち上げるとき，支点から力点までの距離を長くすると，より小さい力でものが持ち上がることに気づく。	・作用点を決めておき，支点から力点までの距離を変えて，物を持ち上げるときの手ごたえを比べる。力を重さにおきかえて確かめる。
	4	てこを使って，できるだけ小さい力で重いものを持ち上げるには，作用点と支点の距離をどのようにしたらよいのか調べよう	てこでものを持ち上げるとき，作用点と支点の距離は，短い方がより小さい力でものが持ち上がることに気づく。	・力点を決めておき，支点と作用点の距離を変えて物を持ち上げ，手ごたえを比べる。 ・実験の際，必要な条件の制御について考え，話し合う。
てこのきまり（規則性）	5	てこが水平につり合うときには，どのようなきまりがあるのか調べよう	実験用てこのしくみを知り，うでのつり合いには，おもりの重さだけではなく，目盛り（うでの長さ）が関係していることに気づく。	・実験用てこを使い，左側の2個のおもりと右側の1個のおもりをつり合わせる方法を考え，話し合う。
	6	てこが水平につり合うときは，どのようなきまりがあるか，計算で求めよう	てこを傾けるはたらきの大きさは「おもりの数×支点からの距離」で求められ，この大きさが同じときにてこは水平になり，つり合うことがわかる。	・左のうでの3目盛りに2個のおもりをつるしたとき，右のうでの何目盛りに何個のおもりをつるせばつり合うのかを調べる。
	（第6時の別案）てこのきまりを見つけよう			
	7	てこを傾けるはたらきのきまりを使った問題を計算で求め，そのあと実験で確かめよう	てこの左右の「てこを傾けるはたらき」を計算することにより，てこの傾きやつり合いを正しく予想できることがわかる。	・左と右の「てこを傾けるはたらき」を計算して，つり合うのか傾くのかを予想し，実験で確かめる。練習問題をして，きまりを確かめる。
てこの利用と道具	8	てこを利用した道具の支点・力点・作用点の位置を見つけよう	釘抜きやペンチはてこのはたらきを利用した道具であることに気づき，使うときの支点や力点，作用点の位置がわかる。	・てこは昔から使われてきたことを話し合う。 ・釘抜きやペンチを実際に使って，そのしくみと使い方，力点などの位置を調べる。
	9	てこを利用した道具の支点・力点・作用点の位置をまとめよう	はさみやステープラー，ピンセットなどもてこが利用された道具であることに気づき，てこの3点の並び方によって，3つの型に分けられることを知る。	・はさみやステープラー（ホチキス）などを使ってみて，てこの3点はどこかを調べる。 ・3点の位置によって，てこを3種類に分ける。
てこと輪軸，天びん	広げよう	輪軸とその利用	てこと同じように，輪軸も小さい力で大きな力を生み出す道具であることがわかり，くらしの中で利用されていることに気づく。	・輪軸をてこと比べて，てこと同じように小さな力を大きくできることを確かめる。また，輪軸が利用されているものや道具を調べる。
	深めよう	てこと天秤 －天秤のしくみと天秤で重さが量れるわけ－	天秤とてこを比べながら，天秤は，支点からの距離が等しいところにものをつるして（置いて），重さを比べる道具であることがわかる。	・てこを使って，重さを比べる（量る）方法を話し合う。 ・天秤のつくりを確認し，てこと比べて共通点を考える。

○教科書に準じて「てこに関わるものづくり」を1～2時間行うとよいでしょう。
ものづくりと「竿ばかり」についての資料や動画が右のQRコードに入っています。

第1・2時めあて
力の大きさを数で表し，てこのしくみを調べよう

本時の目標　力の大きさは重さに置き換えられ，重さの単位で表せることに気づく。てこには，3つの点があり，小さい力で重いものを持ち上げられることに気づく。

板書例

㋱ 力の大きさを数で表し，てこのしくみを調べよう

1 重いものを
持ち上げるときの力

大きい力

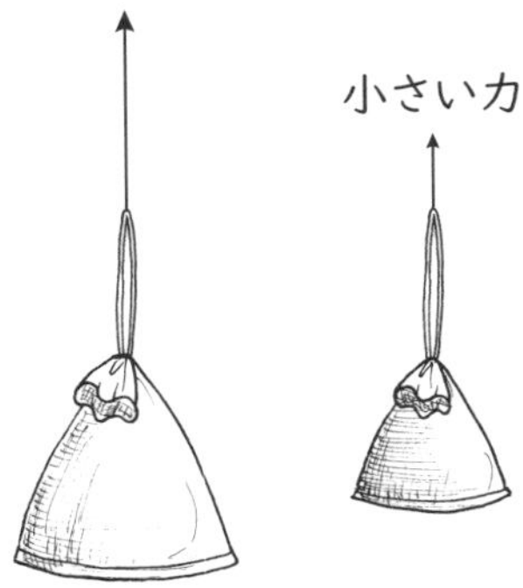

2 〈力の大小を
重さの単位（kg）で表そう〉

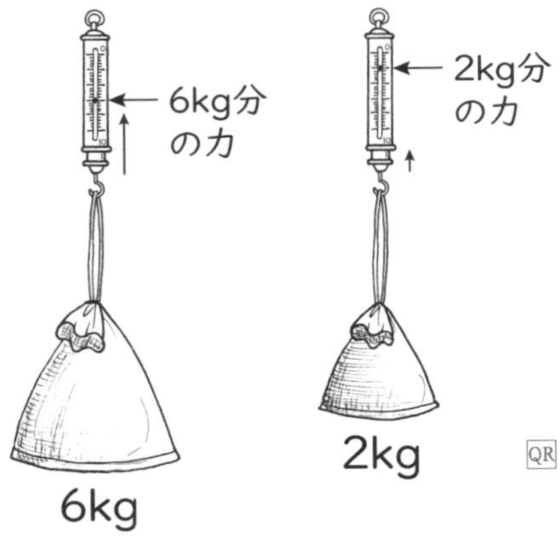

力の大きさは，重さの単位（kg）で表せる

POINT　力を重さで表すことができることを理解させましょう。

1　重いものを持ち上げる力を数値で表す方法を考える

T　ここに重い砂袋があります。持ち上げることができるでしょうか。この小さい砂袋も持ってみましょう。

T　どちらを持ったときに大きな力を出しましたか？

C　大きい方です。重かったです。

C　重いものを持ち上げるときには，大きな力を出すのは当たり前です。

T　大きな重い袋を持ったときの方が大きい力が必要だったということですね。では，この大きい袋を持ったときにはどれくらいの力を出したのか，出した力を数で表すことはできないでしょうか。

C　力は何を使って表せるのだろう。

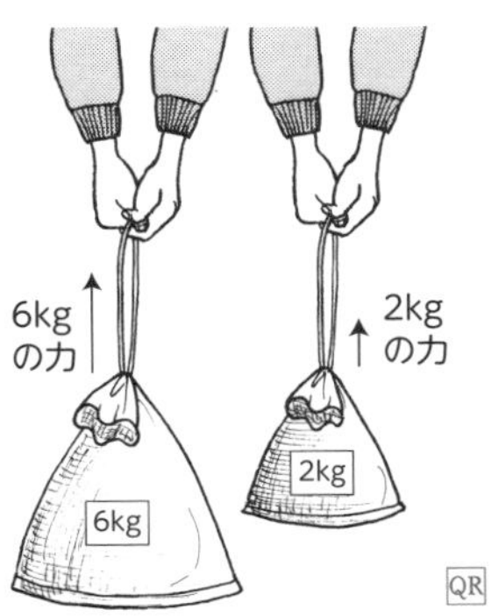

2　バネばかりを使って，重いものを持ち上げる力を重さの単位（kg）で表す

T　この力は秤を使って量れます。このバネばかりを使って調べてみましょう。

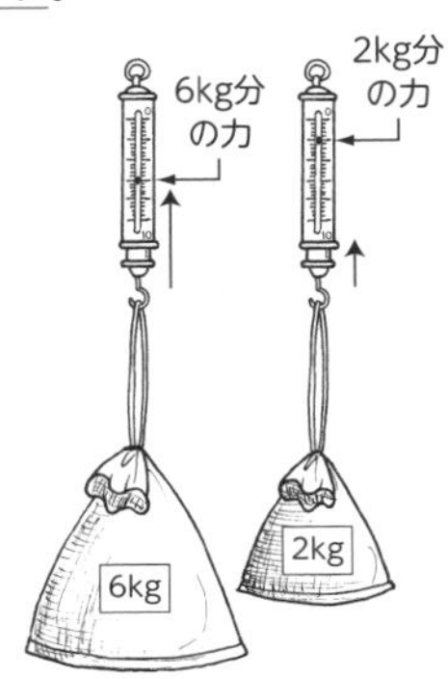

T　大きい方は 6 kg，小さい方は 2 kg。つまり，6 kg の袋を持ち上げた力は 6 kg 分の力，2 kg の袋を持ち上げた力は 2 kg 分の力，ということができます。

C　10kg のおもりだったら，10kg の力を出さないと…いけないなあ。

T　オリンピックの競技で，出した力の大きさを比べる競技があります。

C　重量挙げかな，ウエイトリフティング？

T　そうですね。何 kg のものを持ち上げられたかで，出した力の大きさがわかります。

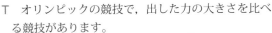

準備物	・大型てこ ・てこに使う丈夫な棒 ・おもりとしての砂袋など（6kg，2kgなど） ・バネ秤（10kgまたは，20kg用）

ICT	タブレットに実験観察の手順や注意点を示し，理解を促すようにしましょう。

3 4 〈てこを使って重いものを持ち上げよう〉

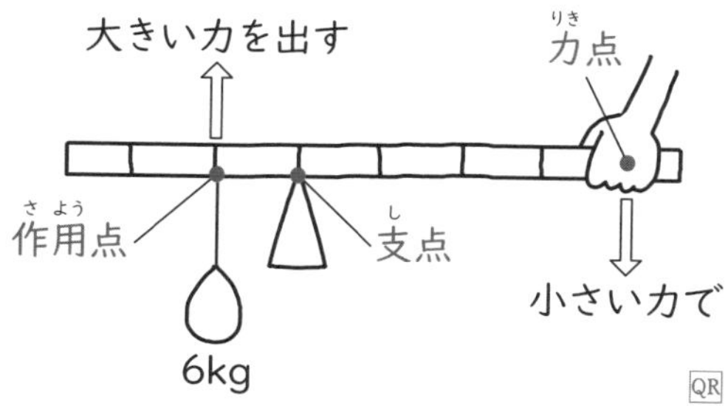

〈てこの３つの点〉

手 ——→ 力点

もの ——→ 作用点

ぼうを支える ——→ 支点

QR

・画像

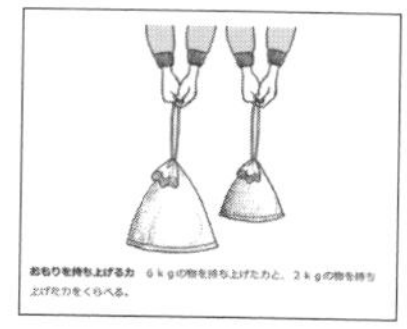

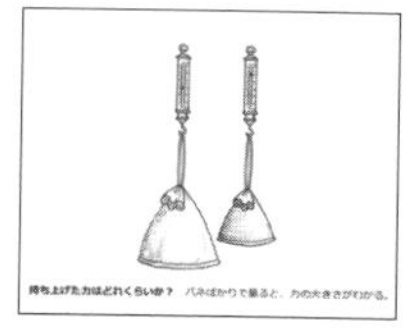

その他多数

3 てこを使い，ものを持ち上げるときの手ごたえを体験する

T　では，この重い6kg（12kgでもよい）の袋をもっと小さな力で持ち上げることはできないでしょうか。何かを使って。（大型てこを提示する）

T　このようなおおきな道具，「てこ」を使ってみましょう。

T　一本の棒をこの支え（支点）の上に置きます。棒は動きます。そして，一方に袋をかけます。反対側を手で押すと，袋はどうなりますか。

C　持ち上がります。

T　そうですね。このようにして棒を使うことを「てことして使う」といいます。このてこを使って袋を持ち上げてみましょう。

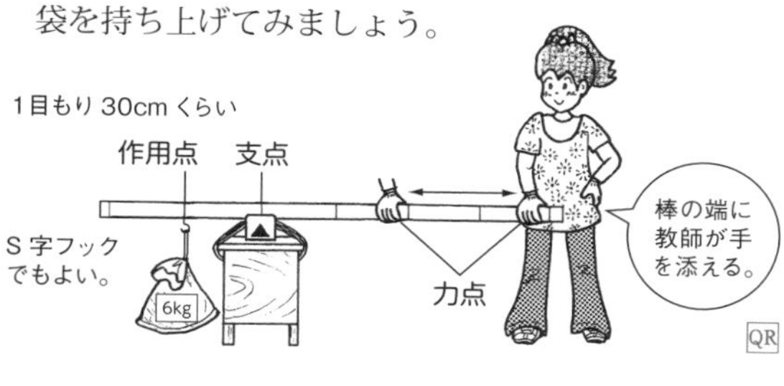

4 てこの３点（力点・作用点・支点）を確認する

T　よく見ると，棒をてことして使うときに大事なところが３つあります。１つは，手で押すところ，ここを「力点」といいます。もう一つは袋をかけるところ，持ち上げるところです。ここを「作用点」といいます。まだこの２つの点だけでは，てこは動きません。

C　真ん中の棒を支えているところです。

T　棒を支えているところを「支点」といいます。

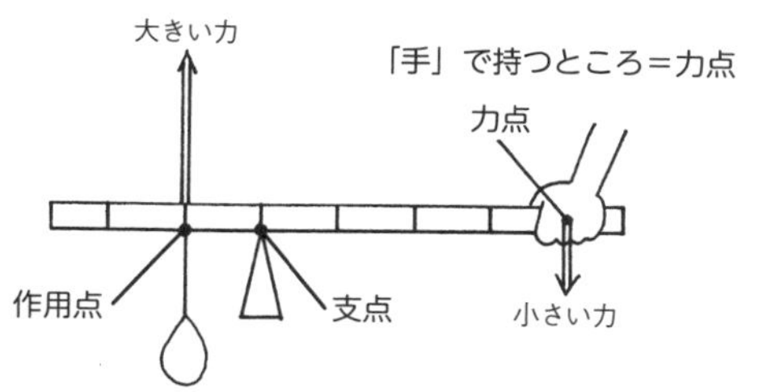

T　この３つの点に注目して，もう一度，袋を持ち上げてみましょう。てこを使っているところを図に描きましょう。

第３時 めあて
てこを使って，できるだけ小さい力で重いものを持ち上げるには，力点と支点の距離をどのようにしたらよいのか調べよう

本時の目標 てこでものを持ち上げるとき，支点から力点までの距離を長くすると，より小さい力でものが持ち上がることに気づく。

板書例

〔問題〕 てこを使って，できるだけ小さい力で重いものを持ち上げるには，力点と支点のきょりをどのようにしたらよいのだろうか

1 （問題）

2 力点の位置が（ア）と（イ）では，どちらにおすと楽（小さい力で）に持ち上がるのだろうか

（予想）

（ア）（　　）人… ふくろに近いから

（イ）（　　）人… 棒（ぼう）のはしを持った方が簡単（かんたん）に上がったから

同じ（　　）人… つるすものの重さは変わらないから

※児童の意見を板書する

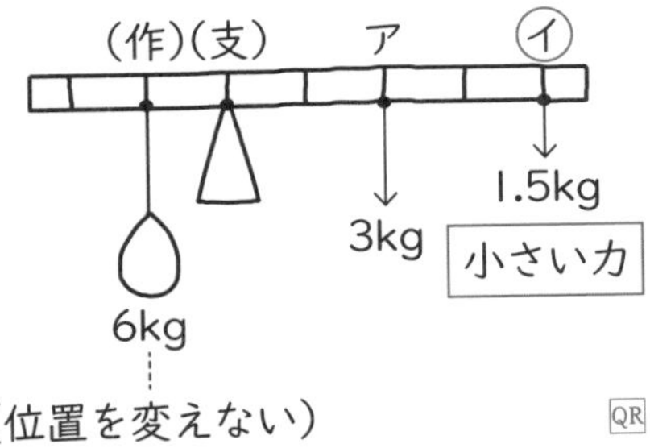

QR

（結果）（イ）

（POINT） 大型てこを用いた実験を行い，支点と力点の距離と手に感じる力のちがいに注目させましょう。

1 力点の位置を変えると，ものを持ち上げる力はどうなるのか予想する

T　てこを使うと，重いものが小さい力で楽に持ち上がりました。今日は，棒のどこを持って押すと小さな力で楽に持ち上がるのかを調べましょう。

T　支点に近いところを（ア），遠い方を（イ）とします。（ア）を力点にして押したときと，（イ）を力点にして押したときでは，どちらが，小さい力で持ち上がるでしょうか。（作用点と支点の位置は変えずに行う。条件の制御）

C　なんとなく，（イ）かな？

C　押す力は同じかもしれない。

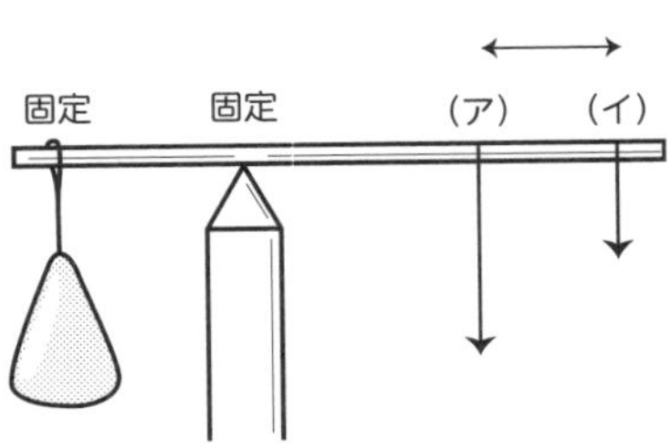

力点の位置だけを変えるようにする。 QR

2 （ア）と（イ）のどちらの力点を押すと，より小さい力で重い砂袋を持ち上げられるか実験する

T　予想をノートに書きましょう。（ア）か，（イ）か，同じか，考えを書きましょう。

C　同じだと思います。つるすものの重さは変わらないからです。

C　（イ）を持った方が楽に上がると思います。前の実験でも棒のはしを持ったときに簡単に上がったからです。

C　（ア）を持った方が，袋に近いから楽かも知れません。

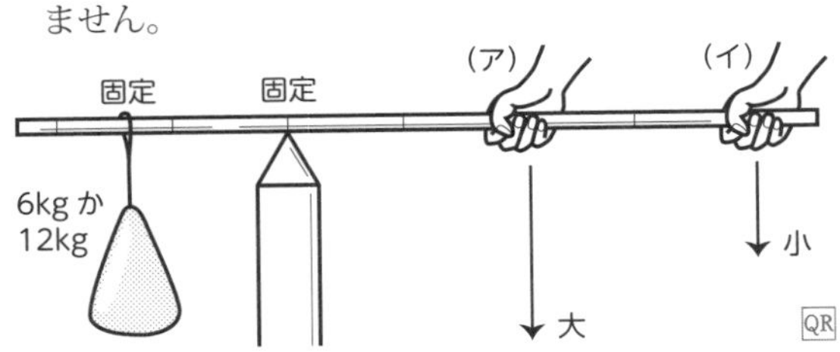

QR

T　実験で確かめてみましょう。結果はどうでしたか？

C　（イ）の方を押すと，小さい力で持ち上がりました。

準備物	・実験演示用の大型てこ ・おもりの砂袋（6kg, 12kg） ・つり合わせるためのおもり（1kg3個, 0.5kg1個） ・あればつぎ足す棒	ICT	タブレットに，実験の手順や結果をまとめるシートを転送して，児童が感じたことを書き込むようにしてもよいでしょう。

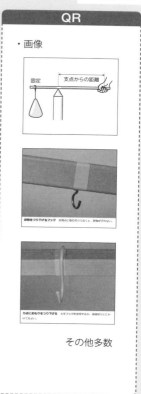

3 〔まとめ〕
てこを使って重いものを持ち上げるとき，
支点と力点の間のきょりを長くすると，
より小さい力で持ち上げることができる

4 力の大きさを重さの単位で表す

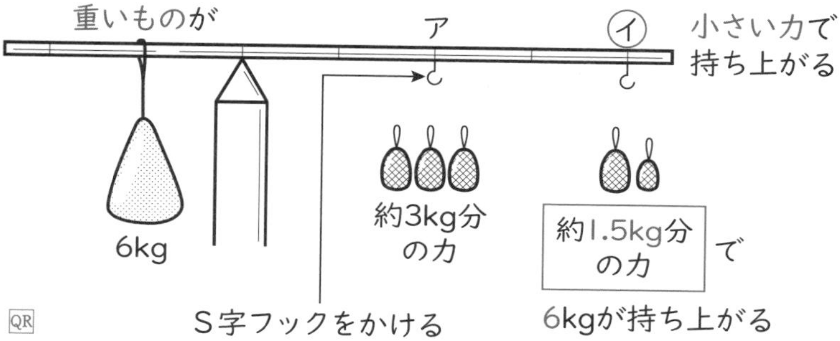

QR

・画像

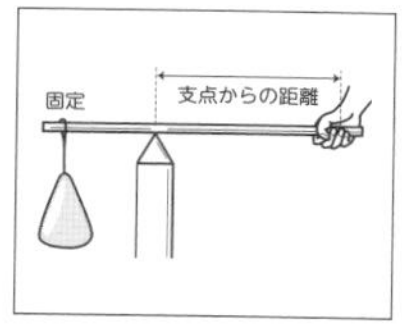

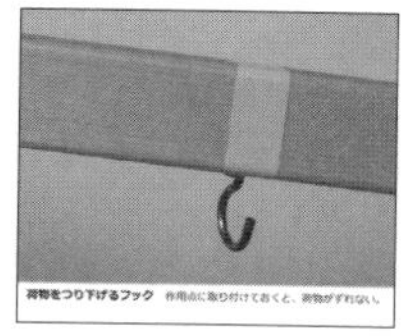

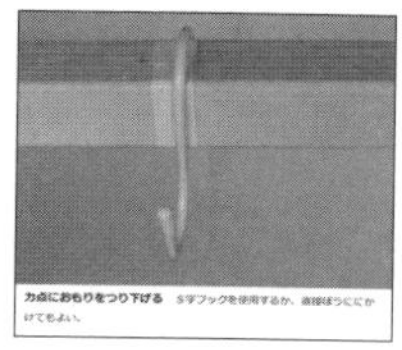

その他多数

3 支点と力点の距離と力の入れぐあいを体験したことをまとめる

T （イ）を持ったときの方が楽だったようですね。この結果を「力点」という言葉を使ってまとめてみましょう。力点はどこにするとよいですか。

C 棒のはしのほうがいいです。

T 支点から見ると，どういえばいいですか。

C （ア）よりも支点から遠いところ，離れたところだといえます。

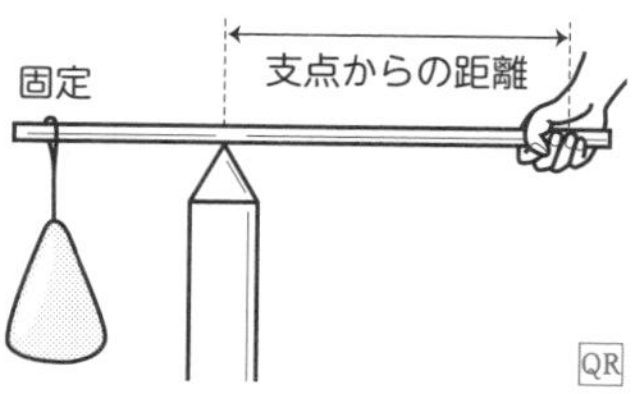

T 力点にした（イ）は，（ア）よりも支点から遠いところにあります。言い換えると，支点からの距離が長い（離れている）ところですね。

C 支点から遠いところを力点にすると，より小さい力で持ち上がります。

T （イ）のように支点と力点の距離を長くすると，より小さい力で重いものを持ち上げることができるのです。

4 出した力の大きさを，重さ（kg）に置き換えて表す

T （ア）と（イ）を押したときの，押す力の違いを目で見てわかる方法はないでしょうか。

C 力点のところに重さのわかるものをつるすといいかな？

T そうですね。力点におもりをつり下げて，何 kg つるすと袋が持ち上がるのかを調べます。まずは，1 kg つり下げてみましょう。

C まだ持ち上がりません。

T （イ）の力点に 1.5kg つるすと，6 kg の袋が持ち上がりました。すると，（イ）を持って押して袋を持ち上げたときの力は何 kg といえますか？

C おもりと同じ 1.5kg です。

T （ア）でも調べてみましょう。

C 3 kg でつり合いました。

T もし棒をもっと長くし，力点を遠くすると？

C もっと小さい力で袋が持ち上がりそうです。

第4時 めあて
てこを使って，できるだけ小さい力で重いものを持ち上げるには，作用点と支点の距離をどのようにしたらよいのか調べよう

本時の目標 てこでものを持ち上げるとき，作用点と支点の距離は，短い方がより小さい力でものが持ち上がることに気づく。

板書例

〔問題〕 てこを使って，できるだけ小さい力で重いものを持ち上げるには，作用点と支点のきょりをどのようにしたらよいのだろうか

1 問題

2 作用点の位置が（ア）と（イ）では，どちらにおもりを下げると楽（小さい力で）に持ち上がるのだろうか

予想

作用点を

（ア）にしたとき　（　　）人

（イ）にしたとき　（　　）人

どちらも同じ　（　　）人

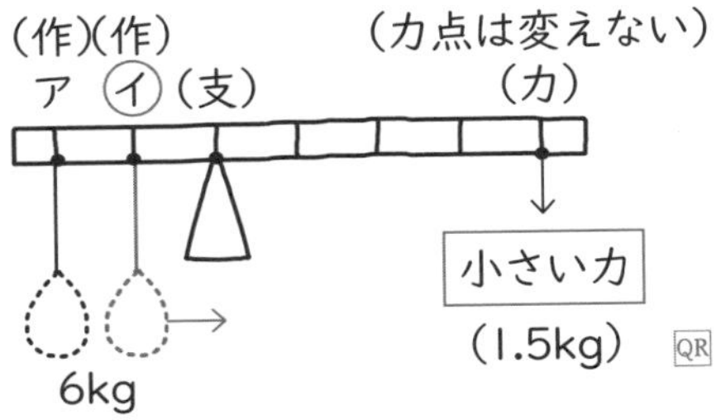

結果（イ）

POINT 支点と力点は変更せず，おもりを下げる作用点の位置を変更することに留意して実験しましょう。

1 作用点の位置を変えると，ものを持ち上げる力はどうなるのか予想する

T　今日は，ものをつり下げる作用点の位置を変えると持ち上げる力（手ごたえ）は変わるのか変わらないのかを調べましょう。

T　作用点の位置を（ア）と（イ）にして比べてみます。砂袋（6 kg か 12kg）を（ア）につるしたときと（イ）につるしたとき，力点を押す手ごたえはどうなるでしょうか。

C　力点はどこにするのですか。変えるのですか。

T　この実験では，力点はどこでもいいでしょうか。それとも決めておくのでしょうか。

C　前の実験では，力点を変えると，押す力も変わったので，同じにしておかないと比べられません。

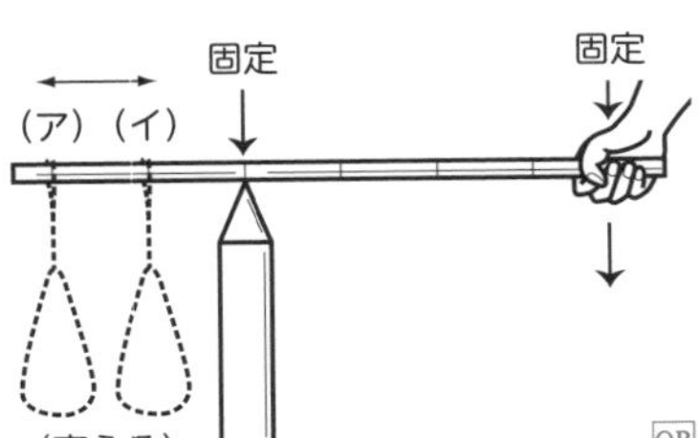

2 作用点の位置を変えたとき，ものを持ち上げる力がどうなるのか体験する

T　では，支点は前と同じ。力点の位置はここに決めておきます。砂袋を（ア）につけたときと，（イ）につけたときでは，手ごたえはどうなるでしょうか。（ア）の方が楽か，（イ）の方が楽か，どちらも同じか。予想してみましょう。

C　同じだと思います。

C　支点に近い（イ）の方が小さい力で持ち上がると思います。

C　支点から遠い（ア）の方です。力点も支点から距離が長い方が楽に持ち上がったから。

T　実際に手で押してみて，確かめます。はじめに（ア）のところにつるして，次に（イ）のところにつけかえて，手ごたえを比べます。

C　（イ）につるしたときの方が楽です。

C　砂袋が支点から遠くなると重く感じます。

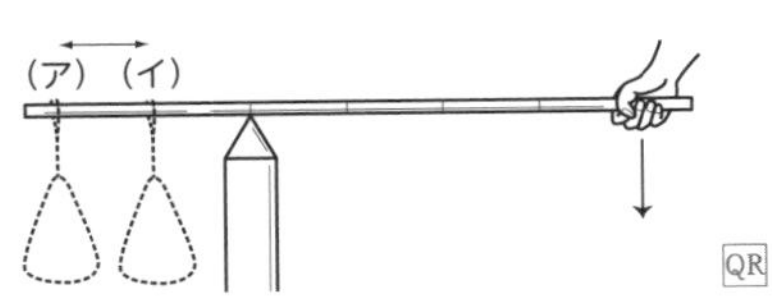

準備物
- ・大型てこ
- ・持ち上げる砂袋など（6kgか12kg）
- ・おもりにする砂袋など（1kg, 0.5kgいくつか）

ICT
タブレットに，実験の手順や結果をまとめるシートを転送して，児童が感じたことを書き込むようにしてもよいでしょう。

3 〔まとめ〕

てこを使ってものを持ち上げるとき，
支点と作用点の間のきょりを短くすると，
小さい力で重いものを持ち上げることができる

4 深めよう

支点の位置を考えよう

支点を作用点に近づけ，力点からはなすと，
小さい力でおもりを持ち上げることができる

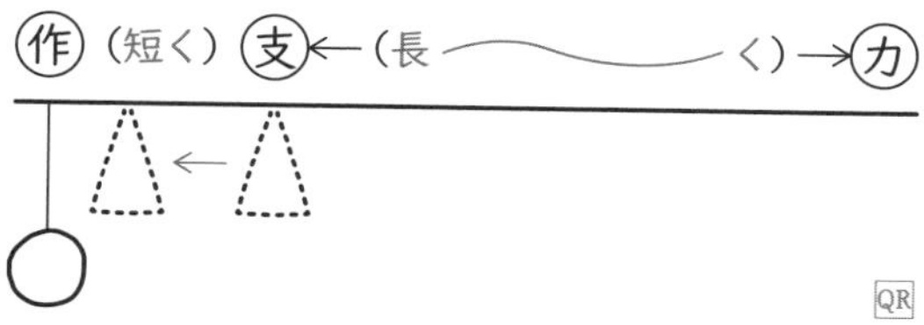

QR

・画像

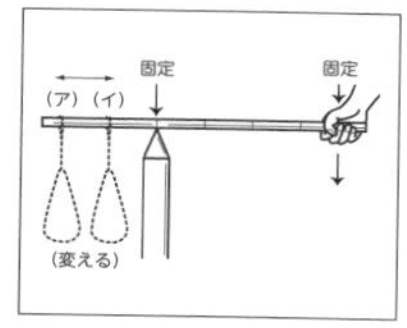

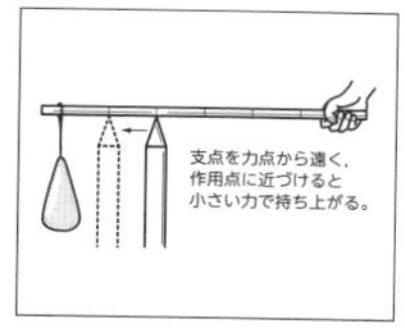

その他

3 作用点と支点の距離が短い方が，小さい力でものが持ち上がることを体験し，実験で確認する

T　持ち上げるものをどこにつるすかによっても，持ち上げる力は変わるようです。より小さい力で持ち上げるには，作用点をどこにすればいいですか。支点という言葉を使っていいましょう。

C　（イ）の方が楽だったから「支点に近いところ」です。

C　支点と作用点の距離が近いところでもいい。

T　作用点と支点の距離が短い方が，より小さい力でものが持ち上げられるのですね。では，持ち上げる力はどれくらい小さくなったのか，手で押したところ（力点）におもりをかけて，比べましょう。まず，砂袋を（ア）の作用点にかけると？

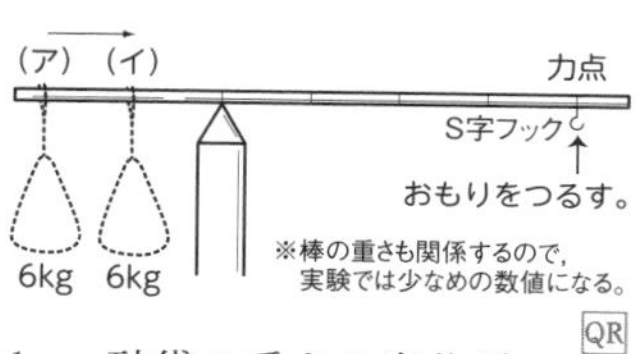

C　（ア）のときは，3kg。砂袋の重さの半分だ。

C　（イ）のときは，1.5kgで，より小さい力だ。

T　6kgの砂袋を（ア）にかけると，押す力は3kg，（イ）にかけたときは，1.5kg。やはり支点と作用点の距離は近い方が，小さい力で袋が持ち上がりました。

4 【深めよう】小さい力でものを持ち上げるには，支点の位置を考える

T　てこを使って，小さい力でものを持ち上げるとき，力点と作用点をどこにすればよいかがわかりました。力点はどこがよかったですか？

C　支点から遠い，離れているところです。

C　支点と力点の距離がより長い方がいいです。

T　では作用点はどこがよかったですか？

C　支点に近いところに作用点をおくといいです。

C　支点と作用点の距離が短いところ。ものを支点の近くにつるすと楽に持ち上がりました。

T　支点の位置を変えても，力点や作用点からの距離が変わります。支点はどこにすればいいですか。

C　作用点に近づけ，力点から離すと，楽に持ち上がります。

（まとめとして，アルキメデスのてこの話をする）

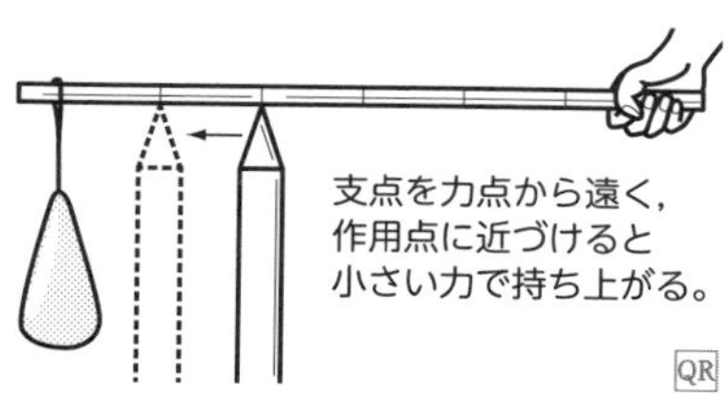

第５時 めあて

てこが水平につり合うときには，どのようなきまりがあるのか調べよう

本時の目標 実験用てこのしくみを知り，うでのつり合いには，おもりの重さだけではなく，目盛り（うでの長さ）が関係していることに気づく。

板書例

〔問題〕 てこが水平につり合うときには，どのようなきまりがあるのだろうか

1 実験用てこのしくみ

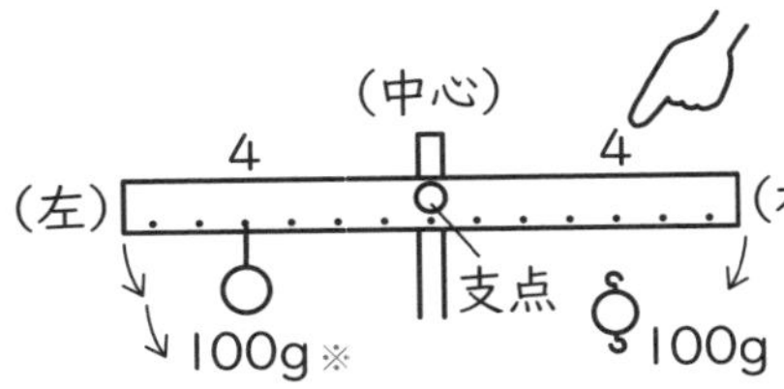

うでは左に かたむく 回る ＝ 4に100gつるすと うでは {水平になって つり合う

※おもりは左右20gや100gなど，重めがよい。

2 問題Ⅰ

１個のおもりで，てこを水平につり合わせるには，右の何目もりのところにつるすとよいだろうか

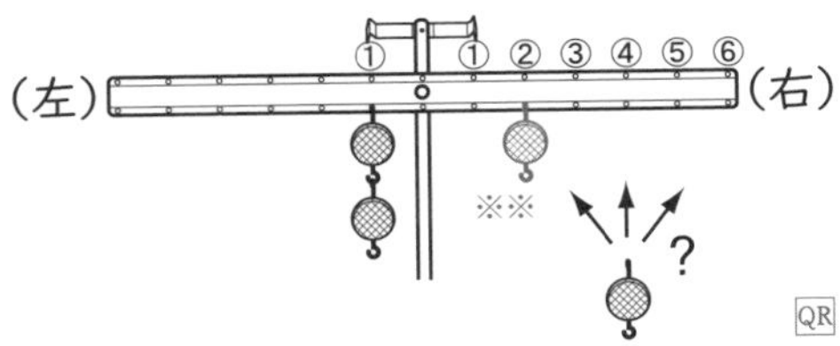

3 結果Ⅰ

右の②につるすとつり合う

※※結果は赤でかき入れる。

（POINT）実験用てこの左右のうでにおもりを下げて，てこがどのように動くのか理解して，実験に取り組むようにしましょう。

1 実験用てこのしくみを，大型てことつないで考える

T　これは，「実験用てこ（てこ実験器）」というものです。「大型てこ」と似ているところがあります。では，左側の４の目盛りにおもりを１個つり下げてみましょう。うではどうなりましたか。

C　左に傾きました。

C　左側に下がりました。

T　右側の４の目盛りを指で押すと，おもりが持ち上がりました。しくみは大型てこと同じです。

T　指で押すかわりに，同じおもりを右側に１個つるして，うでを水平にするにはどこにつるしますか？

C　右側の４の目盛りのところです。

T　４につるすとうでは水平になりました。右側の４を押した力はおもり１個分の力と同じです。

2 【問題①】左１目盛りに２個，右に１個をつるして，つり合うときのおもりの位置を予想する

T　手で押した力を重さの単位で表すと，おもりと同じ重さで１００gといえます。左右のうでにおもりをつるし，うでが水平になった様子をつり合ったといいます。

T　問題①です。左の１の目盛りに２個のおもりをつるします。左に傾きます。では，１個のおもりで水平につり合わせるには，右の何目盛りにつるすとよいでしょうか。

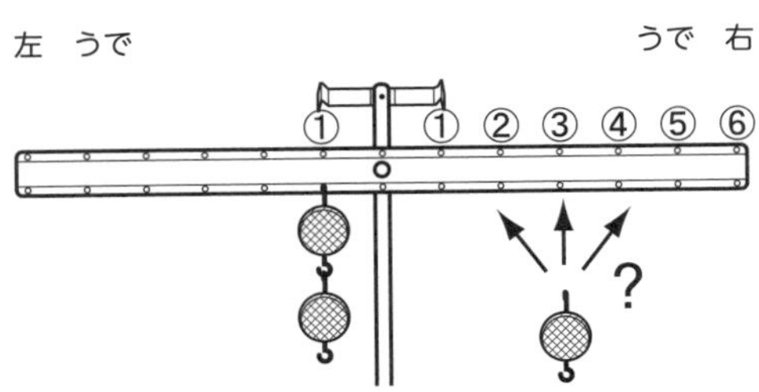

C　右の２目盛りだと思います。おもりが１個少ない分，目盛りを右に１つ移動して２につるすといい。

準備物
・実験用てこ
・おもり (100g, 10g)

ICT
タブレットに転送したワークシートに，自分の考えを書き込むように指導するとよいでしょう。

3 問題２

左の２目もりにおもりを２個つるしたてこを水平につり合わせるには，おもり１個を右の何目もりにつるすとよいだろうか

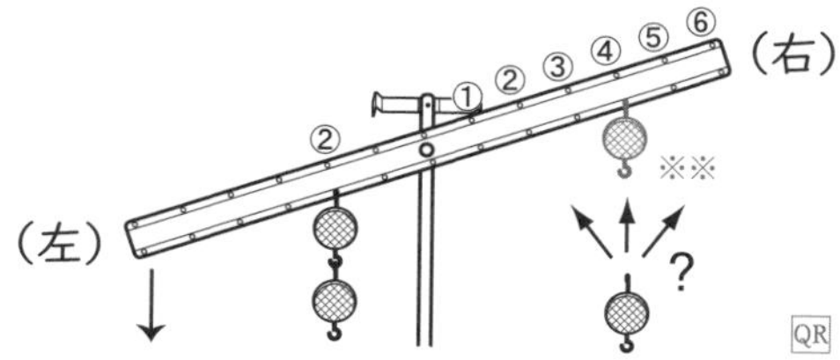

4 結果２

右の④につるすとつり合う

※※結果は赤でかき入れる。

てこが つり合うときのきまり を考えていこう

次時につなげる

QR

・画像

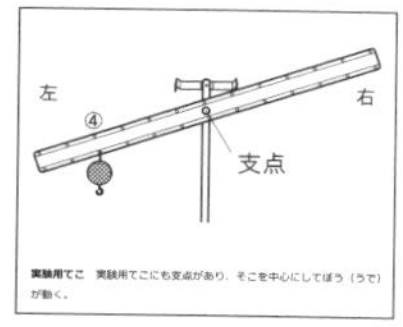

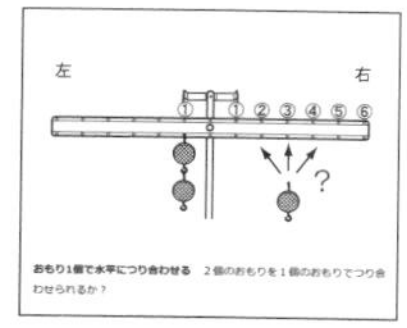

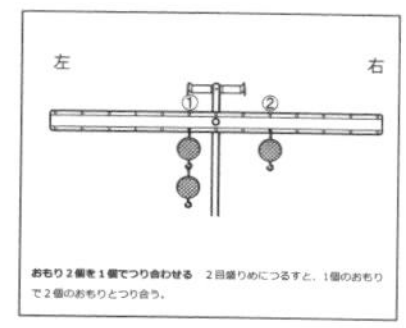

その他多数

3 問題①の答えを実験で確認し，問題②を予想する

T　予想通り，右の２目盛りにつるすと，１個のおもりでつり合いました。このようにおもりの数が違っても，位置を変えると水平につり合わせることができるのですね。

T　問題②です。おもりを２個，左の２目盛りにつり下げます。すると，うでは左に傾きます。このてこを１個のおもりを使って水平につり合わせるには，右の何目盛りのところにつるすといいでしょうか。

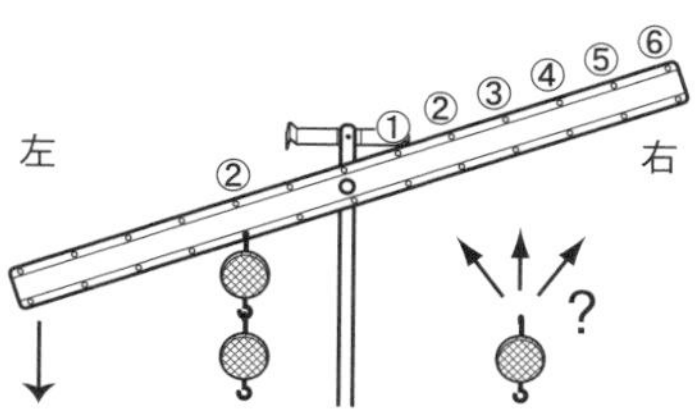

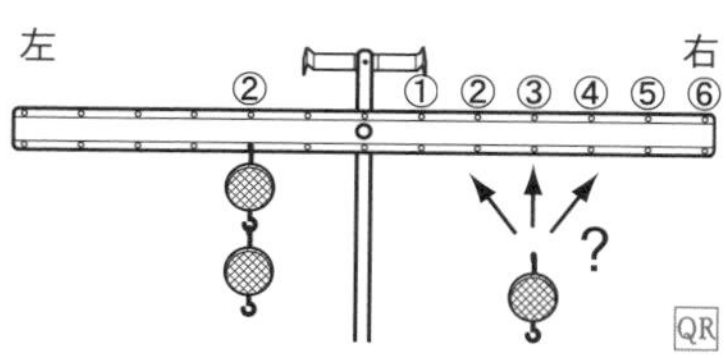

T　予想と考えをノートに書きましょう。

4 問題②の答えを実験で確認し，てこがつり合うときのきまりを考える

T　予想した目盛りを聞きます。手を挙げて下さい。
（目盛りの数ごとに予想を挙手させる）

T　３目盛りや４目盛りの予想が多いですね。

C　おもりの数と目盛りの数を足すと左側は２＋２＝４，左側は１＋３＝４になるからです。

C　右のおもりが１個少ない分，右の目盛りを１つ増やすとつり合うと思います。

C　右のおもりの数は左の半分の１個なので，目盛りは２倍の４にするとよい。

C　左と右のおもりの数と目盛りの数をかけ算すると，どちらも４になるからです。

T　では，１目盛りから，順につるしていきます。

C　４の目盛りで水平になってつり合いました。

T　てこがつり合うときのきまりがありそうですね。

第６時 めあて
てこが水平につり合うときは，どのようなきまりがあるか，計算で求めよう

本時の目標 てこを傾けるはたらきの大きさは「おもりの数×支点からの距離」で求められ，この大きさが同じときにてこは水平になり，つり合うことがわかる。

板書例

〔問題〕 てこが水平につり合うときは，どのようなきまりがあるのだろうか

1 つり合うときのきまりをみつけよう

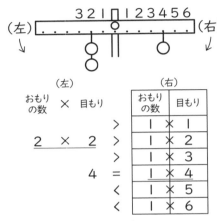

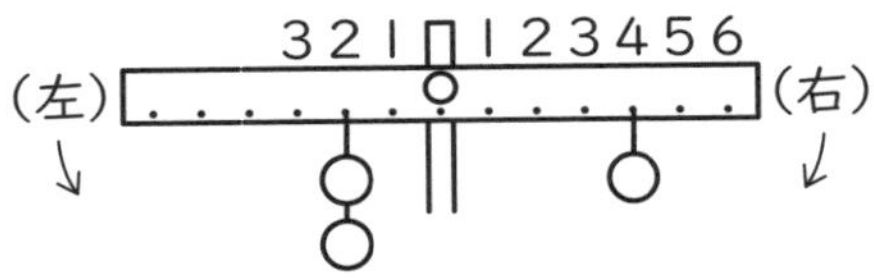

（左）おもりの数 × 目もり		（右）おもりの数 × 目もり
	＞	1 × 1
2 × 2	＞	1 × 2
	＞	1 × 3
4	＝	1 × 4
	＜	1 × 5
	＜	1 × 6

2×2と1×4は，4で同じになるとつり合う

2 （つり合うときは…）

2こ×2目もり ＝ 1こ×4目もり

㊧ 4 ＝ 4 ㊨

左と右の（おもりの数×目もりの数）が同じ数になるときつり合う

POINT 【計算のきまりの表し方】教科書では，『おもりの重さ×目盛りの数』できまりを表していますが，本時では児童が

1 てこが水平につり合うとき，何が同じになっているのか考える

T てこの傾きやつり合いには，重さだけでなく，目盛り（うでの長さ・支点からの距離）も関係するようです。前の実験から，つり合うときのきまりは見つかりましたか。

C おもりの数と目盛りをかけ算したら，どちらも4になります。それがきまりなのかな。

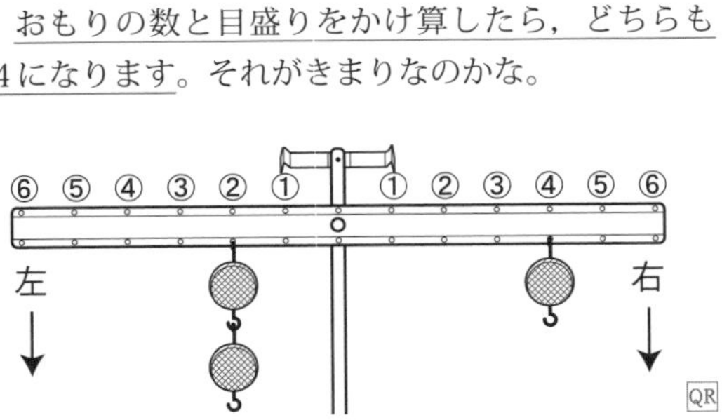

T そうですね。「おもりの数×目盛り」で出てきた4という数が左と右で同じになったとき，てこの棒は水平になってつり合ったのです。左側は「２個×２目盛りで４」，右側も「１個×４目盛りで４」になって，同じです。

2 「おもりの数×目盛りの数」は何を表しているのか，実験しながら考える

T では，右側の１目盛りから６目盛りにおもりをつるしたとして，このかけ算をしてみましょう。１個×１目盛りで１。１個×２目盛りで２。…１個×６目盛りで６ですね。（板書するとよい）

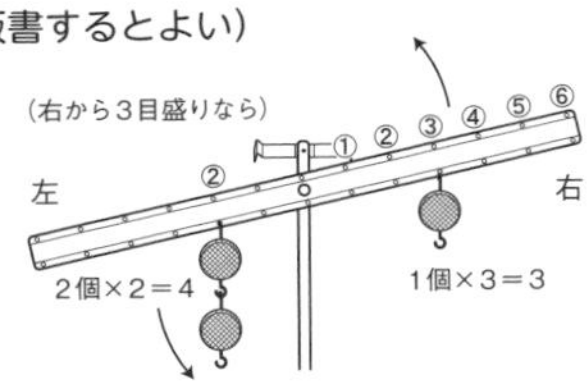

T このてこが左に傾くときは，右のかけ算した数がどんな数のときですか。

C １か２か３です。（4より小さい数）

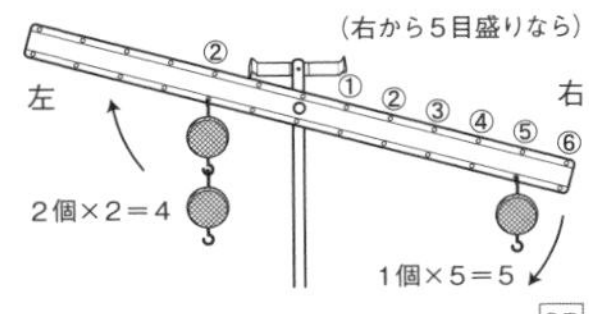

T 右に傾くときは，右の数はどんなときですか。

C ４より大きくなるときで，５か６のとき。

T そうです。「おもりの数×目盛りの数」が大きい方にうでは傾くのです。同じ数のときはどうなりますか？

C 水平になってつり合います。

準備物	・実験用てこ ・おもり（10g） ・あれば5gのおもり

ICT	タブレットのカメラ機能を用いて，てんびんがつり合う様子を撮影して，学級で共有するとよいでしょう。

3 てこがつり合うとき，1～6の目もりにつるすおもりの数を表に書きいれよう

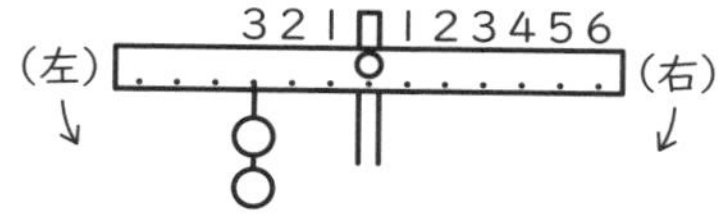

（左）

おもりの数	目もり
2	× 3

（右）

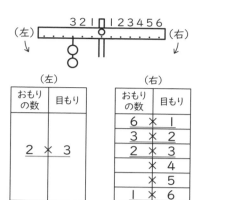

おもりの数	目もり
6	× 1
3	× 2
2	× 3
	× 4
	× 5
1	× 6

6　＝　6 になるように

4 〔まとめ〕

てこをかたむけるはたらきの大きさ

左側の（おもりの数）×（目もりの数）

2 × 3 ＝ 6

右側の（おもりの数）×（目もりの数）

1 × 6 ＝ 6

QR

・画像

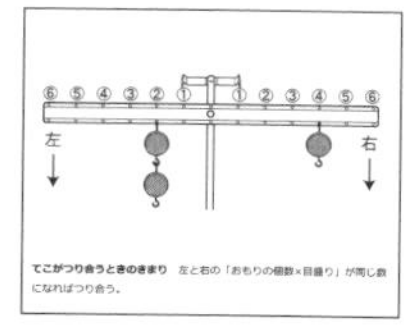

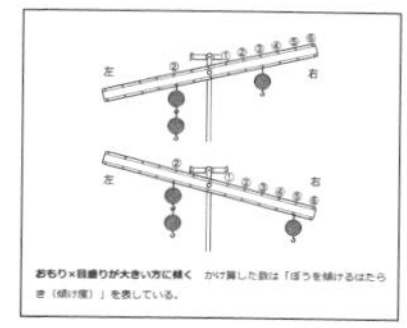

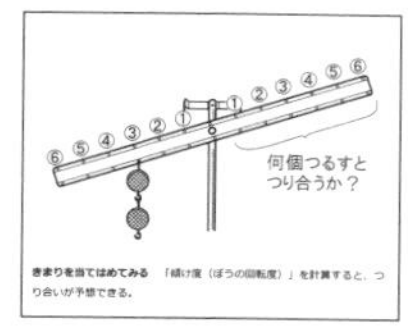

その他多数

わかりやすいように，『おもりの数×目盛りの数』できまりを表しています。

3 てこがつり合うときのきまりを計算で求め，予想する

T 「おもりの数×目盛りの数」で出てきた数は何を表しているのですか。

C 重さでも長さでもない。てこを傾ける力？

T これは，てこの棒を傾けるはたらきの大きさを表しています。おもりの個数を重さで表し，目盛りの位置を支点からの距離にすると，「おもりの重さ（力）×支点からの距離」で求められます。この数を計算すると，てこが左右のどちらに傾くか，またはつり合うのかがわかります。

T 【問題】てこの左側の３目盛りにおもりを２個（２０g）つるします。では，右側の１から６の目盛りのところに，それぞれ何個（何g）のおもりをつるすと，てこは水平になってつり合いますか。かけ算の結果を表に書きながら予想しましょう。（表を板書する）

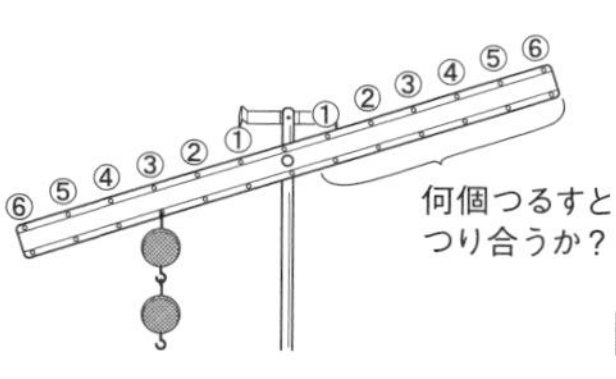

QR

4 計算のきまりを使って，予想したことを実験で検証する

左うでの力の大きさ（おもりの数）×左うでの支点からのきょり（目盛りの数）＝右うでの力の大きさ（おもりの数）×右うでの支点からのきょり（目盛りの数）

T では，右の１目盛りのところなら何個のおもりでつり合いますか。

C ６個だと思います。左側は３個×２目盛りで６になるので，かけ算の答えが６になるには，６個×１目盛りだからです。

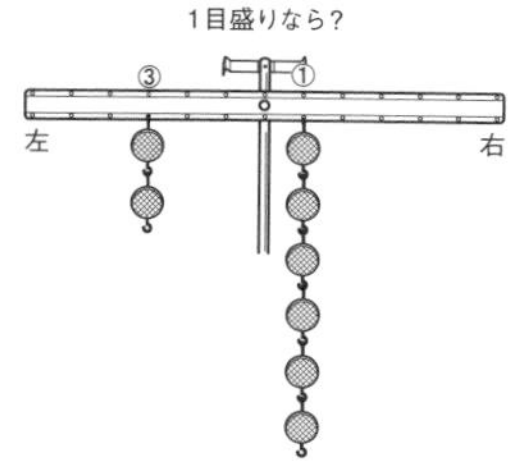

（2個×3＝6）＝（6個×1＝6）

QR

T ２目盛りではどうですか。

C ３個です。３個×２目盛りで６になります。

（３目盛り，６目盛りなどとすすめる）

T ４目盛りならどうですか？

C ２個なら２×４で８になり，６を越えるので右に傾きます。

C ６÷４目盛りとすると，おもりがで 1.5 個ならつり合います。

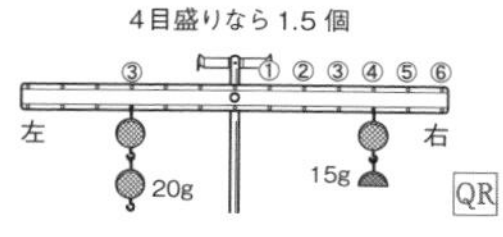

QR

別案 めあて

てこのきまりを見つけよう

－指導計画６時目の代案（別展開例）－

本時の目標　てこの，うでを回すはたらきの大きさは，「おもりの重さ（力）×目盛り（支点からの距離）」で表せることがわかる。

板書例

〔問題〕右うでのどこに何個つるせばつり合うか，つり合いを見つけよう

1 てこがつり合うときのきまりを見つけよう

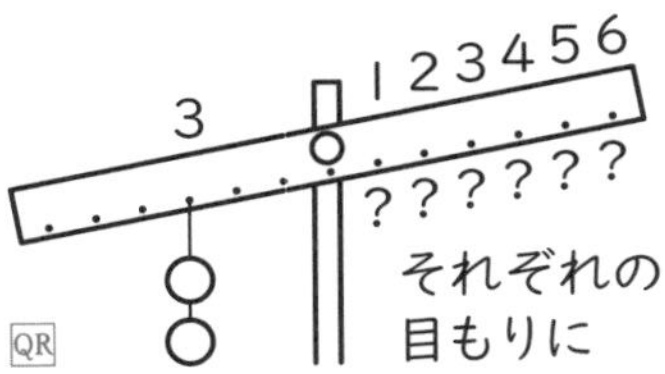

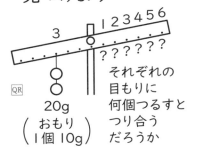

それぞれの目もりに何個つるすとつり合うだろうか

20g
（おもり 1個 10g）

QR

※てこの棒は厚紙でつくって貼れるようにしておくとよい。（裏にマグネットシール）

2 何個でつり合うのか，表にまとめよう

〈左側〉

おもりの数	目もり	
2	3	6

〈右側〉

おもりの数	目もり	
6	1	6
3	2	6
2	3	6
△1か2	4	4か8
△1か2	5	5か10
1	6	6

おもりの数と目もりをかけ算して…
{左も6（2×3）
{右も6
になるときつり合う

POINT てこがつり合うときのきまりを用いて，問題の答えを計算の結果から気づき，予想できるようにしましょう。

1 てこが水平につり合うとき，何が同じになっているのか考える

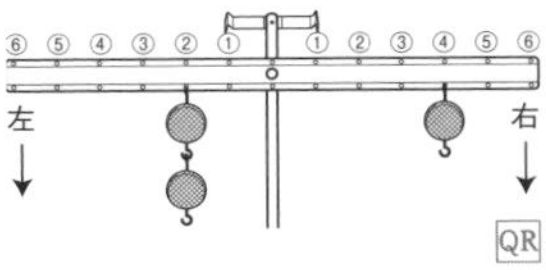

T　前の時間に，てこにおもりをこのようにつけると水平になってつり合いました。
てこがつり合うときには何かきまりがありそうです。そのきまりを見つけてみましょう。（本時のめあて）

T　問題です。左の３目盛りにおもりを２個（２０g）つるします。（やって見せ）左に傾きました。このてこを，水平につり合わせるために，右の１目盛りから６目盛りのところにおもりをつるします。１目盛りなら何個でつり合うか，２目盛りなら何個…というふうに，１から６目盛りにつるしてつり合うおもりの数を調べ，表に書き入れましょう。つるす場所は１回につき１か所です。（ワークシート参照）

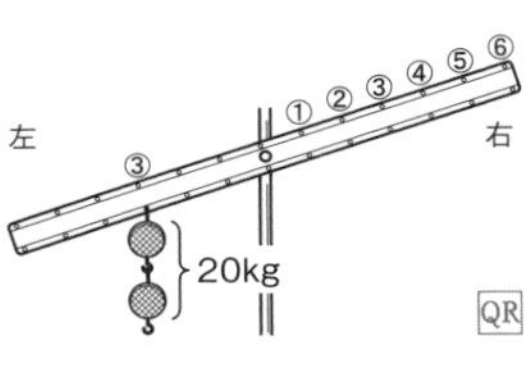

※児童の実態に応じて，左の３目盛りに４個つるす問題設定でもよい。

2 てこがつり合うときの，目盛りの数とおもりの数（重さ）を実験して，調べる

T　てこ実験器を使って，グループで実験しましょう。１から６目盛りまで，それぞれの目盛りのところでは何個のおもりでつり合うのか調べましょう。

T　つり合わないところは△印です。何個と何個の間だとわかったら，書いておきましょう。

C　右の１目盛りのところなら，６個でつり合ったね。

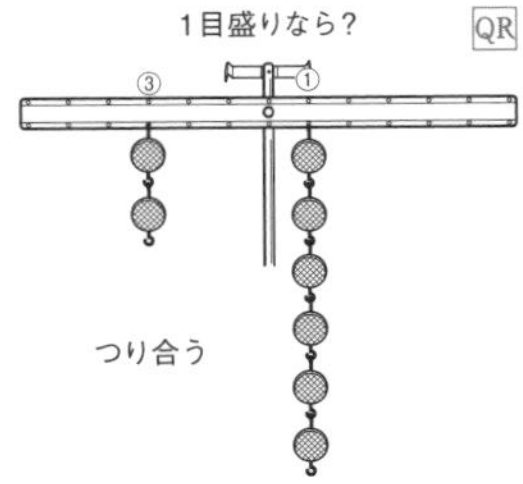

（２個×３＝６）＝（６個×１＝６）

C　２目盛りなら３個でつり合ったよ。何かきまりがありそう。

C　４目盛りのところはつり合わないな。１個と２個の間かな。

T　１から６の目盛りのところで，つり合ったときのおもりの個数を，表に書き入れましょう。

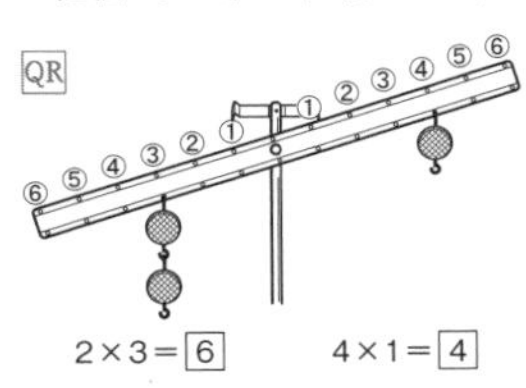

2×3＝6　　4×1＝4

準備物
・実験用てこ
・おもりセット（グループ数）
・重さと目盛りの表（ワークシート）（P168, 169）

ICT
タブレットに問題提示の写真を転送して，児童の考えを書き込ませたり，発表活動に活用させるとうよいでしょう。

QR

・画像

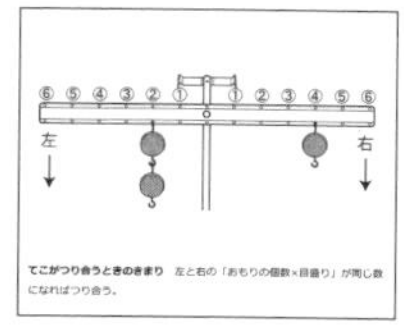

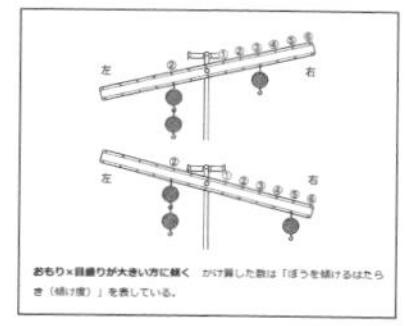

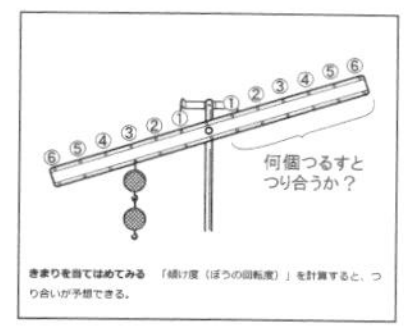

その他多数

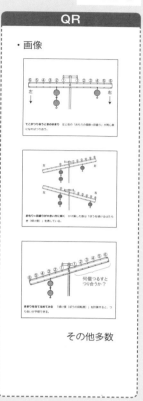

3 「てこをかたむけるはたらき」がどちらも6のとき，つり合う

4 〔まとめ〕
「てこをかたむけるはたらき」の大きさは…

重さ（力）（個・g）	×	支点からのきょり（目もりの数・cm）

で計算できる（求められる）
左と右で同じ数になるときつり合う

3 実験結果から，てこがつり合うときのきまりを見つける

左側			右側		
おもり	目もり	？	おもり	目もり	？
2個（20g）	3		6（60g）	1	
			3（30g）	2	
			2（20g）	3	
			△1か2	4	
			△1か2	5	
			1（10g）	6	

T　この表を見て，てこがつり合っているとき，『こんなときにはつり合う』というようなきまりは見つかりますか。 QR

C　つり合ったのは，1と2と3と6目盛りにつるしたときです。

T　つり合ったとき，てこの左側と右側で同じになっているところはないでしょうか。

C　左のおもりの数と目盛りの数をかけ算したら，『6』です。右もおもりの数と目盛りの数をかけ算して『6』になったとき，つり合っています。

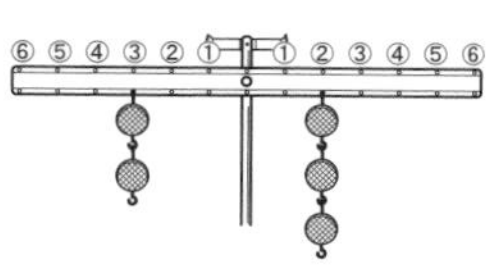

4 「てこを傾けるはたらき」の大きさを，数で表す

T　この『6』という数が左と右で同じになったとき，てこはつり合うといえそうです。この『6』は，何を表している数でしょうか？

C　おもりの数でもないし，目盛りでもない数です。

C　てこを傾ける（回す）力かな（※力ではなく「はたらき」）

C　『傾け度』？『回転度』？（※児童の造語例）

T　『てこを傾けるはたらき』といえます。その大きさを表すのが『6』という数です。（教科書を読み合い，この言葉を導入してもよい）

T　まとめましょう。この『てこを傾けるはたらき』は，どのようにして求められましたか。

C　『おもりの数×目盛りの数』です。2目盛りなら『3個×2目盛り』で『6』となりました。

C　『重さ×距離（目盛り）』で求まります。

T　おもりを重さ（g）で表すと，左側は『30g×2』となり60として表すこともできるのです。『重さ×支点からの距離（目盛り）』ともいえます。

第７時 めあて
てこを傾けるはたらきのきまりを使った問題を計算で求め，そのあと実験で確かめよう

本時の目標 てこの左右の「てこを傾けるはたらき」を計算することにより，てこの傾きやつり合いを正しく予想できることがわかる。

板書例

㋱ てこをかたむけるはたらきのきまりを使った問題を計算で求め，実験で確かめよう

1 問題１

左３目もりに３個，右５目もりに２個，つるしたときのてこのつり合いはどうなるだろうか

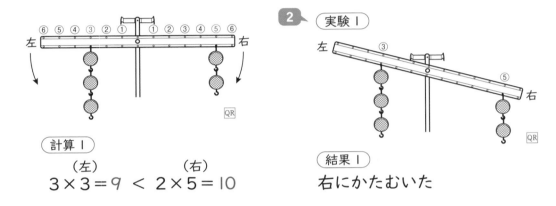

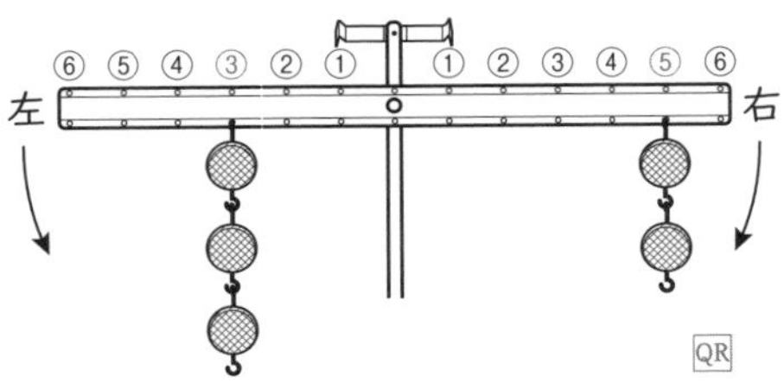

計算１

（左）　　　　（右）

３×３＝９ ＜ ２×５＝10

2 実験１

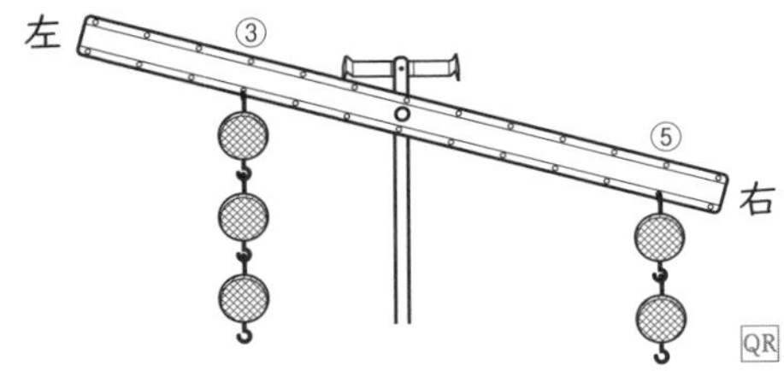

結果１

右にかたむいた

POINT 前時の学習のように「おもりの数×目盛り」の数をもとに予想し，実験を行い，その結果を表現させるとよいでしょう。

1 【問題１】左３目盛りに３個，右５目盛りに２個，つるしたときのてこのつり合いを考える

T 「てこを傾けるはたらき」のきまりを使って，次の問題を考えましょう。
【問題１】てこの左の３目盛りに３個のおもりをつるします。右の５目盛りには２個のおもりをつるします。さて，このてこは左右どちらに傾くでしょうか。それともつり合うでしょうか。

C 「おもりの数×目盛りの数」のきまりで予想できそう。

T 「てこを傾けるはたらき」の大きさを計算すれば予想できそうですね。つり合うと思う人？　では，右に傾くと予想した人？ 左に傾くと予想した人は？

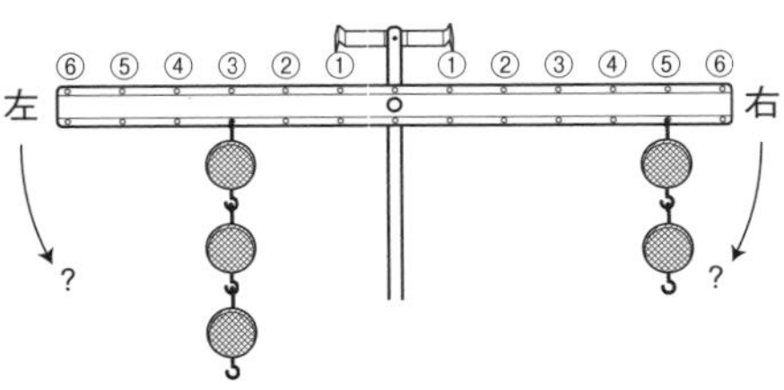

2 予想した考えの根拠を計算で示して話し合い，実験で確かめる

T 予想を発表しましょう。

C 右に傾くと思います。「てこを傾けるはたらき」を計算すると，左側は３個×３目盛りで９です。右側は２個×５目盛りで１０になります。だから，右側の傾けるはたらきが「１」だけ大きいから右に傾くと思います。

T （それぞれの考えの根拠を示して話し合うようにすすめる）
どちらに傾くのか，実験で確かめましょう。

T 予想通り，右に傾きました。「てこを傾けるはたらき」を計算すれば結果が予想できます。
左側　３個×３目盛り＝９
右側　２個×５目盛り＝１０　左＜右ですね。
おもりの数を重さ（g）で計算すると，
左　30(g)×3(cm)＝90(g･cm) ＜ 右　20(g)×5(cm)＝100(g･cm)，やはり右が10(g･cm)大きくなります。

準備物	・実験用てこ ・おもり（10g） ・ワークシート（P166, 167）

ICT	タブレットのカメラ機能を用いて，てこのつり合いの結果を記録保存するとよいでしょう。

3 問題２

左３目もりに２個，右５目もりに１個，
つるしたときのてこのつり合いはどうなるだろうか

計算２

（左）　　（右）
$2 \times 3 = 6 > 1 \times 5 = 5$

実験２

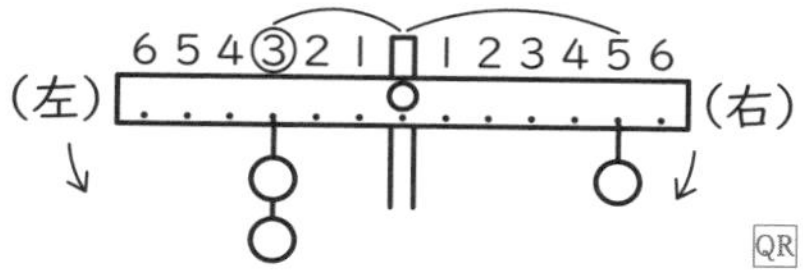

QR

結果２

左にかたむいた

4 〈問題作り〉どちらにかたむくか，水平につり合うか

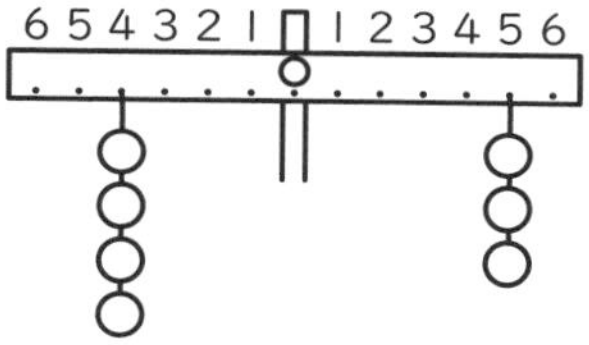

QR

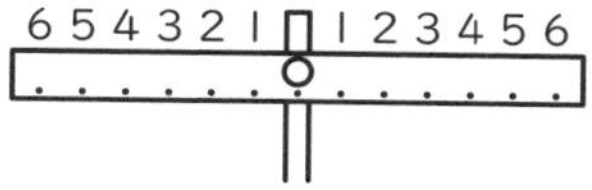

QR

QR

・画像

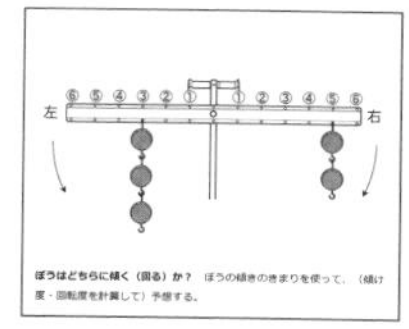

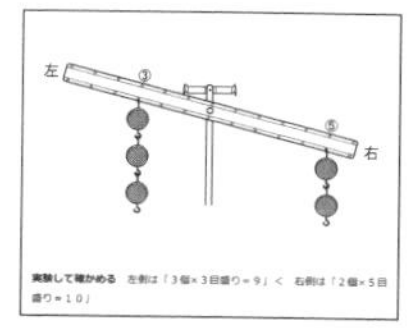

その他

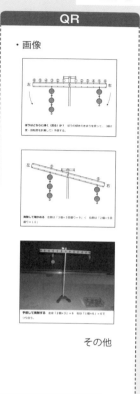

3 てこのきまり（規則性・法則）を使って，問題２を解く

T 「てこを傾けるはたらき＝おもりの数×支点からの距離」というきまりを使うと，傾きが予想できます。
問題２を考えましょう。
てこの傾きやつり合いを計算で予想する問題です。

C 左の「傾けるはたらき」は２×３で６です。右は１×５で５です。左が１大きいので，左に傾くと思います。

T 実験で確かめましょう。

T 予想通り，左に傾きましたね。続けて，問題を作ってみましょう。（できたら）答えが正しいかは実験で確かめましょう。

4 「てこを傾けるはたらき」のきまりを使って，児童が問題を作る

T みなさんもこのような問題を作れると思います。
（ワークシートを使う）
「てこを傾けるはたらき」を「おもりの個数×目盛り」とする問題と，「重さ×支点からの距離」とする問題があります。

【発展問題】

左側の３目盛りにおもりを４個（40g）つるすと，左に傾きました。このてこの棒を，水平につり合わせるには，右側の１から６の目盛りのところに，それぞれ何個（何 g）のおもりをつるすとよいでしょうか。

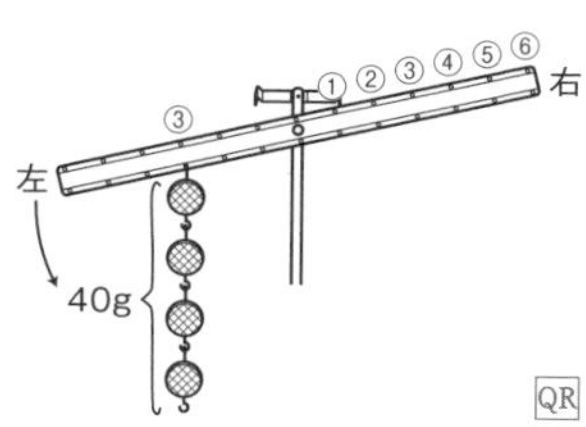

QR

【答】

１目盛り＝ 12 個（120g）
２目盛り＝　6 個（60g）
３目盛り＝　4 個（40g）
４目盛り＝　3 個（30g）
５目盛り＝ 2.4 個（24g）
６目盛り＝　2 個（20g）

５目盛りのとき

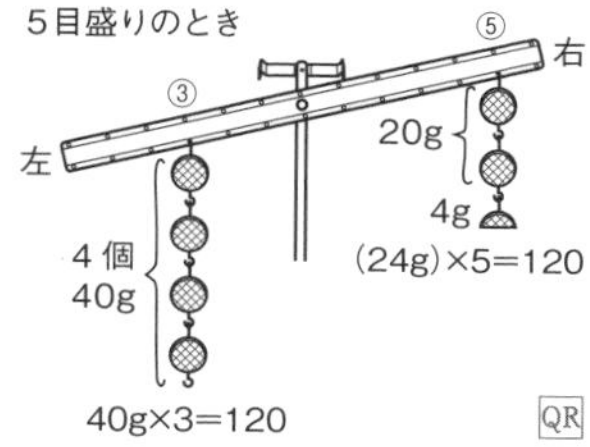

QR

第８時 めあて
てこを利用した道具の支点・力点・作用点の位置を見つけよう

本時の目標
釘抜きやペンチはてこのはたらきを利用した道具であることに気づき，使うときの支点や力点，作用点の位置がわかる。

板書例

㋱ てこを利用した道具の支点・力点・作用点の位置を見つけよう

1 てこの３つの点

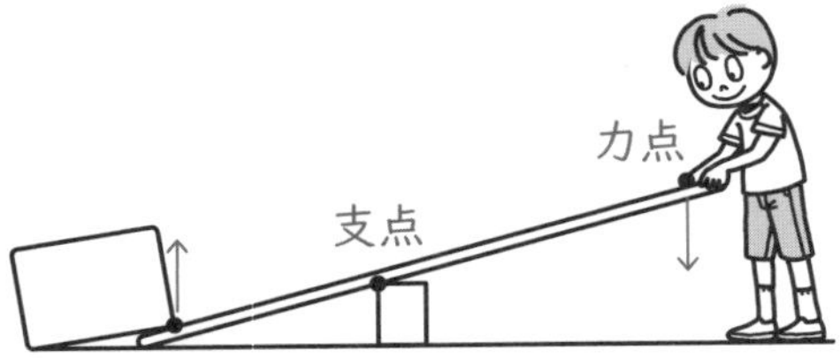

※石などを動かしている図があれば貼る。
石垣や古墳の図でもよい。

2 〈くぎぬき（バール）の場合〉
3

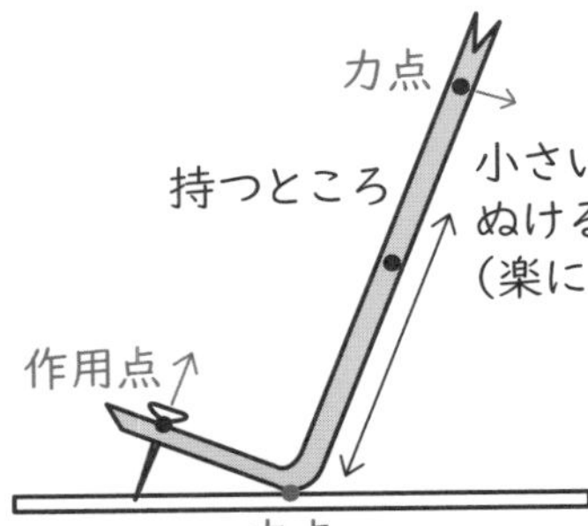

力点は支点から遠くに
（きょりを長く）

POINT 安全に留意しながら，児童ができるかぎり手ごたえを感じ，実感を伴った体験を用意したい。

1 過去にも，重いものを動かすときに，てこが使われていたことを知る

（城の石垣や古墳の石，大きな庭石などの図を見せる。巨石は，てことコロを使って動かしたといわれる）

T　このような，人の力では動かせないような重い石を，昔の人はどうやって，何を使って動かしたと思いますか？

飛鳥，石舞台古墳の巨石　QR
左の石は 77 t　右の石は 64 t
※人力で動かない巨石は，てことコロを使って動かしたといわれる

C　何人集まっても難しそう。
C　もしかしたら昔の人も「てこ」を使ったのかな。
T　答えは，てこです。てこを使って昔の人も小さな力で重いものを動かすことができたのです。（教室でミニてこを使い，箱や木片を動かしてもよい）てこの３つの点を確認しましょう。
C　手で持っているところが力点です。
C　石に当たっているところが作用点です。
C　棒の下の支えているところが支点です。

2 釘抜き（バール）は，てこを利用している道具である

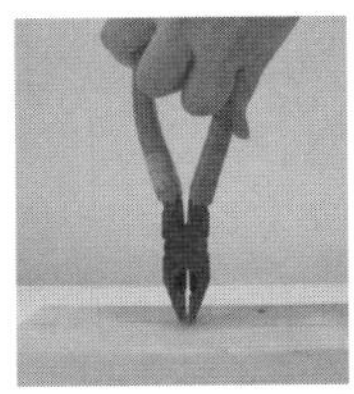
QR

T　板に釘が打ち込まれています。頭をペンチではさんで上に引っ張って抜いてみましょう。

（教師が演示。なかなか抜けない）

T　ここに，いい道具があります。これは，今も使われている釘を抜く道具で，「釘抜き（バール）といいます。打ち込んだ釘を抜いてみます。この釘抜きを使うと，釘をそのまま上に引き抜くよりも小さい力で抜けるのです。これは，てこを利用している道具です。グループごとにこの釘抜きを使って釘を抜いてみましょう。そのとき，てこの３つの点はどこなのかを考えて使いましょう。

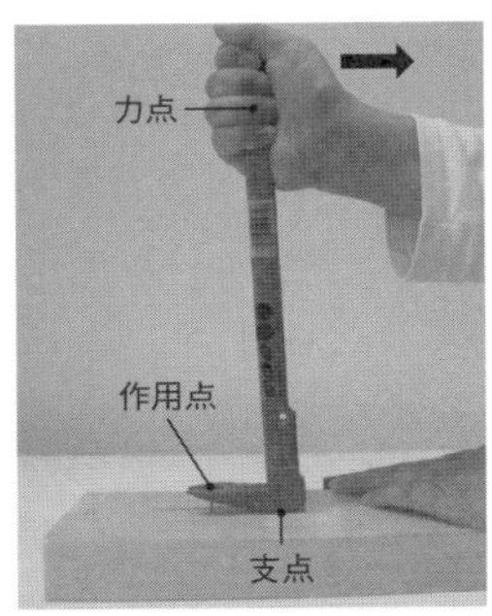

釘ぬきを使うと楽に抜ける。QR

準備物
・釘抜き
・板
・釘
・ペンチ
・針金

ICT
てこを利用した道具の写真をタブレットに転送しておき，支点・力点・作用点の位置を書き込むことができるようにしてもよいでしょう。

4 〈ペンチの場合〉

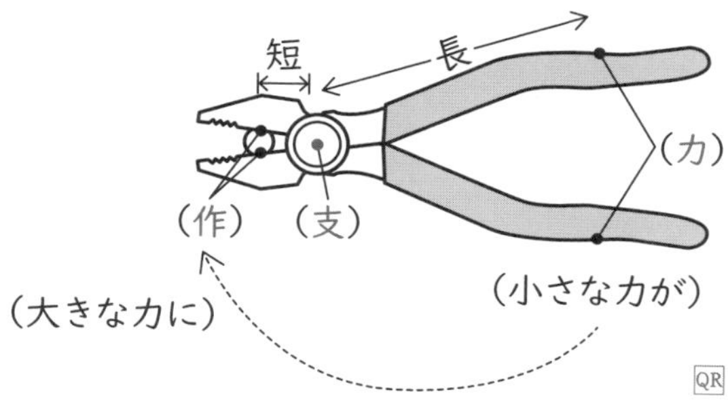

〔まとめ〕
ペンチやくぎぬきにも，
支点・力点・作用点があり，
てこを利用している

QR
・画像

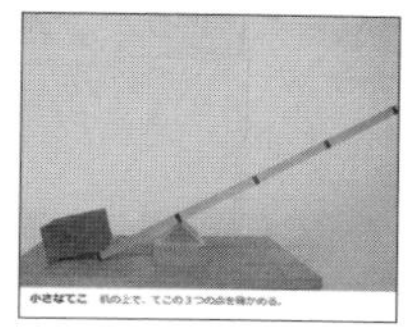

その他多数

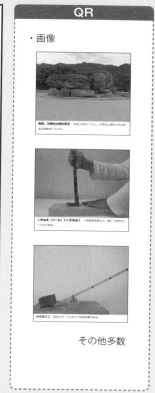

3 釘抜きのどこを力点にすると，楽に抜けるのか考える

T　釘抜きの３つの点はわかりましたか。
C　ここが支点です。（力点，作用点でも確かめる）
T　釘抜きで釘を抜くとき，釘抜きのどこを持ちましたか？　真ん中を持った人？　端の方を持った人？
C　端の方です。前の実験でも，支点から遠いところを押した方が，小さい力でものが持ち上がったからです。
T　端の方を持つ方が楽なのか確かめましょう。
（児童が試す）
T　やはり支点から遠いところを持った方が，小さい力で楽に抜けますね。

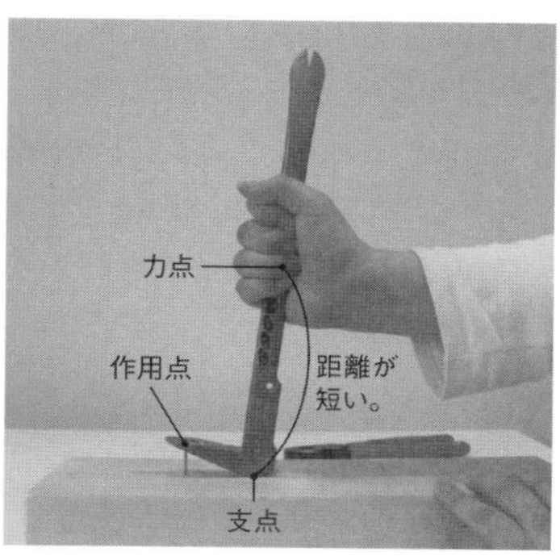

4 ペンチも，てこが利用された道具である

T　ここにペンチという道具があります。これは，針金など硬い金属線を切るときに使うもので，てこのはたらきを利用しています。（切ってみせる）
T　どこにてこの３つの点があるのか，わかりますか。
C　針金をはさんでいるところが作用点です。
C　持っているところが力点です。
C　つなぎ目のところが支点だと思います。
T　ペンチにも，力点，作用点，支点があります。だから，釘抜きと同じように支点から遠いところを持つと楽に切れるのです。

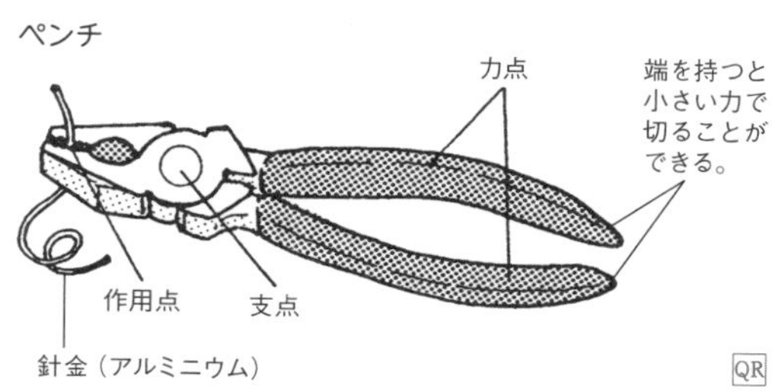

第９時 めあて
てこを利用した道具の支点・力点・作用点の位置をまとめよう

本時の目標 はさみやステープラー，ピンセットなどもてこが利用された道具であることに気づき，てこの３点の並び方によって，３つの型に分けられることを知る。

板書例

㋱ てこを利用した道具の支点・力点・作用点の位置をまとめよう

1 〈支点がまん中（はさみ型）〉

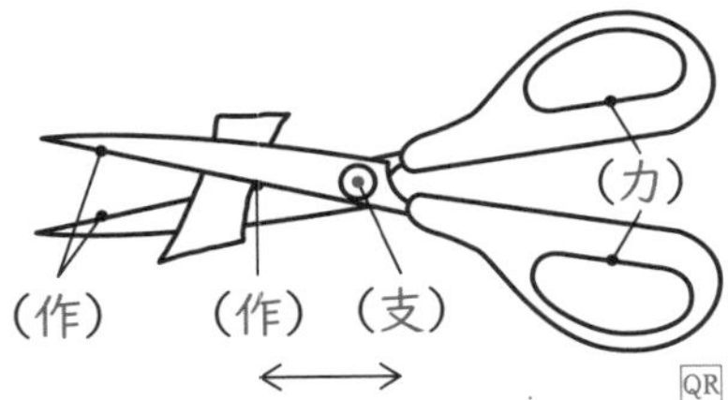

近い方が
小さい力で切れる

2 〈支点がはし（ステープラー型）〉

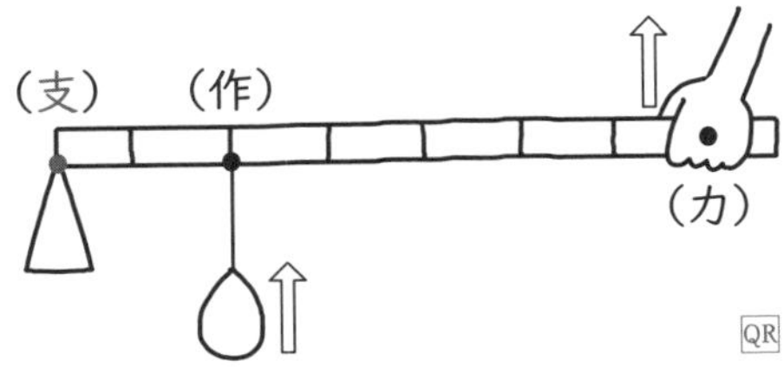

ステープラー

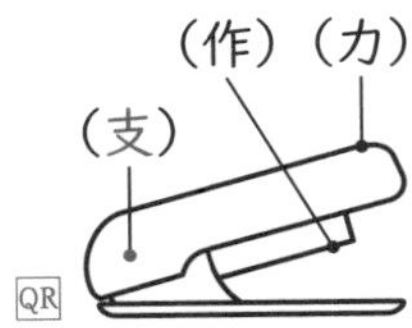

せんぬき

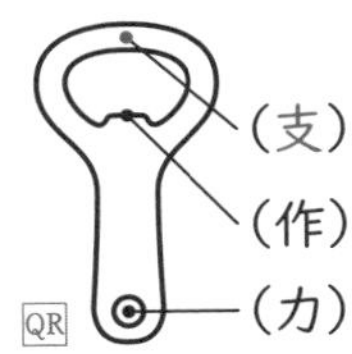

(POINT) 身近な道具がてこのはたらきを利用していることに気づかせるとよいでしょう。

1 はさみもてこが利用されている道具であることを知る

T　はさみもてこが利用されている道具です。この厚紙を切ってみましょう。（切った後で）てこなら３つの点があるはずです。支点，力点，作用点はどこでしょうか。

C　手で持つところが力点だと思います。

C　紙に当たって切っているところが作用点。

C　真ん中のつなぎ目が支点で，ペンチと同じつくりです。

T　作用点は紙にはさみが当たっているところです。紙を切っていくと，このように紙にあたっているところが刃の先に移っていきます。はさみでは，作用点は動いていくのです。

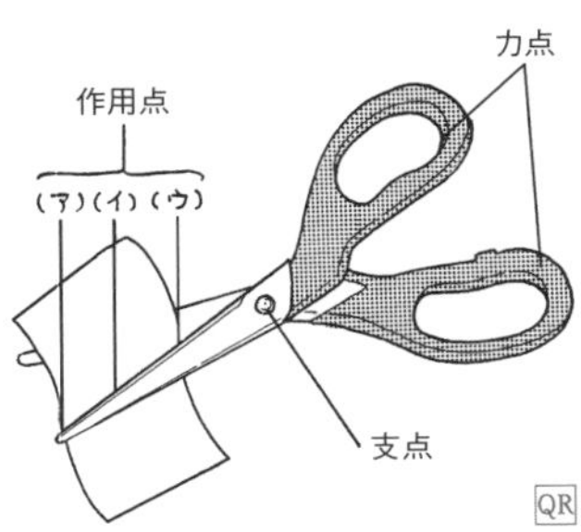

2 支点と力点がはしとはしにある道具もあることを考える

T　棒を使ったてこでは，こんな使い方もあります。

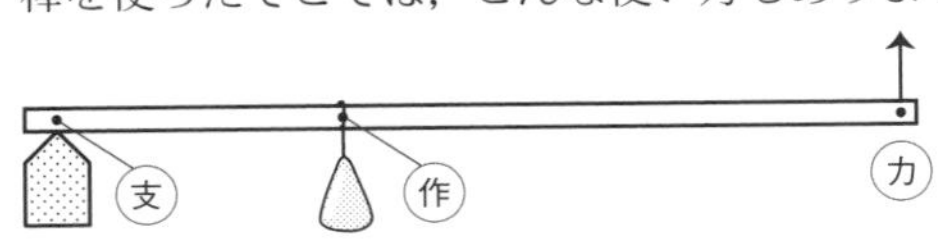

C　砂袋（作用点）が真ん中にあります。

C　支点が端にあります。

T　ステープラー（ホチキス）も，支点が端にあります。

T　ステープラーを使ってみましょう。支点，力点，作用点はどこか，考えてみましょう。

C　手で押すところが力点です。

C　針を押し出すところが作用点です。

C　支点ははしのつなぎ目です。

T　せんぬきも支点が端にあります。

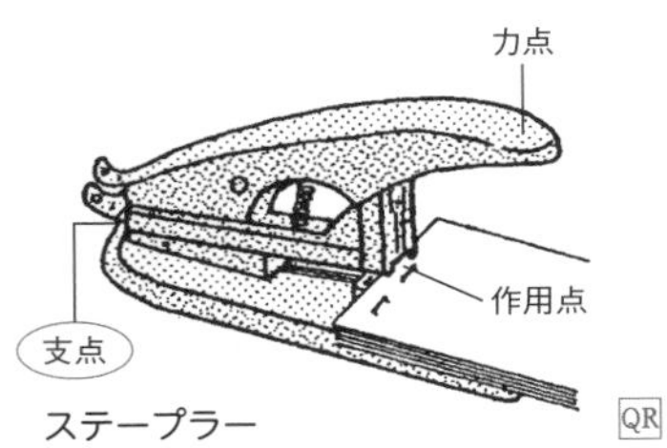

準備物				ICT
・工作用はさみ	・切る厚紙			てこを利用した道具の写真をタブレットに転送しておき，支点・力点・作用点の位置を書き込むことができるようにしてもよいでしょう。
・ステープラー	・栓抜き	・栓		
・和ばさみ	・火ばさみ	・トング		
・あれば空き缶つぶし	・大型てこ			

3 〈支点がはし（ピンセット型）〉

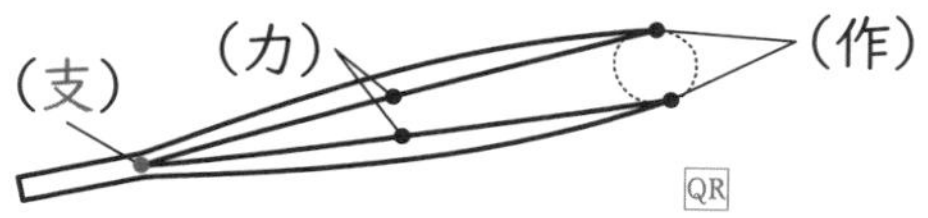

4 〔まとめ〕てこを利用した道具のなかま分け

1　はさみ型
くぎぬき，ペンチ

2　ステープラー型
せんぬき，あきかんつぶし

3　ピンセット型
トング，和ばさみ

てこを利用した道具には，
それぞれの道具の使い道や使い方によって，
支点・力点・作用点の位置がちがうものがある

QR

・画像

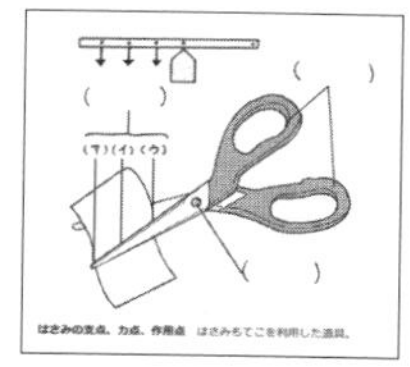

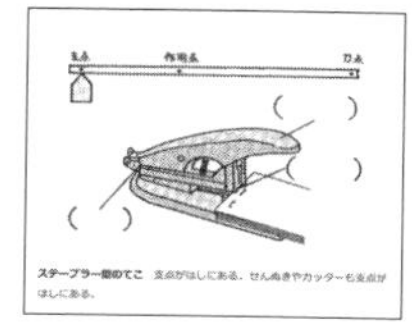

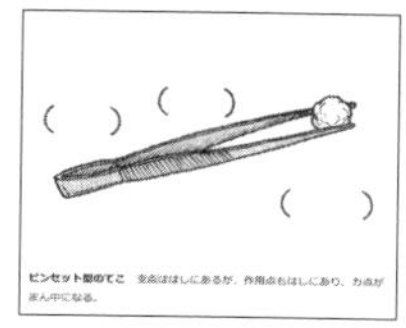

その他多数

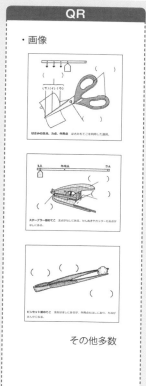

3 ピンセットの支点・力点・作用点を調べる

T　ここにあるピンセットも，てこのはたらきが使われています。３つの点を調べてみましょう。

C　持つところが，力点です。

C　ものをつまむところが，作用点です。

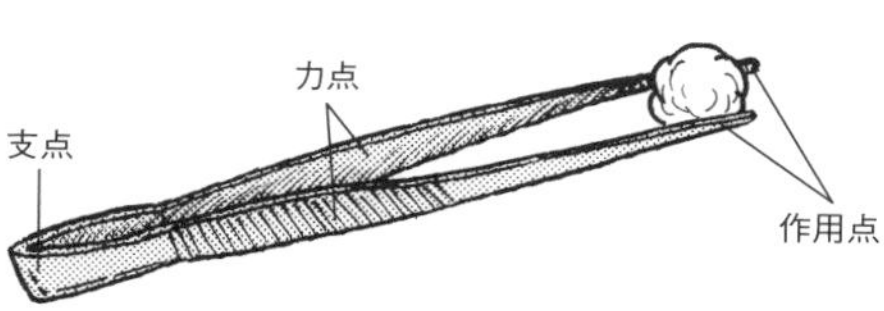

ピンセット

T　ピンセットの支点は，ここ，端ですね。でもステープラーとは違うところがありますね。

C　どちらも支点は端にあるけど，力点と作用点の場所が逆です。

T　ピンセットの力点は，支点と作用点の真ん中にあるのです。支点と力点の間が近いので，力が弱くなり，ものをそっとつかめるのです。

4 （まとめ）支点・力点・作用点の位置のちがいで，てこを使った道具を分類する

T　このようにてこを利用した道具は，支点，力点，作用点の位置のちがいで３つの型（３つの種類）に分けられるといえます。

T　はさみ型は，作用点・支点・力点の順にならんでいます。他はどんな型がありますか

①はさみ型

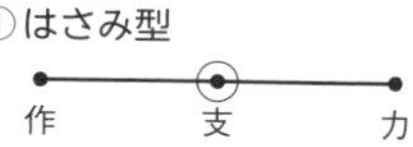

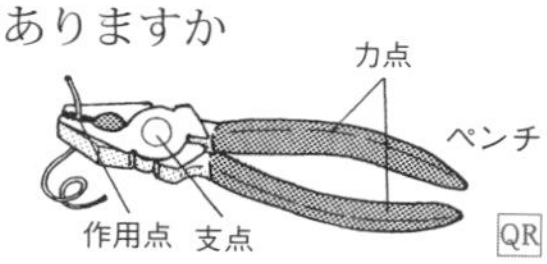

C　ステープラー型は，支点・作用点・力点の順にならんでいます。

②ステープラー型

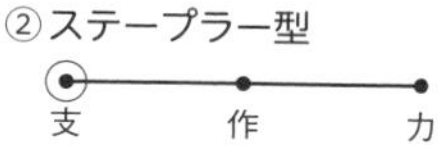

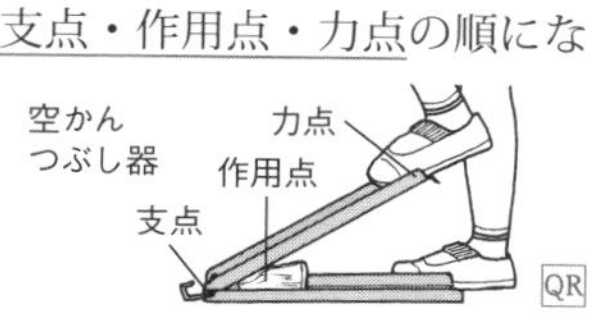

C　ピンセット型は，支点・力点・作用点の順にならんでいます。

③ピンセット型

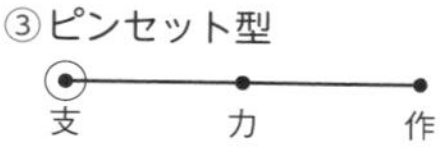

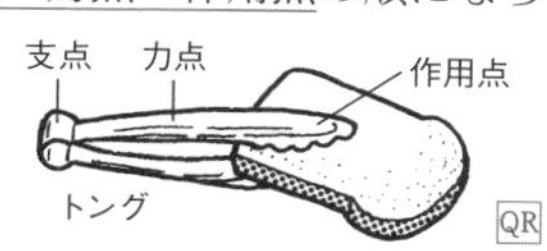

T　家でてこが使われている道具を探しましょう。

広げよう めあて
輪軸とその利用

本時の目標　てこと同じように，輪軸も小さい力で大きな力を生み出す道具であることがわかり，くらしの中で利用されていることに気づく。

板書例

てこ

1

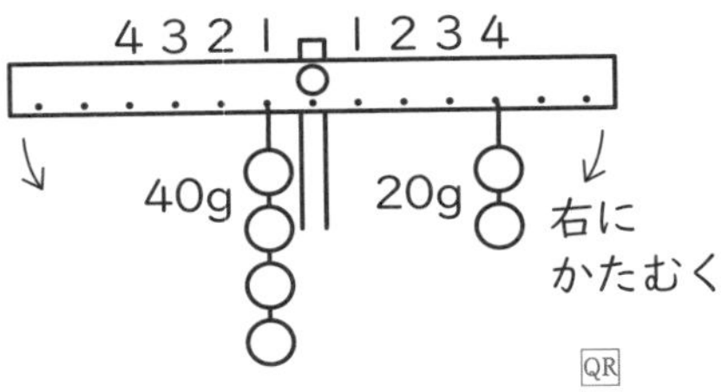

てこの計算

40g×1目もり ＜ 20g×4目もり
（40）　　　　（80）

20gの力で40gを持ち上げた

輪軸（りんじく）（てこと同じしくみ）

2

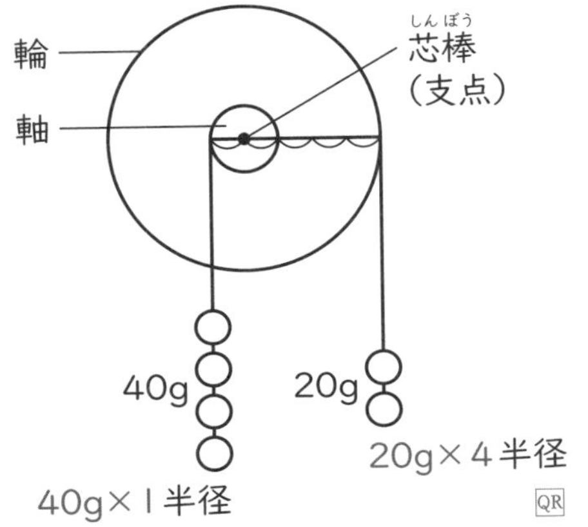

輪軸の計算

㊧40g×1半径 ＜ 20g×4半径㊨

20gの力で40gを持ち上げた

POINT　輪軸の中心からの距離がそれぞれ「てこの左右のうで」と同じであることに気づかせるとよいでしょう。

1 てこのはたらきと，輪軸のしくみの関係を考える

T　これは，実験用てこです。左の１目盛りにおもりを４個（４０g）つり下げます。では，右の４目盛りにおもりを２個つるすと，うでの傾きはどうなりますか。（左右の『傾けるはたらき』を計算させる）

C　『傾けるはたらき』は，左が４０（４０×１），右は８０（２０×４）です。右に傾く（回る）はずです。

T　実験して確かめましょう。右に傾きましたね。このように，てこを使うと，４個（４０g）のおもりを２個のおもり（２０gの力）で持ち上げることができます。

T　これは実験用輪軸というものです。（輪軸の提示と説明）このように，大きい輪と小さい輪を合体させて，芯棒を中心にして回るようにしたものです。糸を引っ張ると，このようにいっしょに回ります。大きい輪を『輪』，小さい輪を『軸』といいます。だから『輪軸』です。（おもりをつるして見せる）

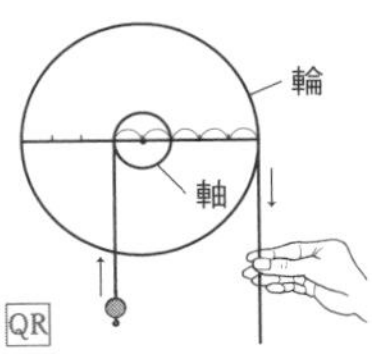

2 輪軸におもりをつるしたとき，てこのしくみと比べながら，どちらに回るか考える

T　よく見ると，大きい輪の半径は小さい方の軸の半径の４倍あります。（板書）では，小さい軸が左に回るようにおもりを４個，軸のひもにつるします。そして，大きい輪は右に回るように，おもりを２個つるします。（それぞれつるして手で押さえる）

T　手を放すとこの輪軸は左右どちらに回るでしょうか。

C　右かなあ？　つり合うかな。

（わからなければ，実験して説明する）

T　実験すると，このように右に回りました。２０gのおもりで，４０gのおもりを持ち上げることができました。何かと同じですね。

C　さっきのてこと同じです。

T　輪軸とてこを比べてみましょう。輪軸は輪の形をしていますが，てこと同じしくみで同じはたらきをします。てこの支点は輪軸の芯棒に，てこの目盛り（支点からの距離）は，輪軸の半径にあたるのです。

準備物	・実験用てこ（あれば）実験用輪軸 ・おもりセット ・ねじ回し（できれば軸が交換できるもの） ・他に輪軸を利用した道具　　・野球バット

ICT	タブレットのカメラ機能を使って，蛇口，ドアノブの写真を撮り，回転の中心と方向を書き込ませるとよいでしょう。

3 輪軸の利用

ねじ回し

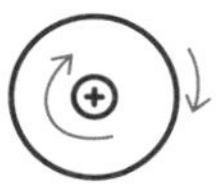

QR

ハンドル
ドア
水道のじゃ口
つまみ

4 バットの回し合い

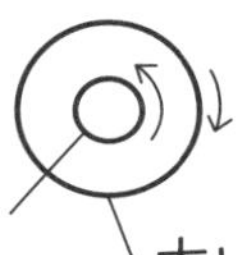

QR

・画像

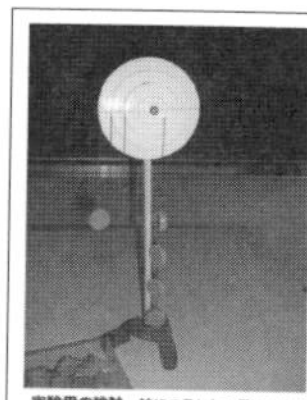

実験用の輪軸　輪につるした１個のおもりで４個のおもりを持ち上げている。

その他多数

3 ねじ回しのしくみを輪軸のしくみと関係づけて考える

T　この輪軸をつり合わせて，回らないようにするには，右のおもりは何個にすればよいでしょうか。

C　１個（１０g）です。右が『１個（１０g）×４（半径）』で４０となります。そうすると左の４０と同じになるから…。

T　実験すると，右に１個つるすと，つり合って回りません。

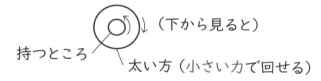

T　このように，輪軸も小さい力で大きい力を生み出すしくみなのです。

T　輪軸のこのはたらきを利用した道具に，ねじ回しがあります。この軸だけでもねじを締めることはできるのですが，握るところが太くなっています。下から見ると（図に描いて）輪軸になっているのです。握りを持って回す小さな力が，軸のところで大きな力になるのです。

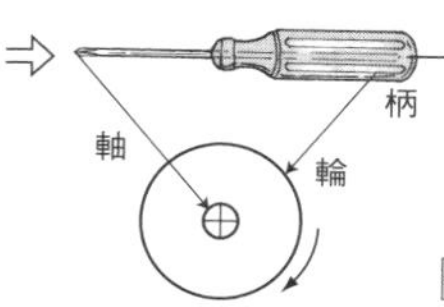

（実際に木とネジ釘で体感させ，児童に軸とにぎり部分（輪）を持って回したときの，回しやすさを比べさせてもよい）

4 身近にある輪軸を利用した道具を調べる

T　ほかに，輪軸を使ったものにどんな道具があるのか，教科書で調べましょう。

C　ドアの取っ手（ドアノブ）や自動車のハンドルです。

C　音量のつまみもです。

T　どれも，半径が大きい輪を持って，半径の小さい軸を回すようにできていますね。

水道の蛇口，持ち手をとると回しにくい　QR

【問題】

T　これは，野球のバットです。力が同じくらいの２人が，それぞれ，先の太いところと，細い握るところを持って，互いに反対に回し合うと，どちらが勝つでしょうか。

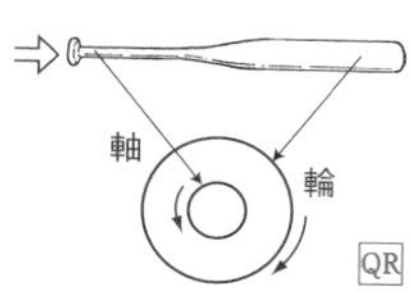

C　太い方が回しやすそう。輪軸の輪と同じかな。

T　森君と林さんにやってもらいましょう。（実験）

T　太い方，つまり輪を持った方が半径が大きいので小さな力で回せるのです。だから勝ったのです。

深めよう めあて
てこと天秤
‒ 天秤のしくみと天秤で重さが量れるわけ ‒

本時の目標

天秤とてこを比べながら，天秤は，支点からの距離が等しいところにものをつるして（置いて），重さを比べる道具であることがわかる。

板書例

重さを比べる

1 どちらが重いか？

2

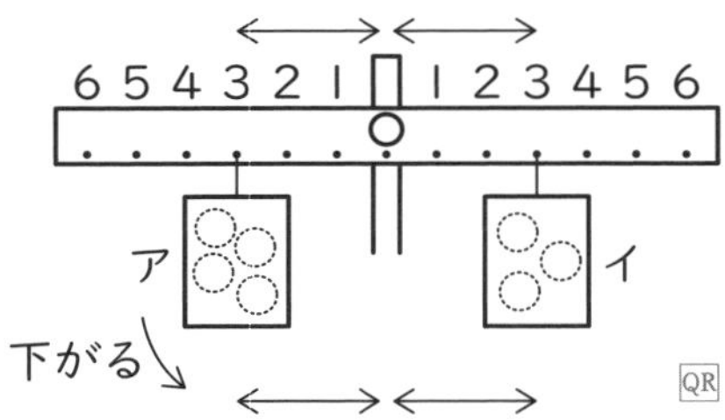

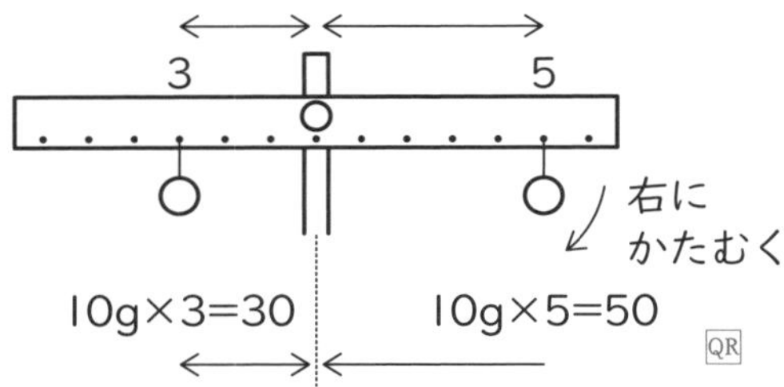

左右の目もりが同じところに
（支点からのきょり）
つるして比べる

支点からのきょりがちがうと…
同じ重さでもかたむく

POINT 天秤は支点からの距離を同じにして重さを測る道具であることに気づかせましょう。

1 重さを比べる方法を考える

T　ここに（ア）と（イ）の2つの袋（または箱）があります。手で持つと，重さが違うことがわかります。

T　では，どちらが重いのか，手で持たないで目で見てわかる方法はないでしょうか。

※「袋」は，（ア），（イ）などと名前をつけ，（ア）は40g（4個），（イ）は30g（3個）などのおもりを入れておく。クリップでつるす。

C　はかりに載せると，すぐにわかります。

T　そうですね。はかりを使わないときは？

C　落としてみて，速く落ちる方が重い。（注・誤認識）

C　ゴム紐（バネ）につるすと，伸びた長さでわかる。

C　落としてみて，音を聞く。

（児童から出なければ，教師が実験用てこを提示する）

T　実験用てこを使って比べられないでしょうか。

C　右と左につるすと重い方が下がるはずです。

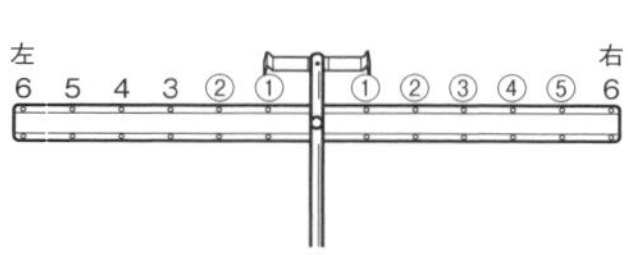

2 てこを使って重さ比べをする

T　では，てこの棒につるしてみますよ。

※わざと間違えて，（ア）を3目盛りに，（イ）を4目盛りにつるすとつり合って，うで（てこの棒）は水平になる。

T　てこの棒は，水平になってつり合いました。だから，（ア）と（イ）の重さは同じです。…といっていいですか。

C　おかしいです。つるしている場所（目盛り）が違うから，正しく比べられていません。

C　左右，同じ目盛りのところにつるさないと，比べられません。

T　では，正しい位置（目盛り）に，つるしてください。（代表者につるしに来させる）

C　（ア）が下がったので，（ア）の方が重いとわかります。

T　袋を開けてみましょう。（開けて）（ア）は4個（40g），（イ）は3個（30g）でした。

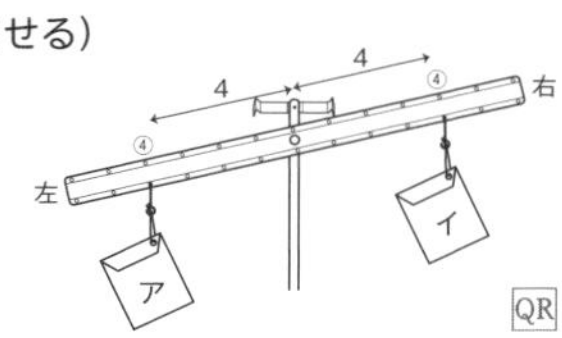

同じ目盛りにつるすと（ア）が下がり，（ア）が重いことがわかる。これが天秤のしくみ（原理）である。

準備物	・実験用てこ　・おもりセット ・おもりを隠して入れる空き箱か封筒など（同じものを2つ）　・上皿天秤 ・つり下げる粘土玉（5g, 10g, 20g）

ICT	タブレットに天秤の画像を転送して，支点やおもりの位置を確かめるとよいでしょう。

3 てこのつり合いで重さを量る

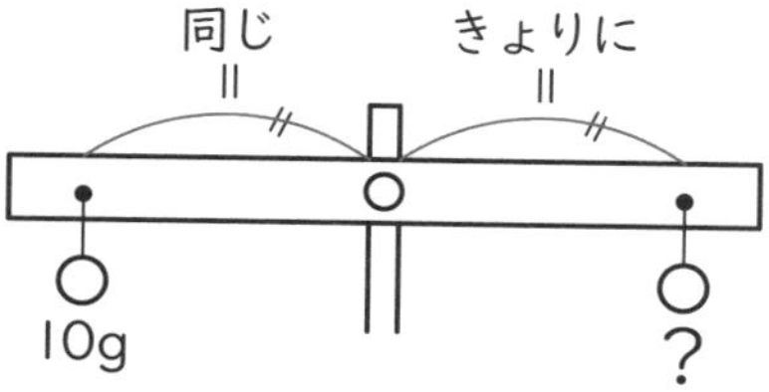

つり合ったら
(10)g

QR

左右同じきょりのところにつるして比べる

4 天びん　上皿(うわざら)天びん（支点がある）

支点からのきょりが5cmとすると

10g×5cm ＝ （　）g×5cm ※

　　　‖　　　　　　　　　‖

　　 50　　つり合う　　 50

※（　）は10と書き入れる。

QR

・画像

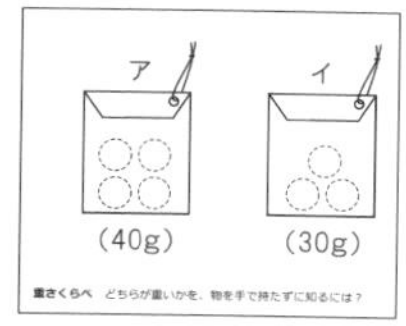

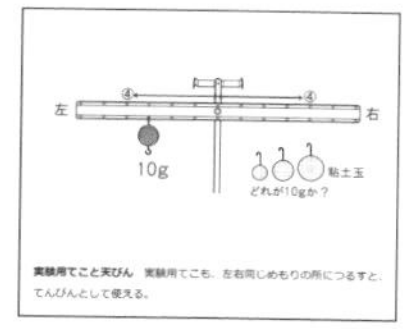

その他多数

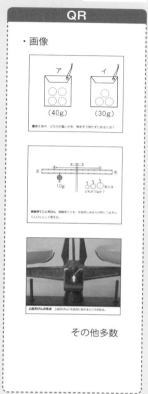

3 実験用てこのしくみ（支点からの距離）から，上皿天秤のしくみを考える

T　てこの棒を使って重さ比べをするには，右と左で同じ目盛りのところにつるさないと，正しく比べることができませんね。（と，まとめる）

T　この『目盛りを同じにして比べる』ということは，てこでは何を同じにすることですか。

C　支点からの距離です。

※支点からの距離を同じにして，重さを量るのが天秤。

T　支点からの距離が違うと，同じ重さでもつり合わないで傾くことがありました。ふり返ってみましょう。左の３目盛りにおもり１個をつるし，右の１目盛りから６目盛りまでおもり１個を順につるしてみましょう。

C　つり合うのは，左と同じ目盛りのところだけだね。

C　重さは同じなのに，他につるすと，うでは傾きます。

T　左右につるしたおもりの重さは同じなのに，うでが傾く理由を説明してみましょう。

（難しいが，おもりから支点までの距離が関係することに気づけばよい）

4 実験用てこを使い，その後上皿天秤を使って３つの粘土玉の重さを量る

T　実験用てこを使って重さだけを比べるには，左と右の支点からおもりまでの距離は，同じにしておかなければいけません。

T　このてこを使うと重さが量れそうです。ここに３つの粘土玉（５g，１０g，２０g）があります。

T　実験用てこで，粘土玉の重さを量ってみましょう。まず，左の４目盛りにおもりを１個（１０g）つるします。３つの粘土玉を右の何目盛りのところにつるすと，重さがわかりますか。

C　左と同じ４目盛りのところです。

T　４目盛りにつるすと，２番目につるした粘土玉がつり合って，１０gだとわかりましたね。

T　このつり合いで重さを量る器具を知りませんか。

C　天秤です。分銅の重さとつり合わせて量ります。

T　上皿天秤を使って，３つの粘土玉の重さを量ってみましょう。

てこのはたらきときまり　第７時　ワークシート（１）（B4に拡大）
※①や④を例題としてはじめにみんなで解いてもよい

てこのきまり －うでをかたむけるはたらき－　　氏名

1 実験用てこの右側と左側に，下の図のようにおもりをつり下げました。うでのかたむきはどうなるでしょうか。うでの左側と右側の「かたむけるはたらき」を［　　］に計算して，左右どちらにかたむくか，また水平につり合うのかを，□の中に書きなさい。

①
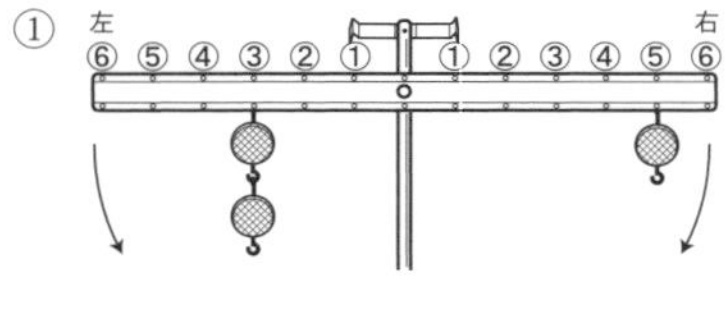

左側　右側

うでは

②
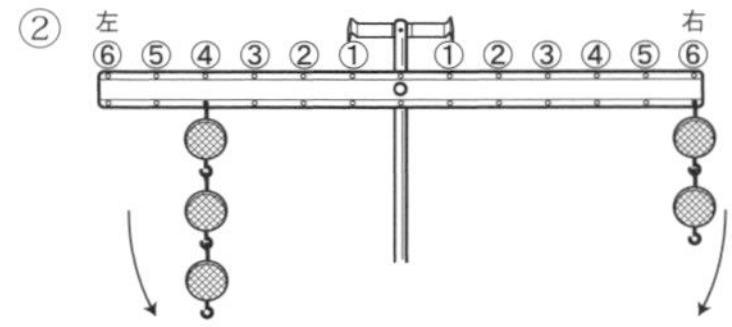

左側　右側

うでは

③
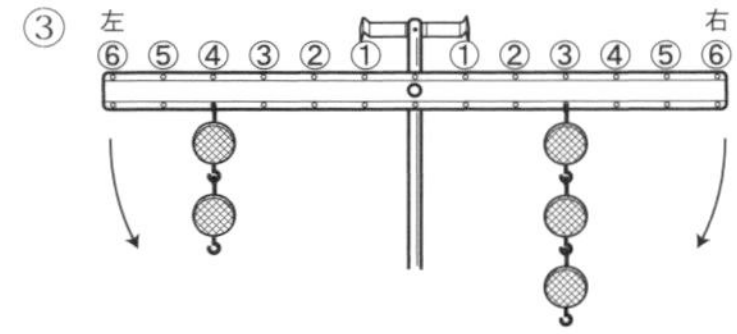

左側　右側

うでは

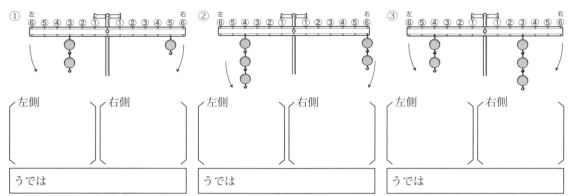

◇重さをg，長さ（きょり）をcmで表しています。上の①～③と同じように「かたむけるはたらき」を計算して，うでのかたむきやつり合いを□の中に書きなさい。

④
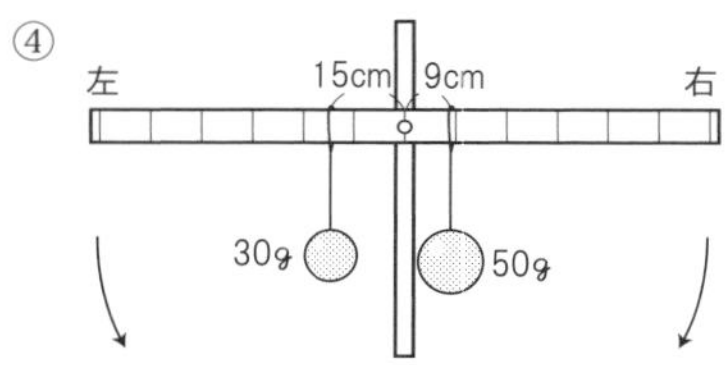

左側　右側

うでは

⑤
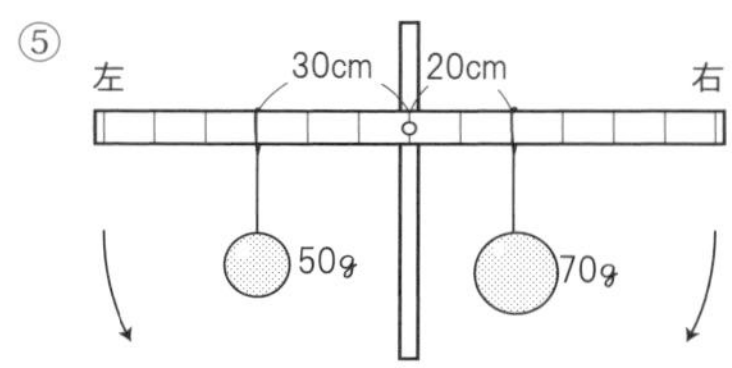

左側　右側

うでは

⑥
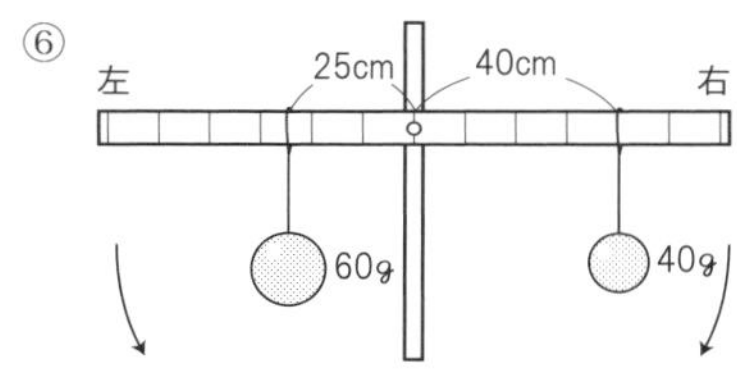

左側　右側

うでは

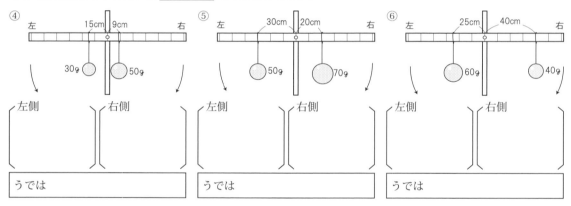

2 図のように，かたむいた実験用てこのうでを水平につり合わせるにはどうすればよいか，下の問いに答えなさい。

①
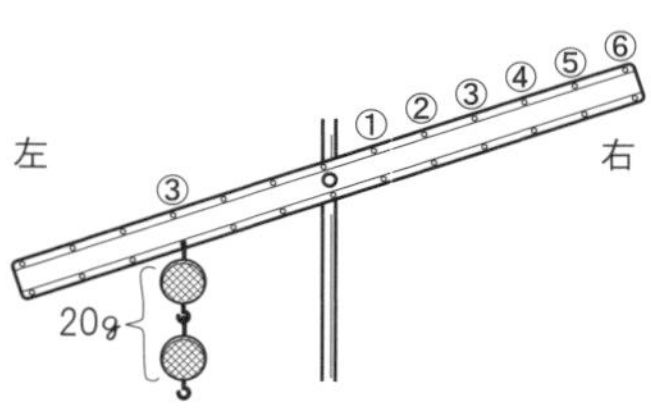

・右側の６目もりに何gのおもりをつるすとつり合いますか。

20 × 3 = □ × 6

・右側の５目もりなら何gのおもりをつるすとつり合いますか。

20 × 3 = □ × 5

②
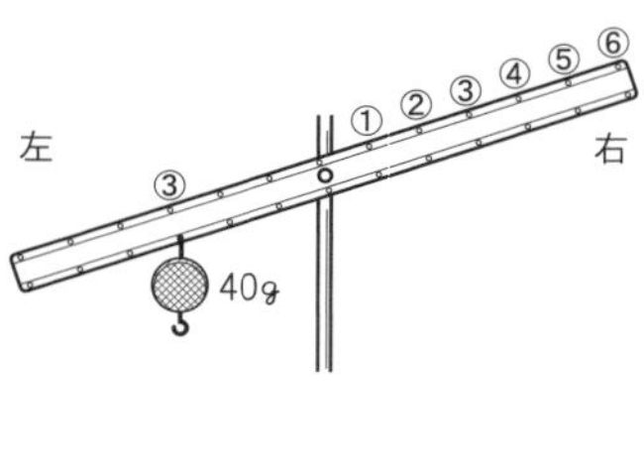

・20gのおもりを何目もりのところにつるすとつり合いますか。

40 × 3 = 20g × □

・30gのおもりなら何目もりのところにつるすとつり合いますか。

20 × 3 = 30g × □

てこのはたらきときまり　第7時　ワークシート（2）
（B4 に拡大）

てこのきまり ―うでをかたむけるはたらき―　問題作り　氏名

1 てこのうでがどちらにかたむくか，また水平につり合うかを考える問題をつくりましょう。

①

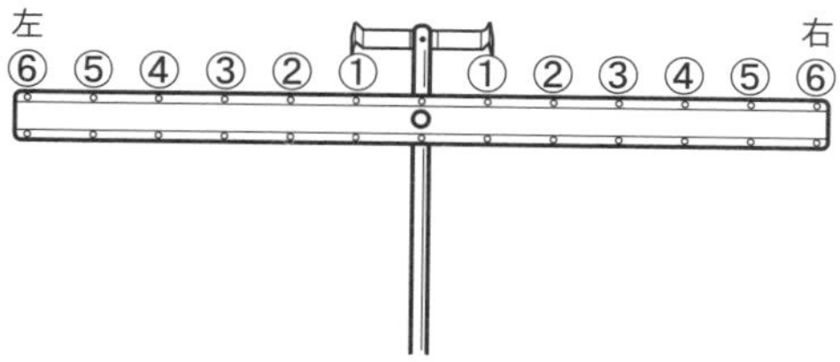

②

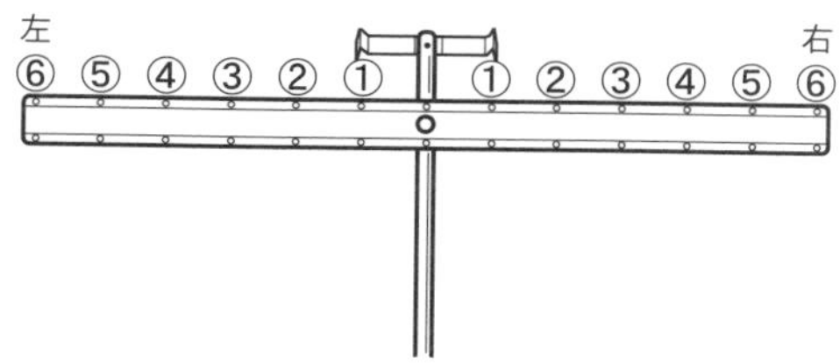

③

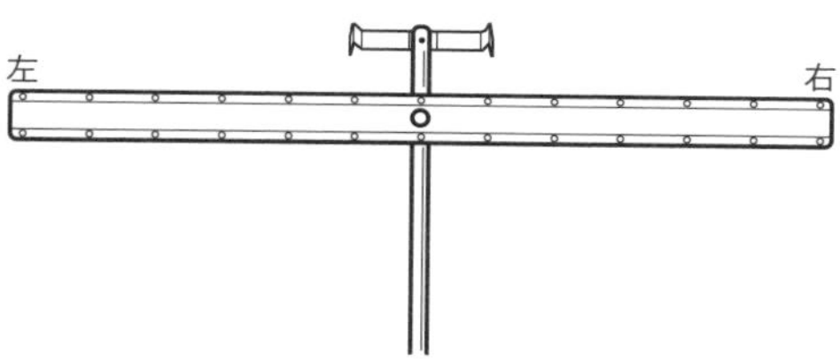

④

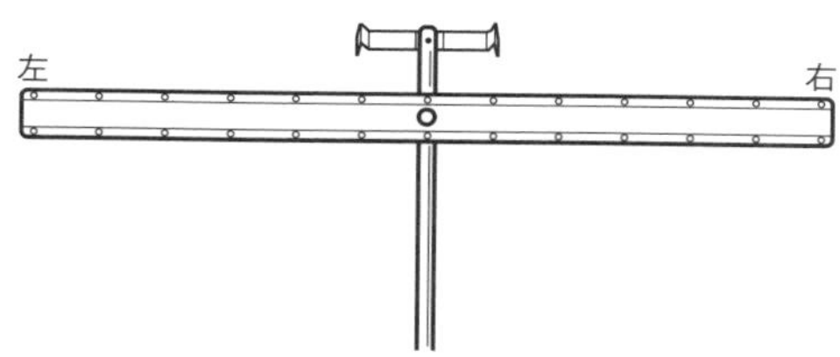

2 てこのうでを水平につり合わせる問題もつくりましょう。

①

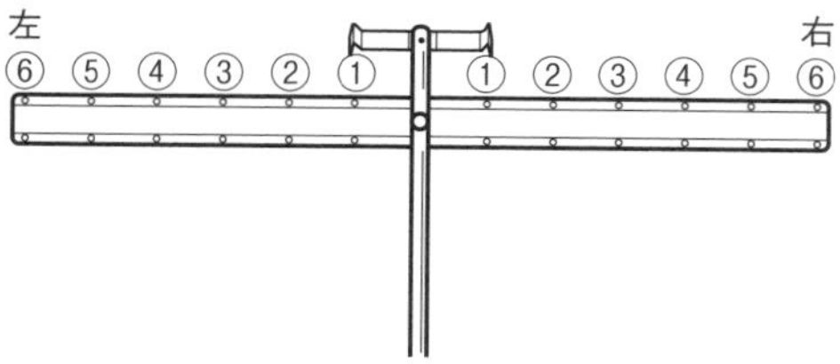

②

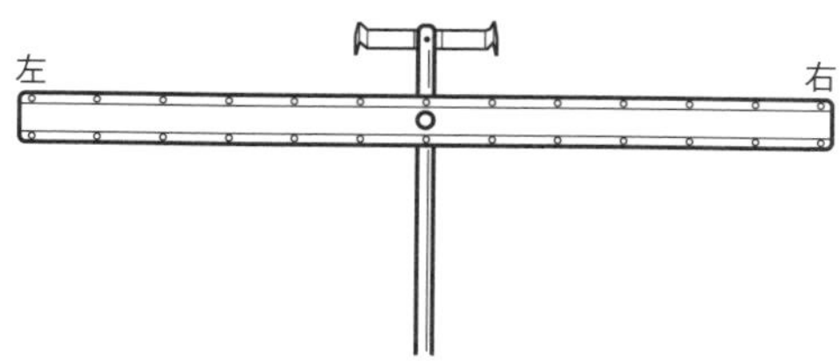

＜学習資料＞　てこのはたらきときまり

別案（6時）で使うワークシートです。てこのつり合いのきまりをみつけるために使います。本文は本ページのワークシートを使用していますが，右ページの課題を提示してすすめることもできます。

てこのはたらきときまり　別案の第6時用　ワークシート（3）

てこのきまり －うでをかたむけるはたらき－　　氏名

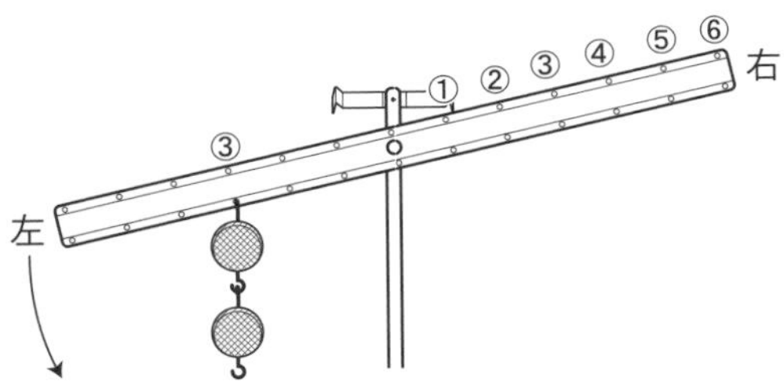

◇実験用てこの左側の3目もりのところに，おもりを2こ（20g）つり下げると左にかたむきました。このかたむいたうでをつり合わせるために，右側の1目もりから6目もりのところにおもりをつるします。1目もりなら何こ（何g），2目もりなら何こ（何g）というふうに，1～6目もりのところにつるすおもりの数（g）を求めて表にかき入れましょう。（つるす場所は1か所限定です）

左側		
おもり	目もり	かたむけるはたらき
2 （20g）	3	（　　　　）

右側		
おもり	目もり	かたむけるはたらき
	1	（　　　　）
	2	（　　　　）
	3	（　　　　）
	4	（　　　　）
	5	（　　　　）
	6	（　　　　）

〈計算らん〉

左ページに代えて，このシートを使ってすすめることもできます。
（※ 数値は変わってきます）

てこのはたらきときまり　別案用　ワークシート（3）

てこのきまり －うでをかたむけるはたらき－　　氏名

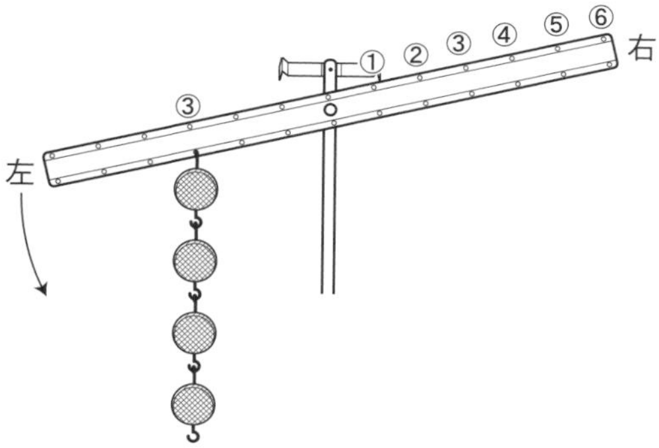

◇実験用てこの左側の３目もりのところに，おもりを４こ（40g）つり下げると左にかたむきました。このかたむいたうでをつり合わせるために，右側の１目もりから６目もりのところにおもりをつるします。１目もりなら何こ（何 g），２目もりなら何こ（何 g）というふうに，１～６目もりのところにつるすおもりの数（g）を求めて表にかき入れましょう。（つるす場所は１か所限定です）

左側		
おもり	目もり	かたむけるはたらき
4 (40g)	3	(　　　　　)

右側		
おもり	目もり	かたむけるはたらき
	1	(　　　　　)
	2	(　　　　　)
	3	(　　　　　)
	4	(　　　　　)
	5	(　　　　　)
	6	(　　　　　)

〈計算らん〉

電気の利用と私たちのくらし

全授業時数１０時間＋深めよう１時間

◎ 学習にあたって ◎

◉ 何を学ぶのか

ここでは,「電気エネルギーの変換と保存」,「電気の有効利用」など，くらしと電気の利用について学習します。発電や蓄電，電気の変換について，電気の量やはたらきに着目して多面的に調べる活動をします。その中で，電気はつくり出すことや蓄電することができること，他のエネルギーに変換することができること，身のまわりには電気の性質やはたらきを利用した器具や道具があることなどに気づかせます。また，学習の過程全体を通して，観察や実験に関わる技能も身につけるようにします。

◉ どのように学ぶのか

手回し発電機や光電池などを使って発電したり，コンデンサーを使って蓄電したり，豆電球や発光ダイオードを点灯させたり，電熱線を発熱させたりします。そしてそのときの電気のはたらきを，予想や仮説を大切にして多面的に調べます。また，身の回りにある電気を利用した道具について，電気エネルギーの変換という観点から調べます。

◉ 留意点・他

身の回りには，お風呂の自動お湯はりやエアコンなど，温度センサーなどを使って，エネルギーを効率よく利用している道具があることなどに着目します。また人感センサーを使っている手洗い場などで実際に体験的な学習をします。

◎ 評　価 ◎

知識および技能	・電気は，発電によりつくりだしたり，コンデンサーに蓄えたりすることができることがわかる。 ・電気のエネルギーは光，音，熱，運動などに変換することができることがわかる。 ・身のまわりには，電気の性質やはたらきを利用した道具があることがわかる。 ・観察，実験などに関する技能を身につける。
思考力，判断力，表現力等	・電気の性質やはたらきについて追求する中で，電気の量とはたらきとの関係，発電や蓄電，電気の変換について，より妥当な考えをつくりだし，表現する。
主体的に学習に取り組む態度	・日常生活において，エネルギー資源の有効利用という観点から，電気の効率的な利用について考えられるようにする。

◎ 指導計画　１０時間＋深めよう１時間 ◎

次	時	題	目標	主な学習活動
電気をつくる	1・2	電気をつくる しくみを調べよう	いろいろな発電の仕方を知り，モーターを回すと，電気をつくることができることがわかる。	・手回し発電機を使って発電し，豆電球を点灯させたり，モーターを回したりする。
	3・4	光電池のはたらきを 調べよう	光電池に光が当たると回路に電流が流れ，乾電池や，手回し発電機と同じように豆電球を点灯させたりモーターを回したりできることがわかる。	・実験用光電池に光を当て，発電することを確かめ合う。 ・光電池に当てる光の強さを変え，豆電球の明るさや（モーターの回る速さは）どうなるのかを調べる。 ・光電池は，（くらしの中でも）太陽光発電として使われていることを話し合う。
電気をためる	5	コンデンサーに 電気をためて， その電気を使ってみよう	コンデンサーという道具を使うと，電気をためることができることがわかる。	・手回し発電機で発電した電気を，コンデンサーに蓄電し，その電気で豆電球を点灯させたり，モーターを回したりしてみる。
電気と発熱	深めよう	電流と発熱は 関係があるのだろうか	エナメル線や電熱線に電流を流すと発熱することがわかる。	・エナメル線や電熱線に電流を流し，発熱する様子を確かめる。
電気の利用	6	つくった電気は， 何に変えて利用することができるのか調べよう	身の回りには，電気の性質やはたらきを利用した道具があることを知る。	・身のまわりにある電気のはたらきを利用した道具を調べる。
	7	豆電球と 発光ダイオードで 使う電気の量に， ちがいがあるのか 調べよう	発光ダイオードは，豆電球に比べて少しの電気で長い時間明かりがつくことがわかる。	・発光ダイオードと豆電球について，手回し発電機につないで明かりをつけたときの手ごたえや，同じ電気をためたコンデンサーにつないだときの，明かりがついている時間の長さを比べる。
	8	電気を利用した ものづくり ・風力発電機 ・電気自動車	電気の性質やはたらきを利用したもののうち，風力発電機とコンデンサーにためた電気で動く自動車を作る。	・風力発電機と電気自動車の作り方を知り，製作する。
プログラミング	9	身近に使われている 機械は，どんなしくみで 自動的に動くのか 調べよう	交通信号のように，自動的にはたらく機械は人々に都合良くプログラムされて動いていることがわかる。	・交通信号機の動きや，自動ドア・自動点灯する照明器具を動かしているのは機械に組み込まれたプログラムであることを知る。このようなプログラミングの考え方を私たちの身の回りの機械にあてはめて考える。（体験をする）
	10	センサーと コンピューターを 利用して， プログラミングを 体験しよう	センサーとコンピューターを使って，人の動きや明るさに応じてはたらくプログラムを組み立ててみる。	・人感センサーや明るさセンサーのはたらきを理解する。これらのセンサーを組み合わせて，電気の節約ができるプログラムを作って（プログラミング），発表し合い，それぞれの良さを考える。

第１・２時 めあて
電気をつくるしくみを調べよう

本時の目標　いろいろな発電の仕方を知り，モーターを回すと，電気をつくることができることがわかる。

板書例

㋱ 電気をつくるしくみを調べよう

（問題１）電気はどこでどのようにつくられるのだろうか

1 発電所

- ・水力発電
- ・火力発電
- ・風力発電
- ・原子力発電
- ・地熱発電

（水力～地熱）発電機を回して発電する

- ・太陽光発電 ― 光の力

※水力発電・火力発電・風力発電・原子力発電・地熱発電の画像を提示する。

2 発電のしくみ

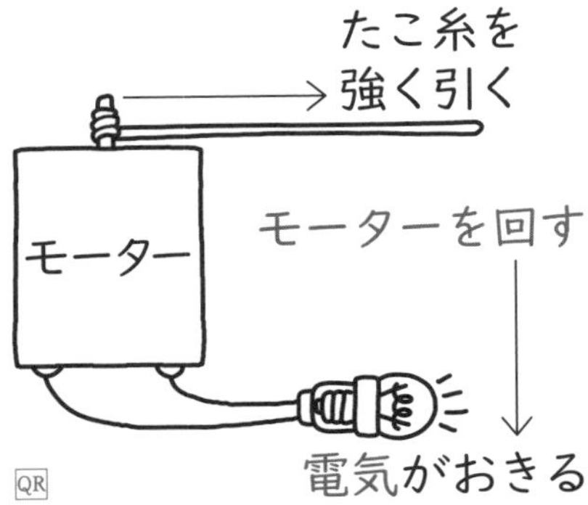

モーターは発電機になる

（POINT）いくつかの発電の方法を紹介していずれもモーターを回して発電していることに着目させましょう。

1 【第１時】発電所の発電の方法について調べ，話し合う

T　私たちが普段使っている電気は，どこでどのようにつくられているのでしょうか。

C　発電所でつくられていると思います。

T　そうですね。発電所でつくられた電気が，送電線を通じて私たちの家に送られて来ているのですね。

C　自分の家の屋根にソーラーパネルをつけて発電している家もあります。

T　発電にはどんな方法があるでしょうか。

C　水力発電，火力発電，風力発電です。

C　原子力発電，地熱発電，太陽光発電です。

火力発電

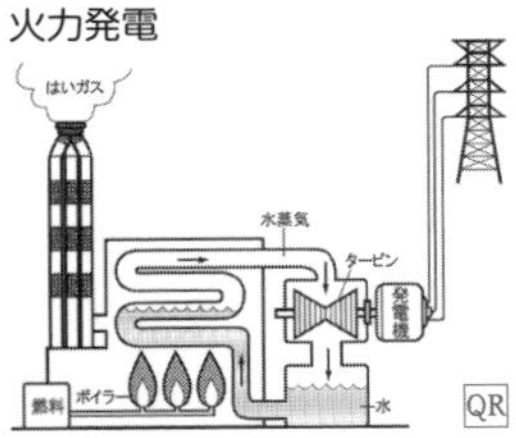

太陽光発電

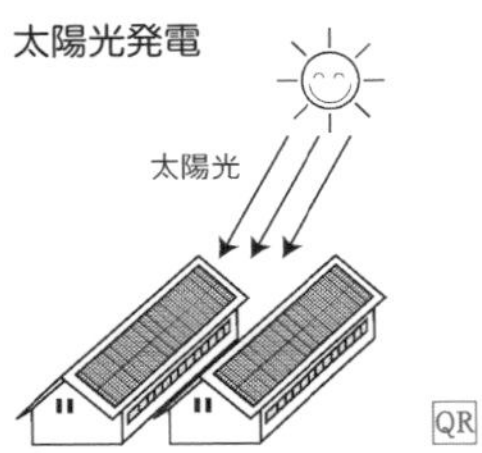

T　発電にはいろいろな方法があるのですね。

2 簡単なモーターを作成し，発電する

T　発電の方法はいろいろありますが，電気をつくるしくみは共通していることがあります。どんなことでしょうか。

C　何かを回していると聞いたことがあります。

T　そうですね。太陽光発電以外は，いろいろな方法でモーター（発電機）を回しています。

C　モーターを回すと電気をつくることができるのですか？

T　モーターに電流を送るとモーターは回ります。その逆にモーターを回すと電気をつくることができるのです。

T　みんなでモーターを使って試してみましょう。

風力発電の場合

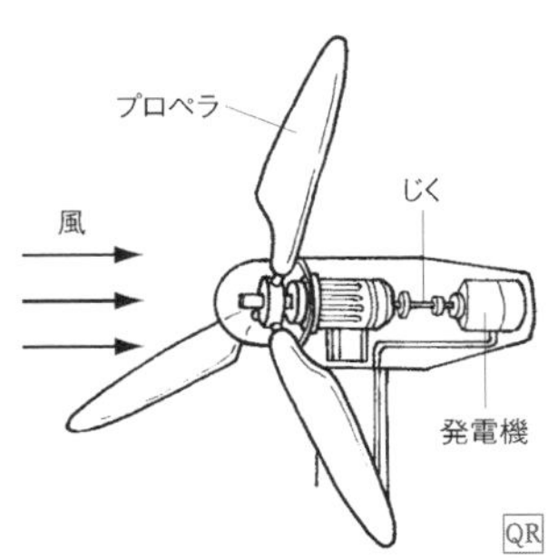

準備物	・モーター ・豆電球 ・手回し発電機 ・電子オルゴール	・たこ糸 ・ソケット ・プロペラつきモーター

ICT	タブレットに手回し発電機の回転を速くするとモーターが速く回転する動画を配信すると比較できます。

3 手回し発電機で電気をつくる

・右に回す（時計回り）

・速く回しすぎない（１回／秒ぐらい）

回し方	豆電球	プロペラつきモーター
ゆっくり	明かりがついた	プロペラが回った
速く	とても明るかった	速く回った

QR

4 〔まとめ〕

手回し発電機のハンドルを回すと，
発電する（電気をつくり出す）ことができる

QR

・動画
「手まわし発電機で
豆電球に明かりをつける」

・画像

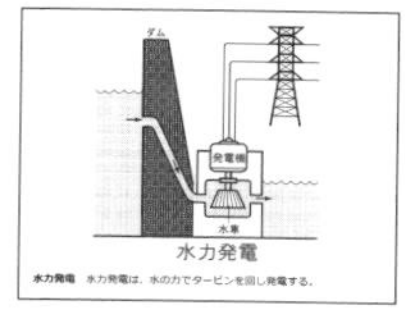

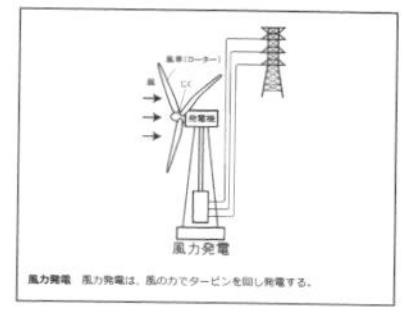

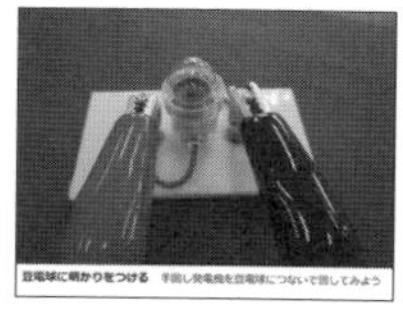

その他多数

3 【第２時】手回し発電機の回す速さを変えて，電気をつくってみる

T　モーターを回すと発電機になります。

　手回し発電機という道具は，ハンドルを使って，中に入っているモーターを回しやすくしたものです。手回し発電機に，豆電球やモーター，電子オルゴールをつないで，手回し発電機のハンドルを回してみましょう。（1秒間に1回位，右回しで）

T　グループで実験してわかったことを発表しましょう。（グループ実験）

C　手回し発電機を速く回すと，ゆっくりのときよりも豆電球が明るくついたり，プロペラ付きのモーターが速く回ったりしました。

C　速く回す方が，電気をたくさんつくれることがわかりました。

QR

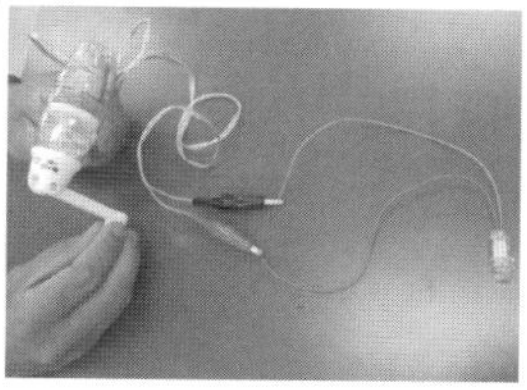

QR

4 生活の中で使われている身近な発電機を調べる　今日の学習のふり返り

T　手回し発電機のように，身近なもので発電する道具を知りませんか？

C　自転車の発電機も同じだと思います。

C　災害用の手回し発電のラジオが家にあります。

C　手回しの懐中電灯も知っています。

T　今日の学習の感想を発表し，学習のふり返りをしましょう。

自転車の発電機の場合

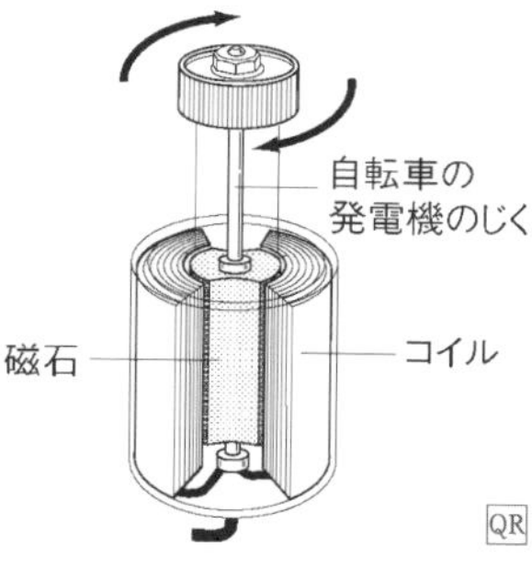

QR

C　発電にはいろいろな方法があるけど，発電機を回すというしくみは共通なのだと思いました。

C　発電機を回すだけで発電ができるなんて驚きです。

C　太陽光発電はどういうしくみになっているのかなと思いました。

第3・4時めあて
光電池のはたらきを調べよう

本時の目標
光電池に光が当たると回路に電流が流れ，乾電池や，手回し発電機と同じように豆電球を点灯させたりモーターを回したりできることがわかる。

板書例

㋱ 光電池（こうでんち）のはたらきを調べよう
※

1〈電たくの電気〉

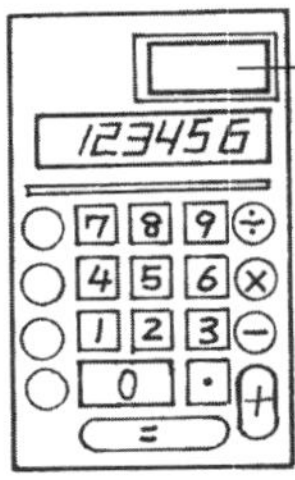

光電池
＝
光が当たると
電池と同じはたらき
（電気ができる）

※めあては，電卓の話のあとで書く。

2〈光電池のはたらき〉

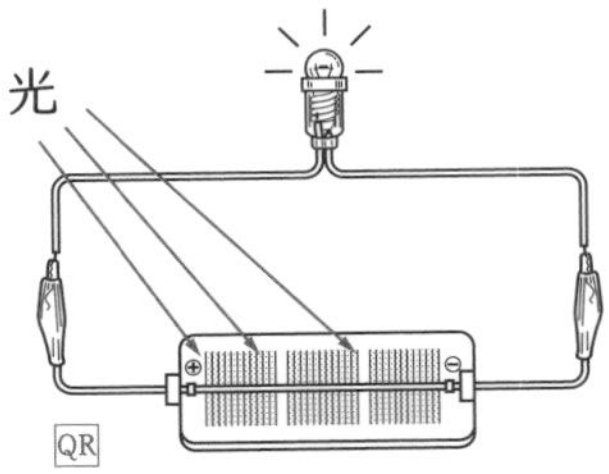

豆電球に
明かりがつく
↑（電気が流れる）
光が当たる

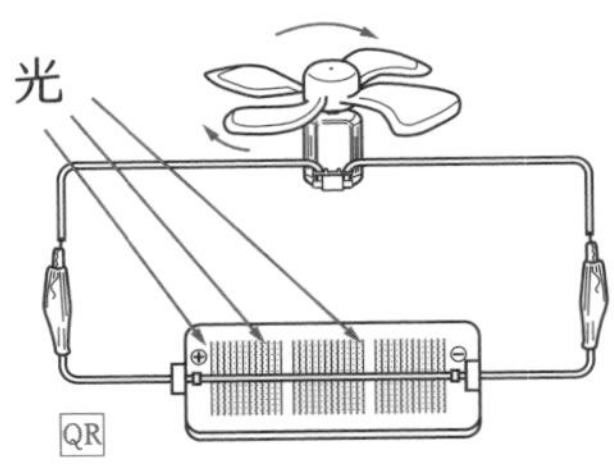

モーターが回る
↑（電気が流れる）
光が当たる

(POINT) どの児童にもモーターを回させたり豆電球を点灯させたりして，名前は「光電池」でも，電池というより光を受けて

1 光電池で電気ができることを知る

T （手回し発電機などを見せて）前の時間に，発電機を回すと電気ができることを学びました。ではこの発電機のほかに電気を取り出せるもの（つくれるもの）はないでしょうか。

T （電池式の電卓を見せ）この電卓は乾電池の電気で動きます。そして，（もう１つの光電池式の電卓を見せ）この電卓は乾電池がなくても計算ができるのです。どうしてでしょうか。

C それは光が当たったら電気が流れて動く電卓だから…です。（多くの子が知っている）

T そうです。この四角い部分に光が当たると電気ができて，乾電池と同じように回路に電気が流れるのです。

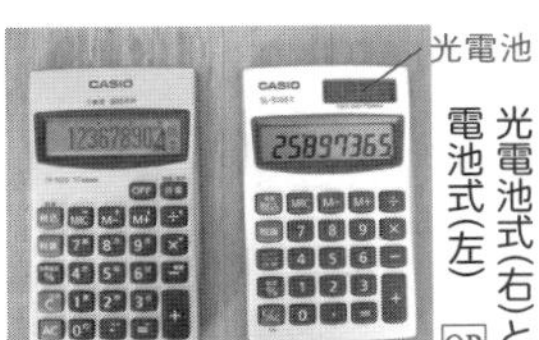

電池式（左）光電池式（右）と QR

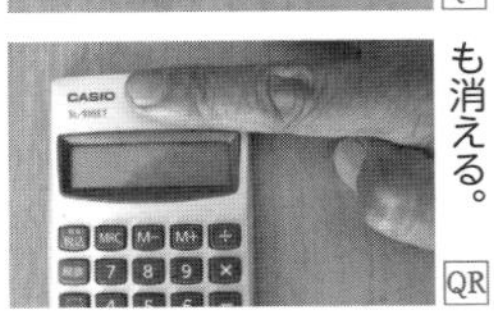

光を遮ると表示も消える。 QR

この四角いところにあるものを『光電池』といいます。

2 光電池に光を当てて，そのはたらきを調べる

T 多くの電卓には，このような小さな光電池が使われています。では，光電池に光が当たると本当に電気が流れるのか（実験用光電池を見せて），この光電池を使って調べてみましょう。何を使うと電気が流れたことがわかりますか？

C 豆電球，モーター，検流計などです。

T では，光電池に光を当てると豆電球が点くのか，モーターが回るのか調べてみましょう。

まず，豆電球から…。（つないでみせる）

（豆電球（1.5V用），モーター，光電池等を配布。窓際か日なたに出て実験。教師は巡回し助言する）

C 日なたでは点くけど，日かげでは点きません。

T モーターでも調べてみましょう。

C 光が当たるときだけ，回りました。

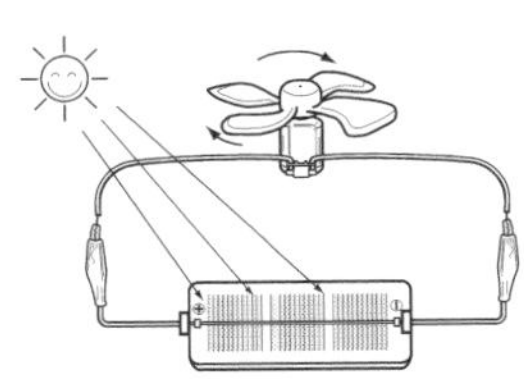

（＋極と－極をつなぎ替えると，回る向きも逆になる。光電池を使った車を走らせて見せてもよい）

準備物	・実験用光電池　・光電池用豆電球（1.5V用） ・光電池用モーター ・検流計　　　・光源装置など ・（光電池式電卓や時計など…）

ICT	光電池を利用した太陽光パネルなどの画像をタブレットに配信し，考える時間を設定するとよいでしょう。

3 〔まとめ〕

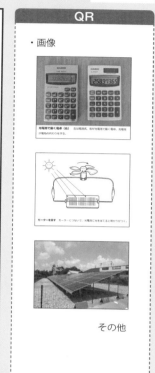

・光電池は〔光が当たると〕※※話し合いのあと，書き入れる。
回路に電流が流れる
↑
電気がつくられる（発電）

・光が強いとき →（発電 大）→（電流 大）
　弱いとき →（発電 小）→（電流 小）
　ないとき →（発電 0）→（電流 0）

4 〈光電池の利用〉

◎光で発電
太陽光があれば発電機はいらない
△夜や雨の日は発電0
・宇宙(うちゅう)ステーション
・人工衛星
・太陽光発電（屋根，空き地の利用）

QR

・画像

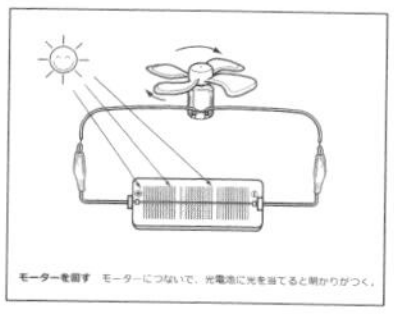

その他

「発電」していることに気づかせましょう。

3 光電池のはたらきをまとめる 光の強さを変えたときの電流を調べる

教室にもどり，時間があれば検流計（0.5A）で光電池に光が当たると電流が流れることを確かめてもよい。

T　光電池のはたらきをまとめてみましょう。

光電池は，〔　　　　〕回路に電流が流れる

この文の〔　　　　〕に当てはまる言葉を考えましょう。どんな言葉が入るでしょうか。

C　〔光が当たると〕だと思います。

C　〔光が当たったときだけ〕だと思います。

T　そうです。光が当たると，電気ができて回路に電流（電気）が流れるのが『光電池』です。しかし，発電をしているので『電池』というよりも『光で発電』していると言ってもいいでしょう。

（光発電のしくみの説明は，小学生には難しい）

T　では，強い光と弱い光では，流れる電流に違いがあるのか調べてみましょう。

C　日かげや部屋の中では電流が流れなかったので光が強い方が流れる電流も大きいと思う…。

（光源装置を近づけたり，光電池を透明シートで覆ったりしてもよいが，説明だけでも児童はわかる）

4 光電池の利点と，使い道について話し合う

T　発電機を回す他に，光電池に光を当てても発電できることがわかりました。では光電池のよいところ（特長）は，どんなところでしょうか。

C　光が当たるだけで電気が作れることです。それに太陽の光はただでいくらでもある。

C　乾電池のようになくならない。発電機を回す火力も原子力も設備も要らないし，クリーンかな。

T　では，使いにくいところは？

C　暗いところ（光が当たらない，また弱いところ，夜など）では使えません。

T　このような光電池（発電）の特徴から，どんなところで使われているのか調べてみましょう。

C　宇宙でも使われているようです。宇宙には雲もなく，いつも光が当たるからです。

C　家の屋根や空き地に太陽光パネルが取り付けられているのを見ました。家電に使います。

QR

（教科書で調べさせるほか，発展課題としてもよい）

第５時 めあて
コンデンサーに電気をためて，その電気を使ってみよう

本時の目標 コンデンサーという道具を使うと，電気をためることができることがわかる。

板書例

㋱ コンデンサーに電気をためてみよう

1 〈電気をためているもの　ためられるもの〉

・じゅう電式電池
・自動車のバッテリー（ちく電池）
・スマホ
・そうじき
・ひげそり
（スマホ・そうじき・ひげそりは）中にじゅう電式電池
・コンデンサー

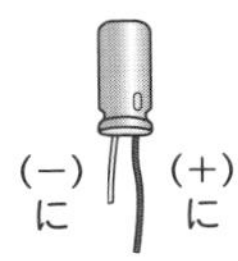

2 〈手回し発電機の電気をコンデンサーにためてみよう〉

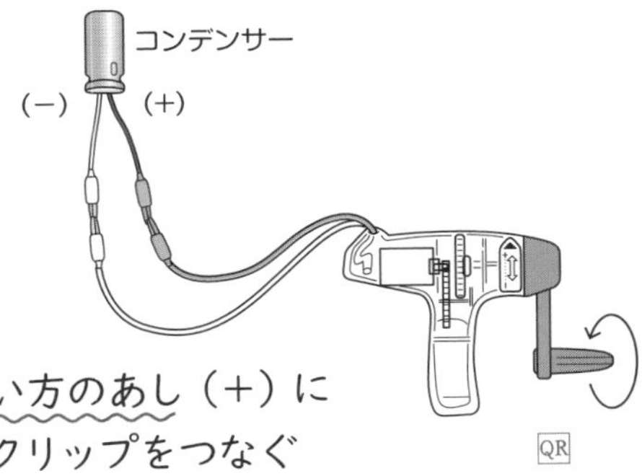

長い方のあし（＋）に赤クリップをつなぐ

POINT コンデンサーには，電気をためることができ，私たちの生活にも活かされていることに気づかせるとよいでしょう。

1 身の回りにある，電気をためる器具調べをする

T　身の回りで，電気をためて使っている器具にはどんなものがありますか。
C　充電式の電池です。
C　普通の自動車や電気自動車のバッテリーです。
C　携帯電話や携帯扇風機もそうです。
C　電動ひげそり（シェーバー）も充電式です。
T　身の回りには電気をためて使っている例がたくさんあります。では手回し発電機でつくった電気もためて使うことができますか。
C　わかりません。
C　できそうに思います。何にためるんですか。
T　コンデンサーというもの（器具）があります。（見せる）このコンデンサーは電気をためることができるのです。これを使って，電気をためる実験をしてみましょう。

2 手回し発電機でつくった電気をコンデンサーにためる

T　コンデンサーからは２本の端子がでています。長い方を手回し発電機のプラス側につなぎます。

いろいろなコンデンサー

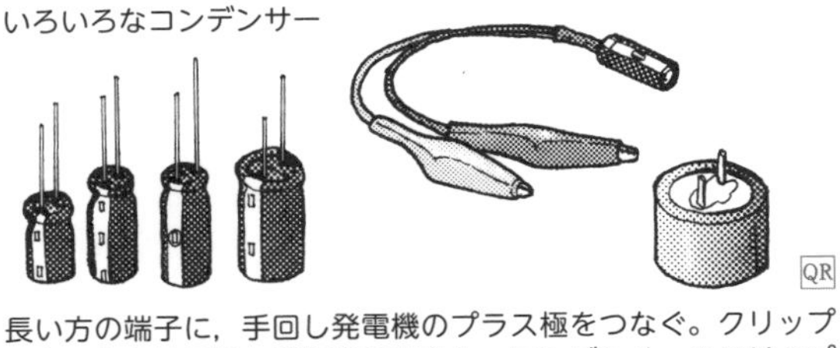

長い方の端子に，手回し発電機のプラス極をつなぐ。クリップつきのものは手回し発電機の赤色と，コンデンサーのクリップの赤色とつなぐ。

T　手回し発電機は１秒間に１回ぐらいの速さで回すようにします。20回くらい回して，コンデンサーに電気をためてそのあとにコンデンサーに豆電球をつないでみましょう。
C　豆電球に明かりがついた！　びっくりした！
C　コンデンサーに電気がたまったんだ。電池みたいだ。

準備物	・コンデンサー ・豆電球 ・プロペラつきモーター （・検流計）	・手回し発電機 ・ソケット

ICT	タブレットに配信した動画で実験の手順を視聴させ，実験の手順を確かめるとよいでしょう。

3 ＜ためた電気を使ってみよう＞

ハンドルを回す回数とコンデンサーにたまる電気の量

発電機を回す回数	豆電球の明かり	モーターの回り方
30回	あまり明るくない	ふつうに回る
60回	とても明るい	とても速く回る

QR

4 〔まとめ〕

・コンデンサーには電気をためることができる

・回す回数を多くすると，多くの電気がたまる

QR

・動画

「コンデンサに電気をためる」

・画像

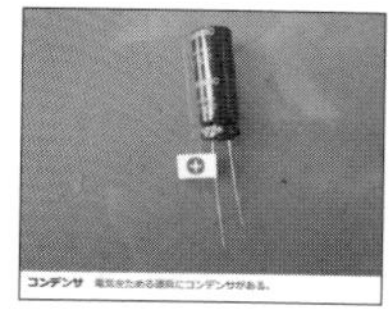

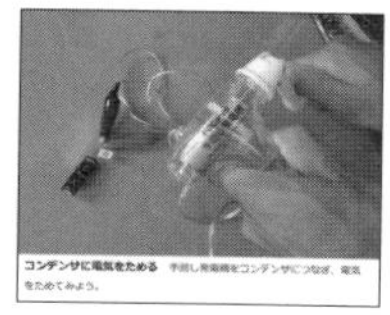

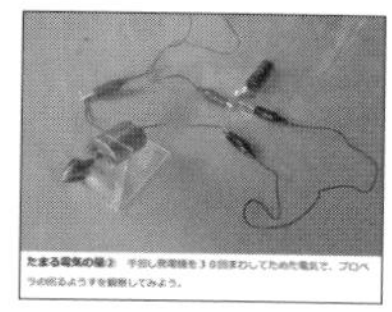

その他多数

3 手回し発電機を回す回数とたまる電気の量を比べる

T　では，手回し発電機を回す回数を変えると，コンデンサーにたまる電気の量はどうなるでしょう。

C　たくさん回すとたくさん電気がたまると思います。

C　わかりません。やってみたい。

T　手回し発電機を30回回したときと60回回したときで，豆電球に明かりがつく様子やプロペラ付きモーターが回る様子がどう違うか調べてみましょう。

（グループで実験と結果をまとめる。明かりがついている時間やモーターが回っている時間を調べる方法だと，時間がかかりすぎてしまう。検流計を用いて，回路を流れる電気量から，ためた電流量の差を判断するとよい）

4 実験の結果からわかることをまとめる

30回 回したとき　＋極　－極

豆電球の明かりの様子を観察する。

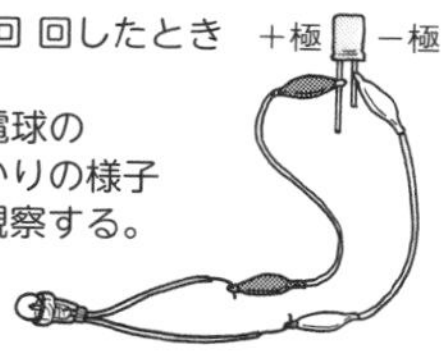

QR

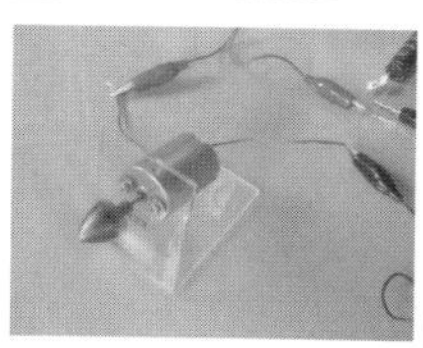

プロペラの回る様子を観察する。

QR

60回 回したとき　＋極　－極

豆電球の明かりの様子を観察する。

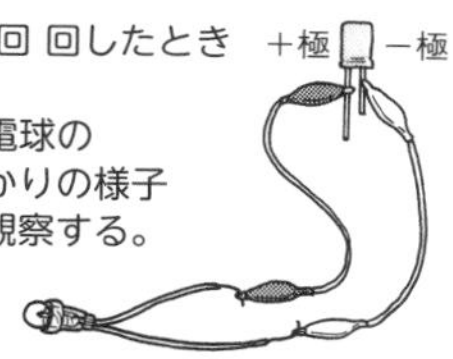

QR

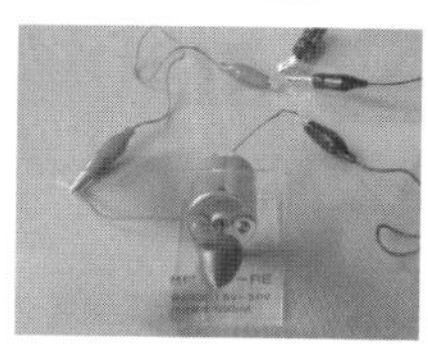

プロペラの回る様子を観察する。

QR

T　では実験の結果を発表しましょう

C　30回より60回の方が豆電球が明るくつきました。とても明るかったです。

C　おなじように，60回の方がプロペラつきモーターがとても速く勢いよく回りました。

T　この実験から，手回し発電機のハンドルを回す回数を多くすればするほど，電気をたくさんコンデンサーにためることができるとわかりました。

深めよう めあて

電流と発熱は関係があるのだろうか

本時の目標　エナメル線や電熱線に電流を流すと発熱することがわかる。

板書例

〔問題〕 電流と発熱は関係があるのだろうか

1 問題1

エナメル線（導線）に電流を流すと，線の温度はどうなるのだろうか

2 エナメル線をかん電池につなぎ電流を流す

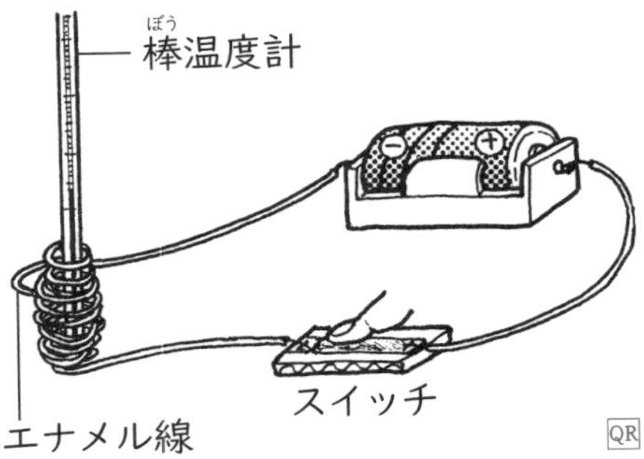

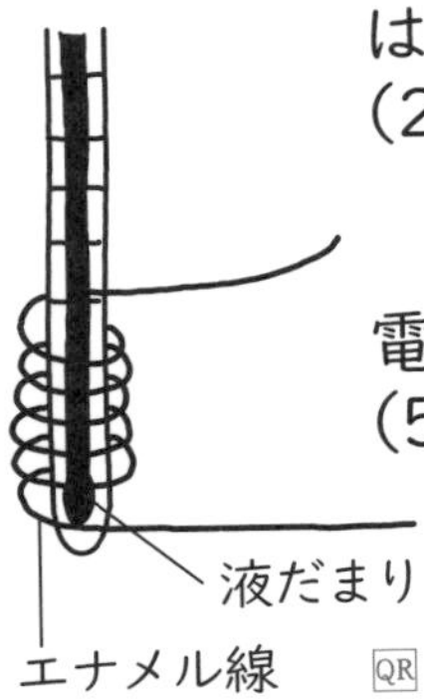

エナメル線に電気が流れるとエナメル線は発熱する

POINT 電磁石のコイルが熱くなったことを思い出させて，導線に電流を流すと発熱することに気づかせましょう。

1 エナメル線（導線）に電流を流したら，エナメル線の温度は変化するだろうか

T　温度計の液だまりの部分にエナメル線を巻きます。これに電流を流したら，その温度はどうなるでしょうか。

予想してみましょう。

C　温度は上がると思います。5年生の電磁石の実験をしたとき，エナメル線を乾電池につないで手で持っていたら熱くなりました。

C　温度は上がらないと思います。乾電池に接するところは熱くなっても線のところは熱くならないと思うからです。

C　少しは熱くなるけど，温度計が変化するほどではないと思います。

2 エナメル線に電流を流す（実験）

T　実験で試してみましょう。エナメル線を温度計の液だまりを中心に巻き，両端をサンドペーパーで削って乾電池とスイッチにつなぎます。電流を流す前の温度を計っておきましょう。（50度くらいになったら，スイッチを切ることを事前に話しておく）

T　結果はどうなりましたか。

C　温度が上がりました。

C　はじめは20度だったけど，50度くらいになりました。

T　はっきりと結果が出ました。このようにエナメル線に電流が流れると発熱します。電気製品のコードなどでも，触ったら熱が出ていることに気づいたこともあるのではないでしょうか。エナメル線は電流が流れてもできるだけ熱くならないようにできているのですが，それでも少しは発熱するのですね。

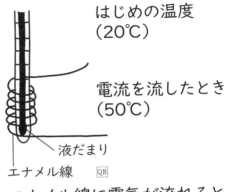

準備物	・乾電池　・乾電池ボックス ・導線（エナメル線）約60cm ・発泡ポリスチレン　・棒温度計 ・電熱線　・電源装置　・板付きターミナル

ICT	タブレットで，導線や電熱線に直接電流を流した動画を配信し，実験の結果を確かめさせるとよいでしょう。

3 問題２

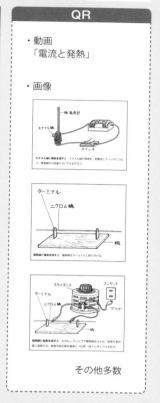

電熱線に電流を流したらどうなるだろうか

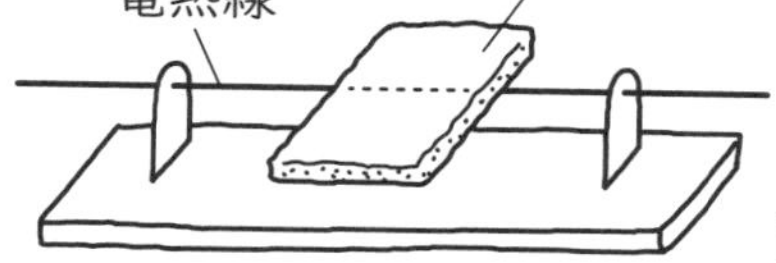

4
・電熱線が発熱した
・発泡ポリスチレンがとけた
・電気の量を多くすると，電熱線が赤く光り出した（高温になった）

〔まとめ〕
・エナメル線に電流を流すと発熱する
・電熱線に電流を流すと強く発熱する

QR

・動画
「電流と発熱」

・画像

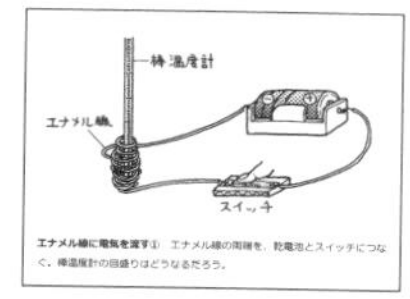

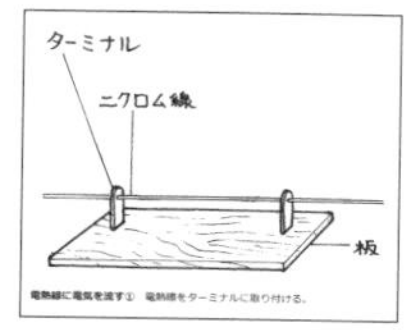

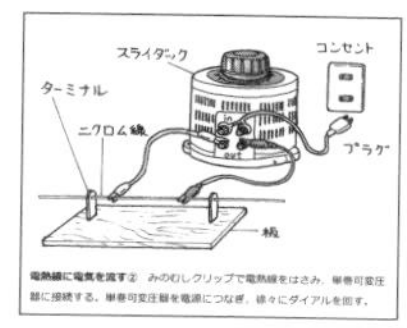

その他多数

3 電熱線に電流を流す（教師実験）

T　これは電熱線といって，発熱を目的につくられた金属の線です。これに電流を流したら温度はどうなるでしょうか。

C　発熱のためなら，熱くなると思います。

C　エナメル線の場合よりもすごいと思います。

T　それでは，確かめてみましょう。先生が代表で実験をしますので，近くに集まりましょう。

電源装置を使い，電熱機に電流を流す。

『みのむしクリップで電熱線をはさみ，電源装置の端子に接続する。まずは3Vのスイッチを入れる。発熱していることを確認するために発泡ポリスチレンの小片やろうそくなどを当ててみる。さらに電圧を上げて，電熱線がオレンジ色に発光していく様子を観察する』

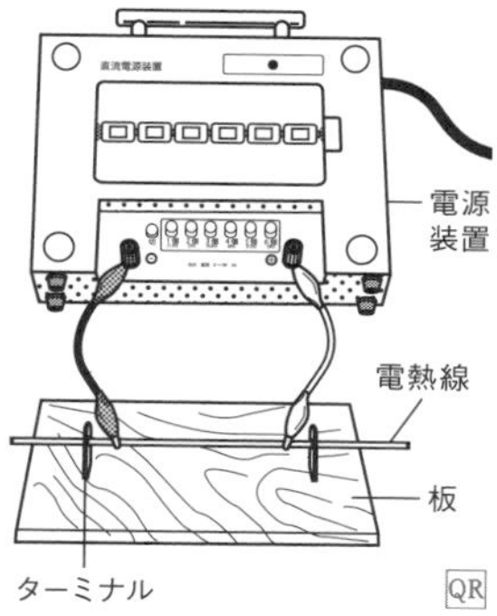

4 電熱線に電流を流す量を変え，発熱や発光の様子を観察する

T　温度を確かめるために，電熱線の上に発泡ポリスチレンの小片をのせてみます。

C　わー，溶けていく。

C　すごく発熱している。

T　では，もっと電流の量を多くしていきます。電熱線の様子をよく見てください。

C　わー，電熱線の色が変わってきた。

C　だんだんオレンジ色になって，光ってきた。

T　そうですね。電熱線に電流を流すと，発熱するだけでなく，発光まですることがわかりますね。このしくみを利用したのが，白熱電球です。中にあるフィラメントは，電流が流れて発光するようにつくられているんです。発熱しすぎて切れないようにアルゴンというガスが入れてあります。わかったことは何ですか。

C　電熱線に電流を流すと強く発熱します。

C　光も出します。

第６時 めあて
つくった電気は，何に変えて利用することができるのか調べよう

本時の目標　身の回りには，電気の性質やはたらきを利用した道具があることを知る。

板書例

〔問題〕 つくった電気は，何に変えて利用することができるのだろうか

1 〈光に変かんする〉

豆電球
…(光)った

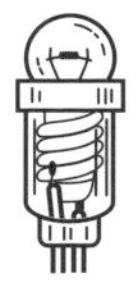

⇩

2 〈利用する器具〉
- かい中電灯
- 家の電灯
- 車のヘッドライト
- 灯台の明かり

〈熱に変かんする〉

電熱線
…発(熱)した

⇩

3 〈利用する器具〉
- アイロン
- ヘアドライヤー
- トースター
- ホットプレート

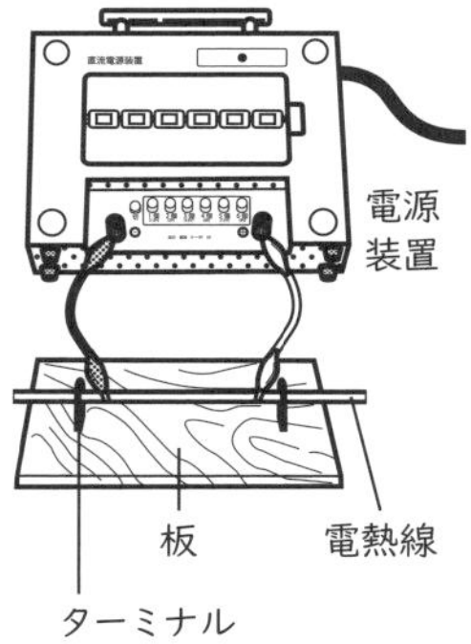

POINT 身近な生活用品が電気を他のエネルギーに変えて，利用していることに気づかせましょう。

1 電気は熱以外にどんなものに変換されているのだろうか

T　前の学習では，電気は熱に変えられることがわかりました。身の回りにある電気製品などの器具は，電気をいろいろなものに変換して利用しています。電気は熱以外にどんなものに変換されていますか。

C　豆電球や発光ダイオードは電気を光に変換しています。

T　電気は光に変換することができますね。それ以外はどうですか。

C　ブザーで音が出るのも電気のはたらきです。

T　電気が音に変換されているということですね。

T　スピーカーの中を見たことがありますか。中には導線をたくさん巻いたコイルと永久磁石が入っています。（磁力でスピーカーを振動させ，「音」にする）

T　電磁石というとモーターもそうですね。モーターを使うと電気を回転という運動に変換することができるのです。

2 身近にある電気を光に変換している器具を調べる

T　では，いろいろな器具を，電気が何に変換されて利用されているかという見方で整理してみましょう。電気を光に変換して利用している器具にはどんなものがありますか。

C　懐中電灯。

C　家の電灯です。

C　灯台の明かりも。

C　電気スタンドです。

C　自動車のヘッドライトです。

C　信号機です。

懐中電灯 QR

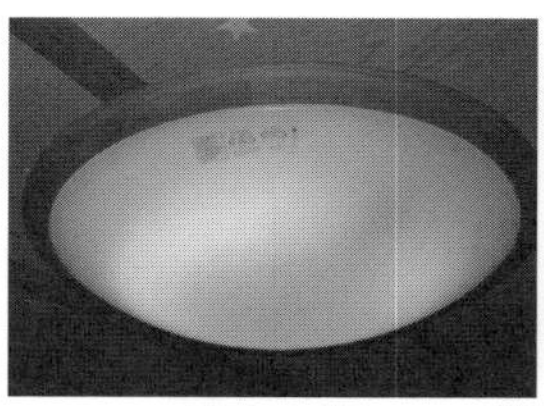

部屋の電灯 QR

自動車のヘッドライト QR

準備物	・懐中電灯　・アイロン ・ラジオカセット　・扇風機など具体物 ・スピーカーの内部などがみえるものがあるとよい

ICT	多くの家庭に見られるような電化製品の写真をタブレットに配信して考える時間を設定するとよいでしょう。

〈音に変かんする〉

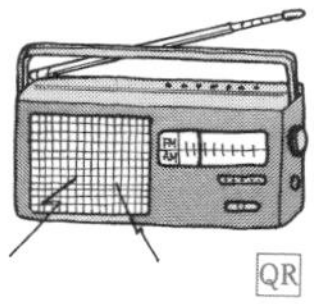

ラジオ
…音が出た
⇩ スピーカーで音に

4 〈利用する器具〉
・ラジオ　・テレビ
・電子ピアノ
・ヘッドフォン
・ブザー

〈運動に変かんする〉

モーター
…プロペラが回った
⇩

4 〈利用する器具〉
・せん風機
・せんたく機
・そうじ機

〔まとめ〕電気は光や熱，運動（音も）など
いろいろな力（エネルギー）に
変かんして利用されている

QR
・動画
「鉛筆けずりの中身」
・画像

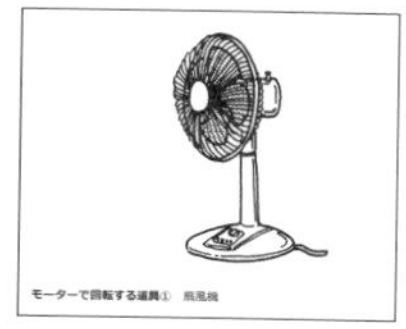

その他多数

3 身近にある電気を熱に変換している器具を調べる

T　次に，電気を熱に変換して利用している器具はどうですか。
C　アイロンです。
C　ヘアドライヤーです。
C　ホットプレートも。
C　オーブントースターです。
C　電気ストーブです。

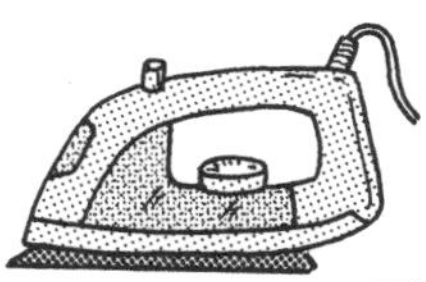

アイロン QR

ホットプレート QR

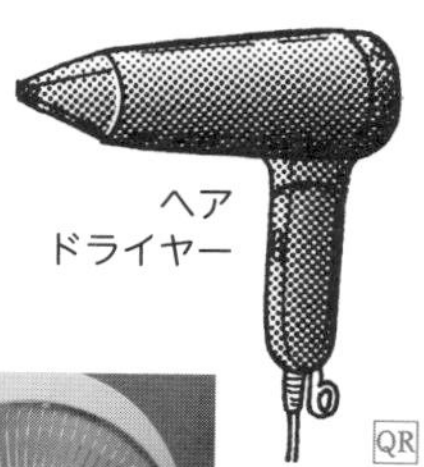

ヘアドライヤー QR

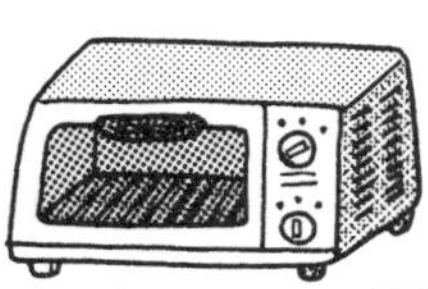

オーブントースター QR

電気ストーブ QR

4 電気を音や回転（運動）に変換している器具を調べる

T　電気を音に変えて利用する器具はどうですか。
C　テレビです。
C　ヘッドフォンです。
C　電話機です。
C　ブザーもそうです。
T　電気を回転に変えて利用しているものはありますか。
C　洗濯機。
C　扇風機かな。
C　そうじ機です。
C　電気自動車です。
T　これまで見てきたように，電気はいろいろなものに変換され，利用されています。このことを「電気の持つエネルギーが，いろいろなエネルギーに変換される」といいます。

テレビ QR

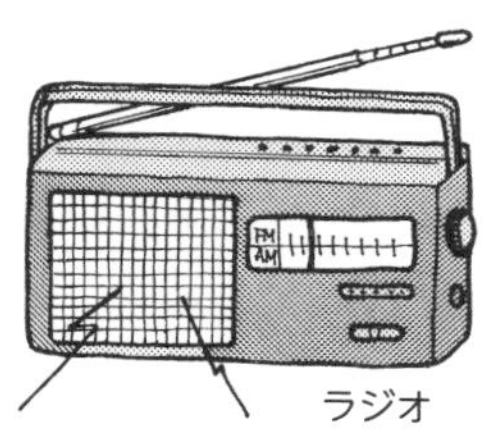

ラジオ

第７時 めあて
豆電球と発光ダイオードで使う電気の量に，ちがいがあるのか調べよう

本時の目標　発光ダイオードは，豆電球に比べて少しの電気で長い時間明かりがつくことがわかる。

板書例

〔問題〕 豆電球と発光ダイオードでは，使う電気の量に，ちがいがあるのだろうか

1 手回し発電機の手ごたえを比べる

豆電球

QR

発光ダイオード

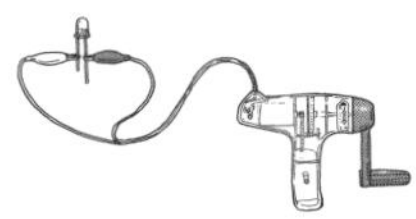

QR

手回し発電機の手ごたえを比べる
豆電球……………………重たい
発光ダイオード……………軽い
↓
少ない電気で光る

2 電気がついている時間を比べる

3

	時間
豆電球	15秒ぐらい
発光ダイオード	2分30秒ぐらい

同じ量の電気
↓
発光ダイオードのほうが長い間明かりがついている

POINT 手回し発電機を使って，豆電球や発光ダイオードの点灯実験を通して，発光ダイオードの利用が増えていることを

1 豆電球と発光ダイオードで，手回し発電機の手ごたえはちがうのだろうか

T　今日は豆電球と発光ダイオードのちがいを調べてみましょう。まず手回し発電機に豆電球をつないだときと，発光ダイオードをつないだときではハンドルを回すときの手ごたえはどうでしょうか。

C　前の実験で，発光ダイオードをつないだとき，ちょっと軽いような気がしました。

C　試してみないとわかりません。

T　ではそれぞれのグループで実験を進め，わかったことを記録しましょう。（実験後，発表の時間を持つ）

C　豆電球をつないだとき，ハンドルを回すのが重たく感じました。

C　発光ダイオードのとき，とても軽く感じるのにしっかりと明るくついていました。

2 豆電球と発光ダイオードの明かりがついている時間はどう違うのだろうか

T　ハンドルを回すのが重たいということは，多くの電気が必要ということで，逆に手ごたえが軽いということは，少ない電気で明かりがつくということではないでしょうか。

T　同じ量の電気をコンデンサーにため，豆電球と発光ダイオードをつないで，明かりがついている時間を比べてみましょう。手回し発電機のハンドルを20回回して，コンデンサーに電気をためます。どちらが長く明かりがついているでしょうか。

C　発光ダイオードだと思います。

C　豆電球かも知れない。

C　どちらもあまり変わらないかも。

T　では実験をします。

豆電球につなぐ

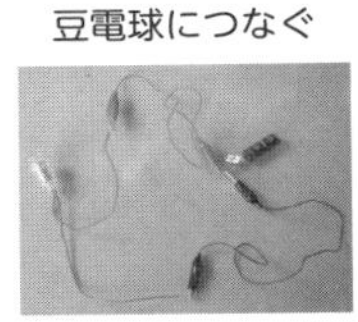

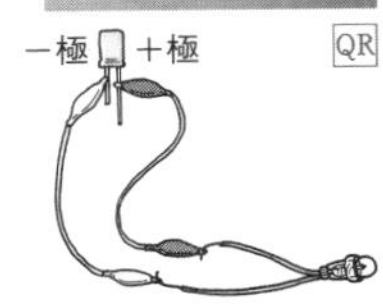

QR

明かりがついている時間を調べる。

QR

発光ダイオードにつなぐ

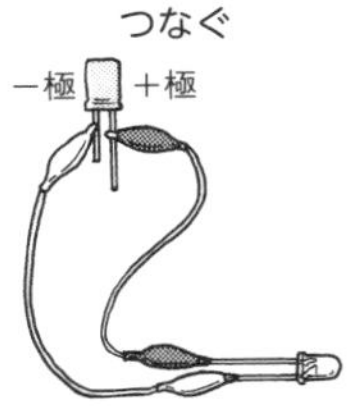

明かりがついている時間を調べる。

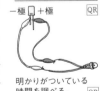

QR

準備物	・手回し発電機 ・発光ダイオード ・コンデンサー	・豆電球ソケット ・ストップウオッチ

ICT　コンデンサーに接続した豆電球と発光ダイオードの動画をタブレットに配信し考える活動に利用するとよいでしょう。

4 発光ダイオードの利用

・照明器具
・信号機
・かい中電灯
・電光けい示板
・パイロットランプ

}少ない電気で長い時間

〔まとめ〕

・発光ダイオードは少しの電気で長い時間明かりがつく

・発光ダイオードの利用は増えている

QR

・画像

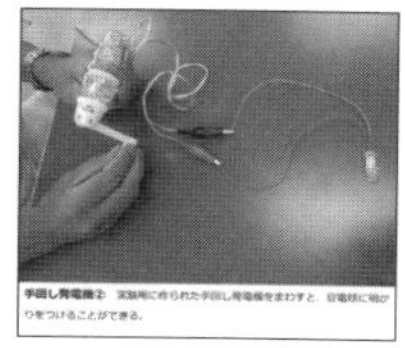

その他多数

考える機会としましょう。

3 グループごとに，実験結果とわかったことを発表する

T　実験の結果を発表しましょう。

C　豆電球は 15 秒位つきました。

C　発光ダイオードは 2 分 30 秒位ついていました。

T　どのグループも，発光ダイオードの方が長い時間明かりがついていたという結果でしたね。（結果）

　ということは，少しの電気で明かりをつけることができるのは，どちらということになりますか。

C　発光ダイオードです。

T　このように，発光ダイオードは少しの電気で明かりがつくので，その利点を生かして，いろいろなところで使われています。

4 発光ダイオード（LED）は，生活の中でどのように利用されているか調べる

T　発光ダイオード（LED）は，実際の生活にはどんなところに使われているのでしょうか。

C　信号機です。

C　懐中電灯です。

C　駅などにある列車の時刻を示す電光掲示板です。

C　クリスマスの電飾もそうだと思います。

C　小さなパイロットランプも発光ダイオードではないかな。

C　ほとんどの家庭や学校で使われている照明器具は，蛍光灯から発光ダイオード（LED）に変わっています。

T　発光ダイオードは電気を効率よく使うことができるので，省エネになります。また壊れることもほとんどないので長い間使うことができます。多くの電気製品に使われていますね。

第８時 めあて
電気を利用したものづくり 風力発電機・電気自動車

本時の目標
電気の性質やはたらきを利用したもののうち，風力発電機とコンデンサーにためた電気で動く自動車を作る。

板書例

電気を利用したものづくり

1 風力発電機

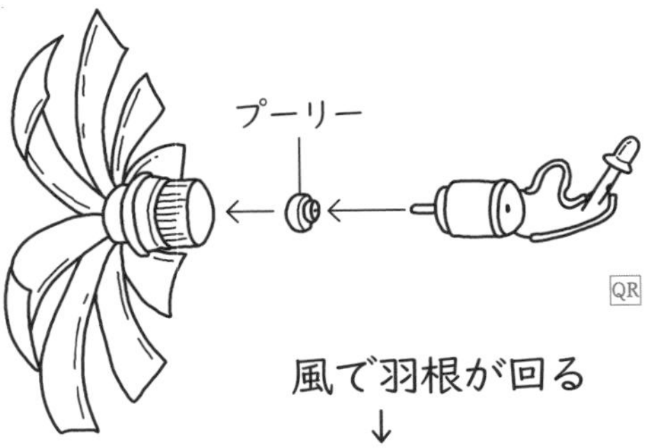

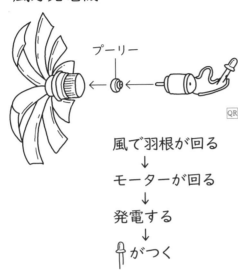

風で羽根が回る
↓
モーターが回る
↓
発電する
↓
がつく

〈作り方〉

(1) ペットボトルの上の方を切る
(2) 切りこみを入れ羽根が8枚になるようにする
(3) 羽根にかたむきをつける
(4) ペットボトルのキャップにプーリーを両面テープではる
(5) モーターのじくをプーリーに差しこむ

POINT どのように電気を利用しているのか，確かめながら工作を進めるとよいでしょう。

1 風力発電機の作り方を知り，製作する

T　ペットボトルとモーターを使って風力発電機を作ってみましょう。

（図と作り方の掲示物を黒板に貼る）QR

（１）ペットボトルの上の方を切る。飲み口から１／３程度のところに，先にカッターナイフで切れ目を入れ，そのあと，はさみを使って切る。

（２）切れ込みを入れ，羽根が８枚になるようにする。

（３）羽根に傾きをつける。扇風機の羽根をイメージし，風を受けやすい角度に傾きをつける。

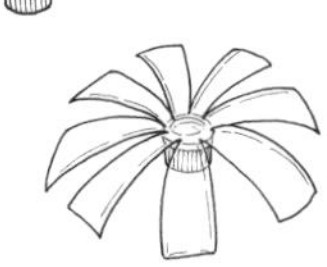

（４）ペットボトルのキャップにプーリーを両面テープではる。

（５）モーターの軸をプーリーに差し込む。

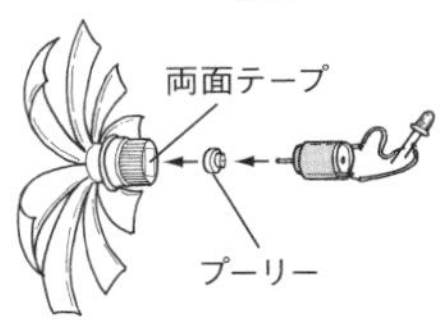

T　作るとき，次の注意事項を守りましょう。

〈注意〉
・ペットボトルにカッターナイフで切れ目を入れるとき，カッターナイフとペットボトルの切り口で手を切らないように気をつける。
・羽根の傾きは，８枚とも同じようになるようにする。
＊できあがったら，手に持って動かして風を当ててみたり，息を吹きかけたり，扇風機やうちわを使って羽根を回してみましょう。発光ダイオードが明るくつくように，風の当て方や羽根の向きを調整しましょう。

〈教材紹介〉
ここでは，モーターと LED にサイキット社（https://www.xikit.com）の教材用風力発電機「夢風車２」のキットを使っています。同等の物がない場合はインターネット通販で「理科風力発電工作キット」等で検索してください。

準備物	・ペットボトル　・カッターナイフ　・はさみ ・発電用モーター　・プーリー　・発光ダイオード ・プラスチック段ボール　・輪ゴム　・車輪 ・車輪軸　・コンデンサー　・モーター　・ビニルテープ

ICT	タブレットに工作の準備物や作り方を示し，工作活動を支援しましょう。

2 コンデンサーの電気で走る電気自動車

〈完成図〉

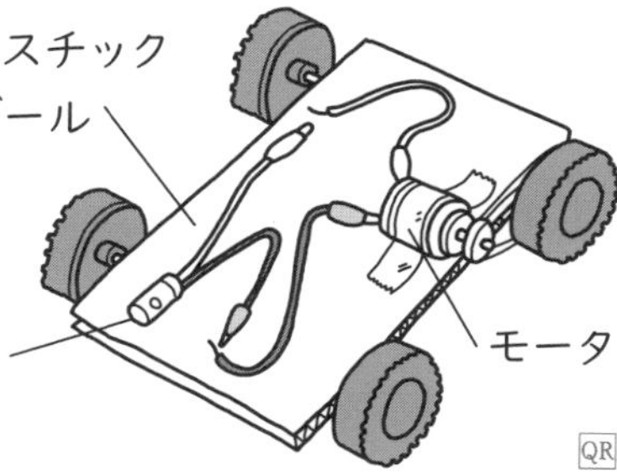

QR

〈作り方〉

(1) 車輪やモーターを車体に取りつける
(2) 輪ゴムをモーターとプーリーにつける
(3) コンデンサーに電気をため接続する

3 感想を発表しよう

※児童の意見を板書する

QR

・画像

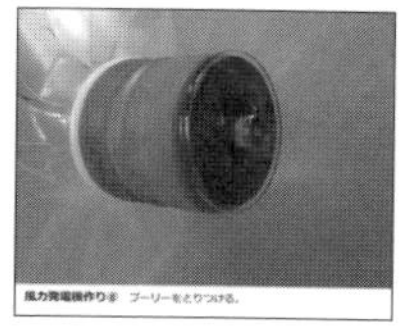

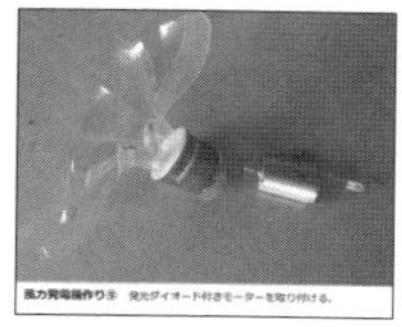

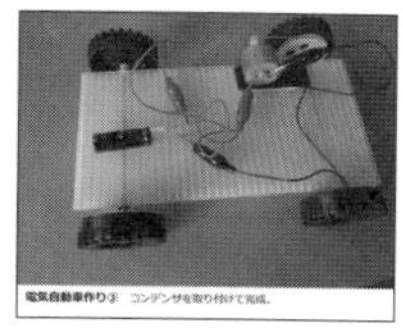

その他多数

2 電気自動車の作り方を知り，製作する

T　コンデンサーで動く電気自動車を作ってみましょう。作り方は，次の通りです。

（図と作り方の掲示物を黒板に貼る） QR

（1）車輪軸をプラスチックダンボールの溝にさし，車輪を取り付ける。

（2）モーターをビニルテープで本体に固定する。

（3）輪ゴムをモーターと車輪のプーリーにかける。

（4）コンデンサーに電気をためる。

（5）コンデンサーをモーターに接続する。

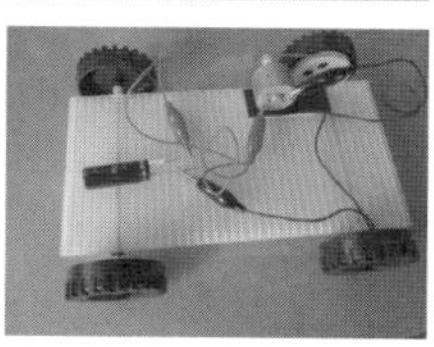

（完成したら，ためる電気の量をいろいろ変えて，走るスピードや距離を試してみるとよい）

3 感想を発表し，交流する

T　感想を発表しましょう。

〈風力発電機〉

C　ペットボトルで，風車の羽根がこんなに簡単にできるとはびっくりしました。

C　手で羽根を強く動かしただけで発光ダイオードがつきました。このくらいで発電できるのだなと思いました。

〈電気自動車〉

C　電気自動車は，今まで乾電池や光電池で作ったことがありますが，コンデンサーで作るのは初めてだったので，楽しかったです。電気をコンデンサーにためた分だけ走るというのが，おもしろかったです。

第９時 めあて
身近に使われている機械は，どんなしくみで自動的に動くのか調べよう

本時の目標　交通信号のように，自動的にはたらく機械は人々に都合良くプログラムされて動いていることがわかる。

板書例

ⓜ 身近に使われている機械は，どんなしくみで自動的に動くのか調べよう

1 〈プログラムの利用１〉

信号機

・自動的に色を変える

・自動車や歩行者が交差点でしょうとつしないように動いている

2 〈プログラムの利用２〉

・街灯　・エスカレーター　・トイレ

［人が近づくと街灯がついたり，動き出すエスカレーターがある］

↓ センサーのはたらき

明るさセンサーや人感センサーなどのセンサーが，まわりの様子を読み取るはたらきをしている

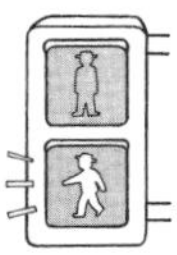

おしボタン式の歩行者用信号機のプログラム

ボタンをおす → 車両用の信号を赤色にする → 歩行者用の信号を青色にする → ３０秒間青色のまま

QR

POINT　私たちの身の回りの機械は，便利なしくみがプログラムされていることに気づかせましょう。

1　【プログラムの利用１】信号機はどのようなしくみになっているのだろうか

T　信号機はいくつかの信号が関連して，自動的に色を変えて，自動車や歩行者，自転車が交差点で事故に遭わないように動いています。どのようなしくみになっているのでしょうか。

C　警察官が来て，信号の横の箱を開けているところを見たことがあります。たくさんのスイッチが見えました。

C　どれくらいの時間で信号が変わるか見ていたことがあるけど，同時に色が変わるのがすごいと思いました。

C　ロボットを動かすみたいに決まった命令がでているのかな。

T　そうですね。社会科で自動車工場の学習をしたような，オートメーション（自動）で動いているのですね。この命令のことをプログラムといいます。機械を動かす命令が書かれています。

2　【プログラムの利用２】信号機のようにプログラムで動く機械を探してみよう

T　信号機のように，人の安全や事故を防ぐためにはたらく機械は他にありませんか？

C　駐車場に近づいたら，明かりがつくことがありました。

C　トイレに入ったら，すぐにライトがついて明るくなることもあります。

C　近くの公園の街灯は自動的に明かりがつきます。人がつけているのかと思っていました。

C　人が近づくと動き出すエスレーターが，近くの駅にありました。利用しないときは止まっています。

T　そうですね。エスカレーターや街灯などにプログラムが組み込まれているようです。このときに活躍する部品がセンサーと呼ばれるものです。明るさセンサーや人感センサーなどのセンサーが，周りの様子を読み取るはたらきをしています。

ICT	自分が考えた機械を動かす命令をタブレットに書き込み，学級で発表し合いましょう。

3 〈プログラムの利用３〉

自動ドア

・人が近づいたらセンサーが「ドアをあける」という判断をする

・人が通りすぎたらセンサーが「ドアをしめる」という判断をする

4 〈その他のプログラム〉

温度センサー

エアコン…［・部屋の温度が高くなったら部屋を冷やすプログラム
・部屋を一定の温度に保つプログラム］

人感センサー

手洗い場…［・手を近づけたら，水が出てくるプログラム］

QR

・画像

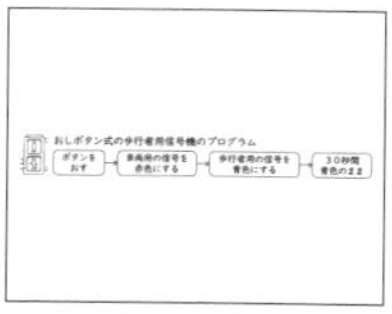

3 【プログラムの利用３】自動ドアの動きを考えてみよう

T　自動ドアは多くの建物で使われています。
　自動ドアはどのような命令で動いているのでしょうか。

C　建物に入ろうと人が近づいたら，「ドアを開ける」という命令がでると思います。なかったら，人は中に入れません。

T　人が近づいたことを知るために，人感センサーがここで活躍します。この後は？

C　人がドアを通りすぎたら，「ドアを閉める」という命令がでると思います。

C　建物から出ていこうと人が近づいたらドアを開けられるように，センサーが人の動きを機械に知らせるのかな。

T　ドアを開けておく時間もプログラムされているのです。

4 他のプログラムについても考えてみよう

T　みんなのアイデアで，自動ドアのプログラムを考えることができましたね。
　では，つぎのような機械のプログラムにはどんなセンサーが必要か，グループで話し合ってみましょう。

【人が近づいたら明かりがつくプログラム】
→　人感センサー

【部屋の温度が高くなったらエアコンが部屋を冷やしてくれるプログラム】
→　温度センサー

【手を近づけたら，水が出てくる手洗い場のプログラム】
→　人感センサー

T　このように命令によって機械を動かすプログラムを組み立てることを，プログラミングといいます。

T　発電した電気を効率よく利用するために，センサーを用いてプログラミングしています。

第１０時 めあて
センサーとコンピューターを利用して，プログラミングを体験しよう

本時の目標　センサーとコンピューターを使って，人の動きや明るさに応じてはたらくプログラムを組み立ててみる。

板書例

㋱ センサーとコンピューターを利用して，プログラミングを体験しよう

1 〈人感センサー〉 QR

人感お知らせ①　人が近づいた ／ 仕事（ア）　明かりをつける

この場合，人が近づくと明かりがついたままになる

人感お知らせ②　人がいない ／ 仕事（イ）　明かりを消す

2 〈明るさセンサー〉 QR

明るさお知らせ①　明るかったら ／ 仕事（イ）　明かりを消す

それぞれ，自動的に明かりをつけたり消したりできる

明るさお知らせ②　暗かったら ／ 仕事（ア）　明かりをつける

POINT　センサーを使うと，電気の無駄遣いが減って，節電ができることに気づかせましょう。

1 【人感センサー】人が近づいたことがわかる機械

（バラバラにした〈人感センサー〉のカードを黒板に貼付する。そのカードの組み合わせを考えさせる。）

T　人の動きを感知したときに，自動的に明かりをつける器具をつくろうと考えます。この器具にはどんなはたらきが必要ですか？

C　「人が近づいた」とか「人がいない」とかを感じて知らせるはたらきが必要です。

T　そうですね。このはたらきをする機械は「人感センサー」と呼ばれています。このセンサーから，「人が近づいたという知らせ」があると，「明かりをつける」という仕事をするようにプログラムをつくります。

C　そうか。だから，人感センサーとコンピューターを組み合わせると，人が近づいたら自動的に明かりをつけることができるのですね。

2 【明るさセンサー】まわりの明るさが変化したことを感じる機械

（バラバラにした〈明るさセンサー〉のカードを黒板に貼付する。そのカードの組み合わせを考えさせる。）

T　つぎにその場所の明るさに応じて，自動的に明かりをつける器具をつくろうと考えます。この器具にはどんなはたらきが必要ですか？

C　明るさが「明るい」とか「暗い」とかを感じて知らせるはたらきが必要です。

T　そうですね。人感センサーと同じように，このはたらきをする機械は「明るさセンサー」と呼ばれています。このセンサーが，「暗かったら」「明かりをつける」，もしくは「明るかったら」「明かりを消す」という仕事をするように，プログラムをつくります。

C　明るさセンサーのお知らせとコンピューターを組み合わせると，明るさに応じて明かりのスイッチを自動的に切り替えることができるのですね。

ICT

タブレットを使って，電気製品にはどんなプログラムが組み込まれているのか調べてみましょう。

3 〈人感センサーと明るさセンサーの組み合わせ〉

人が近づいて暗いときは，明かりをつける仕事

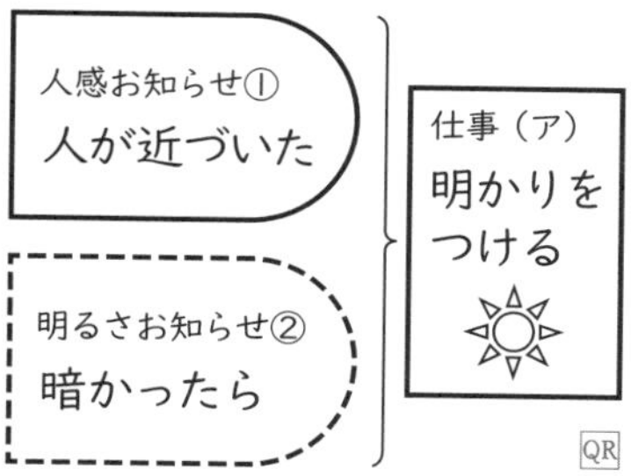

人がいないか明るいときは，明かりを消す仕事

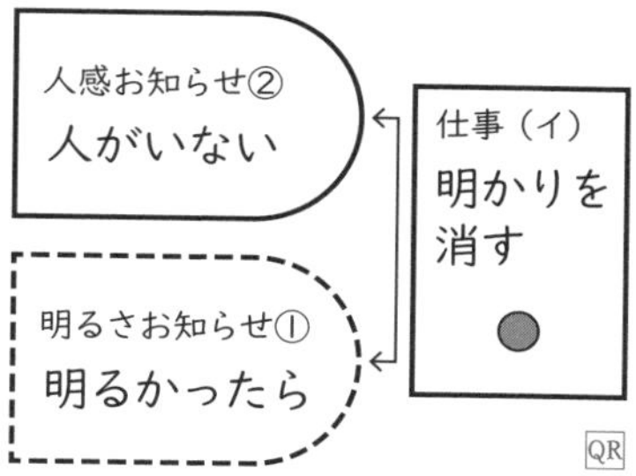

4 ［まとめ］

・センサーを活用してプログラムをつくると，節電の工夫を考えることができる

・身の回りで使われている電化製品にはプログラムが組みこまれている

QR

・画像

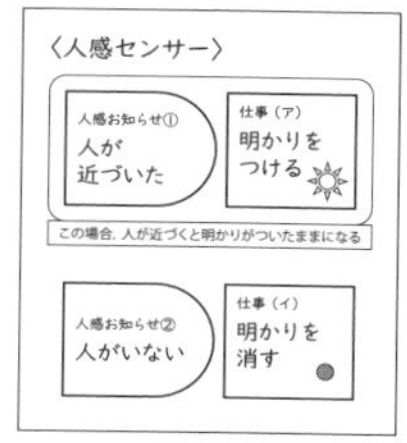

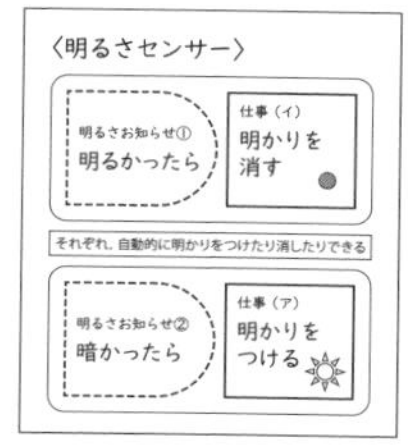

その他

3 人感センサーと明るさセンサーを組み合わせてできるはたらき

T　2つのセンサーとコンピューターを組み合わせると，明かりをつける仕事を条件によって変えることができます。まず，器具にしてほしい仕事を言葉で表してみましょう

C　人が近づいて暗いときは，明かりをつける仕事です。

C　人がいないときや周りが明るかったら，明かりを消す仕事です。

T　そうですね。言葉で表したように，明かりをつけたり消したりできれば，どのような良さがありますか。

C　明るいときは明かりをつけないので，節電ができます。

C　人がいないのに明かりをつけたままにならないので，電気を無駄なく使うことができます。

4 プログラムで工夫してみたいアイデアを出し合う（まとめ）

T　この時間は明かりをつける仕事について考えてきました。これ以外に，工夫したいことはありませんか。

C　明かりがついている時間を長くしてみたいです。

C　明かりがつく回数を変えてみたいです。

T　明かりをつける仕事に時間や回数を組み込むことで，時間の調整や回数の工夫ができます。コンピューターやタブレットを使って，プログラムをつくってみましょう。

教科書には，２次元コードを読み取り，プログラムをつくることができるページが紹介されている。学校のPC環境を考慮して，簡単なプログラミング体験を準備するとよい。

水溶液の性質とはたらき

全授業時数１０時間＋広げよう・つなげよう３時間

◎ 学習にあたって ◎

◉ 何を学ぶのか

小学校で，物質の基礎概念の１つとして，溶解の学習があります。ものが水に溶けるということはどういうことか，５年生の「もののとけ方」で，透明・均一性・重さの保存性などの内容を学習しました。そして，６年生のこの単元では，同じような無色透明の水溶液でも，その様子やにおい，溶けているものを取り出すことなどを手がかりに，水溶液の化学的な性質を学習します。水溶液をリトマス紙などで調べてなかま分け（酸性・中性・アルカリ性）したり，炭酸水に二酸化炭素が溶けていることを調べたりして，水溶液の化学的な性質をとらえられるようにします。また，酸性の水溶液に鉄などの金属を入れると，金属は溶けて，溶ける前の金属とは違うものになることを調べ，金属を変化させる水溶液のはたらきをとらえられるようにします。このような学習を通して，身の回りの水溶液の性質やはたらきを知り，環境問題を考えたり，日常生活に活用したりする態度を育てることも大切です。

◉ どのように学ぶのか

学習に入る前に「もののとけ方」（５年生）の学習で学んだ，水溶液の定義（透明・均一性・保存性）や析出（溶けているものの取り出し方）の理解ができているか，確認が必要です。先ず，無色透明のいくつかの水溶液をどのように判別していくのか，方法を探り，人間の感覚だけでは判断できないことに気づかせます。はじめに炭酸水で，既習でもある二酸化炭素（気体）が溶けた水溶液を取り扱います。気体が溶けている水溶液を取り扱うことによって，溶かすものを固体から気体へと広げます。さらに，気体が水に溶けるということを実感するために「炭酸水づくり」も行います。リトマス紙などの指示薬を使うことによって，水溶液を酸性・アルカリ性・中性になかま分けできることを学ぶため，リトマス紙を使って身の回りにあるいろいろな水溶液を調べる活動の場を設けます。次に，水溶液には金属のような硬いものも溶かすことができ，溶かすことで別のものに変えてしまうはたらきがあることを学習します。析出の方法を使って溶かしたものを取り出し，取り出したものは元のものではないことを確かめます。これらは「化学変化」の学習の入門ともいえるでしょう。

◉ 留意点・他

- 本単元で使用する水溶液は，塩酸など数種類になります。これらの水溶液は，その用途に応じて適切な濃度で適切な量を使用させる必要があります。また，取り扱いには十分に留意させましょう。
- 金属を溶かすための塩酸の濃度は，濃すぎないようにします。液量は試験管全体の５～６分の１程度とし，金属と反応しにくいときは湯を入れたビーカーに入れ，少しあたためます。また，試験管に入れる金属の量も多過ぎないようにします。
- 水溶液の蒸発では，塩酸は刺激臭のある気体が発生するので，ごく少量にして，理科室の換気に気をつけます。
- 水溶液をこぼしたり肌につけたりしないようにします。手についたときはすぐに水で洗います。万が一，目に入ったときは大量の水で洗い，ただちに専門の医師に診てもらいましょう。
- 水溶液に溶けているものが何かを考え，既習の確認方法をふり返り，方法として適切かどうか話し合い，確かめます。それとともに「リトマス紙を使う」など，水溶液の性質やはたらきを調べる新しい方法を身につけ，その活用を考えられるようにします。

◎ 評　価 ◎

知識および技能	・水溶液には，炭酸水など気体が溶けているものがあることがわかる。 ・水溶液には酸性，アルカリ性，中性のものがあることを知り，水溶液をリトマス紙でなかま分けできることがわかる。 ・塩酸など，酸性の水溶液には，金属を溶かし，別のものに変えてしまうはたらきがあることがわかる。

思考力，判断力，表現力等	・既習の知識ややり方をもとに，目に見えない水溶液に溶けているものは何かを探る方法を考える。新しく探る方法を知り，その活用を考え，確かめたりする。
主体的に学習に取り組む態度	・水溶液の学習で学んだ，新しい確認方法や活用方法を日常生活の中に生かすとともに，環境問題などについても，学んだ知識を使って考えられるようにする。

◎ 指導計画　１０時間＋広げよう・つなげよう３時間 ◎

次	時	題	目標	主な学習活動
水溶液に溶けているもの	1	二酸化炭素と水で炭酸水をつくってみよう	二酸化炭素を水に溶かす実験を行い，気体は水に溶けることがわかる。	・二酸化炭素を水の中に入れるとどうなるのだろうか。 ・二酸化炭素を水に溶かす実験をする。 ・実験結果から考える。 ・炭酸水は二酸化炭素という気体が水に溶けたものである。
	2	水溶液の違いを調べる方法を考えよう	水溶液の違いや，何が溶けているか，溶けているものは何かを調べる方法を考えることができる。	・水溶液とは何だろうか。 ・５種類の水溶液の違いはどこにあるだろうか。 ・違いを調べる方法を考え，話し合う。
気体の溶けた水溶液	3・4	５種類の水溶液に溶けているものを調べよう	水溶液のにおいをかいだり，蒸発させたりして，溶けているものを見つけることができる。	・水溶液のにおいをかぐ。 ・水溶液を熱して，蒸発させる。 ・実験のまとめ。
	5	炭酸水に溶けている気体を調べよう	炭酸水には，二酸化炭素という気体が溶けていることがわかる。	・炭酸水には何が溶けているのか，話し合う。 ・泡を集める方法を考える。 ・集めた泡の性質を確かめる実験をする。 ・炭酸水の中にとけている物は二酸化炭素だと知る。
水溶液のなかま分け	6	リトマス紙を使って，水溶液のなかま分けをしよう	水溶液を，リトマス紙を使って，酸性，中性，アルカリ性になかま分けをすることができる。	・リトマス紙について知る。 ・実験の準備・注意事項。 ・水溶液のなかま分け。 ・水溶液は，酸性・中性・アルカリ性に分けられる。
	広げよう1	身近な水溶液を調べよう	リトマス紙を使い，身近な水溶液にも酸性・アルカリ性・中性のものがあることを知る。	・身近な水溶液を調べよう。 ・結果をまとめる。 ・酸性・中性・アルカリ性の水溶液の特徴。
水溶液のはたらき	7	水溶液には，金属を変化させるものがあるのか調べよう	水溶液には，金属を溶かすものがあることがわかる。	・金属に酸性の水溶液を注ぐとどうなるのか。 ・実験結果の発表・まとめ。 ・金属を溶かす水溶液のまとめ。
	8	塩酸に溶けた金属は，どうなったのか調べよう	水溶液の中に溶けているものを取り出す方法がわかる。	・水溶液の中にあるものを見つける方法。 ・蒸発させるときの実験の準備と注意。 ・実験結果の発表。 ・実験結果のまとめ。
	9・10	金属が溶けた液から出てきた固体は，もとの金属（アルミニウム）なのか調べよう	水溶液には，金属を別のものに変化させるものがあることがわかる。	・蒸発させて出てきたものはアルミニウムなのだろうか。 ・実験方法の発表。 ・蒸発させて出てきたものは元のアルミニウムと同じものか確かめる。 ・水溶液には，金属を別のものに変化させるものがある。
気体の溶けた水溶液	広げよう2	酸性雨って何だろう	工場から出る煙や排気ガスなどの気体が雨水に溶けると，酸性雨になることがわかり，酸性雨のくらしへの影響について関心をもつことができる。	・酸性雨ってなんだろう。 ・集めた雨水を検査しよう。パックテスト（簡易水質検査試薬）の使い方。 ・自分たちのまちに降った雨の酸性度。
おもしろ実験	つなげよう	紫キャベツで試験紙をつくろう	紫キャベツの汁を使って，水溶液の酸性度を調べることができることに気づく。	・紫（アカ）キャベツの汁で酸性度を調べる。 ・水溶液の色の変化を観察しよう。 ・焼きそばのおもしろ実験。（色の変化） （教師実験として）・植物の汁を利用した試験紙作り。

第１時 めあて
二酸化炭素と水で炭酸水をつくってみよう

本時の目標　二酸化炭素を水に溶かす実験を行い，気体は水に溶けることがわかる。

板書例

㋱ 二酸化炭素と水で炭酸水をつくってみよう

1 水の入った ペットボトルに 二酸化炭素を 入れる

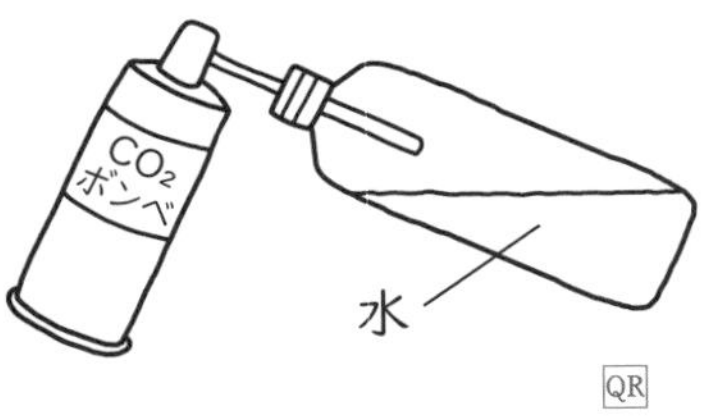

CO2 ボンベ
水
QR

2 ペットボトルをよくふって観察する

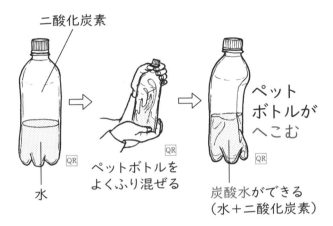

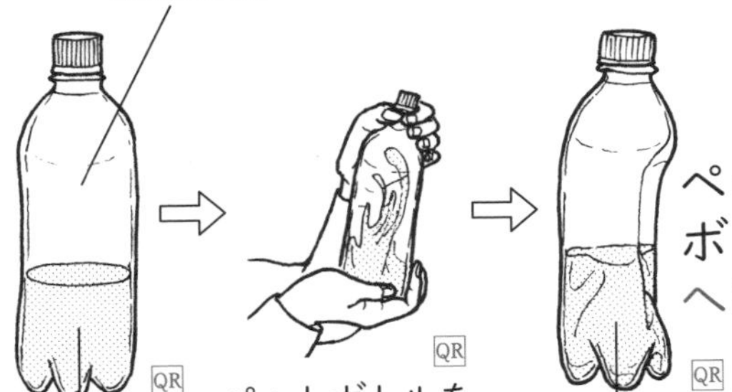

二酸化炭素
水
QR
ペットボトルを
よくふり混ぜる
QR
ペット
ボトルが
へこむ
QR
炭酸水ができる
（水＋二酸化炭素）

1 二酸化炭素を水の中に入れてよく振ると，どのような変化が起こるのか予想する

T　水を入れたペットボトルにボンベの二酸化炭素を入れ，よく振ってペットボトルの様子を観察します。水に二酸化炭素が溶けたとすると，どのような変化が起きると思いますか。

C　水の中に泡が出ます。

C　水の量が増えます。

C　水の色が濁ると思います。

C　ペットボトルがへこむと思います。

C　ペットボトルがふくらむと思います。

二酸化炭素で炭酸水を作る

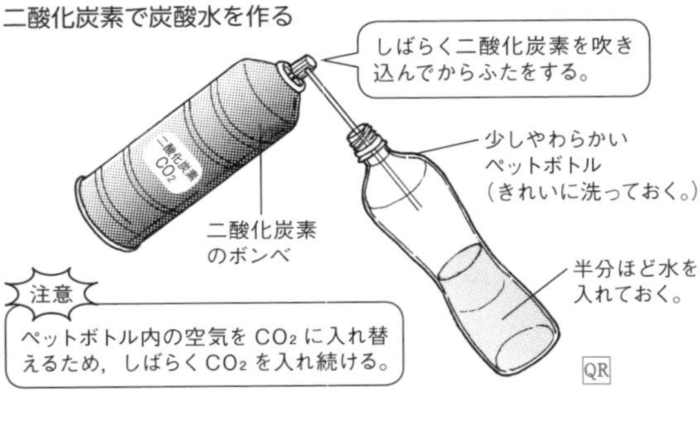

しばらく二酸化炭素を吹き込んでからふたをする。
少しやわらかいペットボトル（きれいに洗っておく。）
二酸化炭素のボンベ
半分ほど水を入れておく。
注意
ペットボトル内の空気を CO2 に入れ替えるため，しばらく CO2 を入れ続ける。
QR

2 二酸化炭素を水に溶かす実験を行い，気づいたことをノートに記録する

T　実験を始めましょう。ペットボトルに水を半分入れて，ペットボトルのあいているところに，ボンベから二酸化炭素をしばらく入れ続けてください。

T　二酸化炭素を入れたら，ふたをしてペットボトルを振りましょう。気づいたことをノートに記録しましょう。

C　ペットボトルがへこんだ。

C　ペットボトルがへこんだけど，まだ少しすき間が残っています。

C　泡は出ていません。

準備物
・二酸化炭素のボンベ
・ペットボトル（炭酸飲料系）
・水

3 問題 なぜペットボトルはへこんだのだろうか

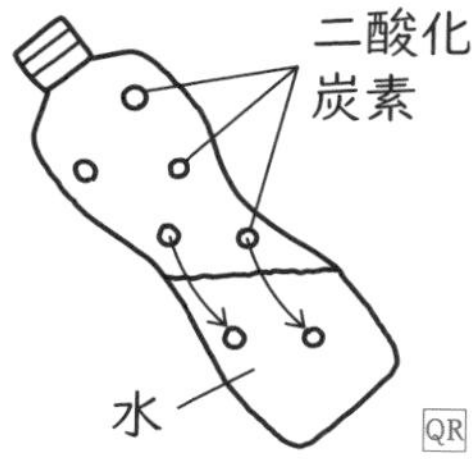

水の中に

・二酸化炭素が水にとけて体積が減った（水の中へ）
⇓
・体積が減った分，ペットボトルがへこんだ

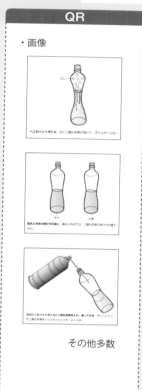

4 〔まとめ〕
・二酸化炭素を水にとかすと，炭酸水ができる
・水溶液（すいようえき）には，気体がとけているものがある
・塩酸には塩化水素，アンモニア水にはアンモニアという，においのある気体がとけている
・気体も水にとける

QR
・画像

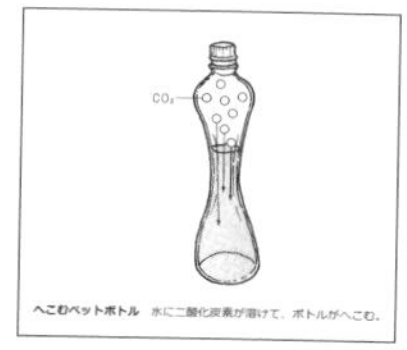

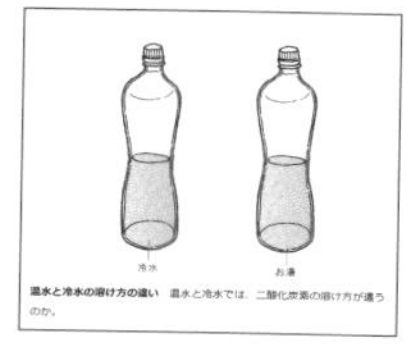

その他多数

3 実験結果からわかったことを発表し，話し合う

T 実験の結果，ペットボトルは，へこみました。なぜへこんだのでしょうか。
C 気体の二酸化炭素が水に溶けたから。
C 気体が水に溶けた分，体積が減った。
C へこんだのは，体積が減った分，外の空気が押しているのかな。
T 実験からどんなことがわかりましたか。
C 二酸化炭素は水に溶ける。溶けるところはわからないけど，ペットボトルの容器がへこむことで，そこにあった二酸化炭素が水の中に入ったということがわかりました。

（ペットボトルの液をビーカーに入った石灰水に入れて，白くにごることを確かめてもよい）

4 炭酸水など気体が溶けている水溶液についてふり返る

T 気体である二酸化炭素は，水に溶けて炭酸水になりました。水溶液には気体が溶けているものがあることが分かりました。
アンモニア水，塩酸を蒸発させても何も残りませんでした。この２つの水溶液にどんなものが溶けていたと考えられますか。
C 気体が溶けていたと考えられます。
T アンモニア水には，アンモニアという気体，塩酸には塩化水素という気体が溶けているのです。

（ここからは発展）

T みなさんは，雨水には，二酸化炭素などの気体が溶けている場合があることを知っていますか。それを酸性雨といいます。酸性雨について興味のある人は調べてみましょう。

第２時 めあて
水溶液の違いを調べる方法を考えよう

本時の目標 水溶液の違いや，何が溶けているか，溶けているものは何かを調べる方法を考えることができる。

板書例

㋱ 水溶液（すいようえき）のちがいを調べる方法を考えよう

1 水溶液

・ものが水にとけた液

・つぶが見えない

・すき通っている

・ものは見えなくなっても
中に残っていて，
重さでわかる

2 5種類の水溶液のちがいを見分けよう

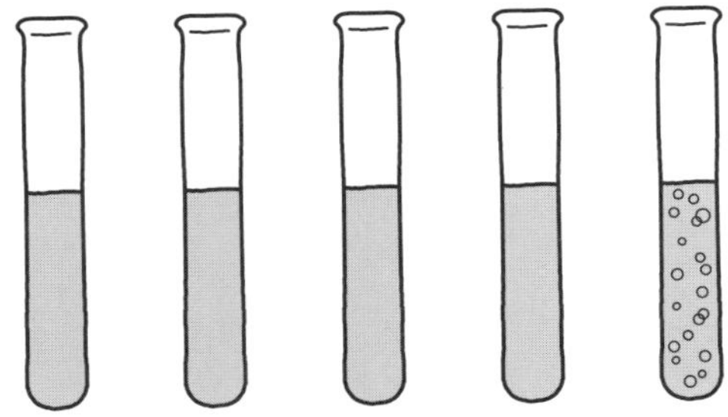

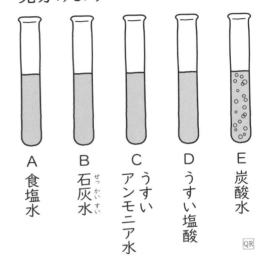

A 食塩水　B 石灰水（せっかいすい）　C うすいアンモニア水　D うすい塩酸　E 炭酸水

QR

POINT ちがいを調べる方法を児童に考えさせ，安全で簡単なものから実験するよう計画するとよいでしょう。また，危険な

1 水溶液についてふり返る

T　これから水溶液の学習をします。水溶液とはどのようなものでしたか。

C　ものが水に溶けた液のことです。

C　食塩水や砂糖水がそうでした。

T　見た目はどうでしたか。

C　透き通っていました。

C　水溶液のどこにも同じようにものが溶けていました。

T　溶けたものはなくなったのですか。

C　見えなくなっただけです。中に残っています。重さを測るとわかります。

【塩酸を薄める】
塩酸を薄めるときは，ビーカーに水を入れて，塩酸をガラス棒に伝わせて薄める。保護メガネを使用し，必ず教師実験で行う。

QR

2 5種類の水溶液の見た目の違いなどを観察する

T　5つの試験管に，それぞれ違う水溶液が入っています。水溶液の様子には，どんな違いがあるかよく観察しましょう。（試験管には，ABCDE の記号のみラベルを貼っておく）

【A＝食塩水／B＝石灰水／C＝うすいアンモニア水／D＝うすい塩酸／E＝炭酸水】

C　どれも透明で見た目はわかりません。

C　E だけ泡がでているので，他のものとちがうと思います。

T　E だけ泡がでているから，他のものとちがうことがわかりますね。E の試験管の水溶液は炭酸水です。（E＝炭酸水と板書する）

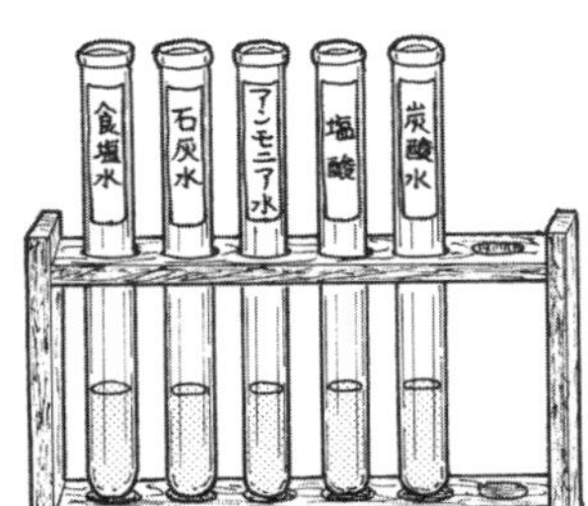

QR

※教科書に応じて，石灰水のかわりに重曹水にかえてもよい。

準備物	・試験管 ・試験管立て ・水溶液（食塩水，石灰水，アンモニア水，塩酸，炭酸水）

3 ちがいを調べ，見分ける

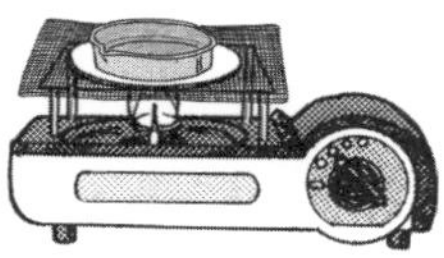

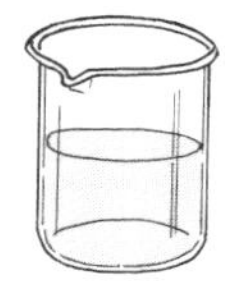

・蒸発させる（液を熱する）　・においをかぐ　・見た目

×なめる（味）　×手（さわる）

QR

・画像

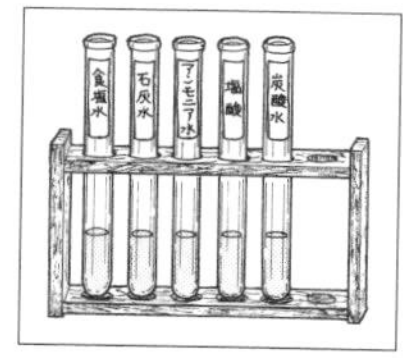

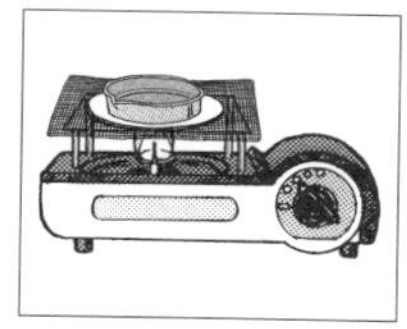

その他

方法を話題に挙げ，危険な理由を理解させ安全指導に繋げることも意識しましょう。

3 5種類の水溶液の違いを調べる方法を話し合う

T　さて，他の水溶液は何かわかりますか。ここでそれぞれの水溶液の名前を発表します。知っている名前もあれば，初めて聞く名前もあると思います。

T　A＝食塩水，B＝石灰水，C＝うすいアンモニア水，D＝うすい塩酸，E＝炭酸水です。それぞれ何が違うと思いますか。

C　水溶液に溶けているものが違うのではないかと思います。

T　溶けているものが違うのであれば，溶けているものを調べればいいですね。5年生で溶けているものを取り出しました。どんな方法で取り出したのか思い出しましょう。

C　食塩水から食塩がとり出せるように水溶液の水を蒸発させれば溶けていたものが出てくると思います。

T　他に，違いを調べる方法はありませんか？

C　においをかぐと違いがわかりそうです。

（ここでは，児童から「なめる」「手で触る」などの意見も出る可能性がある。いずれも危険な実験方法なので，出てきた段階でその危険性やそのような実験ができない理由を説明する）

【においのかぎ方】　なめてはいけない

【蒸発させる実験】

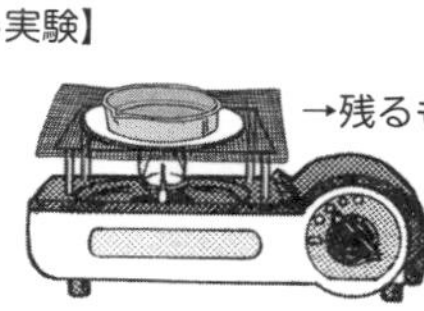

→残るものを調べる

T　次の時間に実際にやってみましょう。

第３・４時 めあて
５種類の水溶液に溶けているものを調べよう

本時の目標
水溶液のにおいをかいだり，蒸発させたりして，溶けているものを見つけることができる。

板書例

〔問題〕 ５種類の水溶液には，どのようなちがいがあるのだろうか

1 〈においをかぐ〉

注意

・顔を試験管に近づけない
・手をあおぐようにしてにおいをかぐ

2 〈熱して蒸発させる〉

残るもの

(水) 水だけ

食塩水，石灰水

残らないもの

(水) とけていた気体

アンモニア水，塩酸，炭酸水

POINT アンモニア水・うすい塩酸・炭酸水には気体が溶けていることを理解させ，それらの水溶液と蒸発させても何も残ら

1 【第３時】「見た目」を確認したあと，５種類の水溶液のにおいをかぐ実験をする

T 水溶液に溶けているものを調べる方法には①においをかぐ②水溶液を蒸発させる，の２通りの方法がありました。まず，においをかぐ方法から実験します。（グループごとに記録用紙を配り，結果を記入させる。）

T においをかぐときには，注意をすることがあります。

①かぐときには試験管を顔に近付けないこと。
②手であおぐようにしてにおいをかぐこと。

水溶液調べ記録表図 QR

水溶液	見た目	におい	蒸発させたにおい	蒸発させたとき残るもの
食塩水				
石灰水				
アンモニア水				
塩酸				
炭酸水				

T においをかぐ実験をしました。結果をグループごとに発表してください。

C 食塩水は（においが）しない。

C 石灰水も（においが）しない。

C アンモニア水は，つんとしたにおいがする。

C 塩酸も，つんとしたにおいがする。

C 炭酸水は（においが）しない。

T においの違いがわかりました。次は水溶液を蒸発させてどうなるか観察します。実験をするに当たって，次の注意を守って実験しましょう。

・石灰水や塩酸がつくと目や皮膚を痛める。
・蒸発皿に顔を近付けたり，直接においをかいだり，出てきた気体をじかに吸い込まないようにする。
・やけどをするので，熱したものはさわらない。
・保護メガネをつける。

準備物	・試験管　・試験管立て　・保護メガネ ・ビーカー　・水　・加熱器具　・金網 ・水溶液（食塩水，石灰水，アンモニア水，塩酸，炭酸水）　・蒸発皿　・雑巾

ICT	水溶液のにおいを嗅ぐ様子を事前に撮影し，映像とともに正しいにおいの嗅ぎ方を理解させるとよいでしょう。

3　実験結果のまとめ

水溶液	見た目	におい	蒸発させたにおい	蒸発させたとき残るもの
食塩水	とう明	なし	なし	白いものが残った
石灰水	とう明	なし	なし	白いものが残った
アンモニア水	とう明	つんとしたにおい	つんとしたにおい	何も残らなかった
塩酸	とう明	つんとしたにおい	つんとしたにおい	何も残らなかった
炭酸水	とう明 あわが出ていた	なし	なし	何も残らなかった

QR

4　〔まとめ〕

食塩水，石灰水から水を蒸発させると，
白いもの（固体）が残る。それは、これらの
水溶液にとけていたもので，食塩や石灰である。

QR

・動画
「蒸発乾固（食塩水）」

・画像

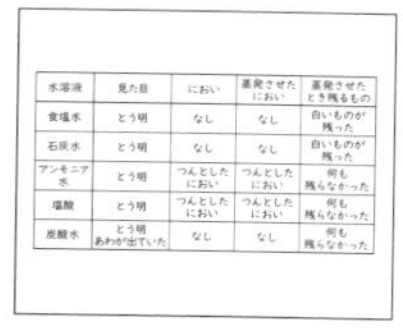

その他

ない水溶液とを関係付けて考えられるようにするとよいでしょう。

2 【第４時】５種類の水溶液を熱して，蒸発させる実験をする

T　実験の注意を守って，それぞれの水溶液を蒸発させましょう。（加熱中は，机間指導をおこたらないようにする。グループ別に実験したり，食塩水，アンモニア水は教師実験でもよい。）

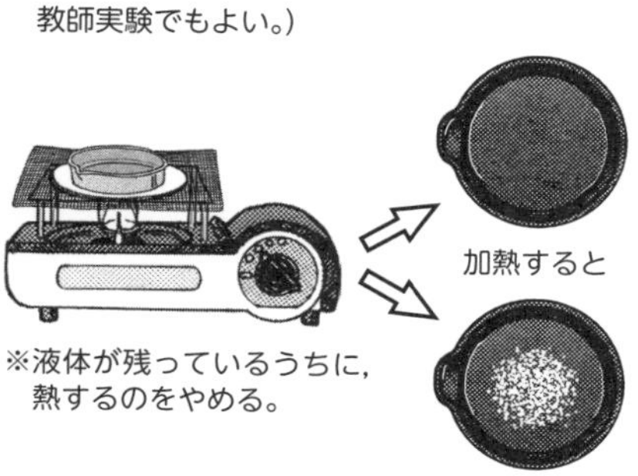

※液体が残っているうちに，熱するのをやめる。

T　実験の結果を発表してください。
C　食塩水は白いものが残りました。
C　石灰水も白いものが残りました。
C　アンモニア水は，何も残りませんでした。
C　塩酸も何も残りませんでした。
C　炭酸水も何も残りませんでした。

3 ５種類の水溶液のまとめをする

T　実験の結果を表にかき入れてまとめましょう。（板書の表参照）
T　この表からわかったことはどんなことでしょうか。まず白いものが残った食塩水，石灰水についてどんなことがいえるでしょうか。
C　食塩水を熱して出てきたもの（残ったもの）は食塩だよね。
C　白いものが残った水溶液には固体が溶けていた…と思うよ。
C　何も残らなかった水溶液には，何が溶けていたのかなあ…。
C　炭酸水は，泡（気体）が出ていたので，気体が溶けていたのかな。
T　この実験で５つの水溶液のうち，食塩水と石灰水は固体のものが溶けていることがわかりました。あとの３つの水溶液に溶けているものは何か調べていきましょう。（次時へ）

第５時 めあて
炭酸水に溶けている気体を調べよう

本時の目標 炭酸水には，二酸化炭素という気体が溶けていることがわかる。

板書例

〔問題〕 炭酸水にとけている気体は何だろうか

1 〈気体（あわ）を集めてみよう〉

2

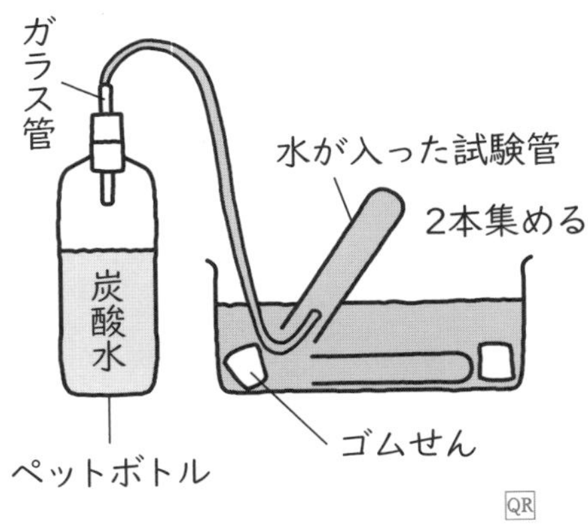

〈あわの性質をたしかめる〉

3 1本目

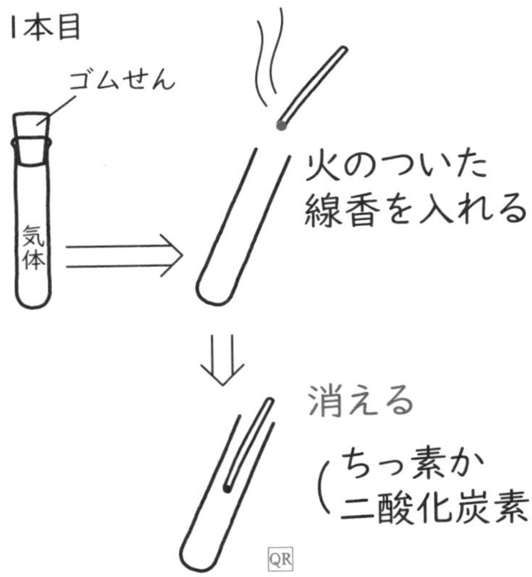

POINT 実験前に，炭酸水に二酸化炭素が溶けているとすると，石灰水がどのように反応し，火のついた線香はどうなるのか

1 炭酸水には何が溶けているのか話し合う

T 炭酸水は前の実験でにおいはなく，熱しても蒸発皿には何も残りませんでした。何が溶けているのでしょうか。これから調べていきます。まず，炭酸水入りの試験管を観察して気づいたことを発表してください。

C 泡が出ていました。

C はじめは泡がたくさん出ていたが，だんだん出なくなりました。

C 泡は下から上へ上がっています。

C 泡は何かの気体だと思います。

C 空気がとけているんじゃないかな。

2 炭酸水から出る泡を集める実験をする

T 炭酸水から出る泡を集めて，その泡の性質を調べる実験をします。泡をどんな方法で集めればいいか考えましょう。（教師が助言してもよい）

C 水の中だと泡を集めやすいので，水の中に泡を出せばよいと思います。

C 泡は下から上へ上がっていくから試験管は上向きがいいのではないかな。

C 泡を出しやすくするためによく振るといいのではないかな。ソーダ水のように…。

（水上置換という方法を示して，教師実験で２本分集める）

炭酸水の泡を集める

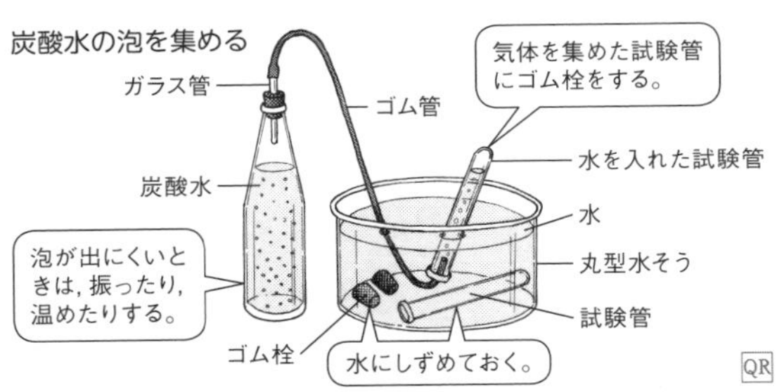

準備物	・石灰水 ・炭酸水 ・試験管 ・試験管立て ・水槽 ・ガラス管 ・チューブ（ゴム管） ・ゴム栓 ・線香 ・ライター

ICT	イラストを提示し，実験の意味を正しく理解させ，結果の見通しを持たせましょう。

4 〈石灰水を使って〉

2本目

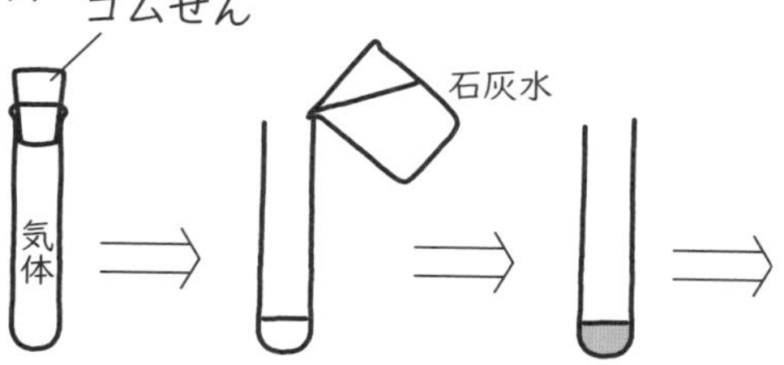

とけていた気体は二酸化炭素

白くにごった QR

〔まとめ〕

・炭酸水には，気体の二酸化炭素がとけている

・水溶液には，炭酸水のように気体がとけたものがある

QR

・画像

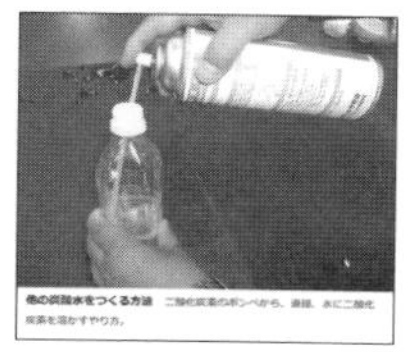

その他多数

結果の見通しを持たせ，目的を持って実験できるようにしましょう。

3 集めた気体の性質を確かめる実験をする 火のついた線香を入れてみる

T　試験管に炭酸水から集めた泡（気体）が集まりました。この気体がどのような性質を持つ気体なのか確かめたいと思います。今までに学習してきた実験を行い，そこから何の気体であるか考えましょう。

T　気体を調べるには，どんな方法がありましたか。

C　火のついたろうそくや線香を入れてみて，燃えるか燃えないかを調べます。

T　では，火のついた線香を入れてみましょう。

C　あ，消えた。（消えることを確かめる）

T　そう。窒素か二酸化炭素のようですね。

※火のついた線香を入れても安全なことは，児童にも伝えておく。

4 石灰水を使って，炭酸水に溶けているものは二酸化炭素であることを確認する

T　今度は，石灰水を入れて，白く濁るかどうか調べてみましょう。

C　石灰水を入れると白く濁りました。

C　白く濁るということは，気体は二酸化炭素だと思います。

T　今日のまとめです。炭酸水の中に溶けていたものは，二酸化炭素であることがわかりました。二酸化炭素は気体です。水溶液に溶けるものには，固体だけでなく気体の場合もあることがわかりました。炭酸水飲料として皆さんが飲んでいる飲み物には，すべて二酸化炭素が溶けています。炭酸水を熱すると何も残らないのは，溶けていた二酸化炭素が空気中に出ていったからです。

QR

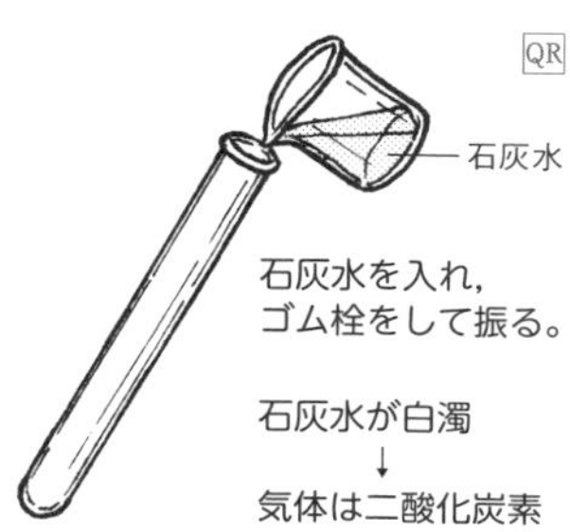

第６時 めあて
リトマス紙を使って，水溶液のなかま分けをしよう

本時の目標：水溶液を，リトマス紙を使って，酸性，中性，アルカリ性になかま分けをすることができる。

板書例

ⓜ リトマス紙を使って，水溶液のなかま分けをしよう

1 （実験） リトマス紙を使って調べよう

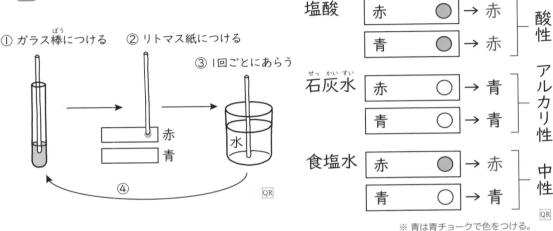

2

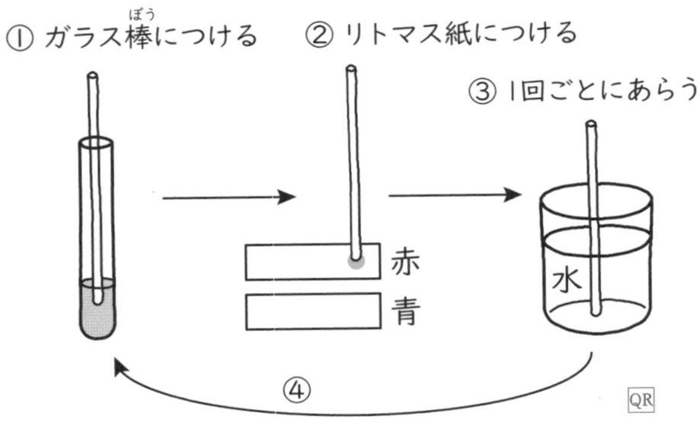

① ガラス棒につける
② リトマス紙につける
③ 1回ごとにあらう
赤
青
水
④
QR

塩酸	赤 → 赤	青 → 赤	酸性
石灰水	赤 → 青	青 → 青	アルカリ性
食塩水	赤 → 赤	青 → 青	中性

QR

※ 青は青チョークで色をつける。

(POINT) 炭酸水は開封して時間が経つとリトマス紙があまり反応しないことがあります。また，リトマス紙に水溶液を付ける

1 教師実験で，リトマス紙の色の変化（酸性・中性・アルカリ性）を確認する

T　水溶液の違いを調べるのに，リトマス紙という紙に水溶液をつけて色の変化で調べる方法があります。（実際に操作しながら説明していく）

<リトマス紙の使い方>
① リトマス紙はピンセットで取り出す。
　・直接手で触らない　・ふたはすぐに閉める
② ガラス棒に水溶液をつけ，それをリトマス紙につける。
③ ガラス棒は一回使うごとに洗う。

<リトマス紙でわかること>
（教師実験で色の変化を確認させる）
① 塩酸は，青色のリトマス紙が赤色に変化する→酸性
② 食塩水は，どちらの色も変化しない→中性
③ 石灰水は赤色のリトマス紙が青色に変化する
　→アルカリ性

T　水溶液には，酸性，中性，アルカリ性という３つの性質があり，それはリトマス紙で区別できます。

（教師の周りに児童を集め，実際に色がどのように変化するのか観察させる。リトマス紙は，赤色と青色をセットで使う。）

2 実験準備・実験の注意点

（実験前の準備，留意点は，教科書の記載事項をもとに指導する）
① 保護メガネの着用。
② 器具や薬品は机の真ん中に置く。
③ 実験に必要のないものは机上に出さない。
④ 水溶液の名前を書いたラベルを，ビーカーや試験管に貼っておく。
⑤ 火気がないことを確認する。
⑥ 教室の換気。

< 実験中の注意 >
① においは鼻を近付けて直接吸わない。手であおいで確かめる。
② 水溶液がもし手などについたら，すぐに大量の水で洗い流す。
③ 実験は立って行う。

リトマス紙の使い方

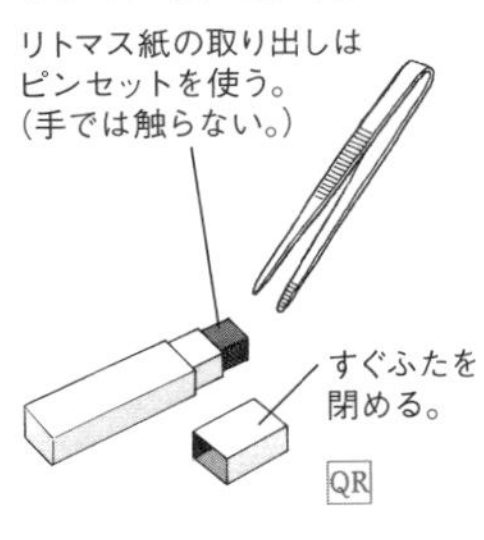

リトマス紙の取り出しはピンセットを使う。（手では触らない。）
すぐふたを閉める。
QR

リトマス紙でわかること

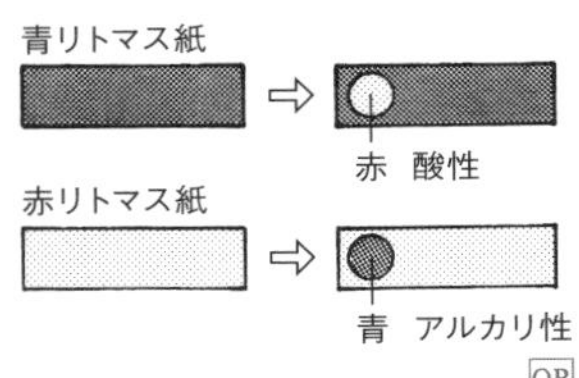

青リトマス紙
赤　酸性
赤リトマス紙
青　アルカリ性
QR

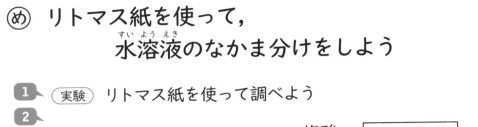

覚え方　「㋔㋕あさん」
　あ　あ
　㋔→㋕　さん（酸）

準備物	・リトマス紙（青・赤）　・トレイ　・保護メガネ ・水溶液（水，うすい塩酸，アンモニア水，食塩水，炭酸水，石灰水）　・ガラス棒 ・ビーカー　・ピンセット　・乾いた雑巾

ICT	リトマス紙の使い方が正しく理解できるよう，動画教材等を使って説明するのもよいでしょう。

3 実験結果のまとめ　　青→赤：酸性 ／ 赤→青：アルカリ性

	赤色リトマス紙	青色リトマス紙	酸性・中性・アルカリ性
塩酸	変わらない	赤に変わる	酸性
アンモニア水	青に変わる	変わらない	アルカリ性
食塩水	変わらない	変わらない	中性
炭酸水	変わらない	赤に変わる	酸性
石灰水	青に変わる	変わらない	アルカリ性

QR

4 〔まとめ〕
リトマス紙の色の変化によって，
水溶液は，酸性・中性・アルカリ性に
なかま分けすることができる

QR

・画像

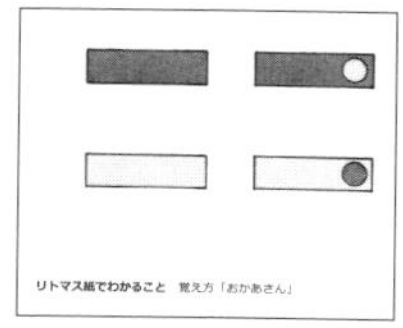

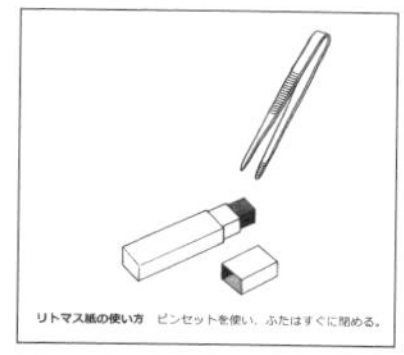

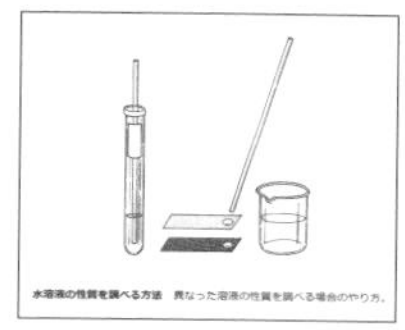

その他多数

ときには，リトマス紙の元の色がわからなくならないよう，少量にするよう指導しましょう。

3 リトマス紙を使って，グループ実験をし，水溶液のなかま分けをする

T　グループでリトマス紙を使って，5種類の水溶液の性質を調べてみましょう。実験結果を表にまとめましょう。結果からわかることを発表してください。

C　塩酸は，青色のリトマス紙を赤色に変えたから酸性でした。

C　アンモニア水は，赤色のリトマス紙を青色に変えたからアルカリ性でした。

C　食塩水はどちらも変化しなかったから，中性です。

C　炭酸水は青色のリトマス紙を赤色に変えたから酸性です。

C　石灰水は赤色のリトマス紙を青色に変えたからアルカリ性です。

調べた結果のまとめ

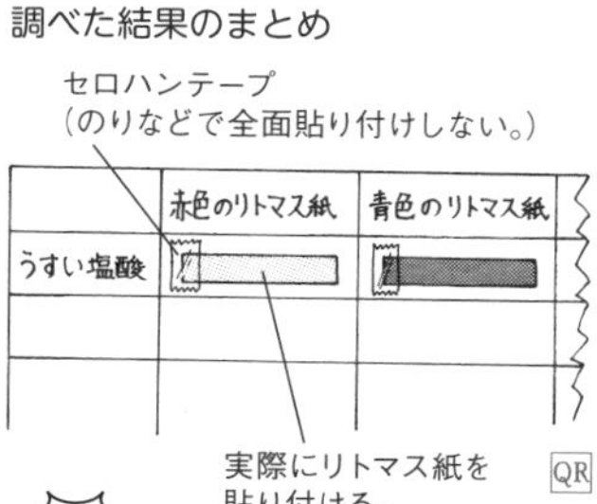

QR

注意
アンモニア水などの揮発性の強いものは，ほかのリトマス紙に影響を与えるので注意。

4 実験結果から水溶液は酸性・中性・アルカリ性に分けられることがわかる

T　いろいろな水溶液をリトマス紙で酸性，アルカリ性，中性に分けられることがわかりました。確かめておきましょう。

T　青色のリトマス紙が赤色に変化すると…。

C　酸性です。

T　どちらの色も変化しないと…。

C　中性です。

T　赤色のリトマス紙が青色に変化すると…。

C　アルカリ性です。

T　それぞれの性質の水溶液をまとめておきましょう。

・酸性の水溶液は…。
・中性の水溶液は…。
・アルカリ性の水溶液は…でした。

T　では，砂糖水は何性かな。（中性）

広げよう１ めあて

身近な水溶液を調べよう

本時の目標　リトマス紙を使い，身近な水溶液にも酸性・アルカリ性・中性のものがあることを知る。

板書例

㊛ 身近な水溶液は何性なのか調べよう

1 実験

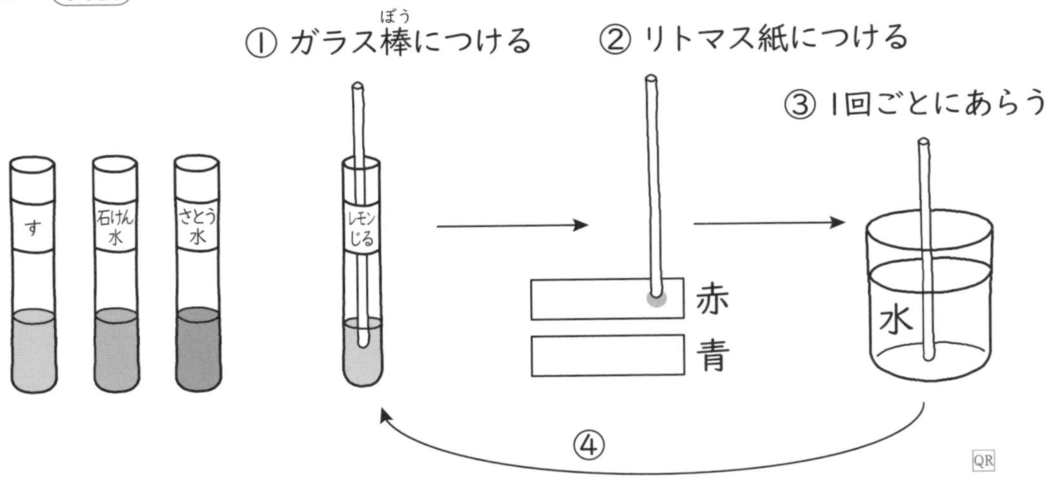

1 身近な水溶液は何性かリトマス紙を使って調べる（酢，石鹸水，砂糖水など）

（身近な水溶液を，前時に学んだ手順でリトマス紙を使い，なかま分けを行う。児童に，自宅にある水溶液を持ち寄らせることもできるが，安全上その方法は取らない。ここで取り扱う身近な水溶液として「酢・ジュース・スポーツ飲料・醤油・砂糖水・水道水・レモン汁・炭酸飲料水・お茶・石鹸水・台所用液体洗剤など」が考えられるが，実験できる時間に限りがあるので，「酢，石鹸水，砂糖水，レモン汁」の４点で行う。水溶液ではないが，水道水もできれば取り上げたい。グループで実験して表にまとめる。実験後グループごとに結果を発表しあう）

T　それでは，身近な水溶液として，酢，石鹸水，砂糖水，レモン汁，（水道水）をリトマス紙を使ってなかま分けしていきましょう。結果は表に書き込んでいきます。

2 実験結果を発表し，何性かについて話し合う

書き込み用の表の例（紛失しないようノートなどに貼っておく

	赤のリトマス紙	青のリトマス紙	酸性・中性・アルカリ性
酢	変化なし	赤くなる	酸性
石鹸水	青くなる	変化なし	アルカリ性
砂糖水	変化なし	変化なし	中性
レモン汁	変化なし	赤くなる	酸性
水道水（水溶液ではない）	変化なし	変化なし	中性

T　グループごとに結果を発表してもらいます。

（発表した内容を黒板の表に書き込む）

T　結果からわかったことや疑問点を出し合いましょう。

C　酸性のものは，味が酸っぱい物が多いです。

C　石鹸は，アルカリ性でした。

C　中性のものもいろいろあるんだね。

準備物
・調べる水溶液　・リトマス紙　・ガラス棒
・ビーカー（水溶液名を貼り付けておく）
・ピンセット　・かわいた雑巾
・トレイ（実験具を入れておく）　・保護メガネ

2 実験結果のまとめ

3

	赤色リトマス紙	青色リトマス紙	酸性・中性・アルカリ性
す	変わらない	赤に変わる	酸性
石けん水	青に変わる	変わらない	アルカリ性
さとう水	変わらない	変わらない	中性
レモンじる	変わらない	赤に変わる	酸性
水道水	変わらない	変わらない	中性

QR

QR

・画像

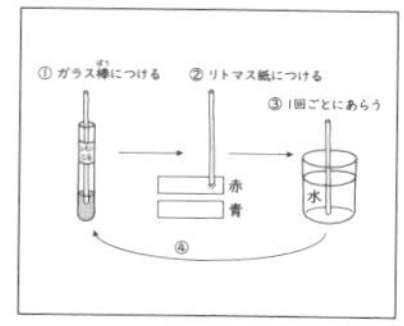

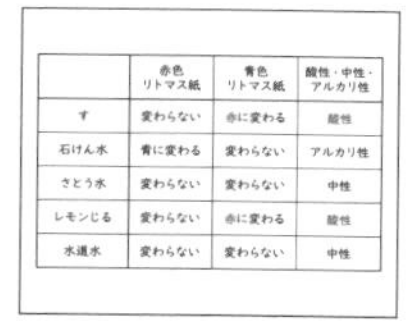

	赤色リトマス紙	青色リトマス紙	酸性・中性・アルカリ性
す	変わらない	赤に変わる	酸性
石けん水	青に変わる	変わらない	アルカリ性
さとう水	変わらない	変わらない	中性
レモンじる	変わらない	赤に変わる	酸性
水道水	変わらない	変わらない	中性

3 酸性・中性・アルカリ性の水溶液の特徴をまとめる 水溶液の性質を調べる方法として，BTB 溶液やフェノールフタレイン溶液があることを知る

○「〜酸」と呼ばれるものは酸性
〜どんなものがあるか〜
塩酸（塩化水素水溶液），硫酸（うすめたもの），硝酸，炭酸（二酸化炭素が水に溶けたもの），酢酸（酢の主成分），クエン酸（ミカンなどにふくまれている）など

＜酸性の水溶液の性質＞
・酸味をもつ（すっぱい）
・青色リトマス紙を赤色に変える（赤色リトマス紙は変化なし）
・BTB 溶液を黄色にする
・フェノールフタレイン溶液は変化なし
・マグネシウムなどの金属と反応して水素を発生する
・電流を流す

○「水酸化〜」と呼ばれるものはアルカリ性
〜どんなものがあるか〜
水酸化ナトリウム水溶液，水酸化カルシウム水溶液（石灰水），アンモニア水（アンモニアが水に溶けたもの）など

＜アルカリ性の水溶液の性質＞
・皮膚につけるとぬるぬるする
・味はにがいものが多い
・赤色リトマス紙を青色に変える（青色リトマス紙は変化なし）
・BTB 溶液を青色にする
・フェノールフタレイン溶液を赤色にする
・電流を流す

○中性の液
〜どんなものがあるか〜
水，食塩水（塩化ナトリウム水溶液），砂糖水，エタノール（水溶液）など

＜中性の液の性質＞
・青色リトマス紙も赤色リトマス紙も変化なし
・BTB 溶液は緑色のまま
・フェノールフタレイン溶液は変化なし

※危険なので「味」で判定してはいけない。

第7時 めあて
水溶液には，金属を変化させるものがあるのか調べよう

本時の目標 水溶液には，金属を溶かすものがあることがわかる。

板書例

1〔問題〕 水溶液（すいようえき）には，金属を変化させるものがあるのだろうか

問題
試験管に入れた鉄とアルミはくに，それぞれ水とうすい塩酸を入れると，鉄やアルミはくはどうなるだろうか

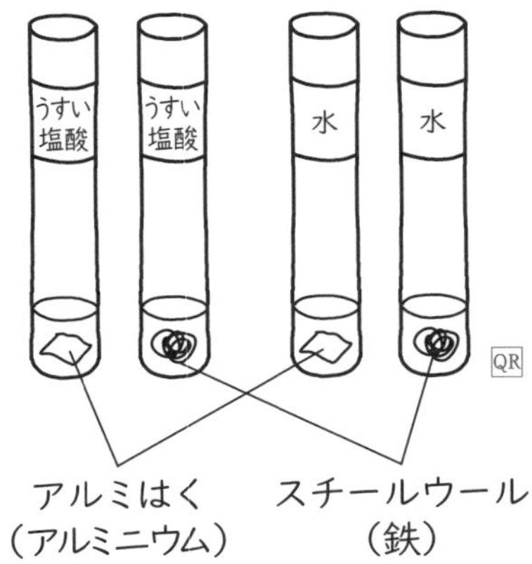

・水を入れても変化なし
・うすい塩酸を入れる

・アルミニウムはとけた
・鉄はとけた

POINT 身の回りにあった缶の入れ物に洗剤を入れて持ち運ぶ道中で，缶が破裂した事故があります。正しく理解することで，

1 金属に酸性の水溶液を注いで観察する

T スチールウールやアルミ箔（アルミニウム）といった金属に，うすい塩酸と水を注ぐとどのような変化があるのでしょうか。金属は溶けたりすると思いますか。予想を立てましょう。

C ふだん，水を飲んでいて，身体が溶けるようなことはないから，もっと硬いスチールウールやアルミ箔は水には溶けないと思います。

C 塩酸はよく知らないけど，手で直接触れないくらいの水溶液だから，スチールウールやアルミ箔を溶かすのではないかと思います。

T ではグループ実験を始めましょう。

予想は立てにくいので，軽く話し合う程度にとめ，実験にすすめる。

※本時は，塩酸と水を扱っているが，塩酸と炭酸水で実験している教科書もあるので，教科書に応じて実験する。

〈実験上の注意〉
・換気をよくして，火気厳禁。
・薬品が皮膚・被服に付着したら大量の水で洗う。
・保護メガネの着用。

〈観察ポイント〉
・金属表面・液中の変化を観察。
・発熱・泡（気体）の発生の観察。

準備物
・保護メガネ
・水
・アルミニウム
・試験管立て
・ピペット
・鉄（スチールウール）
・試験管
・雑巾
・うすい塩酸

ICT
塩酸を含む洗剤（トイレ洗浄剤）の販売元のHPにアクセスし，注意事項から課題を発見させてもよいでしょう。

2 実験のまとめ

水溶液	金属名	
	スチールウール(鉄)	アルミニウム
うすい塩酸	あわを出してとけた	あわを出してとけた
水	とけなかった	とけなかった

QR

3 〔まとめ〕

・塩酸には，水にはとけないアルミニウムや鉄などの金属をとかすはたらきがある

・出てきた気体（あわ）は「水素（すいそ）」という気体
鉄やアルミニウムの気体ではない

QR

・画像

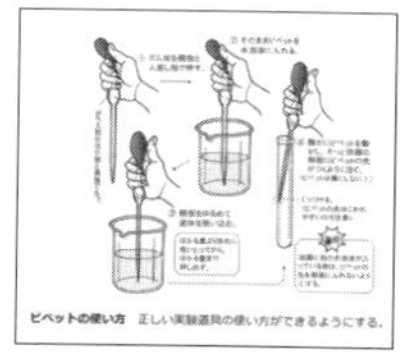

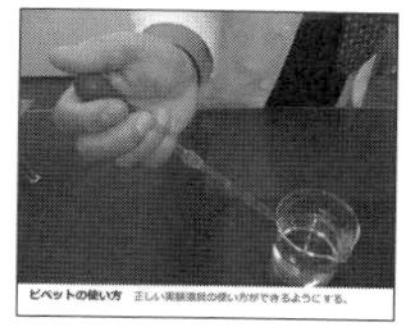

その他

自分の身を守るよう，指導しましょう。

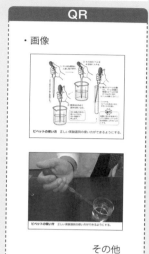

2 実験結果をグループごとに発表し，発生した気体が水素であることを確認する

T　グループごとに結果の発表をしましょう。
C　水を入れても，スチールウールやアルミ箔のどちらとも何の変化もなかった。
C　アルミニウム箔にうすい塩酸を注ぎ入れると，やがて泡を出してアルミニウム箔は溶けていった。
C　鉄にうすい塩酸を入れると，泡を出して溶けた。
C　溶けるとき，熱が出て，試験管が熱かった。
T　この泡は何でしょうか。
C　何かの気体だと思います。
C　アルミニウムや鉄が気体になったのかな。
T　いいえ。この気体は「水素」という気体です。空気よりも軽く，よく燃える気体で，火を近づけると爆発します。だから気体はアルミニウムや鉄が気体になったものではないのです。
T　これは科学者が調べてわかったことです。

3 （まとめ）酸性の水溶液（塩酸）には，金属を溶かすはたらきがあり，水素を発生させる

C　塩酸は，鉄やアルミニウムなどの金属を溶かすことがわかった。
C　溶けるときに，「水素」という気体が盛んに出る。熱も出ることがわかった。

T　今日の学習で，塩酸は鉄とアルミニウム箔を溶かし，溶けるときには「水素」という気体が泡として出てきました。そのときに熱も出ることがわかりました。
T　実験に使ういろいろな器具に，鉄やアルミではなくガラス製のものが多いのは，水溶液によっては容器を溶かしてしまうからですね。
T　次回は，今回のアルミニウムにうすい塩酸を注ぐ実験で，溶けてしまったアルミニウムはどこにいってしまったのかについて学習します。

第８時めあて
塩酸に溶けた金属は，どうなったのか調べよう

本時の目標
水溶液の中に溶けているものを取り出す方法がわかる。

板書例

〔問題〕 塩酸にとけた金属（アルミニウム）は，どうなったのだろうか

1 予想
とけたアルミニウムはどこへ行ったのだろうか

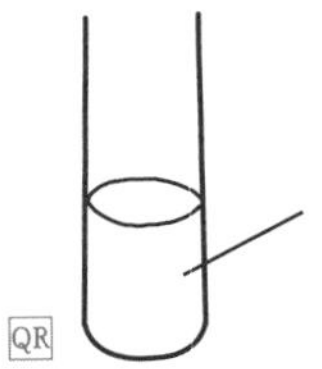

アルミニウムは水溶液の中に

ア．とけて消えてなくなった

イ．とけて別のものになって液の中に

2 実験
液を熱して水を蒸発させると

何かが残るか，残らないか

注 保護メガネをかける。
液が少しになったら火を消す。

POINT 姿が見えなくなった金属がどこへいったのか考えさせ，記号や図を使って説明させることで，金属粒子へのイメージ

1 水溶液の中にあるものを見つける方法を話し合う

T 塩酸で溶けたアルミニウムはどうなったのでしょうか。予想してみましょう。

C アルミニウムは水溶液の中にあると思います。

C アルミニウムは消えてなくなったと思います。

C アルミニウムは別のものに変化したかもしれません。

T アルミニウムは消えてなくなったのか，水溶液の中にあるのか，確かめる方法を考えてみましょう。

C 水溶液を蒸発させて，残ったものを調べてみる方法があります。

C ５年生の学習で，食塩水を溶かしてろ過しても食塩は出てこなかったけれど，蒸発させると蒸発皿に食塩が残って出てきたから，蒸発させる方法がいいと思います。

2 水溶液を蒸発させるときの実験の準備と注意点

T 水溶液を蒸発させる実験で，必要な道具は何ですか。

C 蒸発皿，ガスコンロ，金網，保護メガネ。

T 実験を始める前に，気をつけることがあります。

① 火を強くしない。

② 皿の水がなくなりかけたら，火を止める。
（液が残っている内に火を止める）

③ 皿をのぞき込まない。
熱しているときは保護メガネをする。
顔を近づけすぎない。

④ 蒸気を直接吸わないようにする。
熱しているときは換気をする。

T では準備しましょう。（教師の目で点検）

準備物
・保護メガネ
・塩酸にアルミニウムが溶けた液
・ピペット　　　　・蒸発皿
・ガスコンロ　　　・金網

4 うすい塩酸に
アルミニウムを
とかした液を熱する

↓ 水が蒸発した

白いもの（固体）が残った

⇓

問題
この白い固体（粉）は何か

予想
・アルミニウム？
・それとも「別の何か」？
↓
調べよう

3 結果
水が出ていって

QR

白いもの（固体）

とけてなくなった
のではない

QR

・動画
「溶けたスチールウール
のゆくえ
（塩素で溶かす）」

・画像

その他

を持たせるとよいでしょう。

3 実験をし，水溶液を蒸発させる結果から わかったことを発表する

T　全部のグループの用意ができたので，実験を始めます。（実験の結果からわかったことをグループで話し合わせて，発表後，結論をまとめるように進める）

実験中は，グループ別に指導する。

T　実験の結果について発表しましょう。

C　蒸発させたら，蒸発皿に白いものが出てきました。

C　蒸発皿に残ったものが溶けたものだと思います。

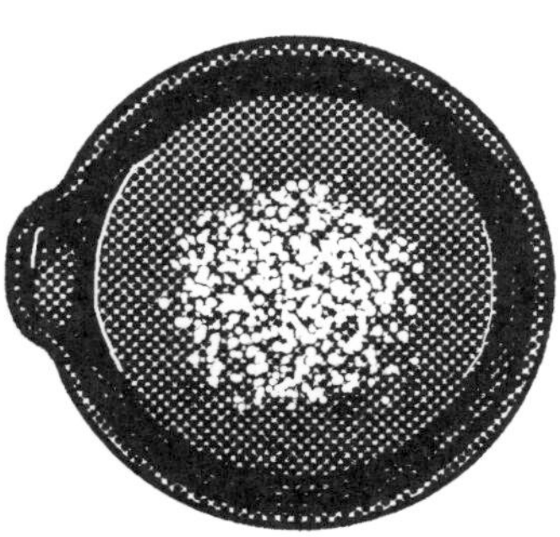

4 蒸発皿に残った白いものが 何であるか考える

T　蒸発皿の中に白い物が残りました。塩酸に溶けたアルミニウムは消えてなくなってはいませんでした。水溶液の中に残っていたものは，もとのアルミニウムと同じものでしょうか。

C　出てきた固体はもとの金属と見た目は違います。

C　もとのアルミニウムには見えないです。

C　何か別のものに変わったのかな。

T　次回は，蒸発皿に残ったものがもとのアルミニウムであるかどうかを調べていきます。

第９・１０時 めあて
金属が溶けた液から出てきた固体は，もとの金属（アルミニウム）なのか調べよう

本時の目標 水溶液には，金属を別のものに変化させるものがあることがわかる。

板書例

〔問題〕 蒸発（じょうはつ）皿に残った白いもの（固体）は，もとのアルミニウム（金属）なのだろうか

1
（予想）
液から出てきたもの（残ったもの）は

ア．アルミニウム
（　　）人

イ．アルミニウムとは別のもの
（　　）人

ウ．わからない
（　　）人

2 アルミニウムかどうかを確かめる

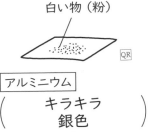

3 〈見た目は〉

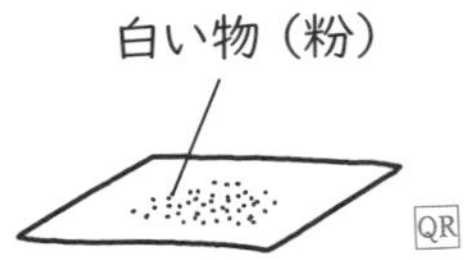

アルミニウム
（キラキラ　銀色）
↕
残ったもの
〔白い粉　キラキラしていない〕

〈電気が通るか〉

アルミニウム
（電気を通す　明かりがつく）
↕
白い粉
〔電気を通さない　明かりはつかない〕

（POINT） 水溶液から出てきた固体は塩酸に溶けるが，これは泡を出していないので，化学反応しているのではないことを確認し，

1 金属に溶けた液を蒸発させて出てきた白いものは，アルミニウムなのか予想する

T　前時に，塩酸にアルミニウムを溶かした水溶液を蒸発させると，蒸発皿に溶けていたものが出てきました。残った白い固体はアルミニウムなのかどうかを確かめたいと思います。予想を発表しましょう。

C　食塩水を蒸発させると塩が残ったので，これもアルミニウムだと思います。

C　色がアルミニウムとは違うので，アルミニウムではないと思います。別のものみたいです。

T　アルミニウムなのかアルミニウムではないのかどのように確かめるとよいでしょうか。実験方法をグループで話し合いましょう。

（アルミニウムかアルミニウムとは別のものかを見分ける方法を考えさせる）

2 グループで考えた実験方法を発表する

T　自分たちが考えた実験方法を発表してください。その実験から何がわかるかも発表しましょう。

（グループごとに発表させて，質疑の時間をとり，必要に応じて実験のやり方を修正させるようにする）

【発表した実験例】

A　溶液を蒸発させて出てきたものに電気を通してみる。電気が通れば，アルミニウムだといえます。

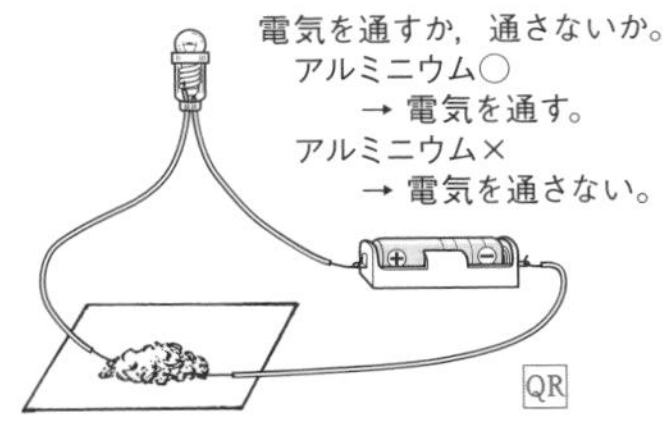

B　うすい塩酸を注いでみて泡が出て，溶ければアルミニウムだといえます。

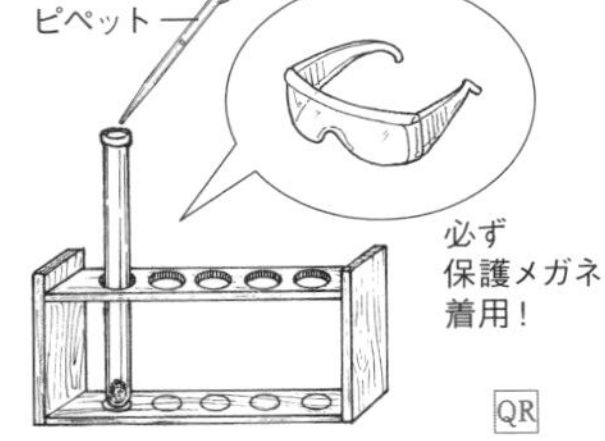

準備物		
	・保護メガネ ・豆電球回路セット ・試験管と試験管立て ・蒸発後に残った白い粉	・アルミニウム ・塩酸 ・ピペット

〈うすい塩酸を入れてみる〉

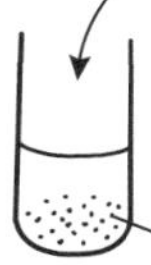

アルミニウム

（あわを出してとける）

↕

白い粉

［とけるがあわは出ない］

4

じょう発皿に残った白い粉は…

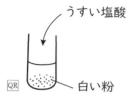

［・キラキラしていない（かがやき）
・電気を通さない
・うすい塩酸にはあわを出さずにとける］

⇓ だから

もとのアルミニウムとはいえない

別のもの に変化している

QR

・動画
「蒸発させてできた固体」

・画像

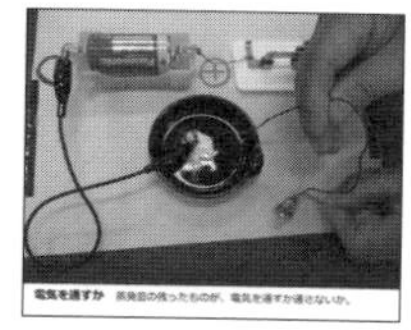

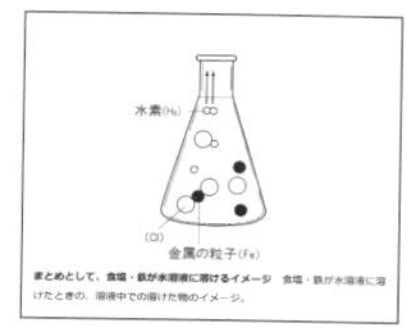

その他多数

鉄やアルミニウムではないことを理解させるとよいでしょう。

3 蒸発させて出てきた白いものは，元のアルミニウムと同じものか実験して確かめる

T　それでは，これから皆さんが考えた２つの実験と，水を注いで水に溶けるかという実験をして，蒸発皿に残ったものが何なのか調べましょう。

T　電気を通す実験はどうでしたか。

C　豆電球はつきませんでした。

T　うすい塩酸を注いでみたらどうでしたか。

C　アルミニウムのときと違い，泡を出さずに溶けました。

T　水を注いだら，どうなりましたか。

C　水に溶けました。

4 酸性の水溶液（塩酸）には金属を別のものに変化させるはたらきがある

T　実験の結果から，どんなことがわかりますか。

C　蒸発皿に残ったものはもとのアルミニウムではないことがわかりました。

C　アルミニウムにうすい塩酸を溶かした水溶液を，蒸発させて蒸発皿に残ったものはもとのアルミニウムなのかどうかを調べました。実験の結果，もとのアルミニウムではないことがわかりました。

T　塩酸に溶けたアルミニウムは別のものに変化することがわかりましたね。

塩酸（塩化水素の水溶液）は水素と塩素でできている。塩酸の中にアルミニウムを入れると，アルミニウムと塩素が化合して塩化アルミニウムができる。よって蒸発させて残ったものはもとのアルミニウムではなく，塩化アルミニウムである。

広げよう２ めあて
酸性雨って何だろう

本時の目標	工場から出る煙や排気ガスなどの気体が雨水に溶けると，酸性雨になることがわかり，酸性雨のくらしへの影響について関心をもつことができる。

板書例

㋱ 酸性雨って何だろう

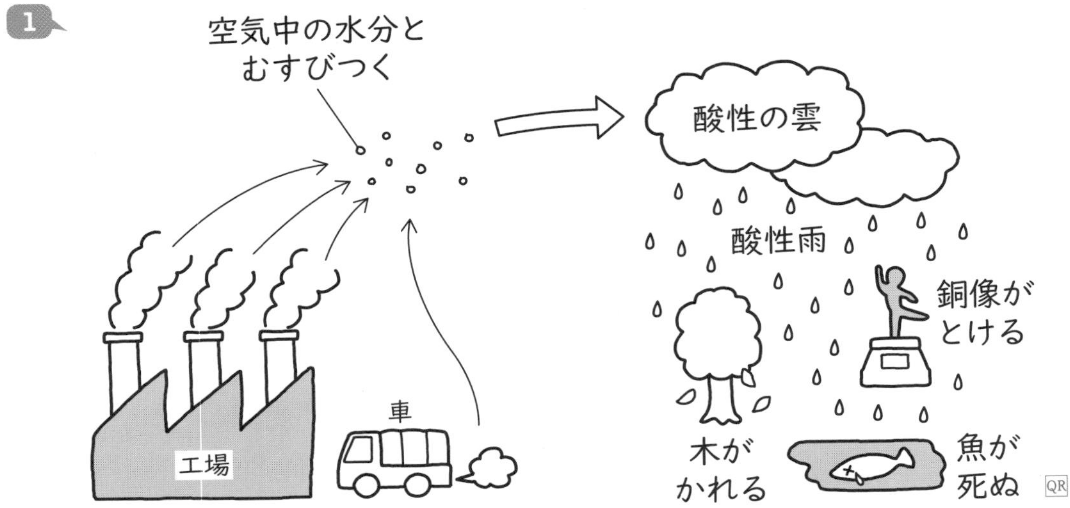

酸性雨とは，はい気ガスやけむりの成分が空気中の水にとけてできる

1 酸性雨について，知っていることや調べたことを発表する

（酸性雨についての知識を深め，身近な雨水を測定させることで，環境問題に対しても関心を深める）

T　酸性雨について発表しましょう。どんな雨なのでしょうか。

（宿題での学習が難しい場合，教師から酸性雨についてのビデオや教材を提示する）

C　酸性雨とは，強い酸性の雨のことです。

C　酸性の度合いは pH であらわします。pH の値が低いほど，酸性が強くなります。酸性雨は，pH5.6 以下の雨のことをいいます。

できれば pH について説明する。

C　工場や自動車などから，排気ガスが出ます。この排気ガスが，空気中で変化して酸性の物質になります。この物質が，雨や霧に溶けこんだものが酸性雨です。

C　木を枯らしたり，金属を腐らせたり，石にも影響を与えます。

C　池や湖に酸性雨が流れ込むと，水が酸性になり，有毒な金属が土の中から溶け出し，魚など生き物が住めない湖や池になってしまいます。

C　人の体への影響もあり，目やのどや鼻に刺激を与えます。

酸性雨について
発表する

（可能なら）
　酸性雨について調べてきたことを発表しましょう。
（調べる宿題がむずかしければ教師側から説明）

準備物
・パックテスト（簡易水質検査試薬）
・雨水（事前に集めておく）
・ビーカー

私(わたし)たちの町に降(ふ)った雨は酸性雨だろうか

2 3 パックテストを使い調べる

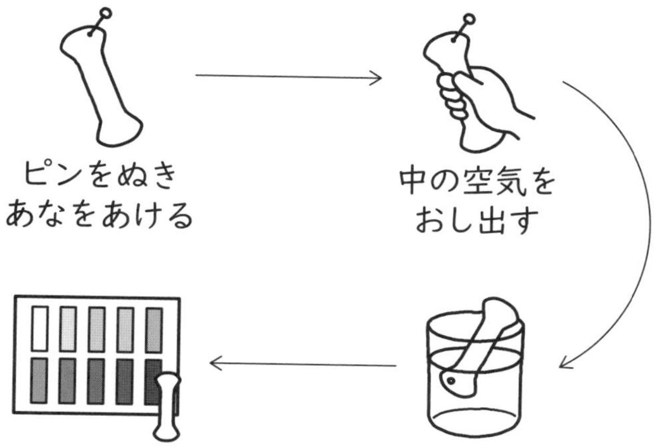

ピンをぬき
あなをあける

雨水の中に入れて，
半分くらい雨水をすいこむ QR

QR

・画像

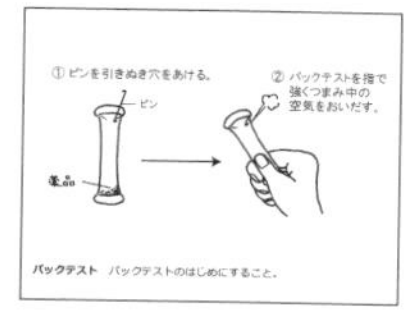

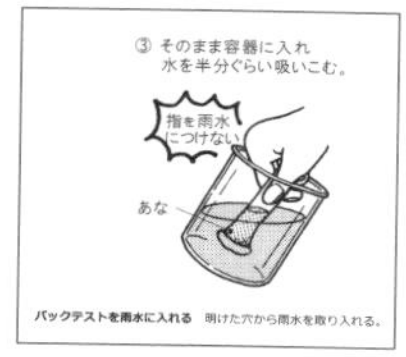

その他多数

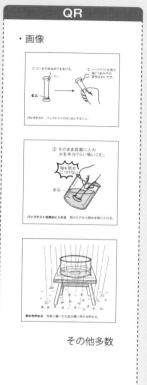

2 学校に降った雨水が酸性雨かどうか調べる パックテスト（簡易水質検査試薬）の使い方を知る

T　これから，実際に降った雨水が酸性雨かどうか調べます。この容器に入っている水は，学校で降った雨水です。調べる道具として，パックテスト（簡易水質検査試薬）というものを使います。これから使い方を説明します。

集めた雨水をパックテストを使い調べる。QR

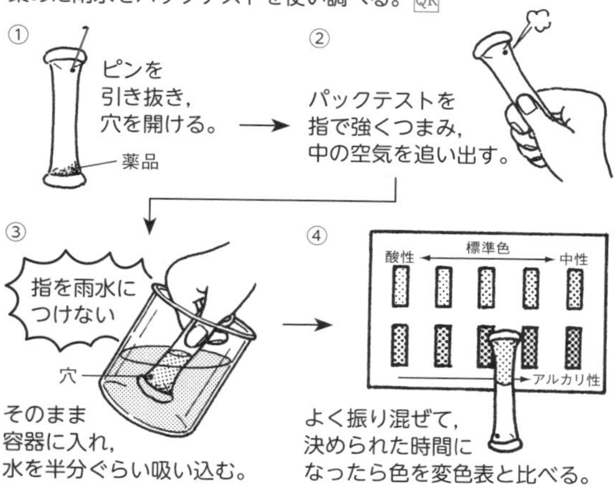

①
ピンを
引き抜き，
穴を開ける。
薬品
②
パックテストを
指で強くつまみ，
中の空気を追い出す。
③
指を雨水に
つけない
穴
そのまま
容器に入れ，
水を半分ぐらい吸い込む。
④
標準色
酸性
中性
アルカリ性
よく振り混ぜて，
決められた時間に
なったら色を変色表と比べる。

3 学校に降った雨の酸性度を，パックテストを使って調べる

（パックテストを行う前に，地域の雨水は，酸性雨かどうかについて予想させる）

T　私たちの町に降る雨水は酸性雨だと思いますか。
C　駅前の銅像が溶けていたから，酸性雨だと思います。
C　交通量は多いから，酸性雨になっていると思います。
T　それでは，実験をしてみましょう。
C　色の変化では，あまり酸性を示していません。
C　この雨水は，酸性雨ではないと思います。
T　私たちの住んでいる地域の雨水は，酸性雨とはいえず，意外ときれいなことがわかりました。この環境を守っていきたいですね。

パックテストでは，酸性かどうかだけでなく，酸性の強さもはかることができる。

つなげよう めあて
紫キャベツで試験紙をつくろう

本時の目標 紫キャベツの汁を使って，水溶液の酸性度を調べることができることに気づく。

板書例

㋱ ムラサキキャベツで試験紙をつくろう

1 ムラサキキャベツのしるをとろう

千切りにして
80℃のお湯に入れる

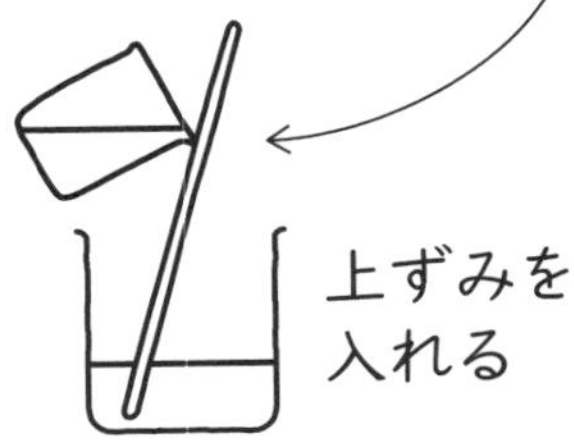

2 色の変化

塩酸　炭酸水　食塩水　石灰水（せっかいすい）　水酸化ナトリウム

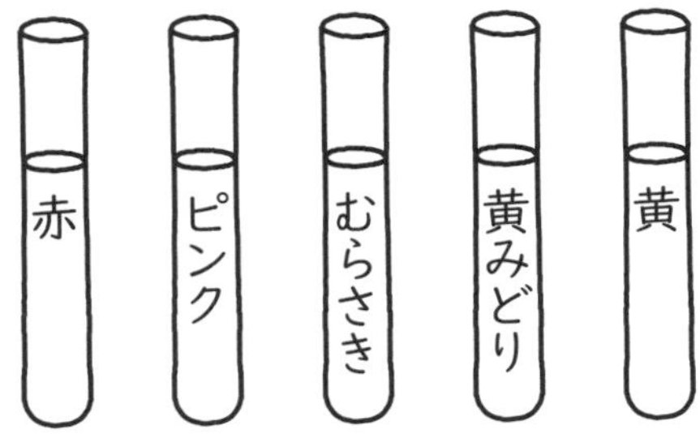

酸性 ⟵ 中性 ⟶ アルカリ性

QR

POINT やきそばを作る前には，麺にかん水というアルカリ性の水溶液が含まれていることを伝え，その麺とムラサキキャベツ

1 紫（アカ）キャベツの汁で酸性度を調べる

T　紫キャベツの汁を使うと，色の変化で水溶液を酸性・中性・アルカリ性に分けることができます。さて，酸性はどんな色になるのでしょうか。アルカリ性はどんな色になるのでしょうか。それでは，やってみましょう。

T　まず，紫キャベツの汁をとります。次の手順で行います。

紫キャベツの汁のとり方

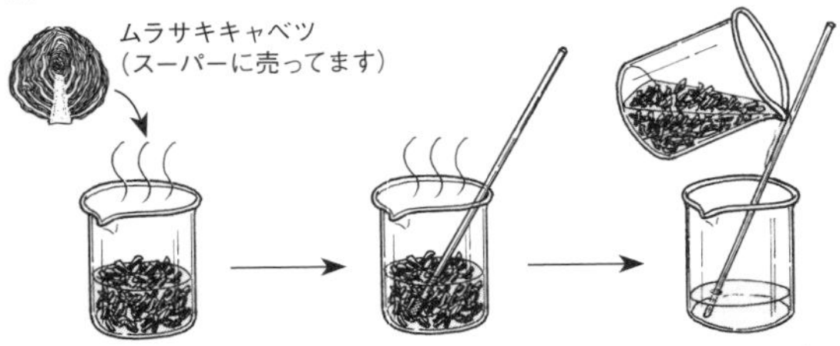

紫キャベツの葉を千切りにしてビーカーに入れ，80℃ぐらいのお湯を注ぐ。（やけどに注意）

ガラス棒でつつくように混ぜる。（ビーカーがわれないよう注意）

冷めてから上ずみ汁を集める。

QR

2 紫キャベツの汁で，水溶液の色の変化を観察する

T　調べたい水溶液を試験管に入れ，スポイトで紫キャベツの液を入れます。

C　酸性の水溶液は，少し赤くなります。

C　アルカリ性の水溶液は，少し緑色になります。

C　中性の水溶液は，元の色と変わりません。

C　リトマス試験紙と色でいえば，よく似ているね。

T　色が変化した水溶液を色別に並べ替えてみましょう。

紫キャベツの汁の色の変化

注意

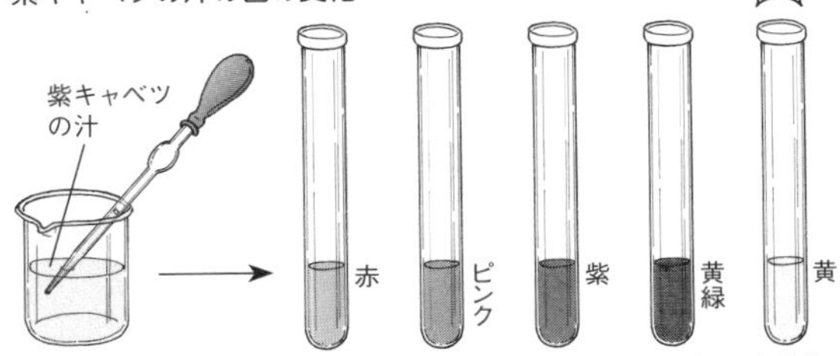

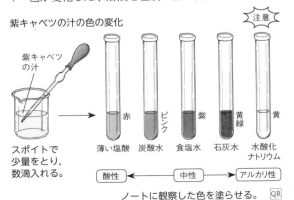

スポイトで少量をとり，数滴入れる。

薄い塩酸　炭酸水　食塩水　石灰水　水酸化ナトリウム

酸性 ⟵ 中性 ⟶ アルカリ性

ノートに観察した色を塗らせる。 QR

準備物				
	・紫キャベツ	・ビーカー	・お湯	・金網
	・試験管	・スポイト	・試験管立て	・塩酸
	・炭酸水	・食塩水	・水酸化ナトリウム	・石灰水
	・色鉛筆	・中華そば	・ウスターソース	・ホットプレート

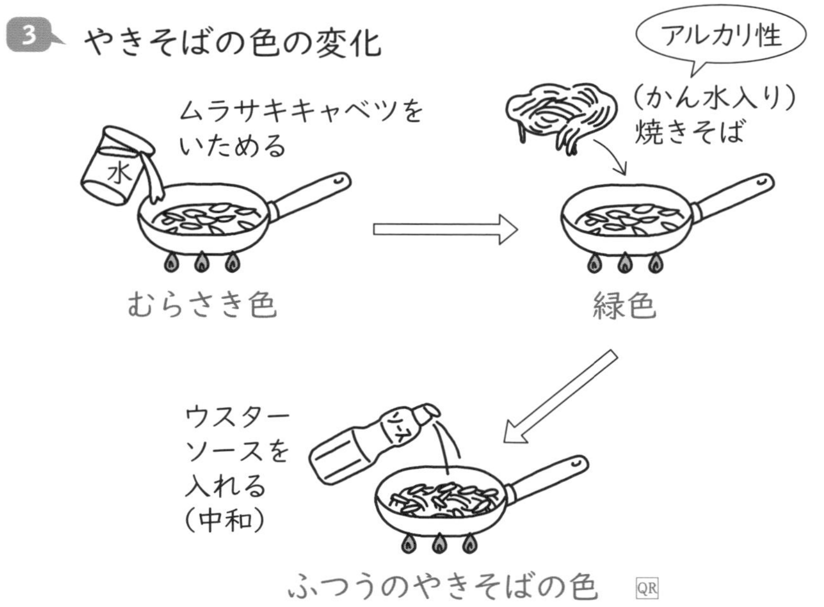

3 やきそばの色の変化
ムラサキキャベツをいためる
水
アルカリ性
（かん水入り）焼きそば
むらさき色
緑色
ウスターソースを入れる（中和）
ソース
ふつうのやきそばの色
QR

QR

・画像

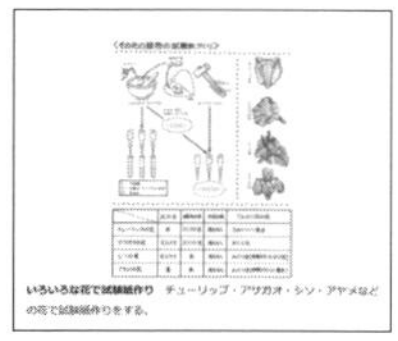

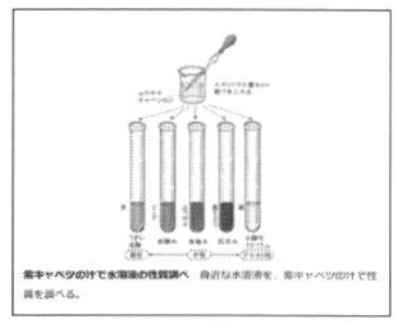

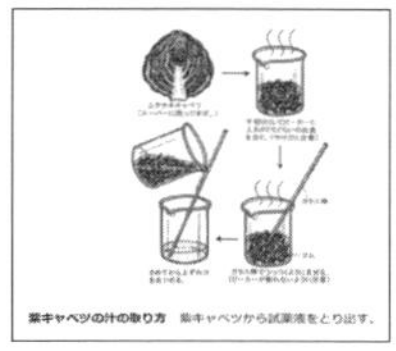

その他多数

を混ぜるとどんな変化が起きるか見通しを持たせましょう。

3 焼きそばのおもしろ実験（色の変化）を楽しむ（教師実験）

T　次に，先生から身の回りのものを利用しておもしろい酸性，アルカリ性の実験を紹介します。利用する物は焼きそばの麺です。焼きそばの麺がいろいろ変化しますからよく見ておいてください。

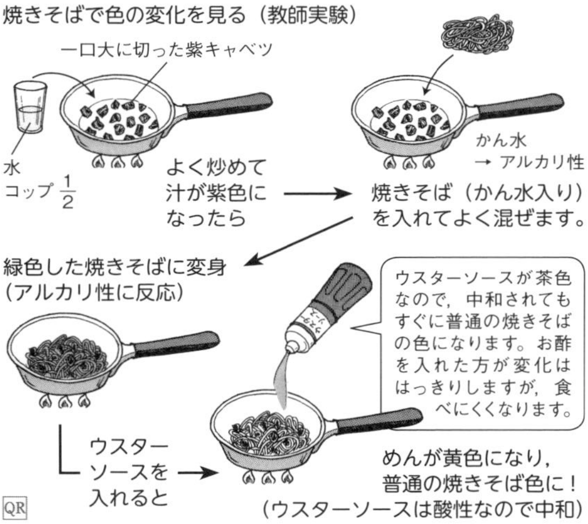

焼きそばで色の変化を見る（教師実験）
一口大に切った紫キャベツ
水
コップ 1/2
よく炒めて汁が紫色になったら
かん水 → アルカリ性
焼きそば（かん水入り）を入れてよく混ぜます。
緑色した焼きそばに変身（アルカリ性に反応）
ウスターソースが茶色なので，中和されてもすぐに普通の焼きそばの色になります。お酢を入れた方が変化ははっきりしますが，食べにくくなります。
ウスターソースを入れると
めんが黄色になり，普通の焼きそば色に！（ウスターソースは酸性なので中和）
QR

4 植物の汁を利用した試験紙作り

〈チューリップの花・アサガオの花・シソの葉・アヤメの花を利用した試験紙作り〉

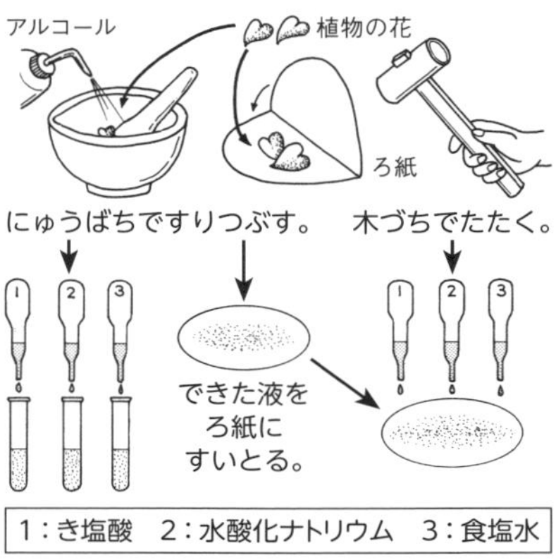

アルコール
植物の花
ろ紙
にゅうばちですりつぶす。
木づちでたたく。
1
2
3
できた液をろ紙にすいとる。
1：き塩酸　2：水酸化ナトリウム　3：食塩水

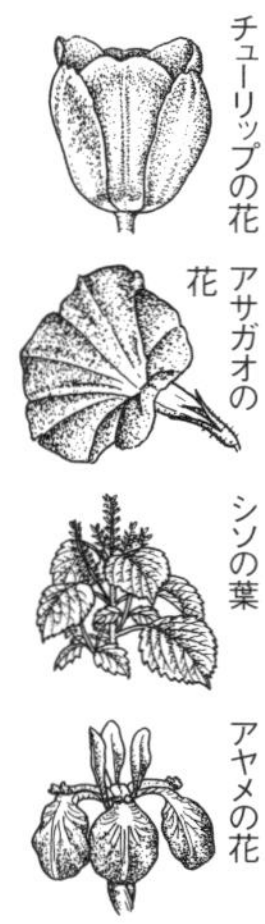

チューリップの花
アサガオの花
シソの葉
アヤメの花

	元の色	酸性の液	中性の液	アルカリ性の液
チューリップの花	赤	だいだい色	変化なし	きみどり～黄色
アサガオの花	紫	だいだい色	変化なし	おうど色
シソの葉	紫	赤	変化なし	みどり色（時間がたつとおうど色）
アヤメの花	青	赤	変化なし	みどり色（時間がたつと黄色）

QR

＜学習資料＞「水溶液の性質とはたらき」

【実験にあたっての知識と諸注意】

（１）塩酸について

＜塩酸の濃度＞

小学校の理科室にある瓶に入った塩酸（濃塩酸）は，約１２規定（mol/L，３５%）の薬品です。このままでは小学校の実験で使用するには危険が伴いますので，薄める作業を事前にしておく必要があります。

＜塩酸の薄め方＞

酸やアルカリを薄めるときは，必ず水に薬品を少しずつ加えていきます。塩酸等に水を加えると急激に反応・発熱したり，塩酸が飛び散ったりすることがあり，大変危険なためです。下記のようにして薄めた塩酸を作ります。

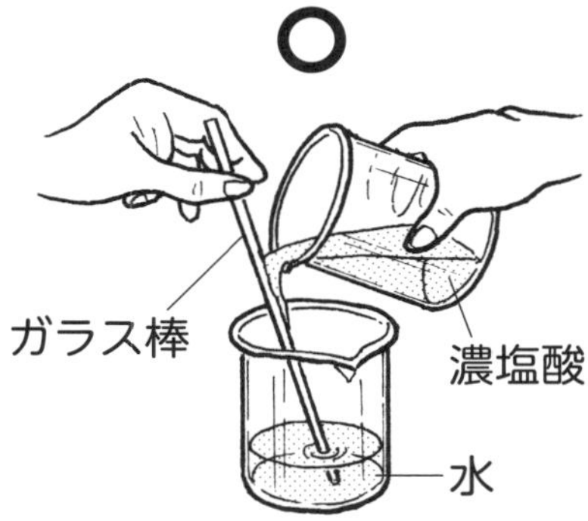

＜薄める割合＞

○ 酸性・アルカリ性を調べる実験

この実験ではリトマス紙の色が変わればいいので，薄い塩酸で十分です。割合は，濃塩酸（市販の試薬）：水＝1：39。（つまり40倍）

○ 金属を溶かす実験

金属を溶かす実験では，ある程度の濃度が必要です。割合は，濃塩酸：水＝１：３。

水で４倍に薄め（濃塩酸：水＝１：３）れば，約３規定（3N）（mol/L）になります。

◆３N 塩酸のつくり方

12（N）÷３（N）＝（４倍にうすめる）

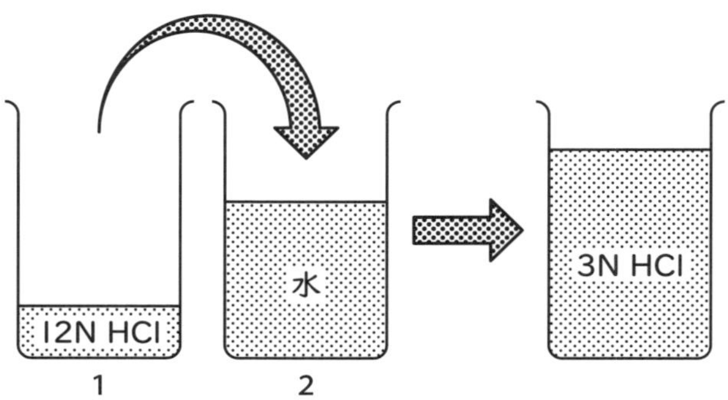

（2）実験上の注意

必ず予備実験を！！

① 塩酸などの薬品の調整は，実験を指導する先生が，実験する前に自分で行うことが基本です。いつ誰が調整したかわからない薬品を使うのは大変危険です。そして，必ず予備実験を行い，児童が使用した場合に危険がないか確かめましょう。調査によると，小学校で起こった薬品が原因の事故の多くは，濃度が濃すぎたために起こったもので，予備実験をしておけば防げたものでした。

② 薄い塩酸でアルミニウムや鉄などの金属を溶かす実験では，机の上を整理して，試験管は試験管立てに立て，倒れないようにします。また，水素が発生するので周りに火の気がないことを確認します。

③ 金属片は適度な大きさにあらかじめ切っておき，反応中の試験管は高温になるため，むやみにさわらせないようにします。

④ 水溶液を蒸発させるときは，保護メガネをかけさせ，決して蒸発皿の上へ顔を近づけたり，蒸発した気体を吸い込ませたりさせないようにします。

⑤ 実験に使用した器具はかなり熱せられているので，実験後にあわてて触らないように注意します。熱くなっている実験器具でやけどをしたり，熱い蒸発皿に水をかけて割ってしまったりすることがよくあります。

⑥ 塩酸は揮発性があるので，濃塩酸を取り扱うときは換気のよい場所で行います。

① 皮膚や衣服にはつけない
② 濃塩酸から発生した塩化水素で，空気中に白煙を生じる
③ 吸収すると，器官や肺を侵してしまうのでにおいはかがない

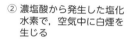

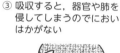

＜暮らしの中の酸・アルカリ（水溶液のなかま分け）＞

いろいろな物質の酸性・アルカリ性の強さ

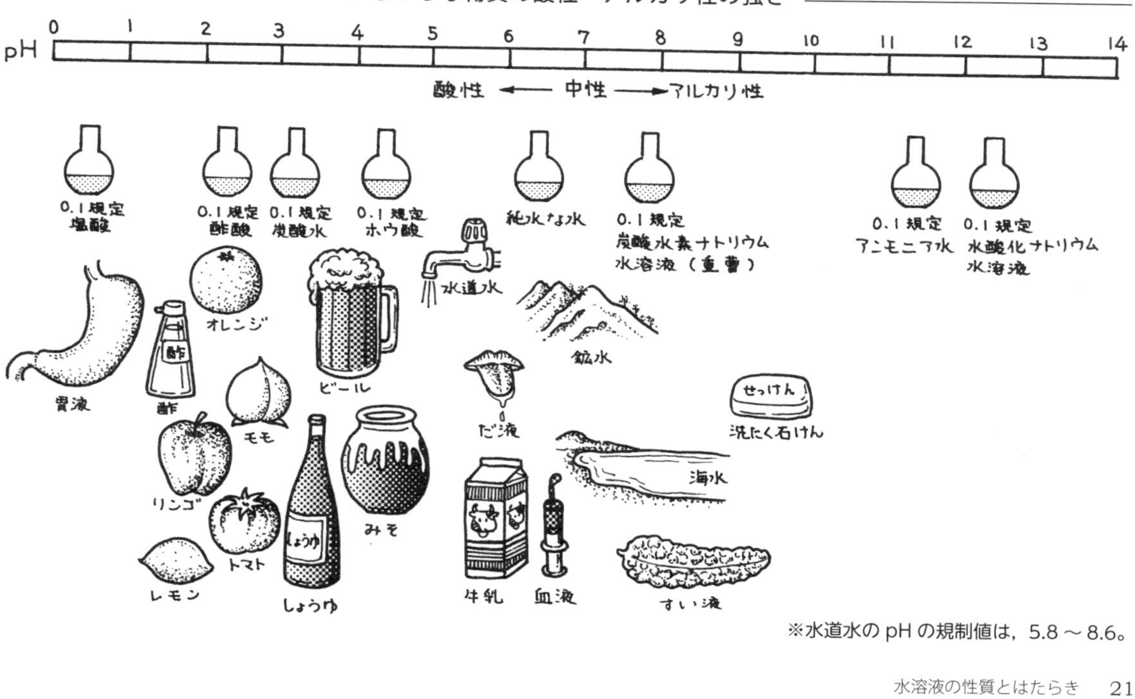

※水道水の pH の規制値は，5.8 ～ 8.6。

地球に生きる

全授業時数６時間＋つなげよう１時間

◎ 学習にあたって ◎

◉ 何を学ぶのか

「地球に生きる」では，生物どうしのつながりの学習を踏まえ，人間の営みの中で生み出されるさまざまな環境問題を可能な限り取り上げたいと思います。「環境」には，自然環境，社会環境，人文的な環境などがあります。空気と水，食べ物との関係だけでなく，自分と関わりのある「環境」にも目を向けさせたいところです。今日は東日本大震災後，新しい視点を盛り込んだ理科教育の実践が求められています。特に，原子力発電の事故に関わる環境問題は，小学校段階でもどう扱うか，今後の大変重要な課題であります。

取り上げたい環境問題として，①地球温暖化（異常気象，海面の上昇，食糧危機，生態系への影響，健康被害）②大気汚染（酸性雨）③オゾン層の破壊 ④熱帯林の減少 ⑤海洋汚染 ⑥砂漠化 ⑦野生生物の減少 ⑧有害廃棄物投棄の問題（ダイオキシンなど）⑨ゴミ問題などの課題が挙げられます。

◉ どのように学ぶのか

この単元において，環境と空気の関わりでは，既習の二酸化炭素に焦点を当て，地球温暖化などを学習します。環境と水との関わりでは，水の汚染について考えていきます。また，それ以外の環境問題については，児童の自主的な学習として取り組みます。そして，学習内容はみんなで共有できるようにします。ただ，学習方法として実験で確かめたり，現地に行って観察する方法等がとれない内容が多いので，「調べる」や「話し合う」といった活動が中心になります。ビデオやＤＶＤなどの視聴覚機器の活用，インターネットの使用，図書，新聞などいろいろな方法で授業に取り組むことになります。そして，調べたことを発表できる場も設定します。

◉ 留意点・他

- 調べ学習のテーマを何にするか，児童だけでは判断できないところがあります。今日的なテーマに取り組ませるため，教師による事前の情報・資料の収集などが不可欠です。
- 環境問題と自分との関わりでは，一面的な道徳的規範の押し付けにならないようにしたいものです。
- 環境問題の大きな課題のひとつである原子力発電についても，未来に生きる児童として是非考えさせたいものです。
- 生活の中で知り得たいろいろな環境問題に関心をもち，その原因・解決方法等自分なりの考えを持たせましょう。

◎ 評　価 ◎

知識および技能	・人は，空気や水を他の動物や植物と共有していることや，人の活動が自然環境に大きな影響を与えていることがわかる。 ・いろいろな環境問題を調べ，考えることができる。
思考力，判断力，表現力等	・環境と空気や水の関わりから，地球温暖化や水の汚染などについて，その原因や解決方法を考えることができる。それ以外の環境問題について，自主的な学習として取り組み，その学習内容をみんなに発表することができる。
主体的に学習に取り組む態度	・環境と空気や水の関わりで，地球温暖化や水の汚染などについて考え，その原因や解決方法を考えることができる。地球上で起きている環境問題を自分の問題としても考えられる。

◎ 指導計画　6時間＋つなげよう1時間 ◎

次	時	題	目標	主な学習活動
人と空気の関わり	1・2	人は，くらしのなかで， 環境とどのように関わり， その結果，環境にどのような影響を 及ぼしているのか調べよう	私たちは，取りまく環境から何を得て生活し，どんな影響を与えているのかを話し合い，二酸化炭素の増加や温暖化，水の汚染，森林の減少などの環境に関わる問題があることに気づく。	・空気の使われ方。 ・二酸化炭素について考える。 ・調べ学習の方法指導。 ・まとめ・発表会。
人と水の関わり	3・4	これからも地球で くらし続けていくために， 人は，どのようなくふうをしたり， 努力をしたりしているのか調べよう	環境を守るためにどのような取り組みが行われているのかを調べて，それぞれの発表から理科の学びとのつながりなどに気づくことができる。	・水の使われ方。 ・水の汚染とその影響。 ・調べ学習の方法指導。 ・まとめ・発表会。
環境問題	5・6	今，世界で起こっている 環境問題を調べて発表し， 人と自然との関わり方について 考えよう	調べたことを発表し，感想を交流する中で，これから自然とどのように持続的に関わればいいのか話し合うことができる。	・いろいろな環境問題を調べる。 ・自然環境を守る取り組み。
	つなげよう	私たちのくらしと 空気について考えよう	くらしと燃焼現象とのつながりを知り，化石燃料の燃焼による空気の変化が環境問題の原因となっていることがわかる。	・教科書や資料を用いて，人がくらしの中で燃焼のしくみを利用している例や，化石燃料消費による大気の変化がもたらす地球温暖化などについて，考える機会をつくる。

第１・２時めあて
人は，くらしのなかで，環境とどのように関わり，その結果，環境にどのような影響を及ぼしているのか調べよう

本時の目標　私たちは，取りまく環境から何を得て生活し，どんな影響を与えているのかを話し合い，二酸化炭素の増加や温暖化，水の汚染，森林の減少などの環境に関わる問題があることに気づく。

板書例

〔問題〕人は，くらしのなかで，環境（かんきょう）とどのようにかかわり，その結果，環境にどのようなえいきょうをおよぼしているのだろうか

1 〈自然からとり入れているもの〉
- 空気…………きれいな空気
- 水……………安全な水
- 植物，動物…食事として

2 〈空気と私たちの生活〉
- 燃焼（石油ガスを燃やすと）
二酸化炭素が増える

空気中の二酸化炭素の体積の割合

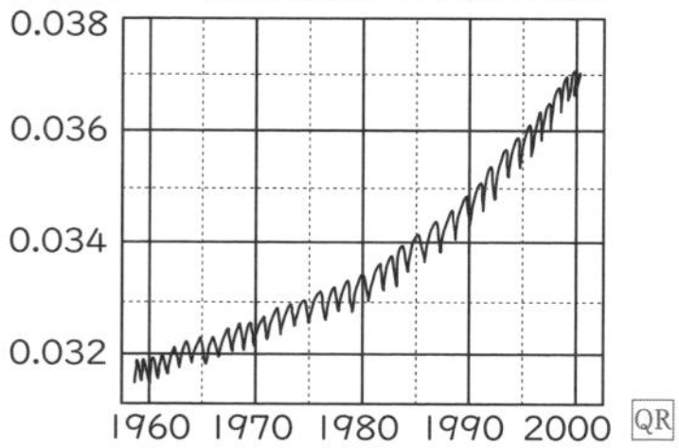

↓
地球の温暖化（おんだんか）

POINT　私たちが生きていくために，環境をどのように保っていくことが大切であるのかという点で話し合いましょう。

1　私たちは環境からどのようなものをとり入れて生活しているだろうか

T　人は自然の中からどのようなものをとり入れて生活していますか。
C　空気を吸って，生活しています。
C　きれいな空気が必要です。
C　空気が汚れると病気になったりするかもしれません。
T　空気以外にはありますか。
C　水を飲んで，生活しています。
C　毎日欠かさず，必要なものです。災害のときに水道が止まると，とっても困ります。
C　お風呂に入れなくなり，歯磨きできなくなります。
T　他にはどんなものをとり入れていますか。
C　毎日，植物や動物を食事にとり入れています。
T　自然から大切なものをとり入れていますね。

2　空気と私たちの体や生活のつながりを考える　空気中の二酸化炭素の増加を考える

T　では，空気から考えていきましょう。人はどのように空気を使っていますか。
C　呼吸です。酸素を体にとり入れて，二酸化炭素を出しています。
T　これまでの理科の学習から，空気に含まれる気体ついてどのようなことを学びましたか。
C　ものを燃やすと，酸素が使われて，二酸化炭素が出ることを学びました。
T　ものを燃やすことで二酸化炭素が発生します。人のどのような活動で発生しますか。
C　ガソリンを使って自動車を走らせると発生します。
C　火力発電で電気を起こすときにも発生します。
T　二酸化炭素の増加量をグラフで確かめましょう。二酸化炭素の量と一緒に注目されているのは地球の温暖化です。何が起こっているのでしょうか。

ICT タブレットに話し合った内容を書き留めておくように指導すると，今後の発表資料として活かすことができるでしょう。

3 〈水と私たちの生活〉
・生活に必要な水
・水のよごれ
工場はい水
生活はい水
原発汚染（おせん）水
農薬・油
↓
生き物全体へえいきょうする

4 〈私たちの生活と環境〉
・森林のばっさい
・森林の生き物の絶めつ
・森林から出る酸素の減少
・はい水で川や海がよごれる

〔まとめ〕
人の活動は，地球の空気や水，生き物，大地などの環境にさまざまなえいきょうをおよぼしている

QR
・画像

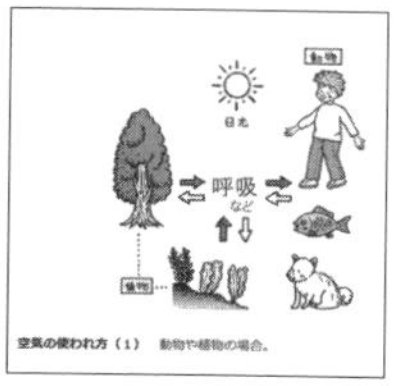

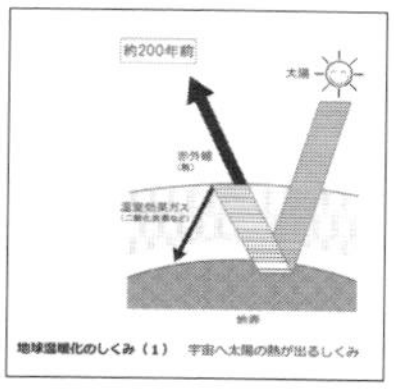

その他

3 水の汚れや生き物への影響を考える

T　次に，水について考えてみましょう。人はどのように水を使っていますか。
C　生きていくために必要なものです。
C　植物の成長にはたくさんの水が必要です。
T　ほかにはどんな使われ方をしていますか。
C　洗濯・トイレ・食事・工場・水力発電など。
T　水が汚れるのはどんなときですか。
C　家庭からの汚れた水が川に流される。
C　工場の汚い排水が川や海に流される。
T　家庭や工場の水は浄水場できれいにされていますが，汚い水がそのまま流され，生き物の体に入るとどんなことが心配されますか。
C　食物連鎖で生き物全体が汚染されます。
C　水の汚れは生き物全体に大きく影響します。
T　ほかにはどのようなことが起きているのでしょうか。

4 私たちの生活と環境（食品ロス，ゴミ問題など）を考える

T　私たちは野菜魚肉を加工し，食べ物を作っています。家や家具・紙の材料に木を切っています。私たちの生活を豊かにするため，いろいろなものを作り出しています。そこでどんなことが起きていますか。
C　森林の伐採の影響で，森林で生活している生き物が絶滅したりしています。
C　たくさんの食品が売られているけれど，作りすぎて食べずに捨てているものも多くて，もったいないと思います。
C　ペットボトルやプラスチックの容器が大量に捨てられ，川や海岸がゴミだらけになって，生き物のすみかが汚されて問題になっています。
T　今日考えてきた空気・水・生き物を「環境」として考えて，私たちはどのような取り組みをする必要があるか考えていきましょう。

第３・４時 めあて
これからも地球でくらし続けていくために，人は，どのようなくふうをしたり，努力をしたりしているのか調べよう

本時の目標　環境を守るためにどのような取り組みが行われているのかを調べて，それぞれの発表から理科の学びとのつながりなどに気づくことができる。

板書例

〔問題〕 これからも地球でくらし続けていくために，人は，どのようなくふうをしたり，努力をしたりしているのだろうか

1 〈環境(かんきょう)問題を調べよう〉
①関心のある課題を見つける　インターネット・本・図かん
②まとめる　もぞう紙・タブレットに要点をしぼってまとめる
③発表する

2 〈空気におよぼすえいきょうを少なくする〉
空気中に二酸化炭素を出さないようにする
①ガソリン車から電気自動車へ
②自然エネルギーを使った発電へ
・風力発電　・太陽光発電　・水力発電　・地熱発電

POINT 社会科での学習成果も踏まえて，改めて環境問題を大きく把握する中で，児童の関心のあるテーマを中心に調べる

1 環境問題について，課題を見つけたり調べたりする方法を知る

T　私たちの身のまわりの環境（空気・水・生き物）について調べ学習を進めていきます。

環境問題の課題を見つけたり調べたりするときは，本や図鑑，参考書，インターネットなどを使います。

T　どのように調べていけばよいか，これからその方法や参考例を説明します。

<留意点>
◎まとめや発表会に多くの時間はとれないので，模造紙１枚程度か，タブレット PC を用いて発表用のスライドでまとめるようにさせる。
◎学級のみんなに，簡単にわかるような表記の仕方を考えさせる。
◎まとめには，要点のみを記入させて，詳しい説明は口頭で行うようにさせる。

2 空気中に二酸化炭素を出さない取り組みについて調べ，発表する

T　まず，空気に関係する環境問題についてはどんなことが話題になっているでしょうか。

C　二酸化炭素の量が増えていることです。

C　車の排気ガスや発電所から出る二酸化炭素が注目されています。

T　そうですね。他にも二酸化炭素を出しているものを調べてみるといいですね。二酸化炭素を減らす取り組みで知っているものはありますか？

C　テレビでは電気自動車がたくさん生産されていることを話していました。

C　発電する方法を変えていくという取り組みがあると聞きました。

C　風力発電と水力発電があります。

C　私の家の屋根にも太陽光発電があります。

C　地熱発電もあります。

準備物	・環境に関する本や図鑑 ・参考書 ・インターネット（地域活動グループへのインタビュー）

ICT	タブレットに環境問題に関係するイラストや説明を送って説明すると，児童の関心を高めることができるでしょう。

3 〈水の汚染を少なくする〉
①下水処理場の整備
②地域で川や海のゴミ拾いをする
③工場はい水や原発汚染水を処理する

4 〈生き物がすむ環境を守る〉
①山に木を植える
②川や海岸のゴミを拾って生き物のすむ環境を守る

〔まとめ〕
環境へのえいきょうを少なくしたり，環境を守ったりするために，二酸化炭素を出さないとり組みや，ゴミを減らしたり，よごれた水を処理するなど，さまざまなとり組みが行なわれている

QR
・画像

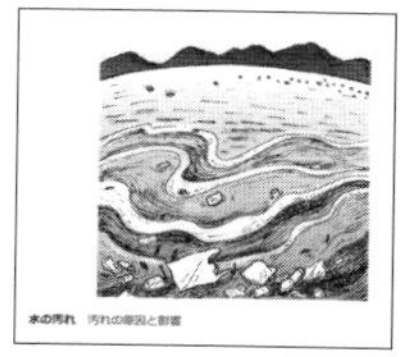

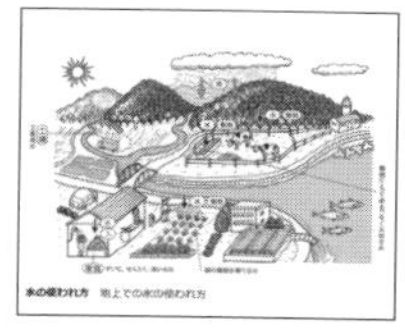

ようにしましょう。

3 水の汚染を少なくする取り組みについて調べ，発表する

T　次に，水に関係する環境問題についてはどんなことが話題になっているでしょうか。
C　川や湖，海が汚れているということかな。
C　海岸にゴミが打ち上げられて，地元の人たちがゴミを拾う活動をしていると聞きました。
T　川や湖，海に住む生き物から，水に関係する環境問題につながるようです。生き物に関係する環境問題は水の問題ともつながっていますね。
C　川や海にペットボトルを捨てないようにしないといけないね。
T　私たちの生活で，水を汚すことはありますか。
C　生活で汚れた水は下水処理場で微生物を使って，きれいな水にして，川に流しています。
C　作物を作るときの農薬や，その他の油で水が汚れることもあるので，無農薬野菜を作っています。
C　工場排水や原発汚染水は処理水にしています。

4 生き物が住む環境を守る取り組みについて調べ，発表する

T　それでは，生き物に関係する環境問題について話し合いましょう。生き物にとって困ることはどんなことでしょうか。
C　すみかや食べ物が減ることかな。
C　なかまを増やせないことかな。
T　どちらも生き物にとっては大切なことですね。私たちは生き物の住む環境を守ることができるのでしょうか。
C　木の苗を植える活動があると聞きました。
C　マイクロプラスチックが魚の体に見つかるということを聞いたことがあります。
C　レジ袋やペットボトルを減らし，生き物の住む環境を守ることができると思います。
C　川や海岸のゴミ拾いもよいことなのかな。
T　地域の人たちの活動も調べたら，新しい発見が見つかって，深い学びにつながります。グループごとにテーマを決めて調べ学習を始めましょう。そして，調べたことを発表しましょう。

第５・６時 めあて
今，世界で起こっている環境問題を調べて発表し，人と自然との関わり方について考えよう

本時の目標 調べたことを発表し，感想を交流する中で，これから自然とどのように持続的に関われぱいいのか話し合うことができる。

板書例

㋱ 今，世界で起こっている環境問題を調べて発表し，人と自然との関わり方について考えよう

1 〈テーマ〉

- 地球温暖化
- オゾン層の破壊
- 熱帯林の減少
- 海洋汚染
- 野生生物の減少
- 有害廃棄物の越境問題

調べたテーマについて発表する

2 〈環境問題へのとり組み〉

- 国連人間環境会議
- 国連環境開発会議（地球サミット）
- 持続可能な開発目標（SDGs）

POINT 環境問題についての用語は難しいことがあるのでわかりやすい説明を加えて，学級での児童発表を支援しましょう。

1 グループごとの発表を聞いた感想を交流し，学んだことを確かめる

T 私たちの環境（空気・水・生き物）問題について調べたことを発表しあって，気づいたことを発表してください。まず，空気に関係することはどうですか。

C 二酸化炭素が年々増えているので，自然エネルギーを使う発電に変えようといわれています。

C 温暖化に関係して，氷河が溶けて，海面上昇などの原因につながっていることがわかりました。

T 水に関係することはどうですか。

C 私たちが知らない水の汚れが起きていることや海洋汚染といってゴミの不法投棄の問題があることがわかりました。

C 世界の目標として，SDGs という活動目標に「６・安全な水とトイレを世界中に」が示されていることがわかりました。

T そうですね。世界の活動にも目を向けることが大切ですね。生き物に関係することについて発表してください。

C 環境を汚さないことが自然の動植物を守ることにつながるとわかりました。

C 野生生物が減少していることもよくわかりました。

C SDGs という活動目標に「１３・気候変動に具体的な対策を」「１４・海の豊かさを守ろう」「１５・陸の豊かさも守ろう」と示されていて，世界でも自然の動植物への取り組みがされていることを知りました。

T みなさんの調べた課題は，日本以外の国，世界中でも，環境問題として解決しようと取り組まれていることがはっきりとわかりましたね。

いろいろな環境問題

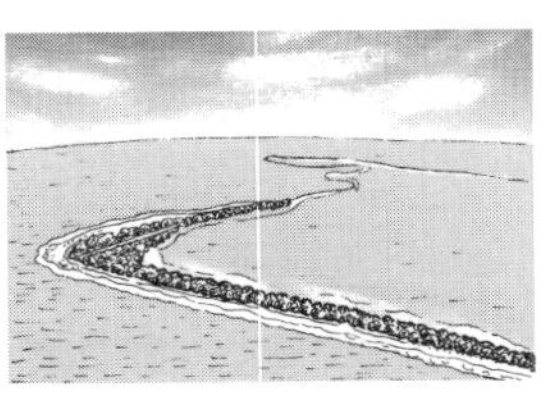

海に沈むことが心配されている低い土地ばかりの島（ツバル フナフチ島） QR

酸性雨でかれた森林 QR

森林の伐採 QR

準備物	・発表に使った模造紙 ・調べ学習に使った資料 ・タブレット ・環境問題に関係する参考図書

ICT	タブレットに児童の発表内容を転送し，共有することで児童相互の理解を助けることができるでしょう。

3 〈自然環境を守る行動宣言書〉
・リサイクル活動に参加する
・ペットボトルをできるだけ使わない
・自分専用水とうをもつ
・植林活動に参加する
・近くに行くときは，歩いていくか自転車を利用する
・公共の乗り物を利用する
・毎週日曜日に地域のゴミ拾いをする

QR
・画像

その他多数

2 地球の環境を守るために開かれている会議を知る

T　ここで，地球全体の環境問題への取り組みをいくつか挙げておきます。
○国連人間環境会議
○国連環境開発会議（地球サミット）
○国連気候変動枠組条約締約国会議（COP）
○生物多様性条約締約国会議
○国連持続可能な開発会議（リオ＋２０）
○気候変動に関する政府間パネル（IPCC）
○持続可能な開発目標（SDGs）
（ネットで調べておき，児童に簡単な説明を用意するようにしたい）
T　このように，環境問題の解決には，地球全体で取り組むことが重要ですが，個人個人で取り組むことも大切なことです。自然環境を守る取り組みについて私たちができることを話し合いましょう。

3 自然環境を守る行動宣言書を作成し，発表・交流する

T　調べ学習からわかったことを交流して，私たちの身近な環境問題への取り組みについて，行動宣言書をつくって発表しましょう。
C　リサイクル活動に参加します。資源を無駄使いしないようにしたいです。
C　ペットボトルをできるだけ使わない。使い捨てでなく，自分専用水筒を持ちます。
C　まだ参加したことがないけど，植林活動に参加します。
C　近くに行くときは，自動車ではなくて，歩いていくか自転車を利用する，または公共の乗り物を使います。
C　川や海岸での清掃活動を近所の人がやっているので，私も参加します。
T　皆さんが環境問題の解決に取り組むことは，地域や地球の環境を考えるよい機会になります。

自然環境を守る取り組み

燃料電池自動車 QR

QR
木材を切り出した山になえ木を植える。

QR
海岸に打ち上げられたゴミを清掃する。

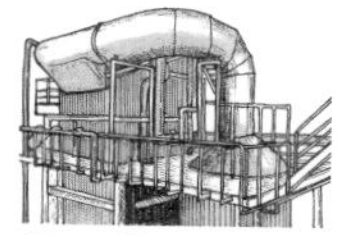
QR
工場から排出される有害なガスを特別な装置で除去して，きれいな空気を出す。

QR
風力発電

つなげよう めあて

私たちのくらしと空気について考えよう

本時の目標　くらしと燃焼現象とのつながりを知り，化石燃料の燃焼による空気の変化が環境問題の原因となっていることがわかる。

板書例

㊚ 私たちのくらしと空気について考えよう

1 〈くらしのなかでものを燃やしている例〉

・料理，ゴミ処理（しょり），たき火，ストーブ，発電，自動車のエンジンなど

石油，石炭，天然ガス　—燃やす→　電気や自動車などのエネルギー　＋　二酸化炭素

2 〈問題点〉

・化石燃料には限りがある

・二酸化炭素の増加は，地球温暖化（おんだんか）の原因になる

1 くらしと空気についての資料などを読む

（人のくらしは，燃料を燃やして得たエネルギーによって成り立っていることに気づく。石油，石炭，天然ガスなどの燃料は，大昔の生き物の化石であり，それらには限界があることを資料から読み取る）

T　わたしたちは，色々なものを燃やしてくらしています。私たちの生活の中で，ものを燃やしている例はありますか。

C　コンロ。お料理のときに使います。

C　ごみ焼却場。4年生のときに見学に行きました。

C　火力発電所でも，ものを燃やしています。

T　火力発電所では，何を燃やしてエネルギーをつくっているのでしょうか。図書室の本やインターネットで調べてみましょう。

C　火力発電所は，主に石炭や天然ガスを燃やしているよ。たくさんの二酸化炭素が発生しています。

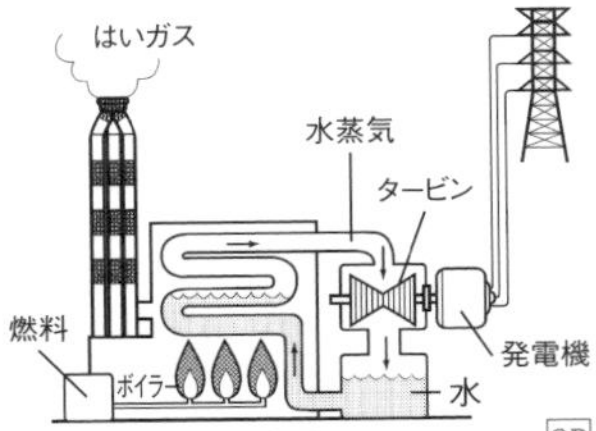

火力発電

2 ものをたくさん燃やすことによって生じる問題点について考える

T　私たち人間がものをたくさん燃やすと，二酸化炭素が発生します。どのような問題が起こるか考えてみましょう。

また，その解決方法はあるでしょうか。知っていることを話し合ってみましょう。

C　燃料が無くなってしまう。

C　二酸化炭素による地球温暖化が起こる。

C　気温が上がると氷が溶けたり，生き物の環境が悪くなったりする。

C　二酸化炭素を出さないエネルギーとして，太陽光や風力発電で電気を作ればいいと思います。

C　日本は火山が多いから，地熱発電も有効だとニュースで聞いたよ。

【参考】
全国地球温暖化防止活動推進センターによる，子供向けの地球温暖化についての説明資料が以下にある。
https://www.jccca.org

準備物
・読み物「P36」二酸化炭素とかんきょうの話
・地球温暖化についての資料

〈新しいエネルギー〉
・二酸化炭素を出さない自動車
→ 電気自動車
・二酸化炭素を出さない発電
→ 太陽光発電
風力発電など

4 〈未来への課題〉
・化石燃料にかわる資源（しげん）を探す
・少ないエネルギーでくらす生活
・植物をたくさん植える活動
・太陽光発電
・風力発電
・電気自動車

QR
・画像

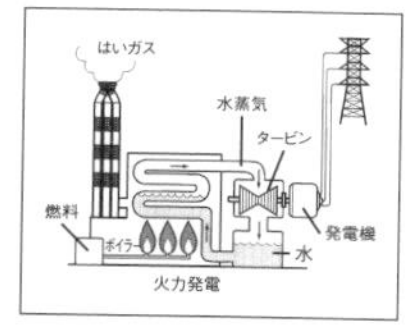

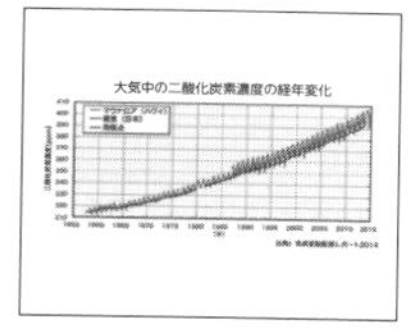

3 資料をもとに話し合い，理解を深める

（資料をもとに二酸化炭素の温室効果について学び，人のくらしがもたらす地球の環境への影響について考える）

T　二酸化炭素が地球温暖化を起こしていることを示す資料を読んで，感じたことを発表しましょう。

T 「二酸化炭素とかんきょうの話」（P36）を読みましょう。

大気中の二酸化炭素濃度の経年変化

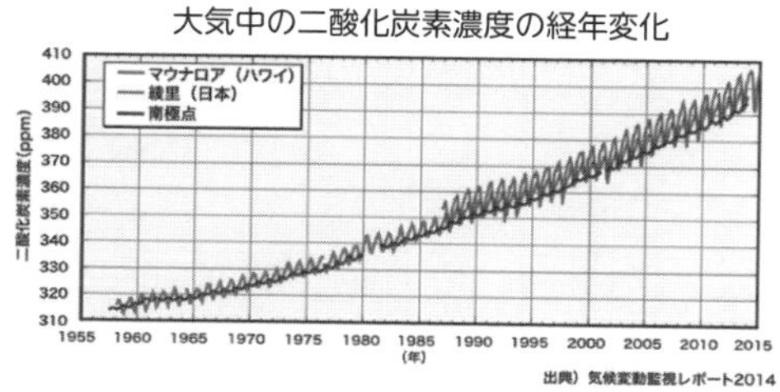

出典）気候変動監視レポート2014 QR

C　北極や南極の氷も溶けているんだね。

C　ほんの少しの温度の変化が地球環境に悪い影響を起こすと知ってびっくりした。

C　氷が溶けると，海水面が上昇するので，日本の島が沈んだり，陸地が減るかもしれない。

4 よりよい未来に向けて，発信する意見を考える

（人にとっても地球環境にとっても，よりよい未来にするためにはどうすればよいか，自分の考えをまとめる。グループでお互いの意見を交流し，１つにまとめて，クラスで発表の機会をもってもよい）

T　地球温暖化を防止するためには，どのような改善が必要でしょうか。自分の考えを未来への意見としてまとめてみましょう。

　グループで一人一人の意見を交流し，未来への意見文をつくりましょう。

C　電気自動車や水素自動車もあります。

C　少ないエネルギーで生活するとよいです。

C　太陽光発電や風力・水力発電を多くするといいと思います。

C　酸素を出す植物をたくさん植えるといいと思います。

C　酸素を作り出す植物を校舎の屋上にも植える。

T　環境問題について書かれた本が図書室にあります。読んで学びを深めましょう。

ものの燃え方と空気(1)
(ろうそくの火は消えるか)

名前　　　　　月　日

問題

4本のろうそくに火をつけ，底のないビンをかぶせます。
ろうそくの火は，どうなるでしょうか。

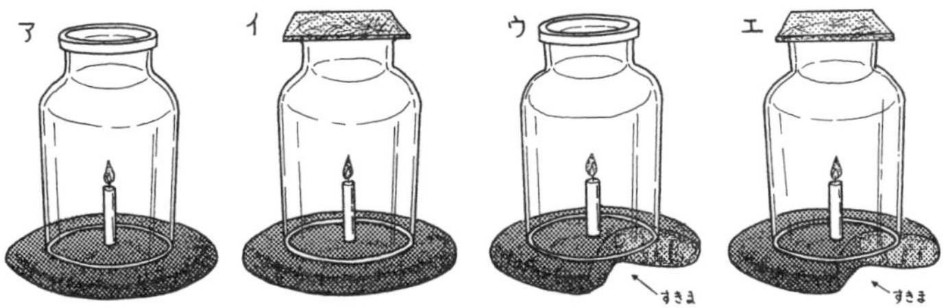

●予想　どちらかに○でかこみましょう。

アは，ふたのないビンです。　（ 消える　消えない ）
イは，ふたのあるビンです。　（ 消える　消えない ）
ウは，ふたのないビンで下にすき間があります。
（ 消える　消えない ）
エは，ふたのあるビンで下にすき間があります。
（ 消える　消えない ）

●予想した理由

●結果を○でかこみましょう。

ア（ 消える　消えない ）　ウ（ 消える　消えない ）
イ（ 消える　消えない ）　エ（ 消える　消えない ）

ものの燃え方と空気(2)
(せんこうのけむりの動き)

名前　　　　　月　日

やってみよう

びんの口や下のすき間にせんこうのけむりを近づけて
動きを見よう。

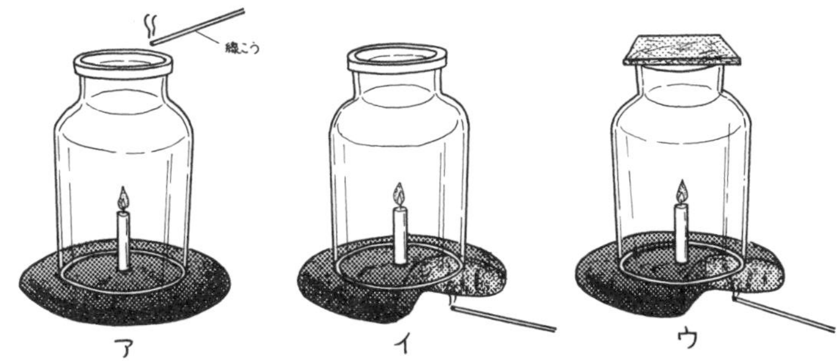

・アのけむりの動き

・イのけむりの動き

・ウのけむりの動き

まとめ

下の[　]の中に合う言葉を入れましょう。

ろうそくが燃え続けるためには[　　　]の出入が
必要である。

人や動物のからだ(1)
（食べ物の通り道を知る）

名前　　　　月　日

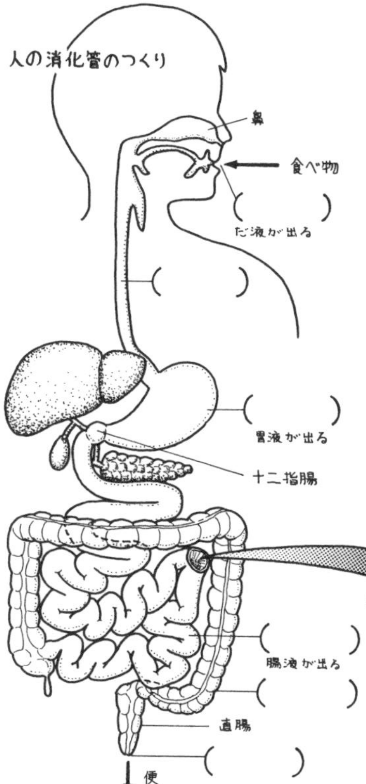

1　右の図の（　　）の名前を書き，色をぬりましょう。

- 口 → 赤
- 食道 → 黄
- 胃 → 青
- 小腸 → 緑
- 十二指腸 → だいだい
- 直腸 → ピンク
- 大腸 → 茶

口からこう門までの一続きの食物の通り道を（　　）といいます。

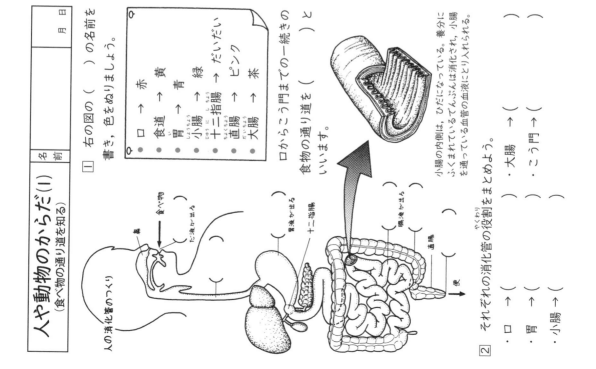

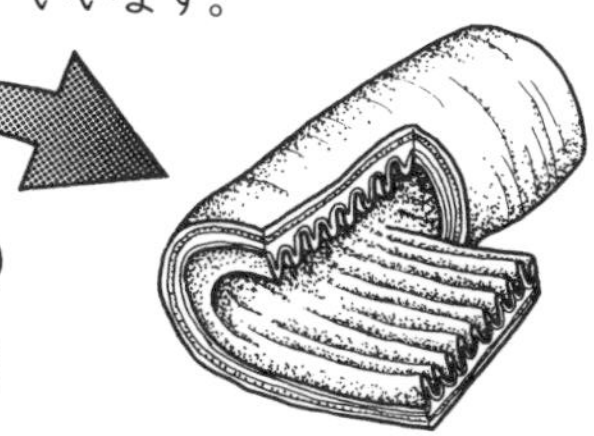

小腸の内側は，ひだになっている。養分にふくまれているでんぷんは消化され，小腸を通っている血管の血液にとり入れられる。

2　それぞれの消化管の役割をまとめよう。

・口 →（　　）　・大腸 →（　　）
・胃 →（　　）　・こう門 →（　　）
・小腸 →（　　）

人や動物のからだ(2)
（かん臓とじん臓）

名前　　　　月　日

かん臓やじん臓について調べましょう。

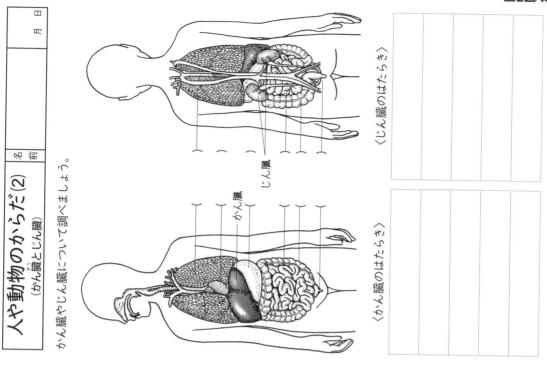

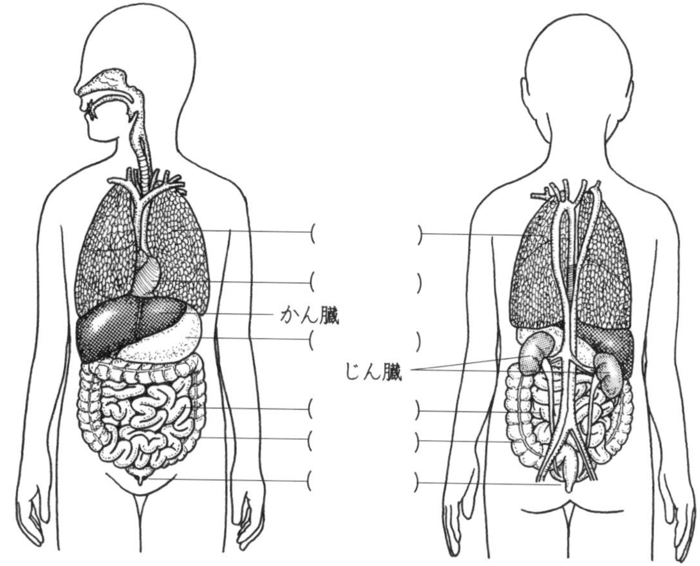

〈かん臓のはたらき〉

〈じん臓のはたらき〉

	名前		月　日

実験

●予想

●そのわけ

●実験の結果

●わかったこと

	名前		月　日

月　日（　）

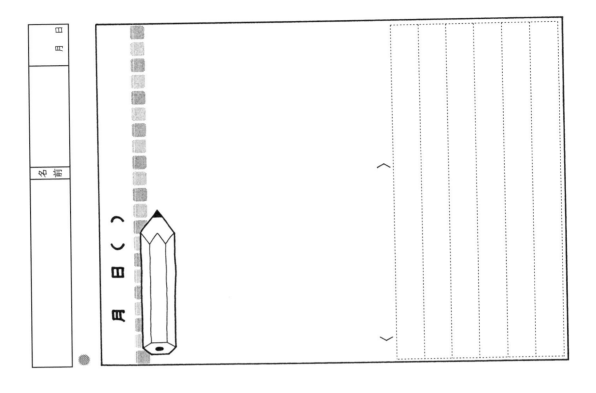

〈　　　　　　　　〉

	名前		月　日

月　日（　）

	名前		月　日

月　日（　）

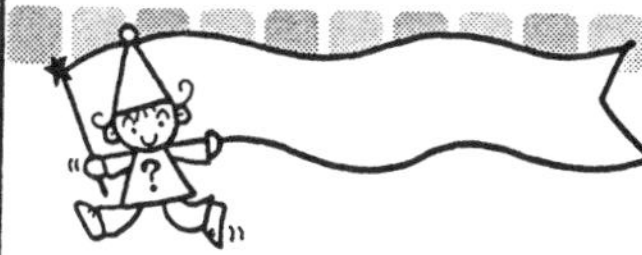

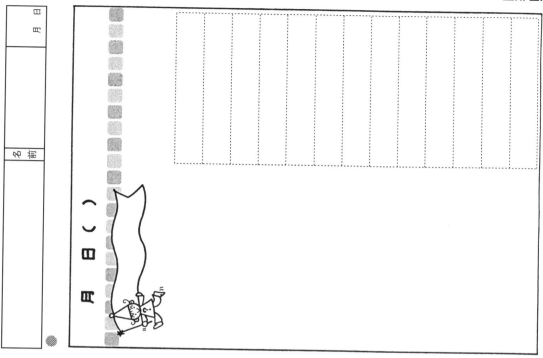

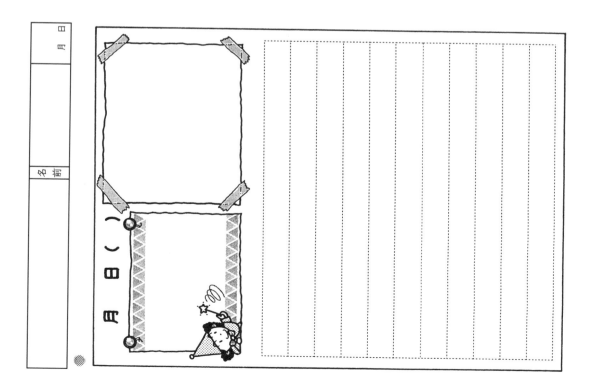

参考文献一覧（順不同）

「新しい理科」6 年（東京書籍）
「小学理科」6 年（教育出版）
「たのしい理科」6 年（大日本図書）
「みんなと学ぶ小学校理科」6 年（学校図書）
「わくわく理科」6 年（啓林館）
「理科教科書指導書 6 年」（啓林館 東京書籍）
「高校理科学習表」松浦多聞ほか（第一学習社）
「新小学校理科 6 年の授業」本間・左巻ほか（民衆社）
「新版理科わかる教え方 6 年」高橋金三郎（国土社）
「小学校理科到達度評価の実践（下）」（地歴社）
「理科の授業実践講座」14，16 巻（新生出版）
「たのしい理科教室」田中実（毎日新聞社）
「理科どう教えるか」11 巻　熊沢文男（新生出版）
「理科これだけはおさえたい 高学年Ⅱ」玉田泰太郎（国土社）
「理科到達度評価の実践」（地歴社）
「学研の図鑑」植物（学習研究社）
「学研の図鑑」魚（学習研究社）
「学研の図鑑」動物（学習研究社）
「学研の図鑑」鳥（学習研究社）
「からだの歴史」黒田弘行（農文協）
「人間のからだ」酒井寛（新生出版）
「藤井旭の星座ガイド　夏，冬」藤井旭（誠文堂新光社）
「はじめて学ぶ小中学生の電気教室」（誠文堂新光社）
「かんきょう　まなブック 2002 年版」（京都府）
「大気浄化植樹マニュアル」（公害健康被害補償予防協会）
「図説　宇宙と天体」草下英明（立風書房）
「理科年表」（丸善 出版事業部）
「岩波科学百科」岩波書店編集部編（岩波書店）

著者紹介（敬称略）

【著　者】

谷　哲弥

元京都府公立小学校教諭
大谷大学　准教授
京都教育大学　非常勤講師
科学教育研究協議会会員
乙訓理科サークル会員

主な著書
「改訂版まるごと理科３年～６年」（喜楽研）
「５分理科教科書プリント４年，６年」（喜楽研）
月刊誌「理科教室」（本の泉社）
実践報告等多数掲載

中村　幸成

元奈良教育大学附属小学校　主幹教諭
元奈良教育大学　非常勤講師

主な著書
「１時間の授業技術（６年）」（日本書籍）（共著）
「改訂版まるごと理科３年～６年」（喜楽研）
「５分理科教科書プリント３年，５年，６年」（喜楽研）

平田　庄三郎

元京都府公立小学校教諭
元同志社小学校　非常勤講師（理科専科）
元科学教育研究協議会京都支部支部長
乙訓理科サークル会員

主な著書
「改訂版まるごと理科　３年～６年」（喜楽研）
「おもしろ実験・ものづくり事典」（東京書籍）

横山　慶一郎

高槻市立清水小学校　主幹教諭
CST（コアサイエンスティーチャー）
Google 認定教育者

主な著書
「わくわく理科（３年～６年）」（令和６年度 啓林館）（共著）

【撮影協力】

井本　彰
谷　哲弥

【初版　著者】（五十音順）

石川　博三
井本　彰
園部　勝章
谷野　好男
中村　雅利
中村　幸成
平田　庄三郎
松下　保夫

【新版　著者】（五十音順）

川﨑　公美子
園部　勝章
谷　哲弥
中村　幸成
平田　庄三郎
松下　保夫

*2024 年３月現在

喜楽研の QR コードつき授業シリーズ

改訂新版

板書と授業展開がよくわかる

まるごと授業　理科　6 年

2024 年 3 月 15 日　　第 1 刷発行

細　密　画：日向 博子
イ ラ ス ト：日向 博子　山口 亜耶 他
著　　　者：谷 哲弥　中村 幸成　平田 庄三郎　横山 慶一郎
企画・編集：原田 善造（他 10 名）
編　　　集：わかる喜び学ぶ楽しさを創造する教育研究所　長谷川 佐知子

発　行　者：岸本 なおこ
発　行　所：喜楽研（わかる喜び学ぶ楽しさを創造する教育研究所：略称）
〒 604-0854　京都府京都市中京区二条通東洞院西入仁王門町 26-1
TEL　075-213-7701　FAX　075-213-7706
HP　https://www.kirakuken.co.jp
印　　　刷：創栄図書印刷株式会社

ISBN : 978-4-86277-450-7　　Printed in Japan